KB265528

읽기만 하여도 알아지는

단어법칙

그림으로 쉽게 알 수 있는 신비의

독해법칙

읽기만 하여도 알아지는
단어법칙
그림으로 쉽게 알 수 있는 신비의
독해법칙

초판 1쇄 인쇄 2012년 9월 5일

지은이 권오인
발행인 김재홍
기획편집 이은주. 이현주
디자인 권다원
마케팅 이연실

발행처 도서출판 지식공감
등록번호 제396-2012-000018호
주소 경기도 고양시 일산동구 견달산로225번길 112
전화 031-901-9300
팩스 031-902-0089
홈페이지 www.bookdaum.com
전자우편 book@bookdaum.com

가격 18,000원
ISBN 978-89-97955-04-6 13740

읽기만 하여도 알아지는

단어법칙

그림으로 쉽게 알 수 있는 신비의

독해법칙

지식공감

오인정의

오래 전에 이 이론을 책에 올렸으나 많은 사람들이 다시 올리기 원해서 이 책을 통하여 올린다.

피타고라스 정의

$(A^2+B^2=C^2)\times(n)$: 어떠한 자연수를 곱해도 성립한다.

$6^2+8^2=10^2$, $12^2+16^2=20^2$ …

피타고라스 정의는 평면위의 이차원 세계이다.

피타고라스 정의를 한 차원 높은 3차원을 다음과 같은 이론을 발견하였다.

$(A^3+B^3+C^3=D^3)\times(n)$: 어떠한 자연수를 곱해도 성립한다.

$1^3+6^3+8^3=9^3$, $2^3+12^3+16^3=18^3$ …

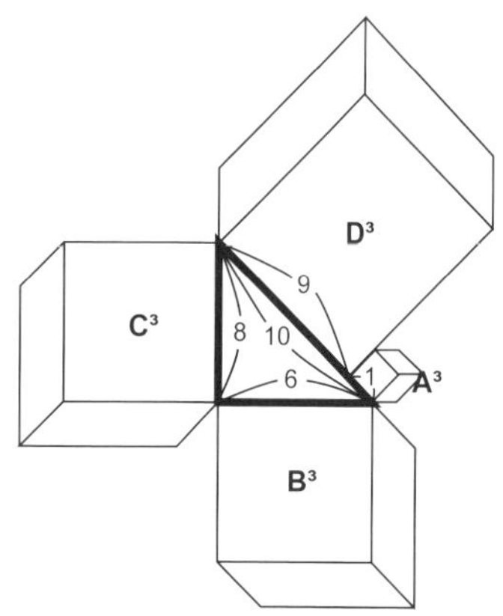

   이 정의를 발표한 이후 마트 등에서 1+1이 유행하였고 지금도 1+1제품이 많다. 이 기회를 통해서 1+2를 널리 알리고자 한다. 실제 응용할 수 있다는 것을 예를 들면, (가로 · 세로 · 높이)**8**㎝의 빵과 (가로 · 세로 · 높이)**4**㎝의 빵, 그리고 (가로 · 세로 · 높이)**2**㎝의 빵 이 세 조각을 봉지에 넣어 5,000원에 팔고, (가로 · 세로 · 높이)**9**㎝의 빵 한 조각을 5,000원에 판다.

   여러분은 5,000원을 내고 앞의 것①과 뒤의 것② 중 어느 쪽을 살 것인가? (　　　)
   ① 앞의 것 (8㎝+4㎝+2㎝) 3조각　　　② 뒤의 것 (9㎝) 1조각

   대부분 고객은 앞의 것 8과 4와 2가 담긴 빵 조각을 살 것이다. 그러나 빵은 부피(체적)이므로 ②번 9㎝ 빵조각이 더 크다. 앞으로 마트에서 1+2가 유행할 것인데 그것은 소비자는 앞처럼 같은 가격으로 3개를 가져가서 기분 좋고 생산자는 작은 원료로 더 많은 빵 조각을 만들 수 있어 이익이 많게 되어 서로가 좋으니 유행할 수밖에 없다. 뿐만 아니라 한 세대 이후에 전 세계 수학책에 실릴 것이다.

   여러분 중에 한 차원 높은 4차원의 정의를 발견하여 타임머신도 개발하기 바란다. 버뮤다 삼각지에서 때때로 시공이 응축되어 공간과 시간이 이동하는 것처럼 압팽이론: $(A^4+B^4+C^4+D^4=E^4)$ $\times, \div, \pm$ (R), (W) (단, 0은 제외: 0이 들어가면 존재자체가 사라진다.)이 타임머신을 만드는 데 적용될 것이다.

   이 뿐만 아니라 여러분 또한 언어의 상상을 통하여 많은 이론을 찾아낼 것이다.

언어는 혼자만이 소유하는 것이 아니라
많은 사람들이 **공유**하는 것이다.

영어 단어! 미국에서, 영국에서 만들라는 법이 어디 있단 말인가!
지금 바로 여러분이 창조적으로 영어 단어를 만들어서 전 세계로 퍼트려보라.
또 얼마나 빨리 퍼지는지 확인해 보라.

단어 만드는 요령
- 접두사 + 접두사 + 접미사
- 접두사 + 접두사
- 접두사 + 어근 + 접미사
- 접두사 + 어근 + 어근
- 어근 + 어근 + 접미사
- 어근 + 접미사
- 접미사 + 접미사
등등 여러가지가 있다.

자기가 만든 **단어 기록**

자기가 만든 단어로 친구나 가족에게 알려주고 그 친구가 또 다른 친구에게. 이렇게 퍼지다 보면 장차 전 세계에서 일반적으로 널리 사용하는 말이 될 수 있다. 이것이 언어의 사회성이라고 한다.

창조적으로 자기가 만든 많은 단어 중 가장 마음에 드는 단어를 표지에 이름과 함께 써 넣으세요. 단어 만들어 기록하기 책 표지에 엮은이에 이름을 꼭 써넣어야 자기가 만든 단어가 됩니다.

conphilogamy(서로 사랑하여 아이를 낳다=우리 아이 만들자)
= con(서로) + philo(사랑하여) + gamy(번식하다)

창조적으로 **자기가 만든 단어**로 채우세요.
그리고 책 표지 엮은이에 이름을 꼭 쓰세요!

언어(言語)는 음성 또는 문자를 수단으로 사상이나 감정을 표현하고 의사를 전달하는 수단 또는 체계이다. 태초에 언어라는 것은 말이 먼저 생겨난 후 활자가 발명되고 문자화되었다. 어떤 나라에서 새로운 말이 생기고, 그것이 마을을 넘고 국경을 넘으면서 조금씩 변화하였다. 그리고 지역마다 나라마다 언어가 다양해져 가는 것은 그 지역이나 국경을 넘으면서 음위가 전환되고 첨삭이 이루어지는 과정에서 어휘가 파생되었기 때문이다.

사람의 발성기관은 동양인과 서양인의 차이가 크지 않다. 단지 크기의 차이가 있을 뿐이다. 동양인은 목구멍이 둘 있고 서양인은 한 개뿐인 것이 아니다. 사람마다 치아 구조가 조금씩 다르며, 혀의 길이, 코의 높이가 조금씩 달라서이지 큰 차이는 없는 것이다. 따라서 동서양의 모든 언어를 조심스럽게 관찰하면 하나로 통일되어 있다는 것을 알 것이다.

치음(齒音, 이빨소리)은 치음끼리 통일되어 있고, 순음(脣音, 입술소리)은 순음끼리 통일되어 있으며, 비음(鼻音, 콧소리)은 비음끼리 통일되어 있다. 구개음(口蓋音), 그리고 연구개음[軟口蓋音, 입천장 뒤쪽의 연한 부분에서 나는 소리 한글(ㄱ, ㄲ, ㅋ, ㅇ 등)]과 경구개음[硬口蓋音, 입천장 앞쪽의 단단한 부분에서 나는 소리(ㅈ, ㅉ, ㅊ 등)]의 변화, 유음화(流音化, 혀끝을 윗잇몸에 대었다가 떼거나 잇몸에 댄 채 날숨을 그 양옆으로 흘려보내면서 내는 소리 한글의 'ㄹ' 영어의 'r', 'l')]현상, 음위전환(音位轉換)과 자음(子音)과 모음(母音)의 첨가, 자음과 모음의 탈락과 자음과 모음의 충돌회피 등을 연구한다면 모든 나라의 언어가 재미있게 보일 것이며 이와 같은 방법으로 공부를 한다면 효과 또한 배가 될 것이다.

공부에는 2가지 방법이 있다. 하나는 맹목적으로 외우는 암기(暗記)의 방법과 다른 하나는 합리적으로 분해하여 깨닫게 하는 이해(理解)의 방법이 있다.

이것을 한자로 표현하면 다음과 같다.

암기(暗記)란, 먼저 日(일)＋立(립)＋日(일)을 풀이한다. 문틈사이로 들어오는 빛(日)과 땅에서 올라오는 기(氣)라는 빛(日)을 서서(立) 막고 밟는 것이 캄캄할 암(暗)자가 되며, 언(言)＋기(己)를 풀이하면 자기(己)의 언어(言). 즉, 자기(己)의 표현(言)이라는 뜻인 기(記)이다. 표현이라는 것은 자기가 알고 있는 것을 상대방에게 펼쳐 보이는 것인데 결국 암기(暗記)라는 단어는 자기의 표현을 캄캄하게 만드는 것이다.

그와 반대로 이해(理解)라는 것은 다음과 같다. 이해(理解)란, 합리(合理)적으로 분해(分解)하다의 줄임말이다. 먼저 人(인)＋一(일)＋口(구)를 풀이하면 여러 사람(人)의 입(口)을 하나(一)로 모으는 것이 합할 합(合)자이며, 王(왕)＋리(里)를 풀이하면 옛날에 왕(王)은 고을(里)을 다스리는데 신권(神權)의 대리자였고 이성을 가진 자였다. 八(팔)＋도(刀)를 풀이하면 미인(美人)이라 함은 사람의 얼굴의 길이가 신장의 1/8이 되어야 한다고 했으며, 각(角)＋도(刀)＋우(牛)를 풀이하면 소(牛)를 분해하는데 있어서 뿔(角)까지 칼(刀)로 나눈다는 것이다.

이와 같이 암기와 이해를 비교해 보면 암기는 자기를 캄캄하게 만드는 것이며 이해는 모든 학문을 합리적으로 분해하는 것으로 모든 것을 완전히 나누어서 소화하는 것이다. 대부분의 공부 방법은 맹목적 암기로 단순히 외우며, 많은 시간을 소모하여 왔다. 이것을 보다 합리적이고 체계적으로 분석하여 맹목적 반복이 아니라 이해의 방법을 최대한 동원하여 많은 시간을 허비하며 암기로 잊어버리는 일이 없도록 보다 과학적인 방법으로 책을 만들게 되었다.

모든 언어는 임의로 치환한 단순한 기호가 아니므로 단어의 어원을 밝히고 그 어원을 통하여 파생되는 은유의 법칙을 발견하므로 보다 쉽게 단어를 익히고 어휘력을 증강할 수 있는 길을 만들고자 이 책을 엮게 되었다. 이를 통하여 많은 학생들이 사고의 폭을 넓혀 보다 좋은 방법으로 개선해 나갈 것을 확신하며, 자기만의 창조적 통찰력을 발휘할 것이다. 사전을 반듯이 찾아보라는 의미에서 발음기호는 생략하였다.

처음 단어를 만든 사람의 심정으로 설명을 달았으며 설명을 달지 않은 단어가 이해가 가지 않는다면, oi004@naver.com으로 메일을 주시면 자세히 설명하겠습니다.

contents

Newspapers
The Daily Telegraph
SPORT

Chapter 2

Chapter 3

그림으로 독해력 익히기

Chapter 4

이 책을 미완성으로 남겨놓은 것은 이 책을 접한 각자가 무한한 가능성과 발전을 도모하기 위함이다. 직접 사전을 찾아보라는 간곡한 의미에서 발음기호와 많은 예문을 생략하였다. 그래서 발음기호를 생략하고 자리를 비워놓았다. 그 빈자리는 직접 사전을 찾아 다양한 뜻을 접하면서 적어도 하나 정도는 이 책에 없는 뜻을 써넣어 미완성의 책을 완성하여 보라.

여기에서 엮은 것은 일부분에 지나지 않다. 사전을 찾으면 보다 많은 것을 얻을 것이며 그것을 빈 곳에 기록하여 새로운 법칙을 만들어 보라.

pro- ➡ pur- ➡ pol- ➡ por- ➡ pr- ➡ prod- ➡ prof- ➡ pul-

① 먼저(before)

② 앞으로(forward)

③ ~대신에(instead of)

④ 공공연히(publicly)

⑤ 찬성의(approval)

problem(문제, 의문, 곤란한 일)	**pro**(앞으로) + blem(<u>blemish</u> 흠, 오점, 결점)
proceed(나아가다, 계속하다)	**pro**(앞으로) + ceed(가다)
proceeding(진행)	**pro**(앞으로) + ceed(가다) + ing(동작상태)
process(진행, 경과, 과정)	**pro**(앞으로) + cess(가다)
procession(행진, 행렬)	**pro**(앞으로) + cess(가다) + ion(구체적 사례, 결과)
proclaim(선언하다)	**pro**(앞으로) + claim(요구하다, 청구하다)
proclamation(선언, 포고)	**pro**(앞으로) + clamation(clamor 외치는 소리)

production(영화제작소)	**pro**(앞에) + duc(인도하다) + tion(행위, 결과)

해 특히 SF **영화 제작소**는 앞으로 일어나는 일에 대한 인도적 차원의 영화이다.

profane(불경스러운, 모독적인)	**pro**(공공연히) + fane(fanatic 광신자, 열광자)
profess(공언하다, 고백하다)	**pro**(공공연히) + fess(말하다)
profession(전문적, 직업적)	**pro**(공공연히) + fess(말하다) + ion(구체적 사례, 결과)
proficiency(숙달, 능숙)	**pro**(공공연히) + ficiency(fiction 소설, 꾸민 이야기)
program(예정표)	**pro**(먼저) + gram(표, 기록, 문서)
progressive(진보적, 전진하는)	**pro**(앞으로) + gress(가다) + ive(성질)
progression(전진, 진보)	**pro**(앞으로) gress(가다) + ion(행위, 결과)
prolong(~을 연장하다, 연기하다)	**pro**(앞으로) + long(길게)
pronoun(대명사)	**pro**(대신에) + noun(명사)
pronounce(단언하다, 발음하다)	**pre**(공공연히) + nounce(알리다, 보고하다)
pronunciation(발음)	**pro**(공공연히) + nunci(알리다) + ation(행위,결과)
prophecy(예언)	**pro**(먼저) + phe(말하다) + cy(성징, 상태, 지위)
prophesy(예언하다)	**pro**(먼저) phe(말하다) + sy(행위, 결과)
prophet(예언자, 대변자)	**pro**(앞으로) + phe(말하다) + t(사람)
propose(제안하다, 결혼을 신청하다)	**pro**(앞으로) + pose(자세, 주장하다)
providence(신의섭리)	**pro**(미리) + vid(보다) + ence(성질, 상태)
providential(신의 뜻에 의한)	**pro**(미리) + vid(보다) + ent(~성질) + ial(~의한)
providentially(운수 좋게, 섭리에 의하여)	**pro**vidential(신의 뜻에 의한) + ly(부사 만들기)
pulchritude(아름다움)	**pul**(공공연히) + chri(<u>christ</u>) + tude(<u>추상명사</u> 만들기)

위와 같이 pro-, pul- 만 기록 한 것은 각자가 사전을 적어도 앞 뒤 단어정도는 읽어 보라는 의미에서이다. 사전을 찾아봄으로서 사고의 폭이 넓어짐을 날이 갈수록 느낄 것이다. 사고의 폭을 넓힌다는 것은 다른 과목에서도 많은 도움을 줄 것이다. 대부분의 학생은 사전을 볼 때 아주 쉬운 것도 첫줄만 읽고 만다.

가령 'out(밖으로)'이나 사전을 다 읽어보면 양면성이 있으므로 보는 관점이 밖이라면 '출현하다, 나타나다'도 되고 '알에서 부화하다'도 된다. 'with'가 '함께'라는 뜻보다도 '적대, 대립, 반대'라는 뜻이 '함께'보다 앞에 오는 사전도 많다.

1. 모음변화(母音變化)

다음과 같이 모음은 지역이나 국경을 넘으면서 a가 ai, au, o, oo, i, ie, ee, ea, ei, u 등이 자유자제로 바꾸어 표기했다.

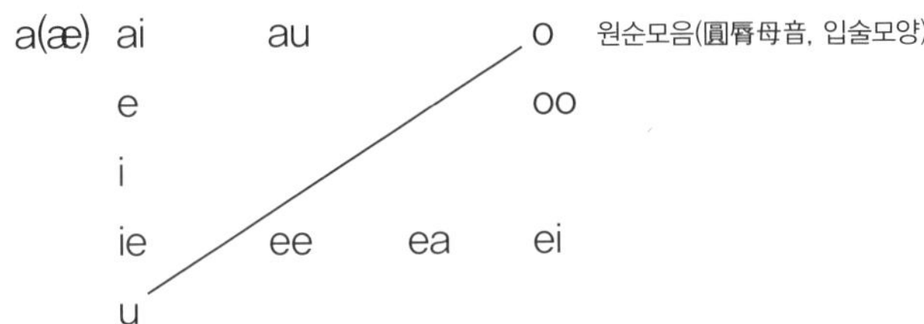

예 no– → ne– , na– , un– , non–
1) '부정(아니다)'의 뜻

unemployed(실직한)   uncover(폭로)   undress(옷을 벗기다)

negative(부정의)   naught(제로)   noncommunist(비공산주의자)

예 sad– → sid– , set–
2) '앉다', '놓다', '자리'의 뜻

preside(사회하다)   president(대통령)   saddle(안장)

settler(이주민)   sitter(모텔, 앉는 사람)   subsidy(보조금)

예 tain– → ten– , tin–
3) '잡다', '갖다', '유지하다'의 뜻

contain(포함하다)   content(만족하다)   continent(본토)   continual(연속적인)

continue(계속하다)   detainment(억류)   entertainer(예능인)   maintain(유지하다)

2. 자음변화(子音變化)의 법칙(法則)

1) t = d = s[한글 치음(齒音)]

다음과 같이 치음(잇소리) 또한 지역과 국경을 넘으면서 자유롭게 변화했다.

예 cid– → cis– , cut– , cead– , ceas–

① '자르다'의 뜻

decision(결심)　precise(정확한)　infanticide(유아살해범)　decide(결정하다)

homicide(살인)　incise(절개하다)　cuting(절단)

예 cede– → ceed–, cess–

② '가다'의 뜻

access(접근)　concede(양보하다)　concession(양보)　exceed(초과하다)

precede(앞장서다)　proceed(나아가다)　process(진행)　recess(중지)

예 cad– → cid–, cas–

③ '떨어지다'의 뜻

accident(사고)　case(사건)　casual(우발적인)　coincide(동시에 일어나다)

decadence(쇠퇴)　incident(생긴 일)　occasion(경우)　occasional(때때로)

2) b = p = f = v = m[한글 순음(脣音)]

다음과 같이 순음(입술소리)은 지역과 국경을 넘으면서 자유롭게 표기했다.

예 ca**p**- → ca**b**-, ce**p**-, ci**p**-, cei**p**-, cei**ve**-

① '잡다', '취하다', '머리', '정상'의 뜻

ca**p**tive(사로잡힘)　ca**p**tor(포획자)　occu**p**ation(점령)　conce**p**tion(개념)

decei**ve**(속이다)　partici**p**ant(참가자)　prece**p**t(교훈)　ca**b**in(선실)

예 pro**b**- → pro**v**-, proo**f**-

② '시도하다', '증명하다', '조사하다'의 뜻

appro**v**al(승인)　disappro**ve**(인가하지 않은)　disproo**f**(반증)　dispro**ve**(반박하다)

pro**b**ability(가망성)　proo**f**(증거)　proo**f**read(교정보다)

예 su**b**- → su**f**-, su**p**-

③ '~아래에', '부족한', '비밀리에', '차(次)', '아(亞)'의 뜻

su**b**conscious(잠재의식의)　su**b**marine(잠수함)　su**b**merge(물속에 잠그다)

su**b**mission(복종)　su**f**fix(접미사)　su**p**press(진압하다)

3) n = m[한글 비음(鼻音)]

다음과 같이 비음(콧소리)은 'n'이 'm'으로 바뀔 경우 대부분 뒤에 순음이 올 경우 'm'
으로 표기 했다.

예 en– → em–

① '～되게 하다', '～의 안에'의 뜻

encourage(용기를 북돋우다)   enlighten(교화하다)   enslave(노예로 만들다)

embrace(～을 껴안다)   empathy(감정 이입)   empower(권한을 주다)

예 in– → im–

② '～안에', '～안으로', '부정'의 뜻

incur(손해를 초래하다)   immigrate(이주하다)   immoral(부도덕한)

impartial(공평한)   inability(할 수 없음)   incompetent(무능한)   inject(주사하다)

예 sym– → syn–

③ '함께'의 뜻

symbiont(공생자)   symbol(상징)   sympathy(동정)

synergy(공동작용)   syngas(합성가스)   synonym(동의어)

4) c = g = y[한글 연구개음(軟口蓋音)]

아래와 같이 연구개[입천장 뒤쪽의 연한 부분에서 나는 소리 한글(ㄱ, ㄲ, ㅋ, ㅇ 등)
음 또한 지역과 국가를 넘으면서 자유롭게 표기했다.

예 rec- → reg- , rect-, reig-, rig-, roy

① '옳은', '이끌다', '다스리다', '통치하다', '일직선'의 뜻

regime(정권)   regulation(규칙)   sovereign(통치하는 사람)   direct(똑바른)

indirect(간접의)   direction(방향)   erection(직립, 발기)

sovereignty(통치권, 주권)   royal(국왕의)   royalty(왕족)

예 lect- → leg-, lig-, loy-, leag-, ly-

② '법률', '모으다', '고르다', '읽다', '속박하다', '의무를 지우다'의 뜻

collect(모으다)   diligent(부지런한)   elect(선거하다)   elegance(우아함)

intellect(지성)   intelligent(총명한)   legend(전설)   neglect(게을리하다)

recollect(회상하다)   select(선택하다)   ally(~을 동맹시키다)   rally(다시 모으다)

예 vic- → -vey-, vig-

③ '보다', '알다', '활기찬'의 뜻

vegetable(채소)   vigil(철야)   vigor(활동력)

advice(충고)   envy(부러워하다)   vigil(밤샘, 철야)

5) 유음화 현상(流音化 現像)

유음화는 혀끝을 윗잇몸에 대었다가 떼거나 잇몸에 댄 채 날숨을 그 양옆으로 흘려보내면서 내는 소리이다. 한글의 'ㄹ' 영어의 'r', 'l'이 있다.

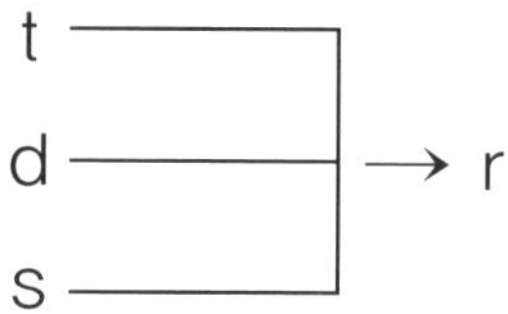

예 water(한글 : 듣다 → 들어라, 목단 → 모란)

conquest(정복하여 얻은 것, 점령지) → conquer(정복하다)

acquisition(획득, 습득) → acquire(얻다, 배우다)

6) r = l[한글 유음(流音)]

유음은 유음끼리 자유롭게 표기 했다.

예 per- → par-, pil-

① '~을 통하여', '끝까지', '완전히', '~에 의해서'의 뜻

perceive(이해하다)   perfect(완벽한, 철저한)

paramount(최고의)   pilgrim(성지 순례자)

예 inter- → enter- , intel-

② '~의 사이에', '중간에', '안에'의 뜻

enterprise(사업)   intellect(지성)   intercept(봉쇄하다)   interchange(출입구)

interlude(막간)   intermediate(중간의)   intermingle(혼합하다)

예 pro- → pur- , pol- , por- , pul-

③ '먼저', '앞으로', '대신에', '공공연히'의 뜻

problem(문제)   pulchritude(아름다움)   proceed(나아가다)   polite(친절한)

polity(정치조직)   portal(앞, 현관)   portentous(전조의, 불길한)

7) 음위전환(音位轉換)

'**meta**thesis'라 하여 '**meta**'는 'change'의 뜻이며 'thes'는 'put'의 뜻이다. 언어는 문자가 아니라 말로써 국경을 넘으면서 음위가 전환되고 첨삭(添削)이 이루어지는 과정에서 '**meta**phor(은유)'가 파생되었다.

🔲 cede- → ceed-

① '가다', '오다'의 뜻

accede(동의하다)   antecedent(선행의)   concede(양보하다)   succeed(성공하다)

exceed(초과하다)   precede(~앞장서다)   proceed(나아가다)   recede(후퇴하다)

8) 자음첨가(子音添加)

① m+p or b

앞의 내용 '3) n = m[한글 비음(鼻音)]'에서 언급했듯이 'm' 뒤에는 대부분 순음(입술소리)이 따라오면 'n'이 'm'으로 표기 했다.

예 consume(소비하다) → consum**p**tion(소비)

예 clim**b**(오르다)

예 em**p**−

② n+g

불어에서 'ㅇ' 발음이다.

예 same(같은) → sin**g**le(단일의)

③ 매개자음(媒介子音)

모음이 여러 개 겹치는 것을 방지하기 위하여 자음을 첨가시켰다.

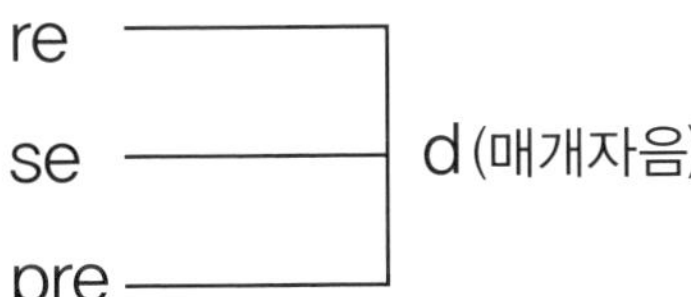

예 re**d**emption(되찾음, 상환, 이행)

예 re**d**eem(회복하다, 상환하다)

9) 자음탈락(子音脫落), 자음충돌회피(子音衝突回避)

여러 개의 자음이 겹치는 것을 방지하기 위하여 자음을 탈락 시켰다.

자음＋자음 ＝ 자음＋**매개모음**＋자음

예 sting 가시. 찌르다　　　　n 탈락　　　　　g 탈락　　　　　☞ 259p 참조

↓

(di)sti**n**ct 엄격한　　　　stick 찌르다　　　stimulant 자극제

예 stri**ng** (줄, 현을)잡아당기다　　　n 탈락　　　　　g 탈락

↓　　　　　　　　　　　　　strict 엄격한　　　strain 잡아당기다

stre**n**gth 힘　　　　　　　straight 곧은　　　stress 압박

stron**g**　　　　　　　　　　strait 해협　　　　stretch 늘리다

예 ta**n**g 접촉. 잡다. 취하다

↓

n 탈락　　　　　　　　　　　　　　　g 탈락

tag → tact → take → takle　　　tan → tain

teg → tect　　　　　　　　　　　ten

tig → tict　　　　　　　　　　　tin

tug → touch　　　　　　　　　　contaminate 오염시키다

tog

10) g → w

'g'가 'w'로 변화해가는 과정이다.

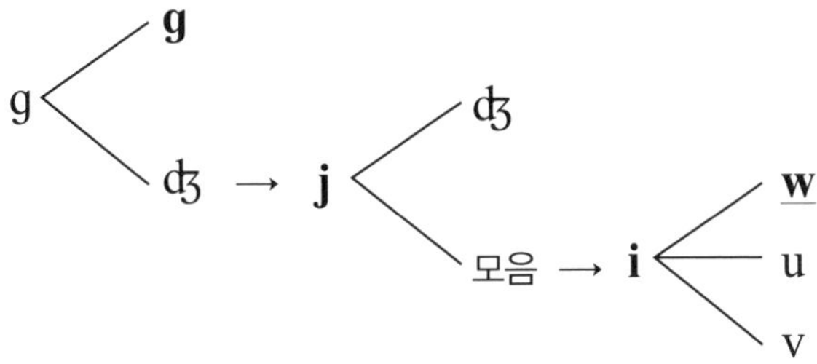

📖 tract or → dra**g**(끌다) → dra**w**(끌다): '끌다'의 뜻

11) p(f) → qu

순음 'p'가 'qu'로 변화한다.

📖 **p**enta(다섯) → **qu**int(오도음정)

3. 접미사(接尾辭)로 쉽게 알기

-a	산화물(ceria 산화세륨), 탄소를 치환하는(aza 탄소 대신에 질소를 함유한)
-ability	할 수 있음, ~에 알맞음
-able	(동사·명사 뒤에 붙어) 할 수 있는, ~에 적당한
-ac	~같은, ~에 관한, ~에 홀린, ~병중 환자
-acal	~같은, ~에 관한, ~에 홀린, ~병중 환자
-acea	강(綱), 목(目)의 명(名)(crustacea 갑각류)
-acean	'-acea, -aceae'로 분류되는 동식물의 개체를 가리킴(crustacean 갑각류의 동물)
-aceous	~의, ~같은(crustaceous 갑각류의, 피각질의)
-acious	~한 경향이 있는, ~이 많은
-acity	'-acious'로 끝나는 형용사를 명사로 만듦
-acle	장치, 성질, 상태(obstacle 장애물, 방해물)
-acy	(형용사·명사 뒤에 붙어) 성질, 상태, 지위
-ad	~개 부분을 갖는 것, ~의 기간, ~의 찬가, ~의 요정(妖精), ~의 방향에, ~을 향하여
-ade	(동작·동작의) 결과, 또는 그 재료에서 생긴 것
-aemia	~한 혈액을 가진 상태, 혈액 속에 ~이 있는 상태
-ain	(동사 뒤에 붙어) 사람
-age	결과, 동작, 신분, 상태, 장소, 수량, 요금(명사 뒤에 붙어 집합명사)
-agog, -agogue	이끄는 것, 분비·배출을 촉진하는 것
-aholic	~탐닉자, ~중독자
-al	(동사 뒤에 붙어) ~하는 행위·과정, (명사 뒤에 붙어) ~의, ~성질의, ~특유의, 상태, (그리스어계 명사) 병의 상태, (동식물) 속명, (지역 사회) 제전(祭典) 이름, (동식물학상) 분류명, 특정의 ~에 관한(속하는, 기원을 가진) 것
-ally	'-ical'형이 아닌 '-ic' 형용사에서 부사를 만듦
-an	(명사 뒤에 붙어) 행위자, 소속자, 관계자, 성질의, ~에 속하는
-ana	(인명·지명 따위에 붙어) ~에 관한 자료(집) ~어록, ~일화집, ~풍물지, ~서지, ~문헌
-ance	(동사 뒤에 붙어) 동작, 상태, 성질
-ancy	(동사 뒤에 붙어) 동작, 상태, 성질
-andry	~한 남편(수컷, 수꽃술)의 보유(monandry, polyandry)
-ant	~하는, ~성질의, (동사 뒤에 붙어) 행위자, 사람을 나타냄
-anthous	~한 꽃이 피는
-ar	(동사 뒤에 붙어) 행위자, ~의 도(regular 정규의)

-arch	지배자, 왕, 군주, ~에 근원을 가진, 몇 개의 기점(원점)을 가진
-archy	정치(체제), 지배(체제)
-ard	(형용사 뒤에 붙어) 많이 ~한 상태의 사람(흔히 비난적일 때 쓰임)
-aria	~같은, ~에 쓰는 것, ~의 장소, ~에 관계가 있는 생물의 속(屬), 목(目)
-arian	~파의, ~주의의(사람), 나이가 ~살인(사람)
-arious	~에 관한
-arium	~에 쓰는 것, ~의 장소
-art	많이 ~하는 사람
-ar(y)	(명사 뒤에서) 행사, ~성질의, ~과 같은, ~에 관한(anniver<u>sary</u> 기념일)
-ary	(형용사·명사 뒤에 붙어) ~하는 사람, ~에 속한 사람·장소
-ase	효소
-asis	병적 상태, 성(性)의 병, ~에 기인하는 병
-ast	~에 관계가 있는 사람, ~에 종사하는 사람
-aster	엉터리~ , 덜된~, 서투른~ 별, 성상체
-ata	~을 특징으로 하는 동물류(類)
-ate(d)	사람, 직무, ~시키다, ~하다, ~을 주다, ~로 만들다, ~이 있는, 특성을 가진
-athon	지구력 겨루기
-atic	~같은, ~의
-ation	~하는 행위·행동·과정, ~한 상태, ~한 결과로 생긴 것
-ative	~에(의) 관련이 있는, ~에 도움이 되는, ~하는 경향이 있는, ~적(的)
-ator	~하는 사람, ~하는 것
-atory	~의 경향이 있는, ~적(的)인, ~하는 장소
-ature	행위, 결과
-atus	신분, 상태(status 지위, 자격, 신분, 현황)
-behaved	행동이 ~한
-bility	'**-able, -ible, -uble**'로 끝나는 형용사를 명사로 만듦
-biont	생활 방식을 가진 것
-biosis	(특정한) 생활 방식
-biotic	(특정한) 생활 방식을 가진
-bodied	몸이 ~한, ~체의, 구체화 한
-bosomed	~한 가슴의
-bottomed	~한 바닥의
-brained	~한 머리를 가진
-browed	~한 눈썹을 한

-burg(h)	시, 도시(흔히 지명에 사용)
-cade	행렬, 구경거리
-cardia	심장
-cardium	심장
-carp	과실(을 맺는 식물)
-carpic	~의, ~개(個)의 과실이 있는
-carpous	~의, ~개(個)의 과실이 있는
-carpus	~의 과실을 맺는 식물
-cation	증명
-ce	('-d, -se'로 끝나는 동사 변화) ~하기, ~한 성질, 행위, 결과
-centric	~의 중심이 있는, 중심의
-cephalic	~의 머리가 있는
-cephalism	~의 머리가 있는
-cephalous	~의 머리가 있는
-cephalus	두부이상(頭部異常)
-cephaly	~의 머리가 있는
-cercal	꼬리
-chinned	~의 턱을 가진
-chroic	~색깔의
-chroous	~색깔의
-cheeked	~한 뺨의
-cidal	죽이는(힘이 있는)
-cide	살인(범죄 또는 범인)
-cle	작은, 귀여운
-clinal	경사진
-cline	경사
-clinic	경사진, ~의 사정이 있는
-clinous	암술과 수술이 ~의 꽃에 있는
-cocci	구균(球菌)
-coccus	구균(球菌)
-coel(e)	체강(體腔)
-coline	~에 살고 있는, ~에 자라고 있는
-colous	~에 살고 있는, ~에 자라고 있는
-corn	뿔, 뿔이 있는

-cosm	~세계, ~우주
-cotyl	떡잎
-cracy	정치, 사회 계급, 정치 세력, 정치 이론
-crat	('-cracy'로 끝나는 명사 변화) ~을(지지)하는 사람, 정치자
-cratic	지지자(일원)
-cratical	지지자(일원)
-cule	작은, 귀여운
-cy	(형용사·명사 뒤에 붙어) 성질, 상태, 지위, 신분, 행위, 작용
-cyst	낭(囊), 포낭(包囊)
-cyte	세포
-d	(명사 뒤에 붙어) ~이 있는, ~을 가진, (동사에 붙어) 동작, 상태
-dactylia	~한 개의, 손(발) 가락이 있는 상태
-dal	~하는 행위
-de	결과
-dendron	수목, 수지상(樹枝狀)구조, 줄기
-derm	피부
-derma	피부, 피부병
-dermata	피부, 피부병
-dermis	피층, 섬유층
-diene	2중, 결합이 두 개, (di+ene 유기화합물)
-dom	사회, 기질, ~의 상태, 신분, 지위, 계급, 영토, 세력의 범위
-drome	경주로, 광대한 시절, 가는, 달리는
-dromous	가는, 달리는
-e	상태, 성질, 행위, 결과를 나타내면 반복되는 자음을 피하기 위해 '-e'를 붙인다
-eady	상태, 성질(steady 확고한, 끊임없는, 흔들이지 않은)
-ean	(명사 뒤에 붙어) 행위자, 소속자, 관계자, 성질의, ~에 속하는
-ectomy	절제(술)
-ed	(명사 뒤에 붙어) ~이 있는, ~을 가진, ~을 비치한, ~에 걸린, 동작, 상태
-edly	부사어미
-ee	~을 받는 사람, 행위자, ~한 상태에 있는 사람, ~의 작은 것, 비슷한 것
-eel	~한, 품성
-een	비슷한 직물, ~의 작은 것, ~한 귀여운 녀석, ~한 자그마한 놈
-eer	~행위자, ~관계자, ~취급자, ~제작자, ~에 관계하다
-ein(e)	화합물

-el	작은 것, 행동
-emia	~한 혈액을 가진 상태, 혈액 속에 ~이 있는 상태
-emn	~한, 성질, 상태(solemn 장중한, 근엄한)
-en	과거분사, 복수, 여성명사어미, ~질(質), 성(性),~로 이루어지는, ~하게 하다, ~로 되다
-ence	~하기(행위), ~한 성질(상태)
-ency	(형용사 뒤에 붙어) ~한 성질, ~한 상태
-ent	(동사 뒤에서) 행위자, 사람, ~하는, ~성질의, 장소(occident 서양)
-er	~하는 것, 거주자, 제작자, 행위자, 종사자, ~한 상태의 사람, 동작, 기계, 물건 등을 나타내는 동사어근, (의성어 뒤에서) 반복, 반발, 비교급
-erence	성질, 상태
-erent	성질, 상태
-ern	(방위를 나타내는 명사 뒤에 붙어 형용사) ~의, ~(한) 쪽의
-eroo	~하는 사람
-ery	성질, 행위, 습관,~상(商),~업(業), ~술(術),~(류(類), ~하는 곳, 장소
-es	3인칭 단수 현재형, 명사의 복수형, (습관적 반복을 나타내는 부사 기능을 하는) 명사복수형
-esce	~시작하기, ~이 되다, ~화하다
-escence	~하는 작용(경과, 과정, 변화), ~상태
-escent	~기(期)의, ~성(性)의, ~하기 시작하는, ~의 빛을 내는(반사하는)
-ese	(국명, 지리에 붙어) ~의, ~기원의, ~어(방언)의, ~사람의, (작가 이름에 붙어) ~풍의 국명, (지명에 붙어) ~사람, ~주민, ~어(語), (지명, 인명, 집단에 붙어) 특유화법
-esque	(명사 뒤에 붙어) ~양식인, ~풍의
-ess	여성을 나타내는 명사어미
-est	형용사·부사의 최상급을 만듦, 'thou'에 수반되는 동사 2인칭 단수·현재형 및 과거형 만듦
-estic	~한, ~하여진(domestic 만들어진)
-et	~의 작은 것, ~의 집단, 작은, 여성 등
-eth	동사의 3인칭 단수 현재형을 만듦[현재는 -(e)s로 바뀜]. 4이상의 기수(基數)에 대한 서수를 만드는 어미
-etic	~의, ~와 같은, ~한 성질
-ette	작은, 여성, ~모조, ~대용품
-etum	~의 수원, ~의 화원
-ety	(형용사 뒤에 붙어) 성질, 상태
-ey	(동사·형용사 뒤에 붙어) 행위, 상태, 장소, ~이 많은, ~성질의, (명사에 붙어) 작은 것, ~에 속한 것, (형용사에 붙어) ~한 성질이 있는

-f	'-ve'로 끝나는 동사를 변화시켜 행위, 상태
-facient	~화(化)하는, ~작용을 일으키는, ~성(性)의, 작용을 일으키는 것
-faction	('-fy'로 끝나는 동사의 명사형) 작용
-factive	만드는, 원인이 되는
-fair	정기적으로 서는 장, 품평회, 박람회, 견본시, 자선시, 바자
-fast	견디는, 내(耐) ~성(性)
-fer	~을 만들어 내는 것, ~을 함유한 것
-ferous	~을 낳는, ~을 함유한
-fest	(성대한, 비공식적인) 모임, 회합, 축제
-fic	~화하는, ~을 일으키는, 이야기하는
-fication	('-fy'로 끝나는 동사의 명사형) ~화(化) 하기
-ficial	~을 일으키는
-fid	~으로 분단된, ~으로 분열된
-fisted	주먹이 ~한
-form	~형(모양)
-free	~로부터 자유로운, ~이 면제된, ~이 없는
-ful	~가득, ~이 많은, ~의 특성을 가진, ~하는 경향이 있는, ~하나 가득
-fy	(형용사·명사 뒤에 붙어) ~하게 하다, ~로 되다
-gaea	지역의
-gamous	결혼의
-gamy	~결혼, ~번식, 재생
-gate	추문(醜聞), 스캔들
-gea	지역
-gen(e)	~을 낳는 것, ~에 생긴 것
-genetic	~을 생성하는, ~에 의해 생성되는
-genic	~을 생성하는, ~한 유전자를 가진, ~에 의한 제작에 적합한
-genous	발생하는, ~에 의해 발생되는
-geny	발생, 기원
-gerous	생기는, 가지는 따위
-gment	행위, 결과, 성질
-gnathous	~한 턱을 가진
-gnomy	판단술(학)
-gnosis	(특히 병적인 상태의) 인식
-gnostic	지식, 인식

-gon	~각형(角形)
-gony	발생, 기원
-grade	(주로 동물학 용어) 걷는, 움직이는, 가는
-gram	기록, 그림, 문서
-graph	~을 쓰는, (그리는, 기록하는)기구, ~을 쓴 것, 그림, ~로 쓰다(기록하다)
-grapher	쓰는 사람, 그리는 사람, 기록자
-graphic	'-graph, -graphy'로 끝나는 명사의 형용사를 만듦
-graphical	'-graph, -graphy'로 끝나는 명사의 형용사를 만듦
-gyne	여자, 암컷, 자기(雌器)
-gynousv	~한 여자가 있는, 여성의, ~한 암술기(器)가 있는, 집합적으로, 암술무리
-gyny	('-gynous'에 대응하는 명사를 만듦) 여자
-head	성질, 상태
-hedral	~개의 변(면)으로 된
-hedron	~면체
-hemia, haemia	~한 혈액을 가진 상태, 혈액 속에 ~이 있는 상태
-herd	(명사 뒤에 붙어) 양육자
-high	~의 높이의
-hippus	말
-holic	~탐닉자, ~중독자
-hood	성질, 상태, 계급, 신분, (명사·형용사 뒤에 붙어) 시대, 관계
-hydric	수산기(산수소酸水素)를 함유한
-i	라틴·이탈리아계 명사의 복수형을 만듦, 중동 지역명 따위에서 형용사로 쓰임, 라틴어계의 복합어의 연결모음, 어계에 관계없이 단순 연결모음을 나타내며 'i'로 끝나는 단어는 'y'로 바꾸어 표기(i→y).
-ial	('-al'와 동일) ~의, ~성질의, ~특유의, ~에 관한, ~이 되는
-ian	(명사 뒤에 붙어) 행위자, 소속자, 관계자, 성질의, ~에 속하는
-iana	(인명·지명 따위에 붙어) ~에 관한 자료(집) ~어록, ~일화집, ~풍물지, ~ 서지, ~문헌
-iasis	병적 상태, 성(性)의 병, ~에 기인하는 병
-iatric	~의 의료의
-iatrical	~의 의료의
-iatrics	치료
-iatry	치료
-ibility	할 수 있음, ~에 알맞음
-ible	(동사·명사 뒤에 붙어) 할 수 있는, ~에 적당한

-ic	~의, ~와 같은, ~의 성질인, ~에 관한, ~로 이루어진, 학술명
-ical	~에 관한, ~의(같은)
-ice	(동사·형용사 뒤에 붙어) 상태, 성질, 행위
-ics	(명사·동사·형용사 뒤에 붙어) 학문, 예술
-ick	~의, ~와 같은, ~의 성질인, ~에 관한, ~로 이루어진, 학술명
-id	~의 딸, 별자리 유성의 이름, ~왕조의 사람, (라틴어) 명사어미, (라틴어 계열) 상태를 나타내는 형용사, 피부진, ~진, ~화합물, ~계열 원소(turbid 혼합한)
-idae	~가(家)의 사람들, 과(科)
-idia	작은 것
-idin	구조 따위가 다른 화합물과 관련을 가진 화합물
-idium	작은 것
-ie	(명사에 붙어) 작은 것, ~에 속한 것, 형용사에 붙어 ~한 성질이 있는
-ier	(명사 뒤에 붙어) ~에 관한 직업의 사람
-iferous	~을 낳는, ~을 함유한
-iff	(동사·형용사 뒤에 붙어) 사람
-iform	~형(모양)
-ify	(형용사·명사 뒤에 붙어) ~하게 하다, ~로 되다
-il	행위, 결과
-ile	(명사 뒤에 붙어) 하기 쉬운, ~이 있는, ~에 적합한, ~등분한 하나
-ili	성질, 상태
-ility	성격, 상태
-ime	제도, 권
-imen	행위, 결과, 성질, 상태
-in	~에 속하는, 그리스·라틴계의 형용사 및 파생명사 만듦, 시위, 운동, 집단항의를 나타내며 화학, 제품, 약품명 따위를 만듦
-ina	여성형을 만듦, 군(群)
-inae	아과(亞科)
-ine	~에 관한, ~로 이루어진, ~의 성질을 지닌, 여성명사, 추상명사를 만듦
-ing	동작, 결과, 행위, 직업, ~된 것, 형상, 배치, ~할 것 같은, ~되기에 적당한, ~에 속하는 (의 일종에 유래하는 것), 때로는 지소사의 의미를 지님
-iok	~와 같은, ~성질인
-ion	(tʃ, ʃ, dʒ, ʒ 다음에는, –ən) 상태, 행위, 구체적 사례, 결과
-ior	~하는 사람, 라틴어계 형용사의 비교급을 만듦
-iour	~하는 사람, 라틴어계 형용사의 비교급을 만듦

-ious	~의 특성을 가진, ~으로 가득찬
-ique	~의, ~와 같은, ~의 성질인, ~에 관한, ~로 이루어진, 학술명, '-isation(ize, ise)'로 끝나는 동사의 명사를 만듦
-ise	~로 하다, ~화하다, 성질, 상태
-ish	~와 같은, ~다운, 대략~무렵, ~하게 하다, ~을 주다, ~의, ~적(的)
-ishment	성질, 상태
-ism	행동, 상태, 작용, 체계, 주의, 신앙, 특징, 특성, 주의, 병적 상태, 이상
-ist	~하는 사람, ~주의자, ~을 신봉하는 사람, ~가(家), 행위자, 관계자
-istic	~성의, 'ist, ism'의 어미를 가진 명사의 파생형용사를 만듦(humanistic 인간성의)
-istical	'ist, ism'의 어미를 가진 명사의 파생형용사를 만듦
-it	행위, 결과
-ite	(동사·명사 뒤에 붙어) 지지자, 거주자 등을 나타내며 ~이 있는
-ites	'-itis'의 복수형
-itic	'-ite, -itis'에 대응하는 형용사를 만듦
-ition	(동사 뒤에 붙어) 동작, 상태
-itious	~의 성질이 있는
-itis	염증, ~에 의한 병, ~에 강요당하는 괴로움, ~에 대한 강한 성벽, ~광, ~중독
-itive	(동사 뒤에 붙어) 행위자, 관계자, 성질, 경향, ~하기 쉬운, ~의 성질이 있는
-itol	다가(多價), 알코올
-itous	'-ity'로 끝나는 명사에 대응하는 형용사를 만듦
-itude	('-t'나, 라틴어계의 형용사·과거분사에 붙어) 정도, 상태, 성질
-ity	(형용사 뒤에 붙어) 정도, 상태, 성격
-ium	(라틴어계) 명사, (화학원소) 명사, 기관부서명, 생체 조직명을 만듦
-ius	성질, 상태
-ive	(동사 뒤에 붙어) 행위자, 관계자, 성질, 경향을, ~하기 쉬운, ~의 성질이 있는
-ix	'-or'의 남성명사에 대한 여성명사의 어미, inheritor(상속인): -inheritrix
-ization	'ize, ise'로 끝나는 동사의 명사를 만듦
-ize	~의 상태로 만들다, ~로 취급하다, ~로 하다, ~화하다
-kin	~의 작은 것
-kins	~의 작은 것
-l	명사형 어미
-la	기구, 도구(umbrella 우산)
-lalia	(어떤 형의) 언어 부전
-later	숭배자

-latry	숭배
-le	반복, 반발, 작은, 귀여운, ~하는 경향이 있는, ~하는 사람(도구)
-length	~까지 미치는 길이
-lent	~에 가득차 있다, **excellent**(우수한, 뛰어난), **pestilent**(전염성의, 유해한)
-less	~이 없는, ~이 안 되는, ~이 빠진, ~할 수 없는, ~하기 힘든
-let	더욱 작은, 몸에 지니는 것
-like	(명사 뒤에 붙어) ~같은, ~다운
-ling	(명사·형용사·부사에 붙어) ~에 속하는 사람(것), 방향, 상태. 또는 작은 것, 경멸적인
-lings	방향, 상태
-lite	광물, 화석
-lith	돌로 만든 것, 결석, 석(石)
-lithic	~석기 문화
-lived	생명이 ~한
-lled	~특성이 있는
-lment	행위, 결과
-log	이야기, 학문, 편찬, 연주, 연구생
-logist	~학자, 연구자
-logue	이야기, 학문, 편찬, 연주, 연구생
-logy	말하기, 말, 담화, 학문, ~론, ~학
-long	(명사 뒤에 붙어) 방향, (명사·형용사에 붙어) 부사를 만듦
-ly	(명사에 붙어) ~같은, ~의 성질이 있는, 되풀이 일어나는, ~의, ~다운, (형용사 뒤에 붙어)부사를 만듦
-lyse	'**-lysis**'에 대응하는 타동사를 만듦
-lysis	분해, 해체, 마비, 파괴
-lyte	광물, 화석, 분해를 일으키는
-lytic	분해의, 분해하는
-lyze	'**-lysis**'에 대응하는 타동사를 만듦
-machy	싸움
-man	~나라 사람, ~에 사는 남자, 직업, 신분, ~선(船)
-mancy	~점(占)
-mar	법, 원리
-mas	~제(祭), ~축일(祝日)
-meal	한번에 ~씩
-megalia	비대, 거대

-megaly	비대, 거대
-mence	성질, 상태
-ment	(동사 뒤에 붙어) 동작, 결과, 성질, 수단
-mer	특정 부류에 속하는 화합물, iso<u>mer</u>(이성체), meta<u>mer</u>(동족 이성체), poly<u>mer</u>(중합체)
-mere	부분, 분절
-merism	화학 구성단위의 배열, ~이기, ~으로 이루어지기
-merous	~(의 부분)으로 나뉜
-meter	~계(計), 기(器), ~미터, ~보격
-metric	계량기의(로 단), 계량의
-metrical	계량기의(로 단), 계량의
-metry	측정법(학, 술)
-miler	~마일 경주(자)
-mnesia	~한 기억(형) [상태]
-mo	책의 크기를 나타내는 절(折)
-monger	상인
-mony	결과, 상태, 동작
-more	(형용사·부사에 붙어) 비교급을 만듦
-morph	~한 모양을(형태를) 한 것
-morphic	~한 모양을(형태를) 가진
-morphism	~형태, ~형태관
-morphosis	~의 형태 발달(변화)
-morphous	~한 모양을(형태를) 가진
-morphy	~형태
-most	(명사 뒤에 붙어) 최상급의 형용사, 위치, 때, 순서
-mycete	균
-mycetes	균류, 강, 아강의 분류 명을 만듦
-mycin	균류에서 채취한 항생물질
-nasty	경성운동(생장), 압력에 의한 세포 생장 불규칙성
-nis	명령어(ten<u>nis</u> 테니스 공을 잡아라)
-nation	동작, 상태
-naut	항행자, 추진하는 사람
-nd	숫자 2뒤에 붙어 서수(序數)를 만듦
-ne	상태, 결과
-ness	(형용사 뒤에 붙어) 성질, 상태, 정도

-nik	~와 관계있는 사람, ~한 특징이 있는 사람, ~애호자
-nomy	~학(學), ~법(法), 권(權)
-n't, -nt	not
-o	생략 따위, ~인, ~한 성질의, ~와 관계있는 것
-o-	그리스계 단어의 파생어에 쓰임, 복합어의 제1-제2요소 사이에 쓰임
-ock	작은 것, 작은~
-oholic	~탐닉자, ~중독자
-ocracy	정치, 사회 계급, 정치 세력, 정치 이론
-ocrat	~을(지지)하는 사람
-ode	~과 같은 성질(모양)을 지닌 것, 길, 전극(電極)
-odont	~한 이를 가진
-odontia	~한 이를 가진 동물, 이의 ~형(상태, 치료법)
-odus	~한 이를 가진 동물
-odynia	~통(痛)
-oholic	~탐닉자, ~중독자
-oid	~와 같은(것), ~ 모양의(것), ~질의(것)
-oidal	~와 같은(것), ~ 모양의(것), ~질의(것)
-oida, -oidea, -oidei	~특징(성질)의 동물
-oma	종(腫), 혹. carcinoma(암), sarcoma(육종)
-omata	'-oma'의 복수형, 종(腫), 혹
-on	소립자, 단위, 양자(量子), 비활성 기체, 비케톤 화합물, 비옥소 화합물
-onium	양이온
-ont	세포, 유기체
-onym	이름, 어(語)
-o(o)n	크다, 성질, 상태
-opia, -opy	시력, 시각장애
-opses, opsides	'-opsis'의 복수형, (외관상의) 유사
-opsis	(외관상의) 유사
-opsy	검사(檢查)
-opy	시력, 시각장애
-or(e)	(동사 뒤에 붙어) 행위자, ('-ate' 어미를 갖는 동사에 붙어) 작위명사 elevator(승강기), possessor(소유자), 동작, 상태, 성질, 라틴어계의 명사를 만듦
-our	동작, 상태, 성질, 라틴어계의 명사를 만듦
-oria	~을 위한 장소(시설)

-orial	~의, ~에 속하는, ~에 관계가 있는
-orium	~을 위한 장소(시설)
-ory	(동사·명사 뒤에 붙어) ~소(所), ~의 곳, ~와 같은, 성질이 있는, ~하는
-ose	많은, ~이 있는, ~을 가진, ~성(性)의, 탄수화물, 당(糖)
-osis	작용, 과정,(병적) 상태
-osity	'-ose, -ous'의 어미로 끝나는 형용사에서 명사를 만듦
-ostosis, -ostoses	골화(骨化) 작용
-ot	사람, 작다
-otic	(작용, 과정, 상태 따위의) ~적인, ~에 걸린, ~을(이상하게) 낳은, 종종 '-osis'로 끝나는 명사의 형용사 만듦, 귀의 ~부분의, 귀와 ~의 관계가 있는 뼈의
-our	(동사 뒤에 붙어) 행위, 성질, 결과, 기구
-ous	~에 열중하는, ~의 특성을 가진, 많은, ~과 비슷한, ~하는 습관이 있는
-para	산부(産婦)
-parous	만들어 내는, 분비(分泌)하는
-path	요법의사
-pathia	~증, ~병
-pathic	~감흥(感興)의, ~증(症)의, ~요법(療法)의
-pathy	고통, 감정, 요법
-ped, -pede	~의 발을 가진(생물)
-penny	가격이 ~페니(펜스)
-person	사람
-petal	~의 쪽으로 움직이는, ~을 구(求)하는
-petalous	~꽃잎의
-pexy	고정
-phage	먹을 것, 세포를 괴멸하는 세포
-phagia	식욕
-phagous	(어떤 음식을) 먹고 사는
-phagy	(어떤 음식을) 상식(常食)함
-phane	(어떤 종(種)의) 형태, 성질, 외관을 가진 것
-phany	출현, 구현
-phasia	[어떤 종(種)의] 언어 부전(不全)
-phil, -phile	~을 사랑하는 사람, ~을 좋아하는 사람, ~에 친화력을 가진 물질, ~에 우호적인, ~을 좋아하는, ~에 친화력을 가진
-philia	~의 경향, ~에(대한) 병적인 애호

-philiac	~의 경향이 있는 사람, ~에 대하여 병적인 식욕·기호를 가진 사람
-philic	~을 좋아하는
-philous	~을 좋아하는, ~에 친화적인
-phily	~애호, 호(好) ~성, 친(親) ~성
-phobe	~를 무서워하는(사람) ~에 반대하는(사람)
-phobia	~공포증, ~혐오
-phobic	~이 싫은, 친화성이 결여된
-phone	소리
-phony	음, 목소리
-phore	~을 나르는 것, 지탱하는 것
-phoresis	~전달
-phorous	~을 가진, 지탱하는
-phyll	식물내의 ~색소, ~한 잎
-phyllous	잎이 ~의, ~잎의
-phyre	반 암
-phyte	~한 습성(특성)을 가진 식물, 병적 증식(형성)
-phytic	식물 같은
-plasia, -plasy	형성, 생장, 발달
-plasis	조형(molding)
-plasm	형성된 것, 형성하는 것
-plast	형성된 것
-plasty	형성, 성장, 성형외과
-plegia, -plegy	마비(paralysis)
-pod	발이 있는
-poda	~의 발이 있는 동물
-podium	~한 발이 있는 것, 발 모양의 부분이 있는 것
-podous	~한 발을 가진 것
-poiesis	산출, 생성, 신생(新生)
-poietic	산출하는
-poo	작은 것
-proof	~을 통하지 못하게 하는, 내(耐)~, 방(防)~
-que	~와 같은, ~성질인
-rd	숫자 3뒤에 붙어서 서수
-rel	소(小), 경멸의 뜻을 가진 명사를 만듦

-res(s)	장소, 곳
-rhine	~의 코를 가진
-rhiza	뿌리(같은 부분)
-ric	관할 구역, 영역
-rix	(명사 뒤에 붙어) 여성
-rrhagia	이상 배출, 유출 과다
-rrhea, -rrhoea	배출, 방출, 유출
-rrhine, -rhine	~의 코를 가진
-rrhine	~의 코를 가진
-rrhiza	뿌리(같은 부분)
-ry	성질, 행위, 습관,~상(商),~업(業), ~술(術),~(류(類), ~하는 곳, 장소
-s	3인칭 단수 현재의 동사어미, 명사의 복수형, 부사어미(always), 명사의 소유격 어미, 문자, 숫자, 약어 따위의 복수형을 만듦
-saurus	도마뱀
-scape	~경치
-scope	~을 보는 기계, ~경(鏡), 검기(劍器)
-scopic	보는, 관찰, 관측하는
-scopy	보는 법, 검사, 관찰
-se	'-d'로 끝나는 동사를 변화시켜 행위, 결과, 성질, 상태
-sect	자르다, 잘린, 분할된
-sepalous	~의 꽃받침이 있는
-ses	과정, 활동
-ship	(명사 뒤에 붙어) 상태, 신분, 재직기간, 자격, 특성, 기능, 수완
-shot	~이 미치는 범위,(피가) 모인
-shy	수줍어하는, 무서워하는, 싫어하는
-sion	(동사 뒤에 붙어) 동작, 상태
-sis	과정, 활동
-soever	(의문 대명사·의문 부사에 연결하여) 비록 ~ 일지라도
-soma	체(體)
-somata	'-soma'의 복수형, 체(體)
-some	(명사·형용사·동사 뒤에 붙어) ~이 생기는, ~하는, 체(體), 염색체, ~에 적당한, ~경향이 있는, ~하기 쉬운, (수사에 붙어) ~사람[개(個)]으로 이루어진 군(群)
-son	(동사 뒤에 붙어) 동작, 상태
-sophy	지식체계, 학

-sory	명사·형용사 어미, **accessory**(부속물, 부속품, 액세서리) **promissory**(약속하는)
-spermy	~의 수정(受精) 상태
-ss	'-d, -ed'로 끝나는 동사를 변화시켜 행위, 결과
-st	형용사·부사의 최상급을 만듦, **thou**에 수반되는 동사 2인칭 단수·현재형 및 과거형 만듦. 숫자 1뒤에 붙어 서수
-stat	안정장치, 반사장치, 발육 저지제(沮止劑)
-stead	(명사 뒤에 붙어) 구체적인 장소
-ster	~하는 사람, 만드는 사람, 다루는 사람, (동사·형용사 뒤에 붙어) 행위자
-stome	입(mouth)
-stomous	한 개의 입(mouth)이 있는
-stomy	개구술(開口術)
-sty	~하는 사람
-stylar	~한 기둥이 있는
-style	~의 기둥(기둥모양)의 건조물
-stylous	~의 암술대가 있는
-t	(동사 뒤에 붙어) 행위, 결과, ('-the'로 끝나는 동사를 변화시켜) 행위, 결과
-taxis, taxes	배열(配列), 주성(走性)
-taxy	배열(配列), 주성(走性)
-te	행위
-tene	~개(個)의 염색사(染色絲)가 있는, ~의 염색사를 특징으로 하는 시기
-teous	~하는 습관이 있는
-th	성질, 상태, 정도, 동사의 3인칭 단수 현재형을 만듦[현재는 -(e)s로 바뀜], 4이상의 기수(基數)에 대한 서수를 만드는 어미, 형용사·동사에서 추상명사를 만듦
-theism	~의 신(신들)을 믿음
-theist	~의 신(신들)을 믿는 사람
-thymia	정신(의지) 상태
-tical	지식, 인식
-tifi	성질, 상태
-tification	행위, 결과
-tiul	~가득, ~이 많은, ~의 특성을 가진, ~하는 경향이 있는, ~하나 가득
-tify	~하게 하다, 성질, 상태
-tion	상태, 동작, 동작의 결과
-tious	'-tion' 명사에 대응하는 형용사 어미로 ~한, ~이 있는
-tomy	분단, 절제, 절개술

-ton	~한 사람, ~한 것
-tonia	긴장(증)
-tonous	~같은, ~하는 습관
-tor	~하는 사람(것)
-tory	(동사·명사 뒤에 붙어) ~소(所), ~의 곳, ~와 같은, 성질이 있는, ~하는
-trices	~하는 여자, 선, 점, 면
-trichous	~한 털이 있는
-trix	~하는 여자, 선, 점, 면
-tron	진공관, 원자이하의 입자를 처리하는 장치, 소립자
-trope	회전하는(것), 회전, ~에의 친화성, 회전·반사·굴절하는 장치
-trophic	~의 영양에 관한(특징으로 하는), ~의 영양을 필요로 하는(활용하는)
-trophin	호르몬
-trophy	영양, 발육
-tropic	~의 자극에 따라 전회하는, 향 ~성의
-tropin	호르몬
-tropism	~에의[굴성(屈性), 향성(向性), 친화성(親和性)]
-tropy	~처럼 전회(轉回)한(구부러진) 상태, ~에의 굴성(屈性)을 나타내는 상태
-tude	('-t'나 라틴어계의 형용사·과거분사에 붙어) 정도, 상태, 성질
-ture	(동사 뒤에 붙어) 성질, 상태
-ty	(형용사 뒤에 붙어) 성질, 상태, 10의 배수
-ual	(명사 뒤에 붙어) ~의, ~성질의, ~특유의
-ude	성질, 상태
-uish	~하게 하다
-ula	어떤 공식, 방법
-ular	작은, ~의, ~비슷한
-ule	작은 것, 귀여운
-ulent	~이 풍부한
-ulose	케토오스당(levulose 좌선당, 과당)
-ulous	~의 경향이 있는, 다소 ~한
-ult(ra)	몹시, 매우, 과도한, 성질
-uncle	소(小)
-ure	(동사 뒤에 붙어) 행위, 과정, 존재, 동작의 결과, 직무, 기능, 수
-uret	~의 화합(혼합) 시키는, 2원소로(성분으로) 이루어진 화합물
-urgy	~의 취급법, ~의 조작기술

-uronic	오줌에 관련이 있는
-urous	~의 꼬리의(가 있는)
-us	~의, 성질, 상태
-ute	상태, 결과를 나타내며 동사를 만듦
-valent	~(원자)가의, ~(결합)가의, [감수분열에서 대합(對合)하는 상동염색체의] 수가
-ville	마을, 시, 장소
-voltine	1시즌(1년)에 ~회 산란 하는
-vore	~식(食) 동물
-vorous	~을 먹이로 하는
-ward(s)	(형용사·부사를 만들며 부사·형용사 뒤에 붙어) 방향
-watter	~와트(watt)의 것, 기기(機器)
-way(s)	위치·상태·방향을 나타내는 부사어미로 쓰임
-wide	~의 범위에 걸친, 전(全) ~의
-wise	(명사·부사에 붙어) ~의 양식(방법)으로, ~의 위치(방향)에서, ~에 관하여
-worthy	~할 만한, ~할 가치가 있는
-wright	만드는 사람, ~장이
-x	(프랑스어에 유래한 명사에 붙어) 복수형을 만듦
-y	~이 많은, ~성질의, (동사·형용사 뒤에 붙어) 행위, 상태, 장소를 나타냄, (명사에 붙어) 작은 것, ~에 속한 것, (형용사에 붙어) ~한 성질이 있는
-yer	('w'로 끝나는 명사 뒤에 붙어) 행위자
-yl	근(根), 기(基)
-zoa	동물
-zoic	동물의 생활(이 특수한) 양식의, (특정한) 지질 시대에 관한
-zoon	동물
-zygous	접합체적 구조가 있는
-zyme	효소(lysozyme 리소자임, 박테리아 용해 효소의 일종)

수백만 개의 로고 만드는 법

아래의 도형은 '신비의 도형'으로 특허청에 출원되어 있다.

9개의 도형은 2의 배수로 만들어졌다.

(가)가 1이라 할때, (나)와 (라)는 2이고, (마)와 (바)는 4이며, (다)는 8이 된다. 이 9개의 도형으로 이 세상의 거의 모든 사물이나 사람 등 한자도 600자 이상 만들수 있다.

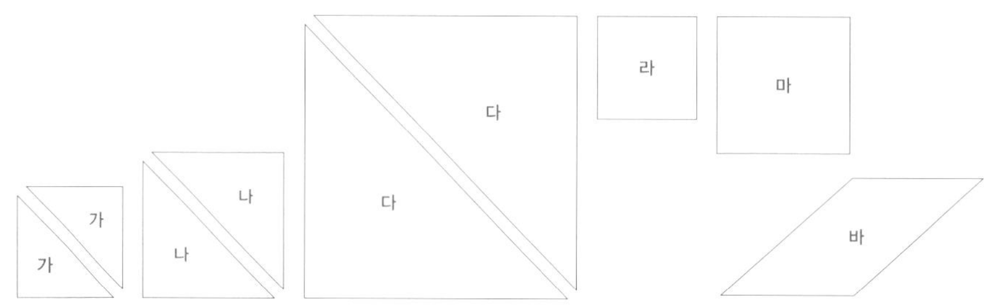

2012년 런던올림픽 로고 만들어지는 과정(☞ p57, p110, p111, p290, p291)

접두사로 쉽게 알기

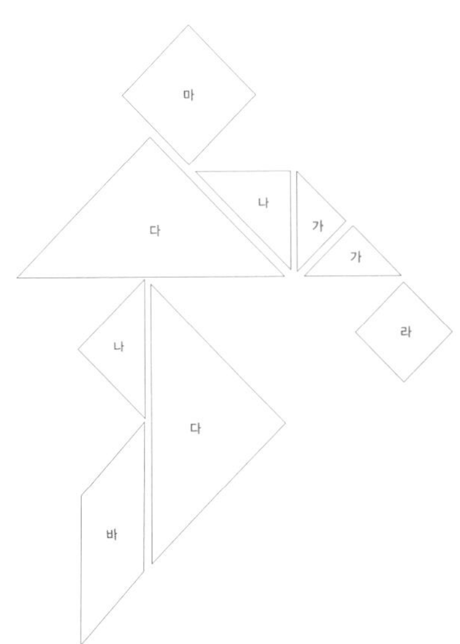

a- ➡ an- ➡ am-

① 부정(not, no, without)
② 운동, 방향, 변화, 첨가(to, at)
③ 벗어나, 분리(off, away, from)
④ 상태(on, in)
⑤ 소유(of)
⑥ 강조
⑦ 부정관사

abed(침대에)   **a**(방향) + bed(침대)

ablaze(타오르고, 화염에 싸여)   **a**(강조) + blaze(불길, 화재)

aboard(배안에)   **a**(방향) + board(널, 판자, 뱃전)

abound(풍부하다)   **a**(벗어나) + bound(경계, 범위)

abundance(풍부)   **a**(벗어나) + bund(bound) + ance(상태)

abundant(풍부한)   **a**(벗어나) + bund(bound) + ant(성질)

abroad(외국에)   **a**(방향) + broad(넓은 곳, 밖으로)

achieve(성취하다)   **a**(상태) + chieve(chief 지배자)
> 해 지배자의 위치로 올라가다.

across(가로질러, 건너서)   **a**(방향) + cross(십자)

akin(동족의, 친척의)   **a**(소유) + kin(친척, 친족)

alike(서로 같은, 마찬가지의)   **a**(상태) + like(같은)

alive(살아서)   **a**(상태) + live(살아있는)

aloud(큰 목소리로)   **a**(강조) + loud(목소리가 큰, 시끄러운)

amaze(~을 놀라게 하다)   **a**(강조) + maze(미로, 당황)

amiss(잘못되어, 적합하지 않은)   **a**(상태) + miss(실수)

anarchy(무정부 상태)   **an**(부정) + arch(지배자) + y(상태)

anew(새로이)   **a**(상태) + new(새로운)

apart(떨어져서)   **a**(분리) + part(부분)

ample(광대한, 넓은)   **am**(변화) + ple(ply 접어 겹치다)
> 해 접어 겹쳐 있는 것을 펼치니 **광대하고 넓은**의 뜻이다.

amplify(확대하다, 확장하다)   **am**(변화) + pl(e)i(접어 겹치다) + fy(~하다)

amply(충분히, 상세히)   **am**(변화) + ply(접어 겹치다)
> 해 접어 겹친 부분이 보이지 않은 것을 펼쳐서 **상세히, 충분히** 알게 된다.

arise(일어나다, 생기다)   **a**(상태) + rise(일어나다)

around(사면에, 둘레에)   **a**(상태) + round(원, 순회)

ashamed(부끄러워하는)   **a**(강조) + shame(수치) + (e)d(~을 가진, 동작, 상태)

ashore(해변으로)   **a**(방향) + shore(해안)

asleep(잠들어)   **a**(상태) + sleep(잠자다)

astray(길을 잃어)   **a**(강조) + stray(옆길로 빗나가다, 헤매다)

atheism(무신론)   **a**(부정) + the(o)(신) + ism(론)

atom(원자)   **a**(부정) + tom(cut 자르다)
> 🗝 더 이상 자를 수 없다.

avoid(~을 피하다)   **a**(벗어나) + void(제거하다, 비우다)

awry(일그러져, 빗나가서)   **a**(상태) + wry(뒤틀린, 비틀어진)

ab- ➡ abs- ➡ adv-

① 벗어난, 분리(off, away from)
② ~로 부터

abhor(싫어하다, 혐오하다)   **ab**(~로 부터) + hor(horror 공포)
> 🗝 공포로부터 오는 것은 **싫어하고 혐오한다**의 뜻이다.

abhorrence(혐오)   **ab**(~로 부터) + horr(horror) + ence(성질, 상태)

abhorrent(몹시 싫은, 지겨운)   **ab**(~로 부터) + horr(horror) + ent(행위)

abnormal(이상한)   **ab**(분리) + normal(정상의, 표준의)
> 🗝 정상에서 벗어나니까 **이상한**이 되었다.

abnormality(이상, 변칙)   **ab**(분리) + normality(정상, 표준)

abnormity(이상, 변칙)   **ab**(분리) + normity(normality)

abrupt(돌연한, 갑작스러운)   **ab**(~로 부터) + rupt(<u>rupt</u>ure 파괴, 불화)
> 🗝 일본에 쓰나미가 **갑작스럽게 돌발적으로** 일어나 건물의 **파괴**와 방사능물질의 유출로 **불화**가 일어났다.

absence(부재)   **ab**(분리) + sence(is 있다)
> 🗝 있는 것에서 분리되어 떨어져 나갔으니 **부재**가 되었다.

absent(부제의, 방심상태의)   **ab**(away from) + sent(is)
> 🗝 정신을 집중 시키지 않고 다른 곳을 생각하니 **방심상태**가 되었다.

absentminded(방심상태의)   **ab**(분리) + sent(is 있다) + minded(mind 마음)
> 🗝 마음이 다른 곳에 가 있으니 **방심상태**가 되었다.

absolute(흡수하다)   **ab**(~로 부터) + solute(용해된, solution 해결)

absorb(흡수하다)   **ab**(~로 부터) + sorb(흡착하다, 흡수하다)

abuse(남용하다)   **ab**(벗어나) + use(사용하다)
> 🗝 사용을 벗어날 정도로 너무 많이 하여 **남용하다**가 되었다.

abstain(~을 삼가다, 끊다)　　　　　**abs**(벗어나) + tain(잡다)

　🔠 술이나 담배를 잡는 것을 벗어나는 것이 **삼가고**, **끊다**가 되는 것이다.

abstract(추상적인, 이론적인)　　　　**abs**(~로부터) + tract(넓은 지면, 논문, 끌다)

　🔠 머리속으로 생각한 것을 논문이나 지면으로 충분히 설명하여 이끌어내는 것이 **추상적이고 이론적인** 것이다.

advance(전진, ~을 전진시키다)　　　**adv**(벗어난) + ance(상태)

　🔠 현 위치에서 앞으로 벗어나게 한 상태가 **전진**이며, **전진시키다**이다.

ad- ➡ ab- ➡ ac- ➡ af- ➡ ag- ➡ al- ➡ an- ➡ ap- ➡ ar- ➡ as- ➡ at-

① 운동
② 방향
③ 변화
④ 포함, 첨가(to, at)
⑤ 강조

accompany(~에 동반하다, ~를 따라가다)　　**ac**(포함) + company(단체)

　🔠 단체에 포함하는 것이 **동반하다**, 같이 **따라가다**가 되었다.

accomplish(성취하다, 완료하다)　　　**ac**(방향) + complish(complete 완전한)

　🔠 완전한 상태에 까지 이르렀으니 **성취한** 것이고, **완료한** 것이다.

account(계산하다, 설명하다)　　　　**ac**(방향) + count(계산하다)

accuse(고소하다, 비난하다)　　　　　**ac**(방향) + cuse(cause 원인, 소송)

　🔠 어떤 사건이 원인이 되어 소송하러 간다는 것은 **고소하는** 것이고, **비난하기** 위함이다.

accustom(습관을 들이다, 익히다)　　**ac**(강조) + custom(관습, 풍습)

　🔠 관습이나 풍습은 늘 **습관을 들이고**, **익혀야 한다**고 강조를 한다.

acknowledge(인정하다, 알리다)　　**ac**(강조) + knowledge(지식, 이해)

　🔠 만류인력의 법칙이라는 지식이 이해되면 **인정하고 알려야 한다.**

adapt(적응시키다)　　　　　　　　**ad**(강조) + apt(~하기 쉬운, ~에 적합한)

　🔠 어떤 일에 적합하고 하기 쉬우면 그 일을 잘할 수 있도록 **적응시켜야 한다.**

add(보태다, 더하다)　　　　　　　**ad**(보태다) + d(첨가)

address(연설, 주소)　　　　　　　**ad**(변화) + dress(정장, ~에 옷을 입히다)

　🔠 정장을 입혀서 **연설**을 하며, **주소** 또한 새로운 번지로 옷단장을 하는 것과 같다.

adhere(부착하다, 고수하다)　　　　**ad**(첨가) + here(여기, 매달다, 달라붙다)

adjoin(인접하다)　　　　　　　　　**ad**(방향) + join(결합하다, ~와 함께 되다)

　🔠 함께 하고 결합 하려고 하면 당사자 가까이 **인접해야** 사랑을 획득할 수 있다.

adjourn(연기하다, 휴회하다)　　　　**ad**(변화) + journ(날)
　🍎 정한 날에 행사를 하지 않고 **연기나 휴회하여** 변화를 준다는 뜻이다.

adjust(맞추다, 조정하다)　　　　**ad**(변화) + just(올바른, 공정한)
　🍎 기존의 잘못된 방법을 올바르고, 공정하게 변화를 주어 **맞추고 조정해야** 한다.

administer(관리하다)　　　　**ad**(강조) + minister(성직자, 장관, 대행자)
　🍎 대행자나 성직자와 장관은 지시를 받는 것이 아니라 모든 업무를 **관리한다.**

admire(~에 감탄하다)　　　　**ad**(강조) + mire(습지, mirror 거울, 귀감, 모범)
　🍎 타인의 거울과 모범이 되고 귀감이 되면 **감탄하게 된다.**

admiration(감탄)　　　　**ad**(강조) + miration(mirror)

admonish(훈계하다, 경고하다)　　　　**ad**(강조) + monish(moni 충고하다)

adopt(채택하다, 양자로 삼다)　　　　**ad**(첨가) + opt(택하다)

adore(숭배하다)　　　　**ad**(강조) + ore(광석)
　🍎 지구상의 많은 여러 부족 들이 지금도 빛나거나 이상한 광석을 **숭배한다.**

adverb(부사, 동사를 꾸며주는 부사)　　　　**ad**(방향) + verb(동사)

adverse(반대의, 거스르는)　　　　**ad**(변화) + verse(운문, 시, vers 돌다)
　🍎 똑바로 가지 않고 돌아서 가는 것이 **반대가** 되는 것이고 **거스르며, 역행**이 되는 것이다.

adversary(상대, 적)　　　　**ad**(강조) + vers(돌다, 반대) + ary(사람)

advice(충고, 조언)　　　　**ad**(강조) + vice(보다)
　🍎 그 사람을 보지도 않고 뒤에서 말하는 것은 악담이 되고 허물이 되지만 정면에서 보고 말해주는 것은 **충고**
　　가 되고, **조언**이 된다.

advocate(~을 변호하다, 옹호하다)　　　　**ad**(강조) + vocate(voc 목소리)
　🍎 어떤 사람을 향하여 목소리를 높여 강조하는 것이 **변호하고 옹호**하는 것이다.

affect(~에 영향을 미치다, ~인체하다)　　　　**af**(변화) + fect(행하다, 만들다)
　🍎 곤충들이 환경의 색깔로 변화를 주어 ~**인체 하고**, 사람에게 제도나 법칙을 만들어 행하게 하여 **영향을 미**
　　치게 한다는 것이다.

affirm(단언하다)　　　　**af**(반향) + firm(굳은, 단단한)
　🍎 어떤 사실을 단단히, 굳게 믿으면 어떤 누구에게도 **단언할 수 있다**는 뜻이다.

afford(~의 여유가 있다, ~할 수 있다)　　　　**af**(변화) + ford(걸어서 건널 수 있는 곳)
　🍎 차를 타고 가는 것이 아니라 걸어서 가니 **여유가 있고**, 건널 수 있으니 **할 수 있다**는 뜻이다.

allure(유인하다, 꾀어내다)　　　　**al**(방향) + lure(매혹, 매력)
　🍎 어떤 쪽을 향하여 매혹을 하는 것은 유인하고, **꾀어내기** 위함이다.

annex(부가하다, 병합하다)　　　　**an**(포함) + nex(매다, 묶다)
　🍎 포함하여 한 곳에 매어 **병합하고**, 세금을 매기어 **부가하다**의 뜻이다.

appeal(청하다, 호소하다)　　　　**ap**(방향) + peal(울림, 울리는 소리)
　🍎 어떤 이를 향하여 울리는 소리는 곳 호소하고, **청하다**의 뜻이다.

applaud(칭찬하다, 박수를 보내다)　　　　　　**ap**(방향) + plaud(plaudit 박수, 갈채)
　🅗 어떤 이를 향하여 **박수를 보내는** 것은 **칭찬하기** 때문이다.

apply(적용하다, 지정하다)　　　　　　　　**ap**(강조) + ply(접어 겹치다)
　🅗 필요하여 **지정하고, 적용하는** 것은 접어서 놓아두지 구겨서 쓰레기통에 버리지 않는다.

appoint(임명하다, 지정하다)　　　　　　　**ap**(방향) + point(가리키다)
　🅗 누구누구를 향하여 가리키는 것은 **임명하고, 지정하다**의 뜻이다.

appropriate(적합한, 타당한)　　　　　　　**ap**(강조) + propriate(propriety 타당, 적당)

approve(시인하다, 찬성하다)　　　　　　　**ap**(강조) + prove(증명하다)
　🅗 확실히(강조) 증명하기 때문에 **시인하고, 찬성하다**의 뜻이다.

approximate(~을 어림잡아,~에 가까이 가다)　**ap**(방향) + proximate(가장 가까운)

arrange(배열하다, 정렬하다)　　　　　　　**ar**(운동) + range(정렬 시키다, 배치하다)

arrangement(정리, 배열, 준비)　　　　　　**ar**(운동) + rangement(정렬 시키다)

arrest(체포하다, 억류하다)　　　　　　　　**ar**(강조) + re(뒤) + st(stand 서다)
　🅗 범인을 **체포할 때** 뒤로 돌아 서서 수갑을 채운 후에 **억류시킨다.**

assemble(모으다, 조립하다)　　　　　　　**as**(방향) + semble(모여져서)
　🅗 여러 부품을 **모아서 조립한다.**

attract(매혹하다, 초래하다)　　　　　　　**at**(방향) + tract(논문, 토지, 끌다, 당기다)
　🅗 어떤 곳을 향하여 끌어, 당기는 것은 **매혹하고, 초래하다**의 뜻이다.

after-

① 후에, 뒤에
② 남은

aftercare(병 치료 후)　　　　　　　**after**(후의) + care(걱정, 근심)
afterdark(해진 뒤의, 밤의)　　　　　**after**(후의) + dark(어두운, 캄캄한)
afterdinner(식후의)　　　　　　　　**after**(후의) + dinner(식사, 정식, 만찬)
aftereffect(잔존효과)　　　　　　　**after**(남은) + effect(효과)
afterglow(저녁놀)　　　　　　　　**after**(후의) + glow(타다, 빛을 내다, 붉어지다)
afterlife(여생)　　　　　　　　　　**after**(남은) + life(삶)
aftermost(가장 뒤의)　　　　　　　**after**(후에) + most(가장)
aftertaste(뒷맛)　　　　　　　　　**after**(뒤에) + taste(맛)
afterthought(때늦은 생각, 뒷궁리)　**after**(뒤에) + thought(생각하기)
aftertime(금후, 장래)　　　　　　　**after**(후의) + time(시간)
here**after**(금후, 지금부터는)　　　　here(여기에서, 이때에, 현세에) + **after**(후의)

al- ➡ all- ➡ as

① 모든(all)
② 어느 것이나 다(every)
③ 완전히(complete)

all Fools' Day(만우절)
all-important(극히 중요한)   **all**(모든) + important(중요한)
all-knowing[전지(全知)의]   **all**(모든) + knowing(알고 있는, 학식이 풍부한)
all-night(철야의)   **all**(모든) + night(밤, 야간)
all-out(전력을 다한)   **all**(모든) + out(뻗어, 펼치어, 밖으로)
all-out war(총력전)   **all**(모든) + out(뻗어, 펼치어) + war(전쟁)
all-over(도처에, 다하여)   **all**(어느 곳이나 다) + over(~을 넘어, 위에, 넘치어)
all-purpose(다목적의)   **all**(모든) + purpose(목적, 의도)
all-right(틀림없이, 더할 나위 없이)   **all**(모든) + right(옳은, 올바른)
all-star(인기 배우 총출연)   **all**(모든) + star(별, 인기 배우)
all-time(전 시간)   **all**(모든) + time(시간)
almighty(전능하신)   **al**(모든) + mighty(힘, 권력, 강력한 힘)
almost(대체로)   **al**(완전히, 모두) + most(가장 큰)
alone(혼자)   **al**(완전히, 모두) + one(한 사람의, 하나)
　해 완전히 하나라는 뜻으로 **혼자**가 되었다.
already(이미, 벌써)   **al**(모든) + ready(준비가 된)
　해 **이미, 벌써** 모든 준비가 되었다.
also(~도 또한, 역시)   **al**('all'에서 자음충돌 회피) + so(그와 같이, 그렇게)
altogether(대체적으로, 전혀, 전부)   **al**(모두) + together(함께)
as(~만큼, 같을 정도로)   **a**(all 모두) + **s**(so 그렇게) = **also**('all+so'의 약자)

ambi- ➡ amb- ➡ amph(i)-

① 둘레의
② 주위에, 여기저기에(around)
③ 양쪽에

ambidextrous(재능 있는)   **ambi**(양쪽에) + dextrous(손재주가 있는)
　해 양손에 재주가 있으니 **재능이 있는**의 뜻이다.

ambiguous(애매한) 　　　　**ambi**(여기저기에) + gu(go 원순모음) + ous(습관)
　🖽 습관직으로 여기저기에 왔다 갔나 하니 **애매한**이 본 것이다.

ambiguity(애매모호함) 　　　　**ambi**(여기저기에) + gu(go) + ity(상태,성격)

ambition(야망, 야심) 　　　　**ambi**(둘레에, 여기저기에) + tion(행위, 결과)
　🖽 **야망과 야심**이 있는 사람은 방에 누워 가만있지 않고 여기저기 다닌다.

ambitious(야심적인) 　　　　**ambi**(여기저기) + tious(성질, 상태)

amphibian(양서류) 　　　　**amphi**(양쪽에) + bian(bio 생명, 살다)
　🖽 개구리, 도롱뇽 같이 육지와 민물 양쪽에 살 수 있는 것이 **양서류**이다.

amphitheater(원형극장, 원형 경기장) 　　　　**amphi**(둘레의) + theater(극장, 연극)
　🖽 극장이나 경기장이 원처럼 둘러 처진 것을 **원형극장, 원형경기장**이라 한다.

anti- ➡ ante- ➡ ant- ➡ anci- ➡ an-

① ~의 앞에
② ~보다 앞에(before)
③ ~에 반대하여(against)
④ 정반대의
⑤ 맞은편의(opposite)

ancestor(조상, 선조) 　　　　**an**(~보다 앞에) + cest(가다) + or(사람)
　🖽 우리보다 앞서간 사람을 **조상, 선조**라 한다.

ancient(옛날의) 　　　　**an**(~의 앞에) + cient(science 과학)
　🖽 지금의 과학 문명보다 앞선 시대를 **옛날**이라고 한다.

antagonism(반항심, 반대) 　　　　**ant**(~에 반대하여) + agonism(agony 고통, 고민)
　🖽 **반대**하는 마음이 **반항심**이며 이것은 고통과 고민을 낳는다.

antarctic(남극의) 　　　　**ant**(맞은편의) + arctic(북극의)

anticipate(~을 예상하다) 　　　　**anti**(앞에) + cip(잡다) + ate(성질)
　🖽 앞서서 감을 잡는 것을 **예상하다**라는 뜻이 되었다.

anti-communist(반공주의자) 　　　　**anti**(~에 반대하여) + communist(공산주의자)

antipathy(혐오감, 반감) 　　　　**anti**(~에 반대하여) + pathy(고통, 감정)

antique(골동품, 고대의) 　　　　**anti**(~보다 앞에) + que(queer 묘한, 별난)
　🖽 앞선 세대를 **고대**라 하고 묘하고 별난 것이 **골동품**이라 한다.

antithesis(대조, 정반대) 　　　　**anti**(정반대의) + thesis(주장, 진술, 논제)

antonym(반대어) 　　　　**ant**(~에 반대하여) + onym[어(語)]

apo-

① ~로부터 떨어져(away from)
② 방어(defense, keeping out)

apogamy(단위생식, 무성생식, 무배생식)   **apo**(떨어져) + gamy(결혼, 번식)
apologize(사과하다)   **apo**(방어) + logize(log 말하다)
    해 자기를 방어하기 위하여 말하는 것이 **사과하다**이다.
apology(사과, 변호, 변명)   **apo**(방어) + logy(말하다)
apostate(배신자)   **apo**(~로부터 떨어져) + state(상태, 사정, 모양)

auto- ➡ aut-

① 자기의
② 스스로의(self)
③ 자동의(auto)

autobicycle(오토바이)   **auto**(스스로) + bi(둘) + cycle(순환, 바퀴)
autocracy(독재정치, 전제정치)   **auto**(자기의) + cracy(정치)
    해 자기만의 정치를 **독재정치, 전제정치**라 한다.
autocrat(독재자)   **auto**(자기의) + crat(=cracy 정치)
autocratic(독재적인, 독재자의)   **auto**(자기의) + cratic(정치)
autograph(자필서명, 자필원고)   **auto**(스스로) + graph(그래프, 도식)
autohypnosis(자기최면)   **auto**(자기의) + hypnosis(최면)
automobile(자동차)   **auto**(스스로) + mobile(움직이기 쉬운, 유동적인)
autonomy(자치, 자치권)   **auto**(자기의) + nomy(학, 법, 권)

back-

① 뒤의
② 배후의(rear)

back answer(말대꾸, 말대답)   **back**(뒤의) + answer(대답)
backbone(등뼈, 중추)   **back**(뒤의) + bone(골, 뼈)

backchat(말대꾸, 응수)　　　　　　　　**back**(뒤의) + chat(~와 잡담하다)
　🕮 어떤 말을 하면 바로 되받어서 말히는 것을 **말대꾸, 응수**라고 힌다.
backless(등이 없는)　　　　　　　　**back**(뒤의) + less(~이 없는)
backward(뒤로, 뒤의)　　　　　　　　**back**(뒤의) + ward(감시, 감독, 방향)

be- ➡ before- ➡ by-

① 완전히(completely, thoroughly)
② ~의 곁에(by)
③ 가까이에(near, rear)
④ 방향, 위치(to)
⑤ ~로 하다
⑥ 앞으로

because(왜냐하면,~인 까닭에)　　　　**be**(~로) + cause(원인)
beforehand(미리, 사전에)　　　　　　**be**(방향) + forehand(앞의, 전방의)
beforementioned(앞서 말한)　　　　　**before**(앞으로) + mentioned(언급하다, 진술)
befriend(편들다, 친구가 되다)　　　　**be**(가까이에) + friend(친구)
beget(자식을 낳다)　　　　　　　　　**be**(완전히) + get(얻다)
　🕮 모든 것을 가지고 있다고하더라도 자식을 낳지 못하면 물러줄 수가 없기 때문에 완전히 얻는다는 것은 **자식**
　　을 낳아 유산을 줌으로 계속 유지할 수 있다는 뜻이다.
beguile(~을 현혹시키다)　　　　　　**be**(방향) + guile(음흉함, 간교, 교활)
behalf(이익)　　　　　　　　　　　　**be**(완전히) + half(절반)
　🕮 완전히 절반이상 남으면 큰 **이익**이다.
behave(처신하다)　　　　　　　　　　**be**(가까이에) + have(가지고 있다)
　🕮 상대방에게 자기가 늘 가지고 있는 것을 나타내 보이는 것이 **처신하다**가 된 것이다.
behind(~의 뒤에, 늦어서)　　　　　　**be**(방향) + hind(후방에)
belongings(소유물)　　　　　　　　　**be**(완전히) + longings(longing 갈망, 열망)
　🕮 꿈은 이루어진다는 말이 있듯이 갈망하고 열망하게 되면 **소유**하게 된다.
beloved(아주 사랑하는, 귀여운)　　　**be**(완전히) + loved(사랑)
below(아래에, 낮은 곳에)　　　　　　**be**(방향) + low(낮은)
benumb(마비시키다)　　　　　　　　**be**(완전히) + numb(둔한, 무감각의)
bereave(앗아가다, 빼앗다)　　　　　**be**(완전히) + reave(가져가다, 빼앗다)
beset(포위하다, 에워싸다)　　　　　　**be**(곁에) + set(놓다, 두다, 배치하다)
beside(~의 옆에, ~와 비교하여)　　　**be**(방향) + side(측면, 옆)

besiege(~을 포위 공격하다) be(방향) + siege(포위공격, 불굴의 노력)

besides(게다가, 그밖에, ~이외에도) be(곁에) + sides(측면, 옆)

bethink(~을 숙고하다, 생각해 내다) be(가까이에) + think(생각하다)

betray(배신하다, 누설하다) be(방향) + tray(쟁반, 음식접시, traduce 비방하다)

betroth(약혼시키다) be(완전히) + troth(진실, 성실, 약혼)

bewilder(당황하게 하다) be(방향) + wilder(어찌할 바를 모르게 하다)

byproduct(부산물) by(곁에) + product(생산물)

bystander(방관자, 구경꾼) by(곁에) + stand(서다) + er(사람)

해 곁에 서있는 사람을 **구경꾼**, **방관자**라 한다.

bell- ➡ beau- ➡ veri-

① 아름다운(pretty)

② 멋진(beauty)

③ 매우(very)

④ 진리(truth)

beautification(미화) beau(아름다운) + tification(행위, 결과)

beautifier(화장품) beau(아름다운) + tifi(성질, 상태) + er(제품)

beautiful(귀여운, 아름다운) beau(아름다운) + tiful(ful 가득)

beautify(아름답게 하다) beau(아름다운) + tify(~하게 하다)

beauty(미인, 아름다움) beau(아름다운) + ty(성격, 상태)

embellish(아름답게 꾸미다) em(되게하다) + bell(아름다운) + ish(~하게 하다)

embellishment(장식) em(되게하다) + bell(아름다운) + ishment(성질,상태)

verify(증명하다, 입증하다) veri(진리) + fy(~하게 하다)

verifiable(증명할 수 있는) veri(진리) + fi(fy) + able(~할 수 있는)

verification(증명, 입증) veri(진리) + fic(fy) + ation(행위, 결과)

veritable(진실의, 진정한) veri(진리) + table(탁자, 표, 정세, 형세)

bene- ➡ bon- ➡ boon- ➡ boun-

① 좋은(good)
② 훌륭한(well)
③ 아름다운(beautiful)
④ 이로운(beneficial)

benediction(축도, 기도)　　　**bene**(이로운) + diction(말씨)
benefactor(은인)　　　**bene**(훌륭한) + fact(만들다) + or(사람)
　🈑 훌륭한 사람으로 만들어 주니까 **은인**이 된 것이다.
beneficial(이익이 되는)　　　**bene**(좋은) + ficial(~을 일으키는)
beneficent(선행을 하는)　　　**bene**(훌륭한) + fic(~화 하는) + ent(행위자)
beneficiary(이익을 받는 사람)　　　**bene**(좋은) + fici(fic) + ary(사람)
benefit(이익, 은혜)　　　**bene**(훌륭하게) + fit(만들다)
benevolent(자비심이 많은)　　　**bene**(좋은) + vol(의지) + ent(성질)
　🈑 아무리 나쁜 상황일지라도 좋은 의지를 가지고 있는 것이 **자비심이 많은**이 된다.
benevolence(자비심)　　　**bene**(좋은) + vol(의지) + ence(성질, 상태)
bonanza(횡재, 뜻밖의 행운)　　　**bon**(좋은) + an(상태) + za('pizza'의 속어)
　🈑 생각지도 않았는데 누군가로부터 피자를 배달 받았다면 **횡재**를 만난 것이며 **뜻밖의 행운**을 얻은 것이다
bonny(복스럽게 생긴)　　　**bon**(아름다운) + ny(nymph 요정의 약자, 아름다운)
　🈑 얼굴이 통통한 요정이나 조선시대의 아름다운 이는 **복스럽게 생겼다.**
bonus(특별수당, 특별장려금)　　　**bon**(좋은) + us(우리들, use 사용하다, 소비하다)
　🈑 **특별수당**이나, **특별장려금**은 월급이상으로 사용하기 좋다
boon(은혜, 유쾌한)
bounty(관대함, 하사품)　　　**boun**(훌륭한) + ty(품성)
bounteous(물건을 아까와 하지 않은)　　　**boun**(좋은) + teous(~하는 습관이 있는)
　🈑 누구나 좋은 **물건**은 **아까워하지 않고** 돈을 쉽게 쓰는 습관이 있다.

bi- ➡ di- ➡ du- ➡ twi-

① 둘(two)

biannual(반년마다의)　　　**bi**(둘) + ann(일 년) + al(상태)
　🈑 일 년을 두 번 일어나므로 **반 년마다** 일어나는 상태를 말한다.
bicycle(자전거)　　　**bi**(둘) + cycle(순환, 주기, 회전)

biennial(2년에 한번의)　　　　　　　　　　**bi**(둘) + enn(해마다) + al(행위)
　해 **두해마다 한 번** 일어나는 행위를 나타낸다.

bigamy(이중결혼, 중혼(죄))　　　　　　　　**bi**(둘) + gamy(결혼, 번식, 재생)
bilateral(쌍방의, 좌우대칭인)　　　　　　**bi**(둘) + lateral(옆의, 측면의)
bilingual(두 나라 말을 하는)　　　　　　**bi**(둘) + lingual(혀의, 말의, 언어의)
double(두 배의, 갑절의)　　　　　　　　**dou**(둘) + ble(~할 수 있는, 적당한)
dozen(한 다스, 열둘)　　　　　　　　　**do**(둘) + Zen[불교의 선(禪) 완진수 열]
　해 완진수 열 하고 둘 이므로 **열둘**이 된다.

dual(둘의, 이중의)　　　　　　　　　　**du**(둘) + al(행위)
duel[(둘이서 하는) 결투]　　　　　　　**du**(둘) + el(행동)
twice(두 번)　　　　　　　　　　　　**twi**(둘) + ce(결과, 행위)

cata- ➡ cath-

① 완전히(fully, completely)

catalog(목록, 일람표)　　　　　　　　　**cata**(완전히) + log(말하다)
　해 완전히 말로 표현 할 수 있는 것이 **목록**이고, **일람표**이다.

catholic(만인에게 공통의, 포용적인)　　**cath**(완전히) + ol(함유한) + ic(~에 관한)

cent- ➡ centi- ➡ centur- ➡ Hecto- ➡ hect-

① 백(hundred)

cent(백분의 1달러)
centenary(100년의, 100년제)　　　　　**cent**(백) + en(안에) + ary(성질)
centennial(100년 마다의)　　　　　　　**cent**(백) + enn(in안에) + ial(특유의, 성질)
centigrade(100분도의, 섭씨의)　　　　**centi**(백) + grade(등급, 계급)
centimeter(백분의 1미터)　　　　　　**centi**(백) + meter(계량기, 길이의 단위)
centipede(지네, 백개의 발)　　　　　　**centi**(백) + pede(ped 발)
century(백)　　　　　　　　　　　　**centur**(centi 백) + y(상태, 행위, 장소)
hectare(헥타르)　　　　　　　　　　**hect**(백) + are(area 지면, 평지, 즉 100ares=10,000㎡)
per**cent**(퍼센트, 100분)　　　　　　　per(~마다, ~에 의하여) + **cent**(백)
per**cent**age(백분율)　　　　　　　　　per(~마다) + **cent**(백) + age(신분, 상태)

circum- ➡ circ- ➡ circu-

① 둘레의
② 여기저기에
③ 주위에(around, about)

circle(원, 고리, 순환도로)   circ(둘레) + le(반복)
circuit(순회, 회전)   circu(둘레의) + it(행위, 결과)
circumlocution(완곡, 핑계)   circum(둘레에) + locution(말투)
> 해 빙 둘러 말하는 것을 **완곡**, **핑계**라 한다.

circumspect(신중한)   circum(둘레에) + spect(spectacle 보다, 광경, 장관)
> 해 경계근무를 여기저기 주위를 **신중하게** 둘러보아야 한다.

circumstance(상황, 환경)   circum(주위에) + stance(자세)
> 해 주위의 자세를 주위 **환경**, 주위 **상황**이라고 한다.

circumvent(앞지르다)   circum(둘레에) + vent(구멍, 오다)
> 해 늪이나 계곡을 가로질러 오면 빠지거나 떨어지지만 돌아서 오면 오히려 **앞지른다**.

circumscribe(~의 둘레에 선을 긋다)   circum(둘레에) + scribe(필기자)
circumscription(경계, 제한)   circum(둘레에) + scrip(메모) + tion(행위)
> 해 **경계**구역이나 어떤 곳을 **제한**하기 위하여 칠로 표시하는 행위를 한다.

con- ➡ co- ➡ coin- ➡ col- ➡ com- ➡ comb- ➡ cor- ➡ coun-

① 완전히(entirely)
② ~와 함께(with, together)
③ 서로, 같은(together)
④ 강조
⑤ b, h, i, p, r, w 이외의 자음 글자 앞에서

coeducation(남녀공학)   co(함께) + education(교육)
> 해 남녀가 함께 교육하는 곳을 **남녀공학**이라고 한다.

coincide(~와 동시에 일어나다, 일치하다)   coin(함께) + cide(자르다)
> 해 남녀사이의 정표로 어떤 물건을 함께 잘라 세월이 흘러 얼굴이 변해도 어떤 물건이 **일치하는** 것과 준공식
> 때 함께 테이프를 자르면 폭음이 **동시에 일어난다**.

coition(교합, 교접, 성교))   co(함께) + ition(행위)
collaborate(공동으로 연구하다)   col(함께) + laborate(labor 노동, 근로)

collaboration(협력)	col(함께) + labor(일하다) + ation(행위, 결과)
collapse(붕괴, 좌절)	col(강조) + lapse(실패, 과실, 소멸)
colleague(동료)	col(함께) + league(동맹, 연맹)
collect(모으다, 징수하다)	col(강조) + lect(모으다)
college(대학)	col(함께) + lege(leg 법률)

해 함께 사회에 공헌할 법률이나 규율을 공부하는 곳을 **대학**이라한다.

| collide(충돌하다) | col(서로) + lide(lid 규제, 억제, 단속, 뚜껑) |

해 서로가 서로를 규제하고 억제하며 단속하면 **충돌하기** 마련이다.

| combat(전투) | com(서로) + bat(치다, 두드리다) |
| combination(결합, 연합) | com(함께) + bi(둘) + nation(행위, 결과) |

해 둘이 함께 합치는 행위를 **연합**, **결합**이라고 한다.

| comfort(위로, 안락) | com(함께) + fort(성채, 요새) |

해 요새나 성채에 모든 국민이 함께 거하니 **위로**가 되고 **안락**을 누릴 수 있다.

command(명령, 지배력)	com(강조) + mand(듣는이에게 행동을 치하라는 명령)
commemorate(기념하다, 추도하다)	com(함께) + memorate(memorable 기억할 만한)
company(교제, 회사)	com(함께) + pany(pan 빵)

해 빵(식사)을 함께 하는 사이를 **교제**이며, **회사**에서도 동료와 식사를 함께한다.

| compile(편집하다, 편찬하다) | com(함께) + pile(축적하다, 모으다) |

해 원고를 모아서 첨가하고 수정하여 **편집(편찬)하게** 된다.

| compose(구성하다, 조립하다, ~을 정리하다) | com(함께) + pose(자세, 포즈) |

해 회사에서 사람들이 **구성을 이루는** 회사원은 함께 자세를 취해서 라인에서 **조립하고**, **정리하는** 일을 한다.

compromise(타협하여 해결하다)	com(함께) + promise(약속)
conceit(자만심, 자부심)	con(완전히) + ceit(가지다)
conceive(생각하다)	con(서로) + ceive[취(取)하다]
concentrate(집중시키다)	con(함께) + centr(center 중앙으로) + ate(상태)
concept(개념)	con(함께) + cept(붙들다, 취하다)
concern(~을 문제 삼다, 관련하다, 관심사)	con(서로) + CERN(유럽원자핵 공동 연구소)

해 일본 원자 방사능 방출 이후 모든 나라가 서로 **문제 삼고**, 이와 **관련하여** 원전 발전소가 **관심사**가 되었다.

concert(연주회, 협동, 협력)	con(서로) + cert(확실한)
conclude(결론을 내리다)	con(함께) + clude(닫다, 끝내다)
condense(요약하다, 압축하다, 농후하게 하다)	con(강조) + dense(농후한)
condition(상태)	con(함께) + dict(말하다) + tion(행위, 결과)
confederate(연합한, 동맹한)	con(함께) + federate(연합의, 연방 제도의)
confederation(연합, 동맹)	con(함께) + federation(동맹)
confer(수여하다)	con(서로) + fer(나르다, 결실을 맺다)

해 상을 **수여할** 때 서로 두 손으로 마주 잡고(나르고) 주는 모습을 연상하라.

conform(적합 시키다, 순응시키다)	**con**(같은) + form(모양, 형상)
conformity(적합)	**con**(같은) + form(모양) + ity(성격, 상태)
connection(연결을 시키다)	**con**(서로) + nection(nect 매다)
consent(동의하다, 승낙하다)	**con**(함께) + sent(느끼다)
consonant(자음, ～와 일치하는)	**con**(함께) + sonant(소리의, 음성의)
consul(영사관, 집정관)	**con**(서로) + sul(의논)
consult(의논, 의견을 듣다)	**con**(서로) + sult(껑충 뛰다, 듣다)
contest(경연, 경쟁, 콩쿠르)	**con**(서로) + test(시험, 검사)
co-operate(협력하다)	**co**(서로) + operate(작동하다, 움직이다, 일하다)
co-ordinate(동등의, 동격의)	**co**(서로) + ordinate(ordinary 보통의, 통상의)
correspond(편지 왕래하다, 통신하다)	**cor**(서로) + respond(대답하다)
corrupt(타락한, 부정한)	**cor**(함께) + rupt(부수다, rupture 파열, 파괴)
council(협의회, 회의)	**coun**(함께) + cil(sel과 같은 발음, sul 의논)
councillor(의원, 평의원)	**coun**(함께) + cill(의논하다) + or(사람)
counsel(상담, 토의)	**coun**(서로) + sel(선택하다, 의논하다)
counselor(의논상대, 상담역)	**coun**(서로) + sel(selection 선택) + or(사람)

contra- ➡ counter- ➡ contro-

① ～에 반대하여(against, contrary)
② ～과 대조하여(contrast)
③ 지배하다(control)

contradict(반박하다, 반론하다)	**contra**(반대하여) + dict(말하다)
contradiction(부인, 모순)	**contra**(반대하여) + diction(말씨, 어법, 말투)
contrary(반대의, 적합지 않은)	**contra**(반대하여) + ry(성질, 상태)
contraband(밀수품)	**contra**(반대하여) + band(끈, 조직, vend 팔다, 행상하다)

해 정상적인 교역(팔다)이 아니라 비정상인(반대하여) 교역하는 것을 **밀수품**이다.

contrast(대조, 대비)	**contra**(대조하여) + st(<u>st</u>and 서다의 줄임말)
contravene(위반하다, 부정하다)	**contra**(반대하여) + vene(ven 오다)
contravention(위반, 모순)	**contra**(반대하여) + ven(오다) + tion(행위, 결과)
control(지배, 관리, 통제)	**contro**(지배하다) + l(명사형 어미)
controlment(지배, 관리)	**contro**(지배하다) + lment(행위, 결과)
controlled(통제된, 지배하의)	**contro**(지배하다) + lled(～특성이 있는)
controvert(논쟁하다)	**contro**(반대하여) + vert(변절자, 개종자, vert 돌다)

controversy(논쟁) **contro**(반대하여) + vers(돌다, 변하다) + y(행위, 상태)

counteract(반작용하다, ~와 반대로 행동하다) **counter**(반대하여) + act(행동)

counterattack(반격, 역습) **counter**(반대하여) + attack(공격하다, 습격하다)

counterfeit(모조의, 가짜의) **counter**(반대하여) + feit(신에 의해 만들어진)
> 📻 신에 의해 만들어지면 완전할 것이나 신의 반대하여 만들어진 것을 **가짜이며, 모조이다.**

countermand(취소명령) **counter**(반대하여) + mand(행동을 취하게 하는 명령)

countermeasure(대책, 대안, 보복수단) **counter**(반대하여) + measure(측정하다, 평가하다)

counterpart(사본) **counter**(대조하여) + part(부분)
> 📻 어떤 부분을 대조하여 같게 만든 것을 **사본**이라 한다.

counterplot(대책) **counter**(반대하여) + plot(음모, 책략)

countervail(상쇄하다, 메우다) **counter**(반대하여) + vail(벗다, 숙이다, 떨어뜨리다)

country(나라) **contr**(contrata 라틴어로 저쪽에 있는 지역) + y(장소)

countryman(동포, 촌뜨기) **country**(조국, 나라, 시골) + man(사람)

countryside(시골, 지방) **country**(나라, 시골) + side(측면, 옆)

de-

① 하강, 아래로(down, downward)
② 떨어져(off)
③ 분리(away from)
④ 적적으로, 증명하다, 실증하다(fully)
⑤ 완전하게(completely)

debate(토론, 논쟁) **de**(전적으로) + bate(노여움, 몹시 성난 상태)

debus(버스에서 내리다) **de**(떨어져) + bus(버스)

deceased(죽은, 고인이 된) **de**(완전하게) + ceased(cease 멈추다, 끝나다)
> 📻 심장박동이 완전히 멈추면 **죽은** 것이며, **고인이 된** 것이다.

declare(~을 단언하다) **de**(전적으로) + clare(clear 맑은, 분명한, 명확한)
> 📻 전적으로 분명하고 명확한 것은 **단언한다.**

declaration(선언) **de**(전적으로) + clara(cleara) + tion(행위, 결과)
> 📻 행위나 결과가 전적으로 명확하고 맑으면 **선언**할 수 있다.

decline(거절하다, 아래로 향하다) **de**(하강) + cline(경사, cli 기울다)
> 📻 아래로 향하여 기울이는 것을 통상적으로 **거절한다**라 한다.

declination(경사, 내리받이) **de**(하강) + cline(경사) + tion(행위, 결과)

decrease(감퇴, 감소) **de**(전적으로) + crease(주름살, 접은 자국)
해 전적으로 주름살, 접은 자국이 생기면 피부탈력이 **감소**하고 **감퇴**되어 노년기라 할 수 있다.

deduct(공제하다, 빼다) **de**(분리) + duct(물관, 수송관 끌다, 인도하다)
해 끌어다가 분리하고 제거 하는 것이 **빼고**, **공제하다**는 뜻이다.

defect(결점, 단점) **de**(분리) + fect(만들다)
해 제품을 만들어 **결점**이 있다 던지 **단점**이 있다 던지 소위 불량이 난 제품은 분리하여 둔다.

deficiency(부족, 결핍) **de**(떨어져) + fici(만들다) + ency(성질, 상태)
deficient(모자라는, 불충분한) **de**(떨어져) + fic(만들다) + eint(~에 가득찬)
deficit(부족액, 적자) **de**(아래로) + fic(만들다) + it(상태)
해 기준치 아래로 만든 상태를 **부족액**, **적자**라 한다.

deflate(통화를 수축시키다) **de**(하강) + flate(flat 불황인, 불경기의)
deflation(통화수축) **de**(하강) + flat(불황인) + ion(행위, 구체적 사례)
deflower(~의 꽃을 따다, 처녀성을 빼앗다) **de**(분리) + flower(꽃, 구어: 월경)
deform(모양이 없이 하다) **de**(분리) + form(모양, 형상, 틀, 형태)
deformation(모양을 망침) **de**(분리) + form(모양) + ation(행위, 결과)
deformed(볼품없는, 불구의) **de**(분리) + form(모양) + ed(~의 특성)
demonstrate(증명하다, 실증하다) **de**(실증하다) + monstrate(monster 괴물)
derail(탈선하다) **de**(떨어져) + rail(가로대, 철로, 난간, 울타리)
descend(내라다) **de**(하강) + scend(파도의 추진력, 파도를 헤치고 나가다)
destroy(죽이다, 파괴하다) **de**(분리) + story(stro 짓다, 세우다)
detail(세부, 사소한) **de**(분리) + tail(꼬리)
detain(붙들다, 구류하다) **de**(분리) + tain(잡다)
detrain(열차에서 내리다) **de**(떨어져) + train(기차)

deca- ➡ decem- ➡ decim- ➡ dime- ➡ dec-

① 열(ten)
② 십(10)

decadal(10의, 10년간의) **deca**(십) + dal(al ~하는 행위)
decade(10년간, 10권) **deca**(10) + de(결과)
Dacameron(십일간의 이야기) **Daca**(십) + meron[hemera(day)]
decimal(십진법의, 소수의) **decim**(십) + al(~하는 행위)
dime(다임, 미국 캐나다의 10센트짜리 은화)

demi-

① 반(half)
② 부분적

demigod(반신반인)   **demi**(반) + god(신)
demilune(초승달, 반달)   **demi**(반) + lune(luni 달)
demimini(미니보다 짧은) **demi**(반) + mini(미니)

dia-

① 사이의
② ∼을 통하여, ∼을 가로질러
③ ∼로 이루어진

diadem(왕권, 주권)   **dia**(통하여) + dem(국민, 민중)
diamond(금강석, 다이아몬드) **dia**(이루어진) + mon(moon 달) + d(상태)
 🖼 달처럼 어두운 밤 빛나게 이루어진 상태처럼 빛나는 **다이아몬드, 금강석**.

diagram(그림, 도형)   **dia**(사이의) + gram(기록, 그림, 문서)
dialect(방언, 사투리)   **dia**(∼로 이루어진) + lect(모으다, 읽다)
 🖼 지역의 여러 말들을 모아서 이루어진 것이 **방언**이며, **사투리**이다.

dialogue(대화)   **dia**(사이의) + logue(log 말하다)
 🖼 2명 이상의 사이에서 말하는 것을 **대화**라 한다.

diameter(지름)   **dia**(가로질러) + meter(길이)
diary(일기, 일지)   **dia**(통하여) + ry(∼관한)
diascope(투영경, 투명체의 화상을 영사하는 장치) **dia**(통하여) + scope(보는 기계, 범위, 영역)

dis- ➡ des- ➡ di- ➡ dif- ➡ se-

① 반대(against)
② 분리(apart), 이탈
③ 강조
④ 제거, 박탈, 벗기다(away, off)
⑤ 불(不), 무(無), 비(非), 부정
⑥ 철저한, 완전한(thoroughly)

differ(다르다, 생각이 다르다)   **dif**(반대) + fer(만들다, 운반하다)

difficult(곤란한, 어려운)   **dif**(반대) + fic(～을 일으키는) + ult(성질)

disable(무능하게 하다, ～하지 못하게 하다)   **dis**(부정) + able(할 수 있는)

disadvantage(불리, 손실, 손해)   **dis**(반대) + advantage(유리, 이익)

disagree(언쟁하다, ～와 일치하지 않다)   **dis**(반대) + agree(동의하다)

disappear(사라지다)   **dis**(반대) + appear(나타나다)

disarm(빼앗다, 무장을 해제하다)   **dis**(분리) + arm(무기)

discard(버리다)   **dis**(제거, 박탈) + card(카드, 엽서, 안내장, 초대장)

discharge(짐을 부리다, 면제)   **dis**(반대) + charge(부과하다, ～채우다)
> 🔢 부과하고 짐을 채우는 것의 반대는 **면제**이며, **짐을 부리다**가 된다.

disclose(폭로, 덮개를 벗기다)   **dis**(반대) + close(닫다, 잠그다, 폐쇄하다)

discomfort(불쾌, 불안, 불편)   **dis**(반대) + comfort(위로하다, 위안, 위로)

disconnect(떼다, 나누다)   **dis**(분리) + connect(결합하다, 연결하다)

discontent(불만, 불평)   **dis**(반대) + content(만족)

discontinue(중지하다, 그치다)   **dis**(반대) + continue(계속하다)

discount(할인하다)   **dis**(반대) + count(계산하다, 세다)

discourage(용기를 잃게 하다)   **dis**(제거, 박탈) + courage(용기)

discover(발견하다)   **dis**(분리) + cover(덮다, 씌우다, 뚜껑을 하다)

discriminate(구별하다)   **dis**(분리) + criminate(～을 고발하다, 죄를 지우다)

disease(질병, 병폐, 불건전한 상태)   **dis**(반대) + ease(편안, 안락)

disgrace(불명예, 치욕, 인기 없는)   **dis**(반대) + grace(우아함, 교양)

disgust(반감, 혐오감을 일으키게 하다)   **dis**(강조) + gust(감정 따위의 격발)

dishonest(부정직한)   **dis**(부정) + honest(정직한, 성실한)

dishonor(불명예)   **dis**(부정) + honor(명예)

disinter(파내다)   **dis**(반대) + inter(매장하다)

disinterested(무관심의)   **dis**(부정) + interested(흥미를 갖다, 관심 있는)

dislike(～을 싫어하다, 반감을 가지다, 혐오)   **dis**(반대) + like(좋은)

dismay(낙담, 놀람, 당황)　　　　**dis**(부정) + may(~하여도 좋다, 소망)

dismember(분할하다, 손발을 절단하다)　　　　**dis**(분리) + member(신체일부, 구성원)

dismiss(해산시키다, 퇴거시키다)　　　　**dis**(분리) + miss(잘못 겨냥한, 빗나간)

dismount(내리다)　　　　**dis**(반대) + mount(오르다, 산, 언덕)

disorder(혼란)　　　　**dis**(분리) + order(순서, 차례, 정렬)

disparity[부동(不同), 부등(不等)]　　　　**dis**(반대) + parity(동등, 등가, 평형, 동률)

dispassion(냉정)　　　　**dis**(반대) + passion(열정)

dispatch(급송하다, 처리하다)　　　　**dis**(강조) + patch(상처에 대는 헝겊, 천조각)

display(전시하다)　　　　**dis**(분리) + play(놀이, 연주하다, 접혀 겹치다)
　　혜 접어 겹친 것을 펼치는(분리) 것을 **전시하다**는 뜻이다.

displeasure(불쾌)　　　　**dis**(반대) + pleasure(유쾌, 만족, 즐거움)

disprove(반증을 들다)　　　　**dis**(반대) + prove(실험하다, 입증하다)

dispute(논쟁하다, 반론하다)　　　　**dis**(반대) + put(놓다, pute 생각하다)
　　혜 반대로 생각하는 것을 **논쟁하다, 반론하다**가 된다.

disregard(~을 무시하다)　　　　**dis**(반대) + regard(생각하다, 존중하다)

dissect(해부하다)　　　　**dis**(분리) + sect(자르다, 분파, 종파, 학파)
　　혜 잘라서 분리하는 것을 **해부하다**의 뜻이 된다.

dissent(의견을 달리하다)　　　　**dis**(반대) + sent(send 보내다)
　　혜 뜻을 반대로 보내는 것을 **의견을 달리하다**가 된다.

dissolution(용해, 해산)　　　　**dis**(강조) + solution(녹임, 용해)

dissolve(녹이다, 용해하다)　　　　**dis**(강조) + solve(풀다, 해결하다)

dissuade(~하지 않도록 설득하다)　　　　**dis**(부정) + suade(per<u>suade</u> '설득하다'의 줄임말)

distance(거리, 간격)　　　　**di**(분리) + stance(stand 서다)
　　혜 서 있는 곳에서 분리 한 만큼의 **거리**와, **간격**을 나타낸다.

distaste(혐오, 싫음)　　　　**dis**(반대) + taste(미각, 풍미, 맛)

distill(증류하다)　　　　**di**(강조) + still(증류기, 조용한, 고요한)

distillation(증류)　　　　**di**(강조) + still(증류기) + ation(행위, 결과)

distinguish(구별하다, 눈에 뛰게하다)　　　　**di**(분리) + sting(sting 바늘로 찌르다) + uish(~하게 하다)

distinction(구별, 특성)　　　　**dis**(강조) + tinction(tincture 색조, 특색, 겉치레)

distract(흩어 지게하다, 혼란시키다)　　　　**dis**(반대) + tract(지역, 구역, 다루다)
　　혜 어떤 지역이나 구역에서 다르게(반대)로 다루면 **혼란만 야기되고 흩어지게 된다.**

distraction(주의산만, 정신이 흐트러짐)　　　　**dis**(분리) + tract(다루다) + ion(행위)

distress(근심, 고통, ~을 괴롭히다)　　　　**dis**(강조) + stress(압박)

distrust(믿지 않다)　　　　**dis**(반대) + trust(신뢰, 믿음)

disuse(쓰이지 않음, 폐기)　　　　**dis**(반대) + use(사용하다, 쓰다, 이용하다)

divorce(이혼시키다, 절연하다)　　　　**di**(분리) + vorce(vorc 돌다, 변화다)

divide(나누다, 갈라놓다) di(분리) + vide(~을 보라, ~을 참조하라)
individual(개인의, 독자적인) in(안에) + di(분리) + vid(보다) + ual(성질)
segment(구분, 나누다) se(분리) + gment(행위, 결과, 성질)
segmental(분절의) se(분리) + gment(성질) + al(~하는 행위)
segmentation[분할(세포분열)] se(분리) + gment(성질) + ation(결과, 행위)

divid- ➡ divis-

① 나누다
② 개인

divide(나누다) divid(나누다) + e(상태)
divided(분할된) divid(나누다) + ed(~을 가진, ~의 특성이 있는)
divisible(나누어지는) divis(나누다) + ible(할 수 있는)
individual(개인) in(부정) + divid(나누다) + ual(성질, 상태)
　해 어떤 단체에서 나눌 수 없는(부정) 상태에 까지 온 것을 개인이라 한다.
individualism(개인주의) individual(개인) + ism(주의)
individualistic(개인주의적인) individualist(개인주의) + ic(~적인)
individuality(개성) individual(개인) + ity(성격, 상태)
indivisible(나누어질 수 없는) in(부정) + divis + ible(할 수 있는)

dynam- ➡ dyna-

① 힘(power, strength)
② 능력(capability)

dynamic(동적인, 힘찬, 정력적인) dynam(힘) + ic(~이 되는)
dynamics(역학, 동력학) dynam(힘) + ics(학문, 예술)
dynamate(다이너마이트) dynam(힘) + ate(성질이 있는)
dynasty(왕조, 지배자 층) dyna(힘, 능력) + sty(행위자)

en- ➡ em-

① ～이 되게 하다(make)
② ～의 안에(in, within)

embrace(～을 껴안다, 기꺼이 받아들이다)   **em**(되게 하다) + brace(버팀목, 지주)
　해 필요없는 사람은 받아 주지 않지만 버팀목이 되고 지주가 되면 **껴안고, 기꺼이 받아들인다.**

emphasize(강조하다, 중요시하다)   **em**(되게 하다) + phasize(phase 국면, 위상)

empower(권한을 주다)   **em**(되게 하다) + power(힘, 권력자, 권한)

enable(～에게 능력을 주다, 할 수 있게 하다)   **en**(되게 하다) + able(할 수 있는)

enact(법령화하다, 규정하다)   **en**(되게 하다) + act(행위, 법령, 조례)

encamp(진을 치다, 야영하다)   **en**(되게 하다) + camp(야영지, 주둔지, 호모)

enchant(요술을 걸다, 매혹하다)   **en**(되게 하다) + chant(노래, 성가, 찬송하다)
　해 노래나 성가, 찬송가를 잘 부르면 감동하여 **요술에 걸린** 것처럼 되고 연인에게 노래로 **매혹하기도** 한다.

enchantment(환희, 매혹된 상태)   **en**(되게 하다) + chant(성가) + ment(행위, 성질)

encircle(에워싸다, 둘러싸다)   **en**(안에) + circle(원, 주기, 집단)

encounter(직면하다, 우연히 만나다)   **en**(되게하다) + counter(거스르다, 역행하다, 계산대)
　해 대체로 천재지변은 역행하고 거스른 것은 **우연히 만나고, 직면하게** 된다.

encourage(용기를 북돋우다, 장려하다)   **en**(되게 하다) + courage(용기)

endanger(위험에 빠뜨리다, 위태롭게 하다)   **en**(되게 하다) + danger(위험)

endear(애정을 느끼게 하다)   **en**(되게 하다) + dear(사랑스러운, 친애하는)

endure(견디어내다, 지속하다)   **en**(되게 하다) + dure(지속하다, 오래 견디다)

enforce(시행하다, 강요하다)   **en**(되게 하다) + force(힘, 무력, 세력)
　해 힘과 세력이 있으면 어떤 법을 **시행하게** 하고, 무슨 일을 하라고 **강요한다.**

engage(고용하다, 약혼하다)   **en**(안에) + gage(저당물, 담보, 도전)
　해 **고용**을 하거나, **약혼**을 할 때 학력이나 재산의 정도를 담보(저당물)로 한다.

engine(기관, 엔진, 기관차)   **en**(되게 하다) + gine(gin 기중장치, 삼각 기중기)

engross(마음을 빼앗다, 몰두시키다)   **en**(되게 하다) + gross(야비한, 천한, 큰, 뚱뚱한)
　해 너무 뛰어나도 마음이 빼앗기지만 2m 70cm이 넘는다거나 400kg이 넘는다거나 너무 야비하고 천해도 마음이 **빼앗기고, 시선을 몰두시킨다.**

enjoy(～을 즐기다, 향유하다)   **en**(되게 하다) + joy(즐거움)

enlarge(넓히다, 확대하다)   **en**(되게 하다) + large(넓은, 큰)

enlighten(계발하다, 계몽하다)   **en**(되게 하다) + lighten(밝게 하다, 명백하게 하다)

enlist(입대하다, ～을 병적에 올리다)   **en**(되게 하다) + list(목록, 명부에 올리다)

employ(고용하다)   **em**(되게 하다) + ploy(계략, 기획, 직업, 계획)

enrich(경제적으로 부유하게 하다, 내용을 풍부하게 하다)   **en**(되게 하다) + rich(부유한)

enroll(명단에 기재하다, 등록하다)   en(안에) + roll(구르다, 목록, 두루마리)

enshrine(안치하다, 모시다)   en(안에) + shrine(성인의 유골, 묘, 성지)

enslave(노예로 만들다, 예속시키다)   en(되게 하다) + slave(노예)

entitle(칭호를 주다, 권리를 주다)   en(되게 하다) + title(제목, 칭호, 권리)

envelop(봉하다, ~을 덮다)   en(되게 하다) + velop(감싸다)

envelope(봉투, 봉지)   en(되게 하다) + velope(싸다)

eu-

① 선(善), 우(goodness)
② 좋은(fine)

eud(a)emonism(행복론)   eu(좋은) + d(a)emo(국민) + ism(론, 주의)

eugenic(우생학의)   eu(우) + gen(출생, 종족) + ic(~의)

eulogy(찬사)   eu(좋은) + logy(말, 학, 론)

euphuism(미사여구, 아름다운 말과 화려한 문체)   eu(좋은) + phuism(여구)

ex- ➡ e- ➡ exe- ➡ ec- ➡ ef- ➡ es- ➡ iss- ➡ s-

① ~로부터(of, from)
② 전적으로(fully)
③ 밖으로(out)
④ 전직, 전(前, before)
⑤ 분리, 이탈(off)

eccentric(비정상적인, 괴팍한)   ec(분리) + centric(중심의)

edit(편집하다)   e(전적으로) + dit(편집)

effort(노력, 분투)   ef(전적으로) + fort(성체, 요새)
   해 요새나 성체에서 전적으로 힘을 쏟아 **노력**, **분투**하여야만 승리 할 수 있다.

eject(쫓아내다)   e(밖으로) + ject(던지다)

elaborate(정교한, 정성들인)   e(전적으로) + labor(노동, 근로) + ate(성질)
   해 일(노동)을 할 때 전적으로 정신을 집중하여 만들면 **정교하고**, 남들이 보더라도 **정성들여** 만들었다고 한다.

elect(선거하다, 채택하다)   e(전적으로) + lect(고르다, 모으다)

eliminate(제거하다)   e(밖으로) + limin(lime 석회로 소독하다) + ate(만들다)

emerge(떠오르다, 나타나다)   e(밖으로) + merge(합류하다, 몰입시키다)

> 圃 물속에 몰입하면 가라앉지만 밖으로 보내서 **떠오르게** 하고, 운동선수 후보로 잔심부름만 시키면 모르지만 합류시켜 밖으로 보내면 **나타난다.**

emergency(긴급사태, 긴급한 경우)   e(전적으로) + mergency(mergence 몰입)

eruption(돌발, 발발, 폭발)   e(밖으로) + rupt(부수다) + ion(행위)

event(사건, 행사)   e(밖으로) + vent(배출구, 발산하다, 오다)

evident(분명한, 명백한)   e(전적으로) + vid(보다) + ent(성질)

> 圃 빈라덴의 사망은 소문만 무성했지만 사진을 전적으로 보여주니 **분명하고, 명백히** 사망했다는 것을 알았다.

ex-boyfriend(전의 남자친구)   **ex**(전의) + boyfriend(남자친구)

except(~을 제외하다)   **ex**(밖으로) + cept(잡다)

> 圃 잡아서 밖으로 던져 버리니 **제외하다가** 된 것이다.

exclude(몰아내다, 배제하다)   **ex**(밖으로) + clude(닫다)

execute(수행하다, 사형을 집행하다)   **exe**(전적으로) + cut(자르다) + e(상태)

exempt(면제하다)   **ex**(밖으로) + empt(취하다)

> 圃 군에서도 열외가 있다. 누구누구 사병을 취하여 밖으로 따로 **면제시켜** 훈련을 쉬도록 했다.

ex-flame(옛 애인)   **ex**(전) + flame(불꽃, 정열, 연인)

exhale(내품다, 숨을 뱉다)   **ex**(밖으로) + hale(건장한, 정정한, 원기 왕성함)

exhaust(다 써버리다)   **ex**(전적으로) + hau(haul 수송하다) + st('stand'의 약자)

> 圃 군량미가 가득 했으나 전적으로 (다) 수송했다는 것은 **다 써버렸다는** 뜻이다.

exhibit(전시하다)   **ex**(밖으로) + hibit(have 가지고 있다)

> 圃 창고 안에 가지고 있는 것을 밖으로 펼쳐 보이는 것을 **전시하다라는** 뜻이다.

exhort(권하다, 타이르다)   **ex**(밖으로) + hort(heart 심장)

> 圃 심장(마음)에 담고 있는 것을 밖으로 표현하는 것을 **권하고, 타이르다이다.**

exhortation(권함, 권고)   **ex**(밖으로) + hort(heart) + ation(행위, 결과)

exhibition(전시, 출품)   **ex**(밖으로) + hibi(have) + tion(행위, 결과)

ex-husband(전남편)   **ex**(전) + husband(남편)

exit(출구)   **ex**(밖으로) + it(가다)

> 圃 'it'이 독립적으로 있을 때는 그것이지만 어근이나 접두사로 합치면 **가다의** 뜻이다.

expect(기대하다, 예상하다)   **ex**(밖으로) + pect(spectacle 광경, 볼만한 것의 약자)

expire(기한이 다 되다)   **ex**(밖으로) + pire(period 기한의 자음변화의 법칙)

exploit(개발하다)   **ex**(밖으로) + ploit(접어 겹치다)

expose(노출하다)   **ex**(밖으로) + pose(놓다)

ex-premier(전직수상)   **ex**(전직) + premier(수상)

express(표현하다)   **ex**(밖으로) + press(누르다, 밀다, 주장하다)

ex-star(왕년의 배우)　　　　　　　　**ex**(전에) + star(배우, 별)

exterior(외부의, 표면의)　　　　　　**ex**(밖으로) + ter(terr 땅) + ior(곳, 장소)

extol(칭찬하다)　　　　　　　　　　**ex**(분리, 이탈) + tol(꼬집다, 비틀다)
　　해 잘못하면 꼬집어 비틀지만 **칭찬할** 만하면 꼬집어 비틀지 않는다.

extract(발췌하다, 뽑아내다)　　　　　**ex**(밖으로) + tract(지역, 구역, 끌다)
　　해 어떤 내용을 끌어서 밖으로 내는 것을 **발췌하다, 뽑아내다**의 뜻이다.

extraction(발췌, 뽑아냄)　　　　　　**ex**(밖으로) + tract(끌다) + ion(행위, 결과)

extra-

① ～외의(outside)
② ～의 범위 밖의(beyond)
③ 초월하여(surpass, transcend)

extra(여분의, 임시의, 특별한, 각별한)

extracurriculum(교과 외 활동)　　　**extra**(외에) + curriculum(교육과정)

extraordinarily(이상하게, 엄청나게)　**extra**(초월하여) + ordinarily(보통 수준으로)

extraordinary(비상한, 비범한, 임시의)　**extra**(범위 밖의) + ordinary(보통의)

extravagant(낭비하는, 사치한)　　　**extra**(범위 밖의) + vagant(vagrant 방랑하는, 변덕스러운)

for- ➡ fore-

① 먼저(before), 앞에(front)
② 월등한(superior)
③ 떨어져(away, apart, off)
④ 거절, 제외, 금지(reject, refuse)
⑤ 전적으로(wholly)

forbid(～을 금하다, ～을 용납하지 않다)　**for**(금지) + bid(명령하다, 말하다)

forecast(일기예보, 예상하다)　　　　　**fore**(먼저) + cast(던지다, 주사위를 굴리다)
　　해 과학이 발달하기 이전에 부족장이 먼저 주사위를 굴려서 **일기예보나**, 그리고 다른 일들 또한 이와 같이 점
　　　을 쳐서 **예상했다.**

forehead(이마, 앞부분, 앞면)　　　　　**fore**(앞에) + head(머리)

forefinger(first finger 집게손가락)　　**fore**(먼저) + finger(손가락)

foreman(감독, 배심장) **fore**(앞에) + man(사람)

foresight(선견) **fore**(먼저) + sight(시각, 시력, 목격, 견해)

foretell(예언하다) **fore**(먼저) + tell(말하다)

forget(~을 잊다, ~을 게을리 하다) **for**(거절) + get(얻다)

> 🗝 노력해야만 얻을 수 있는데 **게을리 하면** 아무것도 얻지 못한다. 공부도 늘 반복하고 노력하지 않으면 **잊어버**
> **린다.**

forgive(용서하다) **for**(전적으로) + give(주다, 허락하다, 양보하다)

forgo(삼가다, ~없이 지내다) **for**(금지) + go(가다)

forsake(상대하지 않다, 저버리다) **for**(거절) + sake(~을 위함, 목적, 동기)

hemi-

① 반(half)

hemisphere(반구, 반구체) **hemi**(반) + sphere(구)

hyper-

① 위쪽(고(高))
② 초과(excess)
③ 지극히(extremely)

hyperactive(지극히 활동적인) **hyper**(지극히) + active(활동적인)

hypercorrect(지나치게 정확한) **hyper**(지극히) + correct(올바른)

hypercritic(혹평가) **hyper**(초과) + critic(비판자)

hyperexcitable(지나치게 흥분하기 쉬운) **hyper**(지극히) + excitable(흥분하기 쉬운)

hyperinflation(초인플레) **hyper**(초과) + inflation(인플레)

hypertension(고혈압) **hyper**(위쪽, 고) + tension(긴장, 신장, 흥분, 압력)

hypn- ➡ hypno-

① 수면, 최면(hypnogenesis)

hypnoanalysis(최면 분석)　　　　　　**hypno**(최면) + analysis(분석)
hypnosis(최면상태)　　　　　　　　**hypno**(최면) + sis(상태)
hypnotism(최면술)　　　　　　　　**hypno**(최면) + tism(술)

in- ➡ il- ➡ im- ➡ ir- ➡ en- ➡ i- ➡ ig-

① ～안에(in)
② ～안으로(into)
③ 위에(on)
④ ～으로 하다(cause to become)
⑤ 부정(not)

enclose(둘러싸다)　　　　　　　　**en**(안으로) + close(막다, 잠그다)
illegal(불법의)　　　　　　　　　　**il**(부정) + legal(법률의)
illogical(비논리적인)　　　　　　　**il**(부정) + logical(논리적인)
illusion(착각)　　　　　　　　　　**il**(안으로) + lus(lush 지나치게 수식적인) + ion(행위, 결과)
　　🅗 사실과 다르게 보이려고 지나치게 꾸미면(수식적인) 누구나 **착각**한다.

illustrate(～을 명확히 하다, 설명하다)　　**il**(～으로 하다) + lustrate(깨끗이하다)
　　🅗 시에서 함축적 의미는 깨끗하게 **설명이 되고**, **명확하게** 해야 읽는 이로부터 의미가 전달된다.

imcur(나쁘게 빠지다, 손해를 초래하다)　　**im**(부정) + cur(불량배, 똥개, 흐르다)
immediate(즉시의, 당면한)　　　　　**im**(～으로 하다) + mediate(중재하다, 화해하다)
　　🅗 서로간의 나쁜 감정은 **즉시하거나**, **당면한** 사안으로 중재하거나 화해시켜야지 늦어지면 그만큼 감정의 골만
　　　커진다.

immense(매우 큰, 거대한)　　　　　**im**(위에) + mense(mens 마음, 정신)
immigrate(이주하다)　　　　　　　**im**(～하다) + migrate(이주하자)
immoral(부도덕한)　　　　　　　　**im**(부정) + moral(도덕의, 윤리적인)
impact(충돌, 영향, 영향을 주다)　　　**im**(부정) + pact(조약, 계약, pac 평화)
impartial(공평한)　　　　　　　　**im**(부정) + partial(불공평한, 부분적인)
imperfect(불완전한)　　　　　　　**im**(부정) + perfect(완전한)
implement(기구, 도구, 가구)　　　　**im**(안으로) + ple(<u>ple</u>ase 기뻐하다) + ment(성질, 수단)
　　🅗 동양이나 서양 여성은 평소에 늘 가지고 싶었던 **도구나 가구**가 집으로 들어오면 기뻐서 어쩔 줄 몰라 한다.

imply(~을 내포하다, 암시하다)   **im**(안으로) + ply(접어 겹치다)

import(수입, ~을 수입하다)   **im**(안으로) + port(항구)

해 비행기가 발명되기 전에는 외국과의 **수입**은 항구에서 이루어졌다.

impose(부과하다, 강요하다)   **im**(안으로) + pose(자세, 주장하다, 곤란하게 하다)

impossible(불가능한)   **im**(부정) + possible(가능한)

impressive(인상적인)   **im**(안으로) + press(누르다, 주장하다, 우기다) + ive(성질, 경향)

imprison(투옥하다, 가두다)   **im**(안으로) + prison(감옥)

improper(부적당한)   **im**(부정) + proper(독특한, 고유의, 적당한)

improve(개선하다, 항상 시키다)   **im**(~으로 하다) + prove(증명하다, 시험하다)

imprudent(경솔한, 무분별한)   **im**(부정) + prudent(세심한, 조심스러운)

inability(할 수 없음)   **in**(부정) + ability(할 수 있음)

inadequate(부적당한, 불충분한)   **in**(부정) + adequate(적당한, 충분한)

incapable(무능한, ~할 능력이 없는)   **in**(부정) + capable(유능한)

income(수입, 소득)   **in**(안으로) + come(오다)

해 자신에게 실질적으로 들어오는 것을 **수입**, 소득이라고 한다.

incompetent(무능한, 부적당한)   **in**(부정) + competent(유능한, 충분한)

inconsistent(모순되는, 조화되지 않은)   **in**(부정) + consistent(모순이 없는)

incorrect(부정확한)   **in**(부정) + correct(정확한, 올바른, 틀림없는)

indeed(참으로, 정말)   **in**(안으로) + deed(행위, 행동)

indescribable(형언할 수 없는)   **in**(위에) + describ(e)(묘사하다) + able(할 수 있는)

indirect(간접의)   **in**(부정) + direct(직사적인, 똑바로, 지도하다, 지시하다)

indispensable(불가결의, 필수의)   **in**(부정) + dispensable(중요하지 않은)

indoor(집안의)   **in**(안에) + door(문)

induce(꾀다, ~쪽으로 인도하다)   **in**(안으로) + duce(인도하다, 끌다)

inevitable(피할 수 없는, 필연적인)   **in**(부정) + evitable(피할 수 있는)

infamous(악명 높은, 평판이 나쁜)   **in**(부정) + famous(유명한, 멋진)

influence(영향력, 감화력)   **in**(안으로) + fluence(남에게 최면술 따위를 걸다)

inherit(상속하다, 대를 잇다)   **in**(~으로 하다) + herit(heritage 상속, 유산)

inject(주사하다, ~을 주입하다)   **in**(안으로) + ject(던지다)

injustice(불공평)   **in**(부정) + justice(공정, 정의)

innocent(순진한, 무죄의)   **in**(부정) + nocent(해로운, 유해한, 유죄의)

input(입력)   **in**(안으로) + put(놓다)

insane(정신 이상의, 미친)   **in**(부정) + sane(sanative 건강이 좋은, 병을 고치는)

insight(통찰, 간파)   **in**(안으로) + sight(시력, 광경, 견해)

inspect(~을 검사하다)   **in**(안으로) + spect(보다)

intoxicate(술, 마치등으로 취하게 하다)   **in**(안으로) + toxicate(toxication 중독)

invaluable(평가할 수 없을 만큼 귀중한)　**in**(위에) + valuable(가치 있는)

investigate(~을 연구하다, 조사하다)　**in**(안으로) + vestigate(vestige 흔적, 자취)

involve(사건등을 끌어넣다, 말려들게 하다)　**in**(안에) + volve(회전하다, 감다)

irrational(이성을 잃은, 불합리한)　**ir**(부정) + rational(이성의, 도리를 아는)

irregular(불규칙한)　**ir**(부정) + regular(규칙적인, 질서 있는)

irrelevant(관계가 없는, 타탕하지 않은)　**ir**(부정) + relevant(관련된, 적절한)

irresponsible(무책임한, 믿을 수 없는)　**ir**(부정) + responsible(책임을 져야하는)

irritate(짜증나게 하다, 초조하게 만들다)　**ir**(안으로) + rit(느리게) + ate(만들다)

inter- ➡ enter- ➡ intel- ➡ intro-

① ~의 사이에(between)
② 중간에(midterm)
③ 안에(in)

enterprise(사업, 기업, 진취적 기상)　**enter**(안에) + prise(상품, 경품, 상주기)

intellect(지성, 이해력, 지식인)　**intel**(안에) + lect(고르다, lecture 강의)
　🔠 현대의 정보의 물결에 필요한 것만 골라서 내 안에 쌓아 두면 **지식**이 되고, 어떤 일에도 빨리 **이해**되며, 지식이 많이 쌓이면 **지성인**이 된다.

intercept(봉쇄하다, 도중에서 빼앗다)　**inter**(사이에) + cept(취하다)

interchange(출입구)　**inter**(사이에) + change(변경, 변화)
　🔠 도로에서 직진으로 계속가지 않고 변화, 변경을 주기위해 **출입구**로 나온다.

interfere(방해하다, 간섭하다)　**inter**(사이에) + fere(공포)

interference(방해, 훼방)　**inter**(사이에) + fere(공포) + (e)nce(성질, 상태)

interim(중간의, 임시의)　**inter**(중간의) + im(~으로 하다)

interlude(막간, 동안, 개입시키다)　**inter**(중간에) + lude(lud 놀다, 연주하다)

intermediate(중간의, 중개자)　**inter**(사이에) + medi(중간) + ate(직무)

intermingle(혼합하다, 혼합되다)　**inter**(안에) + mingle(섞다, 혼합하다)

internal(내부의, 국내의)　**inter**(안에) + nal(<u>na</u>tional '국민의'의 줄임말)

international(국제적)　**inter**(사이에) + national(국민의, 국가적인)

interpose(이의를 제기하다, 끼우다)　**inter**(사이에) + pose(놓다)

interpret(해석하다, ~의 통역을 하다)　**inter**(사이에) + pret(<u>pre</u>tension 주장, 요구)

interpretation(해석, 통역)　**inter**(사이에) + pretation(<u>pre</u>tension)

interrupt(~을 차단하다, 방해하다)　**inter**(사이에) + rupt(부수다)

interruption(방해, 중지)　**inter**(사이에) + rupt(부수다) + (t)ion(행위, 결과)

intersect(가로지르다, 교차하다)   inter(사이에) + sect(분파, 종파, <u>나누다</u>)
intersection(가로지름, 교차)   inter(사이에) + section(절단, 분할, 자르다)
intervene(방해하다, 사이에 들다)   inter(사이에) + vene(ven 오다)
introduction(소개)   intro(사이에) + duc(인도하다) + tion(행위)

kilo-

① 천(千)

kilohertz(킬로 헤르츠)   kilo(천) + hertz(진동수의 단위, 매초 1싸이클)
kiloliter(1000리터)   kilo(천) + liter(1000cc)

macro-

① 큰(big)
② 거대한(immense)

macro biology(생태학)   macro(거대한) + biology(생물학)
macrobiosis(장수)   macro(거대하게, 오래) + biosis(bio 생명, 살다)
macrocosm(대우주)   macro(거대한) + cosm(<u>cosm</u>os 우주)
macroeconomics(거시경제학)   macro(거대한) + economics(경제학)
macrograph(확대도)   macro(크게) + graph(그래프, 도식)

mal- ➡ male-

① 나쁜(bad, badly, ill)
② 해로운(evil)

malady(병, 질병)   mal(해로운) + ady(<u>ady</u>namia 쇠약한의 약자)
malicious(악의 있는, 심술궂은)   mal(나쁜) + ici(icicle 감정이 무딘사람) + ous(~하는 습관이 있는)
malediction(저주, 악담)   male(나쁜) + diction(말씨)
malefactor(악인, 죄인)   male(나쁜) + fact(만들다) + or(사람)
malevolence(악의, 해할 마음)   mal(나쁜) + evol(<u>evol</u>ution 발전) + ence(성질, 상태)

malevolent(악의 있는, 심술궂은)　**mal**(나쁜) + evolent(evolution 전개, 발전)
malfunction(나쁨, 기능장애)　**mal**(나쁜) + function(기능, 직무, 역할)
malnutrition(영양실조)　**mal**(해로운) + nutrition(영양섭취, 음식물)
maltreat(학대하다, 혹사하다)　**mal**(해로운) + treat(다루다, 대우하다)

mega-

① 큰(large)
② 100만(million)

megaphone(메가폰, 확성기)　**mega**(큰) + phone(수화기, 소리)
megavolt(100만볼트)　**mega**(100만) + volt(전압의 실용단위, 찌름을 재빨리 피하다)
megaton(100만톤)　**mega**(100만) + ton(중량의 단위, 유행형양식, 상류사회)

micro-

① 작은(small)
② 확대(enlargment)

microbiology(미생물학)　**micro**(작은) + biology(생물학)
microbus(소형버스)　**micro**(작은) + bus
microcomputer(초소형 컴퓨터)　**micro**(작은) + computer
microcosm(소우주)　**micro**(작은) + cosm(<u>cosm</u>os 우주)
microfilm(축소복사필름)　**micro**(작은) + film
micron(100만분의 1)　**micro**(작은) + n(자음어미, 반복되는 모음을 피함)
micronutrient(미량 영양소)　**micro**(작은) + nutrient(영양소)
microphone(확성기)　**micro**(확대) + phone(수화기)
microscope(현미경)　**micro**(작게) + scope(보는 기계)

mis-

① 나쁜(bad)
② 불리한(disadvantage)
③ 잘못된(wrong)

misadventure(불행, 불운)   **mis**(나쁜) + adventure(예사롭지 않은 사건)
misanthrope(염세주의자)   **mis**(나쁜) + anthrope(인류주의자)
misanthropic(염세적인)   **mis**(나쁜) + anthrop(인류) + ic(적인)
misanthropy(염세, 사람을 싫어함)   **mis**(잘못된) + anthrop(anthropology 인류학)
misapprehend(오해하다, 잘못 생각하다)   **mis**(잘못) + apprehend(이해하다)
misappropriate(남용하다, 횡령하다)   **mis**(잘못) + appropriate(사용하다, 적당한)
misbehave(행실이 나쁘다, 나쁜 짓을 하다)   **mis**(나쁜) + behave(행동하다)
misbehavior(비행)   **mis**(나쁜) + behavior(행실, 품행)
mischief(손해)   **mis**(잘못) + chief(우두머리, 지배자, 추장)
> **해** 우두머리나 지배자가 잘 못 정책을 행하면 온 국민이 **손해**를 본다.

misfortune(불운)   **mis**(나쁜) + fortune(행운)
misguide(잘못 지도하다)   **mis**(잘못) + guide(안내하다, 지도자)
mishap(재난, 불행한 사건)   **mis**(잘못된) + hap(우연, 우연히 일어난 일)
misleading(그릇 인도하는)   **mis**(잘못) + leading(지휘, 통솔, 인도하는)
misread(틀리게 읽다, 오독하다)   **mis**(잘못) + read(읽다)
misspell(철자를 잘못 쓰다)   **mis**(잘못) + spell(철자)
mistake(잘못, 틀림, 틀리다)   **mis**(잘못) + take(잡다)
mistaken(잘못된)   **mis**(잘못) + taken(take의 과거분사)
mistrust(의혹, 불신용)   **mis**(잘못) + trust(신뢰, 신임, 신용)
misunderstand(오해하다)   **mis**(잘못된) + understand(이해하다)
misuse(오용하다, 학대하다)   **mis**(잘못된) + use(사용하다)

miso-

① 혐오(hate)
② 싫음(unwilling, dislike)

misogamy(결혼 혐오)   **miso**(혐오) + gamy(결혼, 번식, 결합)
misogyny(여자를 싫어함)   **miso**(싫음) + gyny(여자)

misology(이론을 따지기 싫어함)　　　　**miso**(싫음) + logy(이론)
misoneism(보수주의, 새로운 것을 싫어함)　　**miso**(싫음) + ne(new 새로운 것) + ism(주의)

mono-

① 하나(one)
② 혼자(alone)

monodrama(일인극)　　　　　　**mono**(하나) + drama(연극, 희곡, 각본)
monogamy(일부일처제)　　　　**mono**(하나) + gamy(결혼, 번식)
monolog(독백)　　　　　　　　**mono**(혼자) + log(통나무, 말하다)
monopoly(독점권)　　　　　　**mono**(하나) + poly(겹치는)
monorail(모노레일)　　　　　　**mono**(하나) + rail(궤도)
monotonous(단조로운, 변화 없는)　**mono**(하나) + tonous(~같은, ~하는 습관)

multi-

① 다수의(many)
② 많은(much)

multicolored(다색의)　　　　**multi**(다수의) + colored(착색한, 채색된)
multiform(다양한)　　　　　**multi**(다수의) + form(모양, 형태)
multiplication(증가, 곱셈)　**multi**(다수의) + plication(접음, 주름)
multiple(복합의, 배수의)　　**multi**(다수의) + ple(접어 겹치다)
multiply(~을 증대하다, 곱하다)　**multi**(많은) + ply(겹치다)
multipurpose(다목적의)　　　**multi**(많은) + purpose(목적, 의도)
multitude(다수, 군중)　　　　**multi**(다수의) + tude(성질, 상태)
multivocal(뜻이 애매한, 다의적인)　**multi**(다수의) + vocal(목소리의)

no- → ne- → na- → n- → neg- → non- → un-

① 부정(not)
② 되돌리다(back)

naught(제로, 무)
　쥅 = nothing 아무것도 ~않다

na(not) + ught(thing)

negative(부정의, 소극적인)
neg(부정) + ative(~적인)

neglect(~을 무시하다, 부주의)
neg(부정) + lect(고르다, 모으다)

negligence(태만, 과실, 무관심)
neg(부정) + lig(의무를 지우다) + ence(성질,상태)

negotiate(교섭하다, 협상하다)
ne(되돌리다) + goti(get 얻다) + ate(성질, 상태)

neither(어느쪽도 아닌)
ne(부정) + ither(there 저기에)

nonchalant(무관심한)
non(부정) + chal(<u>cha</u>llenge 도전) + ant(~한)

noncommunist(비공산주의자)
non(부정) + communist(공산주의자)

nonconductor(부도체, 절연체)
non(부정) + conductor(전도체, 안내자, 지도지)

non-essential(비본질적인, 중요하지 않은)
non(부정) + essential(본질의)

nonfiction(논픽션, 허구가 아닌)
non(부정) + fiction(허구)

non-partizan(양 파에 속하지 않은 사람)
non(부정) + partizan(도당, 당파심)

nonsense(무의미, 허튼 말)
non(부정) + sense(느낌, 오감, 감각)

nonstop(직행의, 도중에 서지 않은)
non(부정) + stop(서다)

nonviolence(비폭력)
non(부정) + violence(맹렬, 폭력, 모독, 불일치)

unbind(매듭 따위를 풀다)
un(부정) + bind(묶다, 매다, 결박하다)

uncover(폭로하다, 덮개를 벗기다)
un(부정) + cover(덮다, 보호하다)

undo(원상태로 돌리다)
un(되돌리다) + do(하다, 수행하다, 연출하다)

undress(옷을 벗기다)
un(부정) + dress(의상, 의복을 입히다)

unemployed(고용되지 않은, 실직한)
un(부정) + employed(고용한)

unexpected(예기치 않은)
un(부정) + expected(기대하다, 예측하다)

unfold(펼치다, 열리다)
un(부정) + fold(겹치다, 접다, 감싸다)

unite(풀다)
un(되돌리다) + ite[tie 묶다, 붙들어 매다(음위전환)]

unload(짐을 내리다)
un(부정) + load(짐, 부담, 무거운 짐, 근심, 걱정)

unlock(자물쇠를 열다)
un(부정) + lock(자물쇠)

unpack(풀다, 열다)
un(되돌리다) + pack(짐, 꾸러미, 화물, 보따리)

unprecedented(전례가 없는)
un(부정) + precedented(전례, 선례가 있는)

unrest(동요, 불안)
un(부정) + rest(휴식, 평온, 안락, 안정)

unwrap(포장을 풀다)
un(부정) + wrap(싸다, 감싸다, 두르다)

novem-

① 아홉(nine)

Octa- ➡ Octo-

① 여덟(eight)

Sept- ➡ septem- ➡ hepta-

① 일곱(seven)

> 🖬 고대 로마에서는 September(7월)이였고, October(10월)가 8월이였다. 그런데 Julius Caesar와 Augustus, 두 황제의 태어난 달을 기념하기 위하여 July(7월)와 August(8월)가 들어가서 순서를 징했기 때문에 September가 9월이 되었고, October가 10월이 되었다. 또 하나 July 황제와 August 황제는 2월 달의 달수를 하루씩 가져와서 7월과 8월은 31일이다.

heptachord(7음계)
heptagon(7각형)
heptahedron(7면체)
November(11월)　　　　　　　**novem**(아홉) + ber
Octave(8일째, 8일간, 제8도음)　　**Octa**(여덟) + ve
October(10월)　　　　　　　　**Octo**(여덟) + ber
september(9월, 고대로마는 7월)
septennial(7년마다의)

ob- ➡ oc- ➡ of- ➡ op-

① ～으로(toward)
② ～앞에(before)
③ ～에 반대하여(against)
④ 억압, 저항, 장애(restraint, opposition, obstacle)

object(반대하다, 싫어하다)　　　　**ob**(반대하여) + ject(던지다)

obscure(이해하기 어려운, 어두운)　　　　　ob(반대하여) + scure(sci 알다)
obstacle(장애물, 방해)　　　　　ob(장애) + sta(station 위치, 장소) + cle(성질)
obstinate(고집센, 완고한)　　　　　ob(저항) + stinate(stinct 찌르다)
obstruct(가로막다, 진행을 방해하다)　　　　　ob(저항) + struct(짓다, 세우다)
obtain(~을 획득하다, 사다)　　　　　ob(앞에) + tain(잡다, 유지하다)
occur(나타나다, 생기다, 떠오르다)　　　　　oc(으로) + cur(흐르다, 나르다)
offend(감정을 해치다, 죄를 범하다)　　　　　of(앞에) + fend(치다, 때리다)
oppose(방해하다, 반대하다)　　　　　op(반대) + pose(pos 놓다)
oppress(압박하다, 억압하다)　　　　　op(억압) + press(누르다)

omni-

① 모든(all)
② 어느 것이나 다(every)

omnibus(승합 자동차, 총칙, 통칙)　　　　　omni(all) + bus(버스)
omnicompetent[전권(全權)을 가진]　　　　　omni(all) + competent(유능한, 충분한)
omnifaceted(모든 면에)　　　　　omni(all) + faceted(facet 일면)
omnifocal(전 초점의)　　　　　omni(all) + focal(초점의)
omniscient(전지의)　　　　　omni(all) + scient(science 과학, 과학적 지식)
omnipotent(전능한)　　　　　omni(all) + potent(유력한, 세력 있는)
omnipresent(어디든지 있는)　　　　　omni(all) + present(있는, 출석하고 있는)
omnivorous(무엇이나 먹는)　　　　　omni(all) + vorous(voracious 대식하는)

out-

① ~밖으로
② 능가하다(surpass)
③ ~보다 뛰어나서(beyond)

come out(발생하다)　　　　　come(오다) + out(밖으로)
outbreak(발발, 폭발)　　　　　out(밖으로) + break(부수다, 깨뜨리다)
outcome(결과, 성과)　　　　　out(능가하다) + come(오다, 되다, 달하다)
outdo(~보다 뛰어나다)　　　　　out(보다 뛰어나다) + do(행위, 하다)

outfit(용품, 단체, 장사도구) **out**(능가하다) + fit(알맞은, 튼튼한)

outlaw(무법자) **out**(밖으로) + law(법률)

outlet(방출, 출구) **out**(밖으로) + let(~하게 하다)

outlook(전망, 견해) **out**(밖으로) + look(보다)

outnumber(수로 압도하다) **out**(능가하다) + number(수)

outrage(폭력적 침해, 난폭) **out**(밖으로) + rage(격노, 분노)

outrageous(매우 모욕적인, 난폭한) **out**(밖으로) + rage(분노) + ous(습관)

outstanding(현저한, 두드러진) **out**(능가하다) + standing(선체로, 영구적인)

over-

① ~위에(above)
② ~을 가로질러, 건너서(across)
③ 과다하게(too much)
④ ~을 덮다

overcrowd(붐비다, 혼잡하게 하다) **over**(과다하게) + crowd(군중)

overeat(~을 과식하다) **over**(과다하게) + eat(먹다)

overestimate(~을 과대평가하다) **over**(과다하게) + estimate(평가)

overlook(~을 감시하다, 눈감아 주다) **over**(위에, 덮다) + look(보다)

overseas(바다 저편에, 해외로) **over**(건너서) + seas(sea 바다)

overwhelm(~을 압도하다, 억누르다) **over**(과다하게) + whelm(압도하다)

pan-

① 모든(all)
② 어느 것이나 다(every)

com**pan**ion(동료, 친구) com(함께) + **pan**(먹는 빵) + ion(사람)

panacea(만병통치약) **pan**(모든) + acea(약)

pan-American[범미(凡美)의] **pan**(모든) + american

pancosmism(범 우주론) **pan**(모든) + cosmism(우주론)

pandect(법령 전서) **pan**(모든) + dect(<u>decre</u>tive 법령의)

panorama(연달아 바뀌는 광경) **pan**(모든) + (n)orama(보다)

pantheon(판테온, 만신궁)   pan(모든) + theo(신) + n(장소)
pantomime(무언극)   pan(all) + tomime(tome 내용이 방대한 책)

para- ➡ paral-

① 옆의(beside)
② 반대의(against, contrary)
③ 불규칙(irregularity)
④ 낙하산
⑤ 보충하는, 종속하는(replenish)

parachute(낙하산)   para(낙하산) + chute(활강로, 낙수, 폭포, 낙하산)
paradox(역설, 모순된 말)   para(반대) + dox(doxy 설, 교리)
paragraph(절, 단락, 단편기사)   para(보충) + graph(그래프, 도식)
parallel(평행의, 유사한)   paral(옆의) + lel(level 수평, 평지의 줄임말)
parasol(양산)   para(반대) + sol(태양신, solar 태양의, solace 위안, 위로)

penta- ➡ quint-

① 다섯(five)

pentagon(5각형, 미 국방성)   penta(다섯) + gon(각)
pentathlon(5종 경기)   penta(다섯) + thlon(health 건강의, 어미+on)
quintet(5중주곡, 5중창곡)   quint(다섯) + et(집단, 작은)
quintus(5번째의)   quint(다섯) + us(~의 성질, 상태)

per- ➡ par- ➡ pil-

① ～을 통해서(through)
② 극히, 몹시(very)
③ 완전히(throughly)
④ ～에 의해서(by)
⑤ 통과하다(pass)

paramount(최고의, 가장 중요한, 대군주)   **par**(완전히) + amount(총계)
partake(참가하다)   **par**(완전히) + take(잡다)
perceive(알아차리다, 이해하다)   **per**(통해서) + ceive(취하다)
perfect(완벽한, 철저한)   **per**(완전히) + fect(만들다, 행하다)
perish(죽다, 사라지다)   **per**(완전히) + ish(가다)
permanent(영구적인, 항구적인)   **per**(완전히) + man(손으로 만들다) + ent(성질)
perpetual(영원한, 끊임없는)   **per**(완전히) + pet(구하다) + ual(성질)
persuade(납득시키다)   **per**(완전히) + suade(suasion 설득, suasive 설득하는)
pilgrim(순례자, 방랑자)   **pil**(몹시) + grim(엄격한, 험상스러운, grime 누추함)

peri-

① 빙글빙글 돌다
② 주기, 기간(period)
③ 둘레에, 주위에, 사방에(surrounding)

period(기간, 시기, 세월)   **peri**(기간) + od(order 정열의 줄임말)
periodic(주기적인, 정기적인)   **peri**(주기) + od(order) + ic(상태)
periodical(정기 간행의)   **peri**(주기) + od(order) + ical(성질, 상태)
periscope(잠망경)   **peri**(빙글빙글 돌다) + scope(범위, 영역, 보는 기계)
periphrasis(수사학 완곡법)   **peri**(둘레에) + phrasis(phrase 구, 어법, 말씨)
periphrastic(넌지시 말하는, 완곡한)   **peri**(둘레에) + phrastic(phrasing 말씨)

phil- ➡ philo-

① 사랑하는(loving)
② 좋아하는(like)

philanthropy(박애)	**phil**(사랑하는) + anthropy(인류)
philanthropic(박애의)	**phil**(사랑하는) + anthrop(인류) + ic(의)
philately(우표수집)	**phil**(사랑하는) + (l)atel[letter 편지(모음·자음변환, t탈락)] + y(행위)
philharmonic(음악 애호가)	**phil**(사랑하는) + harmonic(음악적인, 조화된)
philology(문헌학)	**philo**(사랑하는) + logy(학, 론)
philologist(언어학자)	**philo**(사랑하는) + log(학, 론) + ist(관계자)
philosopher[현인, 철학자, 지식애)]	**philo**(사랑하는) + sopher(sophister 그리스 철학자)
philosophical(철학의)	**philo**(사랑하는) + sophic(sophister) + al(~ 의)
philosophist(궤변가, 사이비철학자)	**philo**(사랑하는) + sophist(궤변가)
philogyny(여성을 좋아함)	**philo**(좋아하는) + gyny(여성)
philoprogenitive(아이를 좋아하는)	**philo**(좋아하는) + progenitive(번식하는)

post-

① 후의, 나중의(after)
② 뒤의(behind)

posterity(자손)	**post**(후의) + er(사람) + ity(상태)
postgraduate(대학원의, 대학원 학생)	**post**(후의) + graduate(학위를 수여하다)
posthumous(사후의)	**post**(후의) + hum(흙) + ous(습관, 상태)
post-meridiem(오후)	**post**(후의) + meridiem(meridian 자오선, 정점)
post-**post**war(이제는 전후가 아니다)	**post**(후의) + **post**war(전후의)
postscript(편지의 추신)	**post**(후에) + script(손으로 쓴 글)
postwar(전후의)	**post**(후의) + war(전쟁)

pre-

① 미리, 앞(previously)
② 이전의(before)

precaution(조심, 경계)   **pre**(미리) + caution(조심, 신중)
precede(앞서다, ~에 선행하다)   **pre**(앞) + cede(가다)
precedent(전례, 선례)   **pre**(앞) + cede(양도하다) + (e)nt(행위, 결과)
predecessor(전임자, 선배)   **pre**(앞) + de(분리) + cess(cessation 정지) + or(사람)
predict(예언하다, 예보하다)   **pre**(미리) + dict(선언하다, 말하다)
prediction(예언, 예보)   **pre**(미리) + diction(말씨, 말)
prefab(조립식 주택)   **pre**(미리) + fab(굉장한, 믿을 수 없는, fabricate 제조·조립하다)
preface(머리말, 서문)   **pre**(미리) + face(얼굴, 면, 국면, 액면)
prefer(~하고 싶어하다, ~을 좋아하다)   **pre**(먼저) + fer(나르다, 가져오다, 참다)
prejudice(편견, 선입견)   **pre**(미리) + judice(judicial 사법의, 판단력 있는)
pregnant(임신해 있는, 중요한)   **pre**(미리) + gn(알다) + ant(~한)
prehistoric(선사시대의)   **pre**(이전의) + historic(역사적으로 유명한)
premium(프리미엄, 보험료, 할증료)   **pre**(미리) + mium(사다)
prepare(준비하다)   **pre**(미리) + pare(준비하다)
preside(회의 등에서 사회를 하다)   **pre**(앞) + side(옆, 측면)
presuppose(전제하다, 미리 생각하다)   **pre**(미리) + suppose(상상하다)
pretend(인체하다, 가장하다)   **pre**(미리) + tend(향하다, 경향이 있다)
prevail(습관등이 만연되다, 능가하다)   **pre**(앞) + vail(벗다, 항복의 표시로 숙이다)
prevent(방해하다, 훼방 놓다)   **pre**(앞) + vent(구멍, 배출구, 벗어난 힘)
preview(시사)   **pre**(미리) + view(전망, 조망, 관찰, 조사)
previous(앞)   **pre**(이전의) + vi(길) + ous(습관)
prewar(전쟁 전)   **pre**(이전의) + war(전쟁)

pro- ➡ pur- ➡ pol- ➡ por- ➡ pr- ➡ prod- ➡ prof- ➡ pul-

① 먼저(before),
② 앞으로(forward)
③ ~대신에(instead of)
④ 공공연히(publicly)
⑤ 찬성의(approval)

pro-American(친미적)   **pro**(찬성의) + American(미국)

problem(문제, 의문, 곤란한 일)   **pro**(앞으로) + blem(blemish 흠, 오점, 결점)

proceed(나아가다, 계속하다)   **pro**(앞으로) + ceed(가다)

proceeding(진행)   **pro**(앞으로) + ceed(가다) + ing(동작상태)

process(진행, 경과, 과정)   **pro**(앞으로) + cess(가다)

procession(행진, 행렬)   **pro**(앞으로) + cess(가다) + ion(구체적 사례, 결과)

proclaim(선언하다)   **pro**(앞으로) + claim(요구하다, 청구하다)

proclamation(선언, 포고)   **pro**(앞으로) + clamation(clamor 외치는 소리)

production(영화제작소)   **pro**(앞에) + duc(인도하다) + tion(행위, 결과)

해 특히 SF **영화제작소**는 앞으로 일어나는 일에 대한 인도적 차원의 영화이다.

profane(불경스러운, 모독적인)   **pro**(공공연히) + fane(fanatic 광신자, 열광자)

profess(공언하다, 고백하다)   **pro**(공공연히) + fess(말하다)

profession(전문적, 직업적)   **pro**(공공연히) + fess(말하다) + ion(구체적 사례)

proficiency(숙달, 능숙)   **pro**(공공연히) + ficiency(fiction 소설, 꾸민 이야기)

program(예정표)   **pro**(먼저) + gram(표, 기록, 문서)

progressive(진보적, 전진하는)   **pro**(앞으로) + gress(가다) + ive(성질)

progression(전진, 진보)   **pro**(앞으로) + gress(가다) + ion(행위, 결과)

prolong(~을 연장하다, 연기하다)   **pro**(앞으로) + long(길게)

pronoun(대명사)   **pro**(대신에) + noun(명사)

pronounce(단언하다, 발음하다)   **pre**(공공연히) + nounce(알리다, 보고하다)

pronunciation(발음)   **pro**(공공연히) + nunci(알리다) + ation(행위,결과)

prophecy(예언)   **pro**(먼저) + phe(말하다) + cy(성징, 상태, 지위)

prophesy(예언하다)   **pro**(먼저) + phe(말하다) + sy(행위, 결과)

prophet(예언자, 대변자)   **pro**(앞으로) + phe(말하다) + t(사람)

propose(제안하다, 결혼을 신청하다)   **pro**(앞으로) + pose(자세, 주장하다)

providence(신의섭리)   **pro**(미리) + vid(보다) + ence(성질, 상태)

providential(신의 뜻에 의한)   **pro**(미리) + vid(보다) + ent(~성질) + ial(~의한)

providentially(운수 좋게, 섭리에 의하여)   **pro**vidential(신의 뜻에 의한) + ly(부사 만들기)

pulchritude(아름다움)   **pul**(공공연히) + chri(christ) + tude(추상명사 만들기)

quadr- ➡ tetra-

① 넷(four)

quadrangle(사각형, 사변형)   **quadr**(넷) + angle(각도, 각)

quadruped(네발짐승)   **quadr**(넷) + up(위로) + ed(~을 가진)
tetragon(사각형)   **tetra**(넷) + gon(각진 도형)

quar-

① 넷(four)
② 4분의 1
③ 지역(area)

quart(쿼터, 1gallon의 4분의 1)   **quar**(4분의 1) + t(행위, 결과)
quarter(15분)   **quar**(4분의 1) + t(time 시간) + er(반복)
quarterly(년 4회의)   **quar**(넷) + t + erly[~의(부사)]
quartet(4중주, 4중창)   **quar**(넷) + t + et(집단, 작은)

re- ➡ r- ➡ retro-

① 되돌려, 뒤(back)
② 다시(again)
③ 대하여

rally(불러 모으다)   **r**(다시) + ally(동맹, 동지, 자기편)
reappear(다시 나타나다)   **re**(다시) + appear(나타나다)
rearrange(재정리하다)   **re**(다시) + arrange(정리하다, 정렬하다)
reassure(재보증하다, 안심시키다)   **re**(다시) + assure(보증하다, 안심시키다)
recall(회상하다, 소환하다)   **re**(다시) + call(부르다, 초대하다)
recite(~을 암송하다, ~을 낭송하다)   **re**(다시) + cite(부르다)
recollect(생각해 내다)   **re**(다시) + collect(모으다, 수집하다)
reconstruct(재건하다)   **re**(다시) + construct(세우다, 조립하다)
reconstruction(재건)   **re**(다시) + construction(건설, 건축, 구성)
refuse(단호히 거절하다)   **re**(되) + fuse(녹이다, 쏟다, 붓다)
reinforce(강화하다)   **re**(다시) + in(안으로) + force(힘, 세력, 권력)
relax(~을 늦추다, 누그러뜨리다)   **re**(뒤로) + lax(느즌한, 느즈러진)
remedy(처치, 치료, 교정하다)   **re**(대하여) + medy(medicinal 약효있는, 병을 고치는)
removal(이동, 이전)   **re**(대하여) + mov(move 이동하다) + al(~하는 행위)

remove(옮기다, 이동하다)　　　　　　re(대하여) + move(옮기다, 이동하다, 움직이다)
renew(갱신하다)　　　　　　　　　　re(다시) + new(새로운)
renown(명성, 명망)　　　　　　　　re(다시) + nown(own 존재, 가치를 인정하다)
repay(갚다, 보답하다)　　　　　　　re(되) + pay(지불하다, 치르다, 보답하다)
replace(제자리에 놓다, ~에 대신하다)　re(다시) + place(자리, 장소, 곳)
repress(억누르다, 억제하다)　　　　re(다시) + press(누르다)
reproach(비난하다, 나무라다)　　　re(다시) + pro(앞) + ach(<u>ache</u> 아프다)
reprobate(비난하다, 나무라다)　　re(다시) + pro(앞) + bat(치다) + e(상태)
reproduce(재생하다, 복사하다)　　re(다시) + produce(생기게 하다)
reproduction(재생, 재현)　　　　　re(다시) + production(재조, 재작, 생산)
resemble(닮다, 비슷하다)　　　　　re(다시) + semble(semblance 유사, 닮음, 외관)
resent(원망하다)　　　　　　　　　re(되돌려) + sent(보내다)
resume(다시 차지하다, 회복하다)　re(다시) + sume(sum 취하다, 빼앗다)
retrospect(회고하다)　　　　　　　retro(되돌아) + spect(보다)
reunion(재결합, 재합동)　　　　　　re(다시) + union(결합, 합동, 일치, 단결)
revert(복귀하다, 되돌아가다)　　　　re(되) + vert(돌다, ~로 향하다)

rit- ➡ rite- ➡ ritu-

① 의식, 의례, 관습(consciousness)
② 허세(bluff)

rite(의식, 의례)　　　　　　　　　　rit(의식) + e(상태)
ritual(의식의, 관습에 의한)　　　　ritu(의식) + al(~의)
ritualize(의식화하다)　　　　　　　ritual(의식의, 관습에 의한) + ize(상태로 만들다)
ritual murder(의례적 살해, 희생적 살해)
ritz(허세부리기, 과시)
ritzy(몹시 사치한, 호화로운)

se-

① 떨어져서(away, apart)

secret(비밀의, 비밀, 비결)　　　　　se(떨어져서) + cret(나누다, 분별하다)

secretary(비서, 서기)　　　　　　　se(떨어져서) + cret(분별하다) + ary(사람)
secure(안전한, 확실한)　　　　　　se(떨어져서) + cure(주의를 기울이다, 신경을 쓰다)
segregate(분리하다, 격리하다)　　　se(떨어져서) + greg(무리) + ate(~로 만들다)
separate(분리하다, 구별하다)　　　　se(떨어져서) + par(<u>part</u> 분리하다) + ate(~로 만들다)

self-

① 자기의
② 스스로의(self)
③ 자동의

selfconfidence(자신)　　　　　　　self(자기의) + confidence(신용, 신뢰)
selfconfident(자신있는)　　　　　　self(자기의) + confident(신용하고, 확신하고)
selfcontradiction(자가당착, 자기모순)　self + contra(반대) + diction(말씨)
selfish(이기적인)　　　　　　　　　self(자기의) + ish(가다, 발행하다, 나타나다)
self-feeding(자동급유)　　　　　　　self(자동의) + feeding(급식, 사육)
self-sacrifice(자기희생, 헌신)　　　　self(자기의) + sacrifice(희생)
self-service(셀프 서비스)　　　　　　self(자동의) + service(봉사)

semi-

① 반(half)

semicircle(반원)　　　　　　　　　semi(반) + circle(원)
semicolon(세미콜론, 반구두점)　　　　semi(반) + colon(구두점)
semiconductor(반도체)　　　　　　　semi(반) + conductor(도체, 안내자, 지도자)
semifinal(준결승)　　　　　　　　　semi(반) + final(결승, 최후의)

sub- ⇒ suc- ⇒ suf- ⇒ sug- ⇒ sum- ⇒ sup- ⇒ sur- ⇒ su(s)-

① ~아래로(under)
② 부족한(less than)
③ 비밀리에(secretly)
④ 조수, 부(부차적인), 후에
⑤ 차(次), 아(亞)

subconscious(잠재의식의)	**sub**(아래로) + conscious(의식의)
subdue(정복하다, 가라앉히다)	**sub**(아래로) + due(마땅히 받아야할 것)
subeditor(부주필)	**sub**(부) + editor(편집자, 논설위원)
submarine(잠수함)	**sub**(아래로) + marine(바다의)
submerge(물속에 잠그다)	**sub**(아래에) + merge(몰입시키다, 잠그다)
submission(복종, 순종)	**sub**(아래로) + mission(사절단, 사명, 특명)
submit(복종시키다, 제출하다)	**sub**(아래로) + mit(보내다)
subordinate(하위의)	**sub**(아래로) + ordin(순서를 정하다) + ate(성질)
subsequent(후속의, 차후의)	**sub**(후에) + sequ(뒤따르다) + ent(~하는)
subside(가라앉다, 잠잠해지다)	**sub**(아래로) + side(옆, 곁, 측면)
subsidiary(보조의, 종속적인)	**sub**(부, 조수) + sidi(옆, 곁, 측면) + ary(~에 관한)
subsist(살아가다, 존재하다)	**sub**(아래로) + sist(서다, 세우다)
subsistence(생존, 호구지책)	**sub**(아래로) + sist(서다) + ence(성질, 상태)
substance(물질, 실질)	**sub**(아래로) + stance(자세, 위치)
substantial(실질적인, 내용이 풍부한)	**sub**(부차적으로) + stantial(세우다)
substitute(대용하다, 대신하다)	**sub**(부차적) + stitute(서다)
subtract(빼다, 감하다)	**sub**(아래로) + tract(끌다, 나누다)
subtraction(빼기, 공제)	**sub**(아래로) + traction(끌기, 견인)
subtropical(아열대의)	**sub**(亞) + tropical(열대의)
subway(지하철)	**sub**(아래쪽) + way(길)
succeed(성공하다, 상속하다)	**suc**(아래로) + ceed(오다)
succumb(굴복하다, 굽히다, 죽다)	**suc**(아래로) + cumb(<u>cumb</u>er 방해하다)
suffix(접미사)	**suf**(아래에) + fix(고정시키다)
suggest(제안하다, 암시하다)	**sug**(아래로) + gest(나르다)
summon(호출하다, 소집하다)	**sum**(비밀리에) + mon(경고하다)
suppress(진압하다)	**sup**(아래로) + press(누르다)
suspect(진실성을 의심하다, 수상한)	**su**(아래로) + spect(보다)
suspend(매달리다)	**sus**(아래로) + pend(매달리다, 미결인채로 있다)

subter-

① 이하의(below)
② 보다 적은

subterfuge(도망갈 구실, 핑계, 속임수)   **subter**(이하의) + fuge(구축하는)
subternatural(좀 부자연스러운)   **subter**(이하의) + natural(자연스러운)
subterranean(지하의)   **subter**(이하의) + r(유음화) + an(~에 속하는) + ean(성질의)

super- ➡ sove- ➡ sur-

① ~을 초월하여(above)
② ~의 위에(over)
③ 엄청 큰(huge)

sovereign(군주, 통치자, 효과적인)   **sove**(위에) + reign(권력, 통치, 군림)
superman(초인)   **super**(초월하여) + man(사람)
superabundance(과다, 여분)   **super**(위에) + abundance(풍부, 다수)
superabundant(남아돌아가는, 과다의)   **super**(위에) + abundant(풍부한)
superficial(표면의, 외면의, 피상적인)   **super**(위에) + ficial(facial 얼굴의, 표면의)
supermarket(대규모 시장)   **super**(엄청 큰) + market(시장)
supervise(감독하다, 지시하다)   **super**(위에) + vise(보다)
surface(표면)   **sur**(위에) + face(얼굴, 표면)
superfluous(남는, 여분의)   **super**(위에) + flu(흐르다) + ous(많은)
superior(윗사람, 위의, 초월한)   **super**(위의) + ior(or 사람)
superiority(우월, 탁월)   **super**(초월하여) + ior(사람) + ity(상태, 성격)
superlative(최상의, 최고의)   **super**(초월하여) + lat(가져오다) + ive(성질, 경향)
supernatural(초자연의, 불가사이한)   **super**(초월하여) + natural(자연의)
superrealism(초현실주의)   **super**(초월하여) + realism(현실주의)
surge(큰물결, 파도처럼 밀려오다)   **sur**(위에) + ge(ger 나르다)
surmount(이겨내다)   **sur**(위에) + mount(오르다, 산, 준비하다, 착수하다)
surname[성(姓)]   **sur**(위에) + name(이름)
surprise(놀라다)   **sur**(위에) + prise(prize 노획물, 빼앗다)
survive(남보다도 오래 살다)   **sur**(위에) + vive(만세, 살다)

syn- ➡ sym- ➡ sys-

① 함께(with, together)
② 같은(same)

symbiont(공생자)	**sym**(함께) + bio(생(生)) + nt(사람)
symbiosis(공존)	**sym**(함께) + bio(생(生)) + sis(과정, 활동)
symbol(상징, 부호, 기호)	**sym**(함께) + bol[bolshevik(볼세비키) 러시아 사회민주노동당]
sympathy(동정, 공감, 공명)	**sym**(함께) + pathy(고통, 감정)
synergy(공동작용)	**syn**(함께) + ergy(에너지)
syngas(합성가스)	**syn**(함께) + gas(가스)
syngenesis(유성생식)	**syn**(함께) + genesis(발생)
synonym(동의어)	**syn**(함께) + onym[어(語)]
system(조직, 체계, 제도)	**sys**(함께) + tem(team 조, 무리, 팀)

tele-

① 먼(far)
② 분리(off)

telegram(전보문, 전신문)	**tele**(먼) + gram(기록하다, 그리다)
telegraph(전신, 전보)	**tele**(먼) + graph(기록하다, 그리다)
telepathy(텔레파시, 정신감응장치)	**tele**(먼) + pathy(감정)
telephone(전화기)	**tele**(먼) + phone(수화기, 전화기 소리)
television(텔레비젼)	**tele**(먼) + vision(관찰, 시야, 통찰력, 보다)

tox- ➡ toxi- ➡ toxo-

① 독
② 활, 화살

toxemia(임신중독증)	**tox**(독) + emia(혈액 속에 ～이 있는 상태)
toxic(유독한, 중독성의)	**tox**(독) + ic(～한, ～의)
toxicant(유독한, 독약, 독성물질)	**tox**(독) + ic(～한, ～의) + ant(성질)

toxication(중독)   **tox**(독) + ic(~한, ~의) + ation(행위, 결과)

toxicogenic(독물로 형성된) **tox**(독) + ic(~한, ~의) + ogenic(~을 생성하는)

toxiphobia(독물 공포증)   **toxi**(독) + phobia(공포증)

toxoid(변성 독소)   **toxo**(독) + id(~화합물)

toxophilite(궁술애호가, 궁술의 명수) **toxo**(활, 화살) + philite(애호가)

trans- ➡ trad- ➡ tre- ➡ tres-

① 가로질러서(across)
② 초월하여(
③ 지나서(through)
④ 넘어서(over)
⑤ 꿰뚫어(through)
⑥ 분리(off)

tradition(전통)   **trad**(가로질러) + it(가다) + ion(구체적 사례, 결과)

transact(처리하다)   **trans**(넘어서) + act(행위, 행하다)

transfer(수송하다)   **trans**(가로질러) + fer(나르다)

transform(변형시키다, 변화하다) **trans**(넘어서) + form(형태)

transgress(어기다, 넘다)   **trans**(넘어서) + gress(가다)

transient(일시적인, 순간적인) **trans**(꿰뚫어) + ient(~적인)

transit(통과, 통행, 수송)   **trans**(지나서) + it(가다)

transition(변이, 변천)   **trans**(지나서) + it(가다) + ion(구체적 사례)

translate(번역하다)   **trans**(가로질러) + late(나르다, 늦은, 최근의)

translation(번역)   **trans**(가로질러) + lat(나르다) + ion(행위, 결과)

translator(번역가)   **trans**(가로질러) + lat(나르다) + or(사람)

transmission(송달, 회송)   **trans**(가로질러) + mission(사절단, 보내다)

transmit(보내다, 옮기다, 전염시키다) **trans**(가로질러) + mit(보내다)

transparent(투명한, 명쾌한) **trans**(가로질러) + parent(부모, 근원, 수호신)

transplant(옮겨 심다, 이식하다) **trans**(분리) + plant(식물, 심다, 이식하다)

transport(수송하다, 운반하다) **trans**(넘어서) + port(항구)

transportation(운송, 수송) **trans**(넘어서) + port(항구) + ation(행위, 결과)

transpose(바꿔놓다)   **trans**(분리) + pose(놓다)

trespass(침입하다)   **tres**(가로질러) + pass(통과하다)

trespasser(침입자)   **tres**pass(침입하다) + er(사람)

tri- ➡ trio-

① 셋(three)

triangle(삼각형)   **tri**(셋) + angle(각도, 각)
triple(세겹의, 3배의, 3부로)   **tri**(셋) + ple(겹치다)
trio(3중주)

ultra-

① ～을 초월하여(above)
② ～의 위에, 외에

ultrahigh(지극히 높은)   **ultra**(초월하여) + high(높은)
ultramodern(초현대적인)   **ultra**(초월하여) + modern(현대의, 근대의)
ultranational(초국가적인)   **ultra**(초월하여) + national(국가적인)
ultranationalism(초국가주의)   **ultra**(초월하여) + nationalism(국가주의)
ultrared(적외선의)   **ultra**(외) + red[적(赤)색, 붉은]
ultraviolet(자외선의)   **ultra**(외) + violet[자(紫)색, 보랏빛]

un-

① 반대
② 부정

unable(할 수 없는)   **un**(부정) + able(할 수있는)
unconcern(무관심)   **un**(부정) + concern(관계하다)
uncertain(불확실한)   **un**(부정) + certain(확실한)
undiscussed(의논되지 않은)   **un**(반대) + discussed(토의된, 의논된)
uninterested(흥미를 갖지 않은)   **un**(반대) + interested(흥미를 갖다)

under-

① 아래의(under)

undergo(경험하다, 당하다)   **under**(아래에) + go(가다)
underline(강조하다, 밑줄)   **under**(아래에) + line(선)
underpass(지하도)   **under**(아래에) + pass(통과하다)
undertake(떠맡다, 착수하다)   **under**(아래에) + take(잡다, 취하다)

uni-

① 하나(one)

uniform(같은 형태의, 제복, 군복)   **uni**(하나) + form(형태, 틀)

up-

① 위로(up)
② 위로 향한(upward)
③ 엎다(overturn)

uphold(떠받치다, 지지하다)   **up**(위로) + hold(잡다)
upset(뒤집힌, 혼란된)   **up**(엎다) + set(놓다)
upstairs(위층으로)   **up**(위로) + stairs(계단, 사닥다리)

veri-

① 매우(very)
② 증명(witness)
③ 참(really)

veridical(속이지 않은, 진실한)   **veri**(참) + dical(특유의 성질)
veriest(순전한, 정말의)   **veri**(참) + est(~한, ~의)

verify(입증하다)　　　　　　　　　　veri(증명) + fy(~화 하다)
veritable(진정한, 틀림없는)　　　　　veri(참) + t(행위) + able(~할 수 있는)

white-

① 백색

whitelipped(핏기가 없는, 입술이 새파란)　　white(백색) + lipped(입술의)
whitenight(백야)　　　　　　　　　　white(백색) + night(밤)
whitespace(여백)　　　　　　　　　　white(백색) + space(공간)

whole-

① 모든(all)
② 어느 것이나 다(every)

whole-length[전신, 전장(全長)의]　　whole(모든) + length(길이)
whole milk(전유)　　　　　　　　　whole(모든) + milk(우유)
wholeness(전체, 모두, 완전)　　　　　whole(모든) + ness(성질, 상태)
whole number(정수, 자연수)　　　　whole(모든) + number(수)
wholesale(도매, 대규모로)　　　　　whole(모든) + sale(판매)
whole show(스타, 주목의 대상)　　　whole(모든) + show(보이다)
wholesome(건강이 좋은, 건전한)　　whole(모든) + some(대체로, 상당한)
wholly(완전히, 전혀)　　　　　　　whol(e)(모든) + ly(형용사 뒤에 붙어 부사 만들기)
whole-souled(헌신적인)　　　　　　whole(모든) + soul(ed)(혼)

with-

① 뒤쪽으로(back)
② 반대하여(against)

withdraw(물러나다, 철수하다)　　　　with(뒤쪽으로) + draw(끌다, 당기다)
withstand(저항하다, 견디다, 지탱하다)　with(반대하여) + stand(서다)

Chapter 2

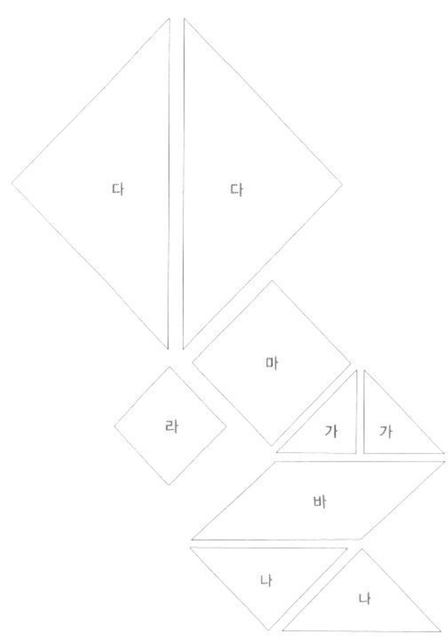

다
다
마
라
가
가
바
나
나

어근으로 쉽게 알기

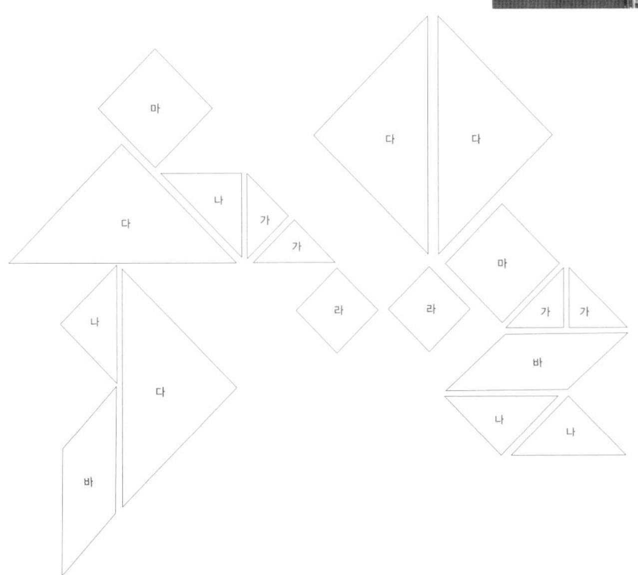

accept-

① 받아들이다(adopt, take in)
② 수락하다
③ 수납하다

acceptable(만족한, 받아들일 수 있는) | **accept**(받아들이다) + able(할 수 있는)
acceptance(수락, 수납) | **accept**(수락하다) + ance(행위, 상태, 성질)
acceptation(의미, 말, 뜻) | **accept**(받아들임) + ation(행위, 결과)
accepted(널리 인정된) | **accept**(받아들이다) + ed(~을 가진)
acceptor(수납자, 승낙자) | **accept**(받아들이다) + or(사람)

act- ➡ ag- ➡ ig- ➡ ago-

① 행하다(do)
② 대리(represent)
③ 쫓다(drive)
④ 연기하다

acting(대리의, 서리의) | **act**(대리) + ing(동작, 행위, 직업)
action(활동, 작용, 연기) | **act**(행하다) + ion(행위, 결과)
activate(~을 활성화 하다) | **activ**(e)(활동적인) + ate(~화 하다)
active(활동적인, 적극적인) | **act**(하다) + ive(성질, 경향)
activity(활동, 활발, 민활함) | **activ**(활동적인) + ity(상태, 성격)
actor(남자배우) | **act**(연기하다) + or(남자)
actress(여배우) | **act**(연기하다) + ress(여자)
actual(현실의, 사실상의) | **act**(하다) + ual(성질의, 특유의)
actuality(현실, 현존, 실재) | **actual**(현실의) + ity(상태, 성격)
actualize(현실화하다, 실현하다) | **actual**(현실의) + ize(상태로 만들다)
agile(몸이 재빠른, 민첩한) | **ag**(쫓다) + ile(할 수 있는)
agitate(움직이다, 선동하다) | **ag**(하다) + it(발행하다, 가다) + ate(만들다)
agitation(동요, 격동, 선동) | **ag**(하다) + it(가다) + ation(행위, 결과)
agitator(선동자, 정치가) | **ag**(하다) + it(가다) + at(운동, 방향) + or(사람)
agony(고통) | **ag**(하다) + ony(oni_ony_ 양파 냄새가 나는)
antagonist(적대자) | ant(반대) + **ago**(행하다) + nist(행위자)

interact(서로 작용하다, 서로 영향을 미치다)　　inter(상호간에) + **act**(~하다)
interactive(상호작용의)　　**interact**(서로 작용하다) + ive(성질, 경향)
interaction(상호작용, 상호의 영향)　　**interact**(서로 영향을 미치다) + ion(행위, 결과)
navigate(조정하다, 항해하다)　　nav(navy 해군) + **ig**(하다) + ate(만들다)
navigation(항해, 항공, 항법)　　nav(navy) + **ig**(하다) + ation(행위, 결과)
navigator(항법사, 조종자)　　nav(navy) + **ig**(하다) + at(운동, 방향) + or(사람)
reactor(반응을 나타내는 사람)　　re(되) + **act**(하다) + or(사람)
reactor(원자로)　　re(다시) + **act**(행하다) + or(성질, 기구)
transact(처리하다)　　trans(분리) + **act**(행위, 행하다)
transaction(처리, 취급)　　transact(처리하다) + ion(행위, 결과)

aero- ➡ aeri-

① 공기, 공중(air, space)
② 항공(aviation)

aerial(공기의)　　**aeri**(공기) + al(~의)
aerobiology(공중 생물학)　　**aero**(공중) + biology(생물학)
aerobody(경비행기)　　**aero**(항공) + body(몸, 본체)
aerocycle(소형, 헬리콥터)　　**aero**(항공) + cycle(바퀴)
aerodynamics(공기역학)　　**aero**(항공) + dynamics(역학, 동력학)
aeronautic(항공학의, 비행술의)　　**aero**(항공) + naut(항행하다) + ic(~의)
aeronautics(항공학, 항공술)　　**aero**(항공) + naut(항행하다) + ics(학, 술)
aeroplane(비행기)　　**aero**(항공) + plane[비행기, 평면, (지식의) 수준]
aerothermodynamics(공기열역학)　　**aero**(공기) + thermo(열) + dynamics(역학)

alb- ➡ alp-

① 백색의(white)

album(앨범, 사진첩)　　**alb**(백색) + um(의무)
albumin(단백질)　　**alb**(백색) + umin(의무 안에)
alpine(높은 산의)　　**alp**(백색) + ine(~의 성질이 있는)
alpinist(등산가)　　**alp**(백색) + in(e) + ist(행위자, 관계자)

alps(알프스)   **alp**(백색) + s(season 사계절)

ali- ➡ alter- ➡ alt- ➡ alti-

① 그 밖의(else)
② 다른(other)
③ 높은(high)

alibi(현재부재증명)   **ali**(다른) + bi(둘)
alien(외국인, 성질을 달리하는)   **ali**(다른) + en(사람, 성질)
alienable(양도할 수 있는)   **ali**en(성질을 달리하는) + able(할 수 있는)
alienate(멀리하다)   **ali**en(성질을 달리하는) + ate(만들다)
altar(제단)   **alt**(높은) + ar(장소)
altarboy(사제)   **alt**ar(제단) + boy(소년)
altarstone(제단의 대석)   **alt**ar(제단) + stone(돌)
alter(변경하다, 개조하다)   **alt**(다른) + er(반복, 반발)
alteration(변경, 개조)   **alter**(변경하다, 개조하다) + ation(행위, 결과)
alternation(교대, 교체)   **alter**(변경하다, 개조하다) + nation(동작, 상태)
alterego(제2의나, 분신, 둘도 없는 친구)   **alter**(그 밖의) + ego(자아)
alternate(교대하다, 엇갈린, 교대의)   **alter**(변경하다) + nate(상태)
alternator(교류발전기)   **alter**nat(e)(엇갈린) + or(기구)
alternately(번갈아, 교대로)   **alter**nate(교대하다) + ly(부사 만들기)
alternative(양자택일)   **alter**(그 밖의) + native(출생지의, 타고난, 본래의)
altitude(높이, 고도, 해발)   **alti**(높은) + tude(성질, 상태)
altruism(애타주의)   **alt**(다른) + ru(<u>ru</u>le 규칙, 습관) + ism(특성, 주의)
in**ali**enable(양도할 수 없는)   in(부정) + **ali**enable(양도할 수 있는)
in**alter**able(변경할 수 없는)   in(부정) + **alter**(변경) + able(할 수 있는)

am- ➡ amic- ➡ ami- ➡ amor- ➡ emy- ➡ amat-

① 사랑(love)
② 친구(friend)
③ 우호적인(friendly)

amateur(비전문가, 애호가)　　**amat**(우호적인) + eur(유럽 사람, 사람)

amateurish(직업적이 아닌, 미숙한)　　**amat**eur(비전문가, 애호가) + ish(~적)

amateurism(아마추어정신)　　**amat**eur(비전문가, 애호가) + ism(특성)

amenity(기분 좋은, 상냥한)　　**am**(우호적인) + en(안에) + ity(성격, 상태)

amiable(사냥한, 호감을 주는)　　**ami**(우호적인) + able(할 수 있는)

amicable(우호적인, 평화적인)　　**amic**(우호적인) + able(할 수 있는)

amorist(호색가)　　**amor**(사랑) + ist(행위자, 관계자)

amorous(호색의)　　**amor**(사랑) + ous(~하는 습관이 있는)

amour[정사(情事)]　　**am**(사랑) + our(행위, 성질)

amity(우호, 친선, 우정)　　**am**(우호적인) + ity(상태, 성격)

en**am**our(~에 반하게 하다)　　en(안에) + **am**(우호적인) + our(행위, 성질)

en**emy**(적, 원수, 해로운 것)　　en(반대) + **emy**(친구)

anc- ➡ anci- ➡ an- ➡ ance-

① 먼저, 앞에(ahead)
② 이전에(before)
③ 전반에(previously)

ancient(고대의)　　**anci**(이전에) + ent(~의)

ancestor(조상, 선구자)　　**an**(앞에) + cest(가다) + or(사람)

ancestral(조상의, 대대로 내려오는)　　**an**(앞에) + cest(가다) + ral(~에 관한)

ancestry(조상, 가문, 혈통, 기원)　　**an**(앞에) + cest(가다) + ry(성질, 상태)

adv**ance**(전진하다)　　adv(분리) + **ance**(앞으로)

adv**anc**ed(진보된, 상급의)　　adv**anc**(진보, 승진) + ed(특성)

adv**ance**ment(전진, 촉진, 향상)　　adv**ance**(전진하다) + ment(행위, 결과)

anch-

① 고정(시키다) (fix)

anchor(앵커, 닻, 고정시키는 것)   anch(고정시키다) + or(기구)
anchorage(정박소, 고정시키는 수단)   anchor(고정시키다) + age(동작, 상태)
anchorman(방송토론의 사회, 뉴스케스터)   anchor(고정시키다) + man(사람)

ang- ➡ anxi- ➡ angu-

① 고통(rage, pain)
② 비탄(sorrow)
③ 걱정(anxious)
④ 불안(uneasiness)
⑤ 노여움((anger)

anger(분노, 노여움)   ang(고통) + er(~한 상태)
angry(분개한, 화가 난)   ang(고통) + ry(성질, 상태)
angrily(화가나서)   angr(y→i)i(화가 난) + ly(부사 만들기)
anguish(고민)   angu(걱정) + ish(성격, 상태)
anxiety(걱정, 불안, 열망, 갈망)   anxi(불안) + ety(성질, 상태)
anxious(걱정하는, 불안스러운)   anxi(적정) + ous(~하는)
anxiously(근심스럽게, 열망하여)   anxious(걱정하는, 불안스러운) + ly(부사 만들기)

anima- ➡ anim-

① 호흡, 숨(breath)
② 생명(life)
③ 마음(heart)
④ 영혼(soul)

animate(활기를 띠게하다)   anim(호흡) + ate(~로 만들다)
animato(생기 있게, 힘차게)   anima(호흡) + to(진행 상태)
animist(정령 숭배자)   anim(영혼) + ist(숭배자, ~론자)

unanimous(만장일치의)　　　　　　　un(uni 하나) + **anim**(마음) + ous(~와 같은)

ann- ➡ enn- ➡ anni-

① 일년의
② 해마다(yearly)

annual(매년의, 1년에 한번의)　　　　**ann**(일년의) + ual(성질의, 특유의)
annually(해마다, 매년)　　　　　　**ann**ual(매년의) + ly(부사 만들기)
anniversary(기념일)　　　　　　　**anni**(일년의) + vers(돌다) + ary(행사)
bi**ann**ual(1년에 두 번의)　　　　　　bi(둘) + **ann**ual(1년에 한 번의)
bi**cent**ennial(2백년제의)　　　　　　bi(둘) + **cent**ennial(100년 마다의)
centennial(100년 마다의)　　　　　cent(세기) + **enn**(해마다) + ial(~의)
per**enn**ial(연중 끊임없는)　　　　　　per(끝까지) + **enn**(일년의) + ial(지속의)

anthropo- ➡ anthrop-

① 인류

anthropoid(유인원)　　　　　　　**anthrop**(인류) + oid(비슷한)
anthropology(인류학)　　　　　　**anthropo**(인류) + logy(학)
anthropologist(인류학자)　　　　**anthropo**log(y)(인류학) + ist(학자)
mis**anthrop**e(염세주의자)　　　　　mis(나쁜) + **anthrop**(인류) + e(사람)
mis**anthrop**y(염세)　　　　　　　　mis(나쁜) + **anthrop**(인류) + y(행위)
mis**anthrop**ic(염세적인)　　　　　　mis**anthrop**(y)(염세) + ic(~적인)
phil**anthrop**y(박애)　　　　　　　phil(사랑하는) + **anthrop**(인류) + y(행위)
phil**anthrop**ic(박애의)　　　　　　phil**anthrop**(y)(박애) + ic(~의)

apt- ➡ att- ➡ ept- ➡ apti- ➡ atti-

① ~에 적합한(fit, suitable)
② 적절한(pertinent)

adapt(적응시키다, 응용하다)   ad(방향) + apt(적절한)
adaptable(적응할 수 있는, 융통성이 있는)   ad(방향) + apt(적합한) + able(할 수 있는)
adaptability(적응성)   adaptabili(적응할 수 있는) + ty(품성)
adaptation(적용, 적응, 각색)   adapt(적응시키다, 응용하다) + ation(행위, 결과)
adapted(적당한, 각색한)   ad(방향) + apt(적당한) + ed(~한)
adapter(아답터, 가감장치)   adapt(응용하다) + er(기구)
adaptor(개작자)   adapt(응용하다) + or(사람)
aptitude(적절함, 소질, 재능)   apti + tude(상태)
aptly(적절하게)   apt(적절한) + ly(부사 만들기)
aptness(적합성, 소질)   apt(적합한) + ness(성질, 상태, 정도)
attitude(태도, 몸가짐)   atti(적절한) + tude(성질, 상태)
inapt(부적절한, 부적합한)   in(부정) + apt(적절한)
inept(부적당한)   in(부정) + ept(적당한)

arch- ➡ archi- ➡ arche- ➡ archa- ➡ arc-

① 지배자, 통치자(ruler)
② 주로, 중요한(main)
③ 첫째(frist)
④ 교활한(wily)
⑤ 활(bow)

anarchy(무정부상태)   an(부정) + arch(통치자) + y(행위, 상태)
anarchism(무정부주의자)   an(부정) + arch(통치자) + ism(주의자)
arc[(궁형(弓形), 호형(弧形)]
arcade(상점가, 아케이드, 게임센터)   arc(활모양) + ade(생성물)
archaeology(고고학)   archa(주로) + eo(eolith 원시석기) + logy(학, 론)
archaic(고대의, 고풍의)   arch(주로) + ai(ancient 고대) + (i)c(~의)
archangel(대천사)   arch(첫째) + angel(천사)
archbishop(대주교)   arch(첫째) + bishop(주교)

archenemy(대적, 강적)　　　　　　　arch(통치자) + enemy(적)
archer(사수, 궁술가)　　　　　　　　arch(활) + er(사람)
archery(굴술, 궁도)　　　　　　　　　arch(활) + ery(성질, 상태)
archetype(원형, 原型)　　　　　　　arche(주로) + type(형, 유형, 식, 관)
archfiend(대악마)　　　　　　　　　arch(첫째) + fiend[(마귀, 악마, 사탄(satan)]
archipelago(군도, 섬 많은 바다)　　archi(주로) + pelago(pelagian 심해의)
architect(건축가, 설계하다, 구성하다)　archi(지배자) + tect(감싸다, 덮다)
architectural(건축학술의)　　　　　architect(건축가, 설계하다) + ural(학술)
archly(짓궂게, 장난으로)　　　　　　arch(교활한) + ly(부사 만들기)
archtraitor(대반역자)　　　　　　　arch(통치자) + traitor(반역자, 배반자)
autarchy(전제정치, 독재권)　　　　　aut(독자의) + arch(통치자) + y(행위)
matriarch(여족장, 여가장)　　　　　matri(어머니) + arch(지배자)
monarch(군주, 절대적 지배자)　　　mon(충고, 생각나게하다) + arch(통치자)
monarchical(군주다운)　　　　　　　monarch(군주) + ical(~하는 행위)
monarchism(군주주의)　　　　　　　monarch(군주) + ism(~주의)
monarchy(군주국, 군주정치)　　　　monarch(군주) + y(행위, 상태)
oligarch(소수자 독재)　　　　　　　olig(소수) + arch(통치자)
patriarch(가부장, 족장)　　　　　　patri(아버지) + arch(지배자)

ard-

① 타오르다(burn)

ardent(열광적인, 격렬한)　　　　　ard(타오르다) + ent(~하는 성질)
ardently(열렬히, 열심히)　　　　　　ardent(열광적인, 격렬한) + ly(부사 만들기)
ardor(열의, 열정)　　　　　　　　　ard(타오르다) + or(성질)

arithm-

① 숫자(number)
② 세다(count)

arithmetic(산수, 계산, 셈)　　　　　arithm(숫자) + etic(성질, 상태)
arithmetical(셈에 관한)　　　　　　arithmetic(산수, 계산, 셈) + al(~에 관한)

arm- ➡ armi- ➡ arma-

① 무기, 무장시키다(arms)
②팔(arm)

alarm(자명종) al(~하는 행위) + arm(무기)
armed(무장한) arm(무장) + ed(~한)
armada(함대) arma(무장) + da(dahabeah 배)
armament(군비, 병기) arma(무기) + ment(성질, 수단)
armful(한아름) arm(팔) + ful(가득)
armless(팔이 없는, 무방비의) arm(팔) + less(~없는)
armistice(정전, 휴전) armi(무장) + st(stop) + ice(상태)
armor(갑옷, 기갑부대) arm(무장) + or(성질, 결과, 기구)
armored(장갑한) armor(갑옷, 기갑부대) + ed(~한)
armory(병기고, 병기실) arm(무기) + ory(하는 곳 장소)
armpit(겨드랑이) arm(팔) + pit(구멍, 우묵한 곳)
army(군대, 육군, 조직적 단체) arm(무장) + y(행위, 단체, 장소)
disarm(무장을 해체하다) dis(분리) + arm(무장)
disarmament(무장해제) dis(분리) + arma(무장) + ment(성질, 수단)

art- ➡ arti-

① 기술(skill)
② 요령(essentials)
③ 기능(craft)
④ 인공(모조)(human skill)
⑤ 예술(art)

artful(교활한, 기교를 부리는) art(요령) + ful(가득찬)
artfully(교묘하게, 교활하게) artful(교활한) + ly(부사 만들기)
artifice(고안, 교묘한 솜씨) arti(기술) + fice(~일으키다)
artificial(인공을 가한, 모조의) arti(인공) + fici(~화 하는) + al(~하는 행위)
artificially(인위적으로) artificial(인공을 가한) + ly(부사 만들기)
artist(예술가, 책략가) art(예술) + ist(행위자, 관계자)
artisan(직공, 기술공) art(기술) + is(나타나다) + an(행위자, 관계자)

artistic(예술적인, 우아한)   **art**ist(예술가) + ic(~적인, ~한)

artless(소박한, 꾸밈없는)   **art**(인공) + less(~이 없는)

astr- ➡ astro- ➡ aster-

① 별(star)
② 우주(space)

asterisk(별표, 별표를 달다)   **aster**(별) + isk(표시하다)

astrogation(우주비행)   **astro**(우주) + gat(얻다, 이르게 하다) + ion(행위, 결과)

astrologer(점성가)   **astro**log(y)(점성술) + er(사람)

astrology(점성술학)   **astro**(별) + logy(학)

astronaut(우주비행사)   **astro**(우주) + naut(항해의, 항공의)

astronomy(천문학)   **astro**(우주) + nomy(학)

dis**aster**(재앙, 참사, 불행)   dis(분리) + **aster**(우주)

dis**astro**us(비참한, 재앙의, 피해가 큰)   dis(분리) + **astro**(우주) + us(큰, 많은)

au- ➡ aug- ➡ auc- ➡ auth-

① 작가(作家)
② 늘리다

auction(경매)   **auc**(늘리다) + tion(행위, 결과)

auctioneer(경매자)   **auc**tion(경매) + eer(관계자, 취급자)

augment(증가하다)   **aug**(늘리다) + ment(성질, 수단)

augmentation(증대)   **aug**ment(증가하다) + ation(행위, 결과)

authentic(믿을만한)   **auth**(작가) + en(되게하다) + tic(성질, 상태)

authenticity(확실성, 신빙성)   **auth**entic(믿을만한) + ity(상태, 성격)

author(작가)   **auth**(작가) + or(사람)

authoritative(권위 있는)   **auth**or(작가) + it(가다) + ative(성질, 상태)

authority(권위)   **auth**or(작가) + ity(성격, 상태)

authorize(권한을 주다, 인가하다)   **auth**or(작가) + ize(~로 만들다)

authorization(인가, 권한)   **auth**oriz(e)(권한을주다, 인가하다) + ation(행위, 결과)

aud- ➡ audio- ➡ audi- ➡ auri- ➡ aus-

① 듣다(hear)

audible(들을 수 있는)	**aud**(듣다) + ible(할 수 있는)
audience(청중)	**audi**(듣다) + ence(성질, 상태)
audiometer(음파계)	**audio**(음파) + meter(계)
audiotape(음성 녹음테이프)	**audio**(음성) + tape(테이프)
audiovisual(시청각의)	**audio**(듣다) + vis(보다) + ual(~하는 행위)
audiphone(보청기)	**audi**(듣다) + phone(전화기, 호출기)
audit(회계, 감사를 하다)	**aud**(듣다) + it(가다, 발행하다, 나타나다)
auditory(청각의)	**aud**(듣다) + it(가다) + ory(성질)
audition(청각, 음성테스트)	**audi**(듣다) + tion(행위, 결과)
auditor(방청객, 회계 감사관)	**aud**(듣다) + it(가다) + or(사람)
auditorium(강당, 청중석)	**aud**itor(방청객) + ium(기간부명을 만든다)
auricular(청각의)	**auri**(듣다) + cul(cule 小) + ar(성질)
auscultate(청진하다)	**aus**(듣다) + cult(동경, 유행, 개척하다) + ate(~하다)
auscultator[청진기(자)]	**aus**cultat(auscultate 청진하다) + or(사람)
in**aud**ible(들리지 않은)	in(부정) + **aud**ible(들을 수 있는)

avi-

① 새(bird)
② 날다

aviate(비행하다)	**avi**(날다) + ate(~로 만들다)
aviation(비행, 비행술)	**avi**(날다) + ation(행위, 결과)
aviator(비행사, 조종사)	**avi**(날다) + ator(사람)

bak- ➡ bake-

① 굽다(bake)

bake(굽다, 익히다)

baker(빵제조업자, 휴대용 오븐)　　　**bak**(굽다) + er(사람, 기구)
bakery(제과점)　　　**baker**(빵 제조업자, 휴대용 오븐) + y(장소)

ball- ➡ bowl-

① 춤(dancing)
② 춤추다(dance)
③ 굴러가다

ball(무도회, 공)
ballad(민요)　　　**ball**(춤추다) + ad[add (춤과 노래를) 더하다]
ballerina(여성 무용수)　　　**ball**(춤추다) + erina(여성)
ballet(발레)　　　**ball**(춤추다) + et(행위, 결과)
ballet-dancer(발레 무용가)　　　**ball**et(발레) + dancer(무용가)
balloon(기구, 풍선)　　　**ball**(공) + oon(큰 것)
ballroom(무도장)　　　**ball**(춤추다) + room(방)
ballpark(야구장)　　　**ball**(공) + park(공원, 경기장, 운동장)
bowl(사발, 공기)
bowling(보올링)　　　**bowl**(굴러가다) + ing(행위, 결과)

band- ➡ bond-

① 묶다(bind)

band(끈, 악대, 한 무리의 사람들)
bandage(붕대, 눈가리개, 분대를 감다)　　　**band**(묶다) + age(동작, 신분, 상태)
bond(결손, 약정, 채권, 접착제)
bondage(속박, 노예 신분)　　　**bond**(묶다) + age(동작, 신분, 상태)

bar- ➡ barras- ➡ barr- ➡ barri- ➡ ba- ➡ baro-

① 막대기
② 법정
③ 술집
④ 장애물(훼방)

bar(막대기, 장애, 법정, 카운터)

barbecue(불고기틀, 통구이)　　　　　　**bar**(막대기) + becue(because ∼때문에, ∼로 해서)

barracks(막사, 병영)　　　　　　　　　**bar**(막대기) + racks(선반들, rack 선반)

barrel(술통, 통에 넣다)　　　　　　　　**barr**(나무) + el(지소사, 도구)

barricade(장애물, 방책으로 막다)　　　**barri**(장애물) + cade(떨어지다)

barrier(장벽, 방해, 울타리)　　　　　　**barri**(장애물) + er(사람, 설치)

barrister(변호사)　　　　　　　　　　**barri**(막대기) + st(stand 서다) + er(사람)

baton(바턴, 경찰봉, 육상 릴레이의 막대기)　**ba**(막대기) + ton

em**barras**s(난처하게 하다, 방해하다)　　em[∼안에(으로)] + **barras**s(장애물)

em**barras**sment(당황, 낭패)　　　　　em[∼안에(으로)] + **barras**s(장애물) + ment(성질)

bas- ➡ base-

① 기초(foundation)
② 밑바닥(bottom)
③ 근거하다

base(기초, 근거, 기지, 출발점, 천한, 열등한, 기초를 두다)

baseless(기초 없는, 근거 없는)　　　　**base**(기초) + less(∼없는)

basement(지하실)　　　　　　　　　**base**(출발점) + ment(성질, 수단)

basic(기본적인, 기초의)　　　　　　　**bas**(기초) + ic(∼적인 상태)

basis(기초, 근거, 논거)　　　　　　　**bas**(기초) + is(가다)

bat- ➡ batt- ➡ bate- ➡ batta-

① 치다(beat)
② 때리다

abate(감하다, 덜다) a(분리) + **bate**(치다)
bat(박쥐)
battalion(포병, 대대) **batta**(치다) + lion(사자, 용맹한 사람)
batter(난타, 포격하다, 타자) **batt**(치다) + er(반복, 반발, 사람)
battery(포병대, 구타, 건전지) **batt**er(난타, 포격하다) + y(행위, 장소, 상태)
batting(타격) **batt**(치다) + ing(결과, 행위)
battle(싸우다, 전투, 싸움) **batt**(치다) + le(반복, 반발)
battlefield(싸움터, 전장) **batt**le(싸우다, 전투, 싸움) + field(들판, 싸움터)
battleship(전함) **batt**le(싸우다, 전투, 싸움) + ship(배)
com**bat**(전투, 싸우다, 투쟁하다) com(함께) + **bat**(치다)
com**bat**ant(전투원, 투사, 싸우는) combat(전투, 싸우다) + ant(행위자, 사람)
com**bat**ive(투쟁적인, 투지만만한) combat(투쟁하다) + ive(성질, 경향)
de**bate**(토론하다, 토론, 토의) de(떨어져서) + **bate**(치다)

beau- ➡ beaut- ➡ beauti-

① 아름다운(pretty)
② 맑은(fair)
③ 멋진(fine)
④ 훌륭한(excellent)

beau(멋장이 남자)
beautiful(아름다운) **beauti**(아름다운) + ful(가득찬)
beauty(아름다움, 미인) **beaut**(아름다운) + y(행위)
beautify(아름답게 하다) **beauti**(아름다운) + fy(~하게 하다)
beautician(미용사) **beauti**(아름다운) + cian(사람)
beauteous(아름다운) **beaut**(아름다운) + eous(~하는 습관이 있는)

bel- ➡ bell- ➡ (b)el-

① 전쟁(war)
② 투쟁(struggle)

belligerence(교전, 호전성)	**bel**(전쟁) + lig(속박하다) + erence(성질, 상태)
belligerent(교전중인, 호전적인)	**bel**(전쟁) + lig(속박하다) + erent(상태)
du**el**(결투, 싸움)	du(둘) + **(b)el**(투쟁)
du**el**ing(결투)	du(둘) + **(b)el**(투쟁) + ing(행위, 결과)
re**bel**(반역하다, 반역자, 폭도)	re(뒤로) + **bel**(전쟁)
re**bell**ious(반역하는, 반항하는)	re(뒤로) + **bell**(투쟁) + ious(~하는 습관이 있는)
re**bell**ion(반란, 반역)	re(뒤로) + **bell**(전쟁) + ion(행위, 구체적 사례)

bibli- ➡ book- ➡ biblio-

① 책(book)

biblical(성경의)	**bibli**(책) + cal(call 부르다, 호소하다)
bibliography(서적학)	**biblio**(책) + graphy[(도표, 도식, 서법(書法)]
bookish(서적상의, 학구적인)	**book**(책) + ish(~의, ~적)
bookkeeping(부기, 簿記)	**book**(책) + keeping(유지, 보수, 조화, 일치)
booklet(팜플렛, 소책자)	**book**(책) + let(어떤 상태로 되게하다)

bio-

① 생명
② 일생(life)

anti**bio**tic(항생의)	anti(반대하여) + **bio**(새명) + tic(~의)
auto**bio**graphy(자서전)	auto(자기의) + **biography**(전기, 일대기)
biochemistry(생화학)	**bio**(생명) + chemistry(화학)
bioecology(생물생태학)	**bio**(생명) + ecology(생태학)
Bioengineering(생명공학)	**bio**(생명) + engineering(공학, 기술학)
biogeography(생물지리학)	**bio**(생명) + geography(지리학)

biography(전기, 일대기)   **bio**(일생) + graphy(기록, 도표)
biological(생물학상의)   **bio**(생명) + logical(~학 상의)
biologist(생물학자)   **bio**(생명) + logist(학자)
biology(생물학)   **bio**(생명) + logy(학)
biomedicine(생물의학)   **bio**(생명) + medicine(의학, 의술)

bit- ➡ bite- ➡ bitt-

① 물다(bite)
② 작은 조각

bit(동전, 소량, 컴퓨터 비트)
bite(깨물다, 물어뜯다)   **bit**(물다) + e(모음어미, 자음 충돌회피)
bitter(맛이 쓴, 쓰라린, 혹독한, 비통, 모진)   **bitt**(물다) + er(상태)
bitterly(심하게, 몹시, 쓰디쓴)   **bitt**er(맛이 쓴, 쓰라린) + ly(부사 만들기)
biting(물어뜯는, 살을 에는 듯한, 신랄한)   **bit**(물다) + ing(행위, 결과)
bitterness(괴로움, 쓰라림, 쓴맛)   **bitt**er(맛이 쓴, 쓰라린) + ness(상태, 정도)

blank- ➡ bl-

① 공백(empty)
② 백색(white)

application **blank**(신청서)   application(신청, 적용, 응용) + **blank**(백색)
blanket(담요)   **blank**(공백) + et(주머니, 보자기)
blankly(멍청히, 망연히)   **blank**(공백) + ly(상태)
blankness(공백, 단조)   **blank**(공백) + ness(성질, 상태, 정도)
blank space(공백)   **blank**(공백) + space(공간)
blanky(공백이 많은)   **blank**(공백) + y(많은)
bleach(표백하다, 바래다, 희어지다)   **bl**(백색) + each(각각의)
bleak(황폐한, 쓸쓸한)   **bl**(공백) + eak(each 제각각, k=ch)

brev- ➡ brief- ➡ bridge- ➡ brevi-

① 짧은(short)
② 간결한

abbreviate(단축하다, 생략하다)　　　　　ab(분리) + **brevi**(짧은) + ate(~하다)
abbreviation(단축, 생략, 적요)　　　　　abbreviat(e)[단축(생략)하다] + ion(행위, 결과)
abridgement(요약)　　　　　　　　　　a(분리) + **bridge**(간결하게) + ment(성질, 수단)
brief(짧은, 간결한, 간단히 보고하다)
briefly(짧게, 간결하게)　　　　　　　　brief(짧은, 간결한) + ly(부사 만들기)
briefing(요약, 보고서)　　　　　　　　brief(간결한, 간단히 보고하다) + ing(행위, 결과)
brevity(짧음, 간결, 요약)　　　　　　　brev(짧은) + ity(상태, 성격)

cad- ➡ cid- ➡ cas-

① 떨어지다(fall)

accident(사고, 재난, 우연사고)　　　　　ac(to) + **cid**(떨어지다) + ent(성질, 상태)
accidental(우연의, 뜻밖의)　　　　　　accident(사고, 재난, 우연사고) + al(~의)
case(사건, 경우, 상태, 진상, 사정)　　　**cas**(떨어지다) + e(자음충돌로 대체로 e 모음을 붙임)
casual(우발적인, 형식만의, 평상시의)　　**cas**(떨어지다) + ual(~의,~적인)
casualty(대사고, 사상자)　　　　　　　casual(우발적인) + ty(상태, 결과)
coincide(동시에 일어나다, 일치하다)　　coin(동시에, 일치) + **cid**e(떨어지다)
coincidence(동시발생, 일치, 부합)　　　coincid(e)(동시에 일어나다, 일치하다) + ence(성질, 상태)
coincident(일치하는, 동시에일어나는)　coincide(동시에일어나다, 일치하다) + ent(발생)
decadence(쇠퇴, 타락, 퇴폐)　　　　　　de(분리) + **cad**(떨어지다) + ence(성질, 상태)
decadent(퇴폐적인, 퇴폐적인 사람)　　　de(분리) + **cad**(떨어지다) + ent[~적인 (사람)]
incident(생긴일, 우발적 사건, 부수적인)　in(안으로) + **cid**(떨어지다) + ent(성질)
incidental(흔히 있는)　　　　　　　　　incident(우발적 사건, 부수적인) + al(~하는)
occasion(경우, 기회)　　　　　　　　　oc(앞으로) + **cas**(떨어지다) + ion(행위, 결과)
occasional(가끔의, 임시의, 때때로)　　　occasion(경우, 기회) + al(~의, ~적인)

camp- ➡ champ-

① 들판(field)
② 평지(plain)

camp(야영)
campus(교정)   **camp**(들판) + us(우리들)
campaign(사회적 운동, 선거운동)   **camp**(들판) + aign(운동)
campaigner(선거 운동가)   **camp**aign(선거 운동) + er(사람)
campaign speech(선거유세)   **camp**aign(선거 운동) + speech(말, 언어)
champagne(샴페인)   **champ**(들판) + agne(<u>agne</u>s 순결과 소녀의 수호정신)
champion(참피온)   **champ**(들판) + ion(구체적 사례)
de**camp**(캠프를 거두다, 도주하다)   de(분리, 이탈) + **camp**(야영)
en**camp**(야영하다, 진지로 하다)   en(~으로 하다) + **camp**(야영)

cand- ➡ chand-

① 희다(white)

candle(양초)   **cand**(희다) + le(지소사)
candid(솔직한, 담백한)   **cand**(희다) + id(idea 생각)
candidate(후보자)   **cand**(희색(옷) + id(idea) + ate(사람, 직무)
candour(담백)   **cand**(희다) + our(행위, 결과)
chandelier(샹들리에, 실내장식전등)   **chand**(희다) + elier[Elia(엘리아) 영국수필가]

cap- ➡ cab- ➡ cabb- ➡ chief- ➡ chieve- ➡ chiev- ➡ capt- ➡ cept- ➡ cup- ➡ cip-

① 머리(head)
② 정상(top)
③ 선두
④ 잡다(hold, catch)
⑤ 취하다(take)

accept(받아들이다)	ac(방향) + **cept**(잡다, 취하다)
acceptable(받아들일 수 있는)	accept(받아들이다) + able(할 수 있는)
acceptance(수령)	accept(받아들이다) + ance(행위, 성질, 상태)
acceptor(승낙자)	ac(방향) + **cept**(정상) + or(사람)
achieve(이룩하다, 완수하다)	a(방향) + **chieve**(정상)
achievement(업적, 달성)	achieve(이룩하다, 완수하다) + ment(행위, 결과)
cabbage(양배추)	**cabb**(머리) + age(상태, 행위)
capability(능력)	**cap**(정상) + abil(할 수 있는) + ity(상태, 성격)
capable(유능한, 재능이 있는)	**cap**(정상) + able(할 수 있는)
capacious(넓은, 널찍한)	**cap**(취하다) + aci(~하는경향) + ous(많은, 넓은)
capacity(용량, 재능, 자격)	**cap**(정상) + acity('~하는 경향'의 명사형 어미)
cape(곶, 갑, 삐죽 나온 육지)	**cap**(머리) + e(자음충돌 회피현상으로 e모음)
capital(수도, 자본, 머릿글자)	**cap**(머리) + it(가다) + al(하는 행위, 상태)
capital city(수도)	capital(수도, 자본, 머릿글자) + city(도시)
capital goods(자본재)	capital(자본) + goods(재산, 물건, 물품)
capital letter(머릿글자)	capital(머릿글자) + letter(글자, 문자, 편지)
capitalism(자본주의)	capital(자본) + ism(주의)
capitalist(자본가)	capital(자본) + ist(사람)
capitalistic(자본가의)	capitalist(자본가) + ic(~의)
capitalization(자본화)	capitaliz(e)(자본화 하다) + ation(행위, 결과)
capitalize(자본화 하다)	capital(자본) + ize(~화 하다, 상태로 만들다)
capital surplus(자본잉여금)	capital(자본) + surplus(잉여, 나머지)
capitol(미국 국회의사당)	**cap**(정상) + it(가다) + ol(장소)
capsize(뒤집히다, 전복)	**cap**(머리) + s(복수, 많다) + ize(상태)
captain(지휘자, 우두머리)	**cap**(머리) + tain(잡다)
caption(표제, 제목, 자막을 넣다)	**cap**(머리) + tion(행위, 결과)
captivate(매혹하다, 마음을 사로잡다)	**capt**(잡다) + iv(ivory 상아) + ate(성질)

captive(사로잡힌, 포로) | capt(잡다) + ive(~의 성질을 지닌)
captivity(사로잡힘, 감금) | captiv(e)(사로잡힌, 포로) + ity(상태)
captor(잡는 사람) | capt(잡다) + or(사람)
capture(사로잡다, 포획, 생포) | cap(잡다) + ture(성질, 상태)
caput(머리,두상 돌기) | cap(머리) + ut(utter 철저한, 완전한)

(참고) **cash**(현금) | 라틴어 'capsa(번돈을 넣는 궤)'에서 유래되었다.
cashier(출납계) | **cash(i)**(현금) + er(사람)

handker**chief**(손수건) | handker(손) + **chief**(머리)
mis**chief**(손해, 재난, 악영향) | mis(잘못) + **chief**(정상)
mis**chief** maker(이간질하는 사람) | mis**chief**(재난, 악영향) + maker(만드는 사람)
mis**chief** making(이간질하는) | mis**chief**(재난, 악영향) + making(만들기, 제조, 요소)
mis**chiev**ous(유해한, 장난을 좋아하는) | mis(나쁜) + **chiev**(취하다) + ous(습관)
in**cap**able(무능한, 할 수 없는) | in(부정) + **cap**able(유능한, 재능이 있는)
oc**cup**ancy(점유) | oc(앞으로) + **cup**(잡다) + ancy(상태)
oc**cup**ant(점유자) | oc(앞으로) + **cup**(취하다) + ant(행위자, 사람)
oc**cup**ation(직업, 점령) | oc(앞으로) + **cup**(정상) + ation(행위, 결과)
oc**cup**y(차지하다, 점령하다) | oc(앞으로) + **cup**(정상) + y(행위, 상태)
preoc**cup**ied(몰두하는, 여념이 없는) | pre(미리) + oc(앞으로) + **cup**i(y→i 잡다) + ed(~하는)

car- ➡ char- ➡ cari- ➡ carri-

① 차(car)
② 운반하다(carry)
③ 달리다(run)

caravan(대상, 대형트럭) | **car**a(운반하다) + van(화물, 운반차, 유개트럭)
carbarn(차고) | **car**(운반하다) + barn(헛간, 차고)
career(경력, 성공, 훈련) | **car**(운반하다) + eer(행위, 행위자)
careerism(입신출세주의) | **car**eer(경력, 성공, 훈련) + ism(주의)
caricature(풍자화) | **car**(차) + ica(ical ~에 관한) + ture(성질, 상태)
caricaturist(풍자 만화가) | **car**icatur(e)(풍자화) + ist(행위자)
cargo(화물짐) | **car**(운반하다) + go(goos 짐, 물건)
carpenter(목공, 목수) | **car**(차) + penter(만드는 사람)
carriage(운반, 수송, 차량) | **carri**(운반하다) + age(동작, 상태)

carrier(운반인, 보균자)　　　　　　carri(운반하다) + er(사람)
carrousel(회전목마)　　　　　　　car(운반하다) + rouse(l)(휘젓다, 일으키다)
carry(나르다, 운반하다)　　　　　car(운반하다) + ry(성질, 상태)
carry over(이월)　　　　　　　　carry(나르다, 운반하다) + over(넘어, 건너서)
cart(짐마차, 손수레)　　　　　　car(운반하다) + t(도구)
carter(짐마차군, 마부)　　　　　cart(짐마차, 손수레) + er(사람)
cartridge(탄약통, 카트리지)　　cart(짐마차, 손수레) + ridge(봉우리, 이랑)
charge(차에 짐을 싣다, 채우다)　char(차) + ge(gear 마구, 도구, 기어장치)
chariot(전차)　　　　　　　　　char(차) + iot(전차)
discharge(발사하다)　　　　　　dis(분리) + charge(차에 짐을 싣다, 채우다)

card- ➡ cart- ➡ chart- ➡ chapt-

① 두꺼운 종이

cardboard(판지, 마분지)　　　　card(두꺼운 종이) + board(널, 판자)
cartel(결투장, 기업연합)　　　　cart(두꺼운 종이) + el(지소자, 단체)
chapter(장, 한시기)　　　　　　chapt(두꺼운 종이) + er
chart(해도, 도표, 대차 계약서)
charter(대치 계약서, 헌장)　　　chart(두꺼운 종이) + er(상태)
discard(버리다)　　　　　　　　dis(제거, 박탈) + card(카드)

carn- ➡ corp- ➡ carni-

① 몸
② 육체(body)
③ 살(flesh)
④ 고기

carnal(육체의, 육욕적인)　　　　carn(육체) + al(~하는 행위)
carnality(육욕)　　　　　　　　carnal(육체의, 육욕적인) + ity(상태, 성격)
carnation[카네이션, 고기색(담홍색)]　carn(고기) + ation(행위, 결과)
carnival(축제, 행사)　　　　　　carn(고기) + iv(ive 경향이 있는) + al(~하는 행위)
carnivorous(육식의)　　　　　　carni(고기) + vorous(~을 먹이로 하다)

carnivore(육식동물)　　　　　　　　　carni(고기) + vore(동물)
corporal(육체의)　　　　　　　　　　　corp(육체) + or(상태, 성질) + al(행위)
corporation(법인, 자치제, 유한회사)　　corporal(육체의) + ation(행위, 결과)
corps(부대, 군단)　　　　　　　　　　corp(육체) + s(복수, 많은 육체들)
corpse(시체, 송장)　　　　　　　　　　corp(육체) + se(떨어져, 분리, 이탈)
incarnate(육체를 갖춘, 구체화한)　　　in(안으로) + carn(육체) + ate(직무, 상태)
incarnation(육체를 부여함, 인간화)　　in(안으로) + carn(육체) + ation(행위, 결과)

caus- ➡ cause- ➡ cus- ➡ cuse-

① 원인
② 이유(because)
③ ~의 원인이 되다

accuse(고소하다, 비난하다)　　　　　ac(방향) + cuse(이유)
accuser(고발자, 원고)　　　　　　　ac(방향) + cus(이유) + er(사람)
because(왜냐하면)　　　　　　　　　be(~로 하다) + cause(이유)
cause(원인, 사정, 사건)
excuse(용서하다, 변명하다)　　　　　ex(분리, 이탈) + cuse(원인)

cav- ➡ void- ➡ vac- ➡ vacu-

① 동굴
② 비어있는

avoid(피하다)　　　　　　　　　　　　　　a(방향) + void(동굴)
avoidance(회피)　　　　　　　　　　　　　avoid(피하다) + ance(성질, 상태, 행위)
cave(동굴, 함몰시키다)　　　　　　　　　　cav(동굴) + e(성질, 상태)
caveman(혈거인, 동굴탐험가, 난폭한 사람)　cave(동굴) + man(사람)
caver[동굴탐험(연구)가]　　　　　　　　　cav(동굴) + er(사람)
cavern(동굴, 굴)　　　　　　　　　　　　　cav(동굴) + ern(방위, 결과)
cavernous(동굴의)　　　　　　　　　　　　cavern(동굴, 굴) + ous(~의)
caving(동굴탐험, 함몰)　　　　　　　　　　cav(동굴) + ing(행위, 결과)
cavity(구멍)　　　　　　　　　　　　　　　cav(동굴) + ity(성격, 상태)

devoid(~이 전혀 없는, 결여된) | de(전적으로) + **void**(비어있는)
evacuate(비우다, 철거하다) | e(밖으로) + **vacu**(비어있는) + ate(~로 만들다)
evacuee[소개자(疏開者), 피난자] | e(밖으로) + **vacu**(비어있는) + ee(사람)
excavate(발굴하다) | ex(밖으로) + **cav**(동굴) + ate(~로 만들다)
vacancy(공허) | **vac**(비어있는) + ancy(성질, 상태, 행위)
vacate(비게 하다, 공허하게 하다) | **vac**(비어있는) + ate(~로 만들다)
vacation(휴가) | **vac**(비어있는) + ation(행위, 결과)
vacuity(공허) | **vacu**(비어있는) + ity(성격, 상태)

ced(e)- ➡ ceed- ➡ cess-

① 가다(go)
② 오다(come)

ac**cede**(동의하다, 취임하다) | ac(방향) + **cede**(가다)
ac**cess**(접근, 면접, 출입) | ac(방향) + **cess**(가다)
ante**cede**nt(선행의, 이전의) | ante(앞에) + **cede**(가다) + nt(행위, 결과)
con**cede**(양보하다, 용인하다, 인정하다) | con(서로) + **cede**(가다)
con**cess**ion(양보, 허락) | con(서로) + **cess**(가다) + ion(구체적 사례, 결과)
ex**ceed**(초과하다) | ex(밖으로, 벗어나다) + **ceed**(가다)
ex**cess**(초과, 여분, 무절제) | ex(벗어나다) + **cess**(가다)
ex**cess**ive(과도한, 지나친) | ex**cess**(초과, 여분, 무절제) + ive(상태)
pre**cede**(~ 앞장서다, 먼저 발생하다) | pre(미리) + **cede**(가다)
pre**ced**ing(앞서는, 이전의) | pre(이전의) + **ced(e)**(가다) + ing(행위, 결과)
pre**ced**ence(앞섬, 선행, 우선) | pre**ced**(~앞장서다, 먼저 발생하다) + ence(행위, 결과)
pre**ced**ent(전례, 선례, 관례) | pre(미리) + **cede**(가다) + nt(행위, 결과)
pre**ced**ented(전례가 있는) | pre**ced**ent(전례, 선례, 관례) + ed(~있는)
pro**ceed**(나아가다, 전진하다) | pro(먼저) + **ceed**(가다)
pro**cess**(진행, 과정, 순서, 절차) | pro(앞으로) + **cess**(가다)
re**cede**(후퇴하다, 반환하다) | re(뒤) + **cede**(가다)
re**cess**(중지, 휴식, 휴회) | re(뒤) + **cess**(가다)
re**cess**ion(후퇴, 퇴거, 반환) | re**cess**(휴식, 휴회) + ion(구체적 사례, 결과)
suc**ceed**(성공하다, 계속하다) | suc(연결) + **ceed**(오다)
suc**cess**(성공, 출세, 행운) | suc(연결, 계속) + **cess**(오다)
suc**cess**ful(성공한, 성공적인) | suc**cess**(성공, 출세) + ful(~한, 가득찬)

succession(연속, 계승, 상속)   success(성공, 출세) + ion(구체적 사례, 결과)
successive(연속적인, 대대로 이어지는)   success(성공, 출세) + ive(상태)

ceive- ➡ cept- ➡ cip- ➡ ceipt- ➡ ceiv- ➡ ceit-

① 취하다(take)
② 붙들다(catch)

accept(승낙하다, 인정하다)	ac(첨가) + **cept**(취하다)
acceptable(받아들일 수 있는, 만족스러운)	accept(승낙하다, 인정하다) + able(할 수 있는)
acceptance(수락, 용인, 수납)	accept(승낙하다, 인정하다) + ance(상태)
anticipate(기대하다, 앞질러하다)	anti(앞에) + **cip**(잡다) + ate(행위)
anticipation(예상, 예견)	anti(앞에) + **cip**(잡다) + ation(행위, 결과)
conceit(자만, 자부심)	con(함께) + **ceit**(붙잡다)
conceive(상상하다, 품다, 임신하다)	con(함께) + **ceive**(붙들다)
conceivable(상상할 수 있는)	con(함께) + **ceiv**(붙들다) + able(할 수 있는)
concept(개념)	con(함께) + **cept**(잡다)
conception(개념, 생각, 고안)	concept(개념) + ion(구체적 사례, 결과)
deceive(속이다)	de(떨어져서) + **ceive**(취하다)
deceit(사기)	de(분리) + **ceit**(잡다)
deceitful(속이는, 거짓의)	deceit(사기) + ful(가득찬, 성질, 경향)
deception(속임, 기만, 사기)	de(떨어져서) + **cept**(잡다) + ion(구체적 사례, 결과)
deceptive(남을 속이는)	de(떨어져서) + **cept**(잡다) + ive(성질, 경향)
except(제외하다)	ex(밖으로) + **cept**(취하다)
exception(예외, 이례, 제외)	except(제외하다) + ion(구체적 사례, 결과)
exceptionable(반대할 수 있는)	exception(예외, 제의) + able(할 수 있는)
exceptional(예외의, 특별한)	exception(예외, 이례, 제외) + al(~의, ~한)
intercept(가로채다, 중간에서 빼앗다)	inter(사이에) + **cept**(취하다)
interception(가로채기, 엿듣기)	intercept(중간에서 빼앗다) + ion(구체적 사례)
participant(참가자, 관계자)	parti(부분) + **cip**(잡다) + ant(행위자, 사람)
participate(참가하다)	parti(부분) + **cip**(잡다) + ate(직무, 행위)
perceptible(지각할 수 있는)	per(완전히) + **cept**(붙잡다) + ible(할 수 있는)
perception(지각, 인식)	per(완전히) + **cept**(붙잡다) + ion(구체적 사례, 결과)
precept(교훈, 가르침)	pre(미리) + **cept**(취하다)
receipt(영수증, 수령)	re(다시) + **ceipt**(취하다)

receive(받다, 징수하다)
reception(영수, 환영회)

re(다시) + **ceive**(취하다)
re(다시) + **cept**(붙잡다) + ion(구체적 사례, 결과)

cent- ➡ centra- ➡ centr-

① 중심
② 증심부
③ 집중

center(중심, 핵심)
central(중앙의, 가운데의)
centralism(중앙집권제도(주의))
centralize(집중하다)
centralization(집중화)
centrist(중도파, 온건파)
con**centr**ate(집중하다, 전념하다)
con**centra**tion(집중, 전력)
con**cent**ric(중심이 같은, 동정심)
ec**cent**ric(보통과 다른, 괴상한)
ec**cent**ricity(괴상함, 기형)

cent(중심) + er(행위, 결과)
centr(중심) + al(~의)
central(중앙의) + ism(특성, 주의)
central(집중방식의) + ize(~하게 하다)
centraliz(e)(집중하다) + ation(행위, 결과)
centr(중심) + ist(관계자, 행위자)
con(함께) + **centr**(집중) + ate(행위, 직무)
con(함께) + **centra**(집중) + tion(행위, 결과)
com(함께) + **cent**(중심) + ric(영역)
ec(벗어나다) + **cent**(중심) + ric(영역)
eccentric(보통과 다른, 괴상한) + ity(성격, 상태)

cert- ➡ certi- ➡ certa-

① 확실한

as**certa**in(확인하다)
as**certa**inment(확인)
certain(확신하는, 확실한)
certainly(확실히, 반드시)
certainty(확실성, 확신)
certify(증명하다)
certificate(증명서를 주다)
certification(증명, 보증, 인가)
certitude(확실성)

as(방향) + **certa**in(확신하는, 확실한)
as**certa**in(확인하다) + ment(행위, 결과)
certa(확실한) + in(상태)
certain(확실한) + ly(부사 만들기)
certain(확신하는, 확실한) + ty(품성, 안전)
cert(확실한) + ify(~하게 하다)
certi(확실한) + fic(~을 일으키는) + ate(직무)
certificat(e)(증명서를 주다) + ion(결과)
certi(확실한) + tude(상태)

certainty(확실성, 확신)　　　　　　　　certain(확신하는, 확실한) + ty(안전)
uncertain(불확실한, 분명하지 않은)　　　un(불) + certain(확실한)

chant- ➡ cant-

① 노래하다
② 유혹하다

Cantata(칸타타, 느리게 노래하듯)
chant(노래하다)
chanter(노래하는 사람)　　　　　　　　chant(노래하다) + er(사람)
chantress(여자가수)　　　　　　　　　　chant(노래하다) + ress(여성)
enchant(매혹하다, 기쁘게 하다)　　　　　en(되게하다) + chant(유혹하다)
enchanted(매혹된)　　　　　　　　　　　enchant(매혹하다) + ed(특성)
enchanter(마법사, 매혹을 시키는 사람)　　enchant(매혹하다) + er(사람)
enchantment(매혹)　　　　　　　　　　　enchant(매혹하다) + ment(성질, 수단)
enchantress(여자 마법사, 매력있는 여자)　enchant(매혹하다) + ress(여자)
enchanting(매력적인, 매혹하는)　　　　　enchant(매혹하다) + ing(~적인)

ci- ➡ cad- ➡ cas- ➡ casu- ➡ cide-

① 떨어지는 것
② 사고

accident(사고, 우연)　　　　　　　　　　ac(방향) + cid(사고) + ent(성질)
accidental(우연한, 부수적인)　　　　　　　accident(사고, 우연) + al(~한,~적인)
cascade(작은 폭포)　　　　　　　　　　　cas(떨어지는) + cad(떨어지는) + e(모음어미)
case(사건)　　　　　　　　　　　　　　　cas(떨어지는) + e(자음충돌 회피현상 모음어미)
casual(우연한)　　　　　　　　　　　　　casu(떨어지는) + al(~한)
casualty(사고, 사상자)　　　　　　　　　casual(우연한) + ty(안전, 상태)
coincide(부합하다, 동시에 일어나다)　　　coin(함께) + cide(떨어지다)
coincident(일치하는, 부합하는)　　　　　　coin(함께) + cid(떨어지는) + ent(~하는)
decadence(타락, 데카당스)　　　　　　　　de(완전히) + cad(떨어지는) + ence(성질, 상태)
decadent(퇴폐적인)　　　　　　　　　　　de(아래로) + cad(떨어지는) + ent(성질)

occasion(원인, 기회)	oc(~으로) + **cas**(떨어지는) + ion(구체적 사례)
occasional(가끔의, 임시의, 우연한)	occasion(원인, 기회) + al(하는 행위)
occident(서양)	oc(~으로) + **cid**(떨어지는) + ent(장소)

cide- ➡ cis- ➡ cid- ➡ cead- ➡ caes- ➡ cise- ➡ ciss- ➡ chis- ➡ cut-

① 자르다(cut)

chisel(끌로 깎다)	**chis**(자르다) + el(지소사)
circum**cise**(할례하다)	circum(주위에) + **cise**(자르다)
con**cise**(간결한)	con(함께) + **cise**(자르다)
cutting(절단)	**cut**(자르다) + ting(동작, 결과)
de**cide**(결정하다, 해결하다)	de(완전하게) + **cide**(자르다)
de**cid**ed(명확한, 확고부동한)	de(완전히) + **cid**(자르다) + ed(~한)
de**cis**ion(결심, 결정, 해결, 판결)	de(완전히) + **cis**(자르다) + ion(구체적 사례)
de**cis**ive(결정적인, 단호한)	de(완전하게) + **cis**(자르다) + ive(상태, 성질)
homi**cide**(살인, 살인자)	homi(homin 인간) + **cide**(자르다)
in**cise**(절개하다)	in(안으로) + **cise**(자르다)
in**cis**ion(절개, 쨈)	in(안으로) + **cis**(자르다) + ion(행위, 구체적 사례)
inde**cis**ive(우유부단한)	in(안으로) + de(떨어져) + **cis**(자르다) + ive(~한 성질)
infanti**cide**(유아살해범)	infant(i)(유아) + **cide**(자르다)
pre**cise**(정확한, 정밀한)	pre(미리) + **cise**(자르다)
pre**cise**ly(정확하게)	pre**cise**(정확한, 정밀한) + ly(부사 만들기)
pre**cis**ion(정밀, 정확)	pre(미리) + **cis**(자르다) + ion(구체적 사례)
s**ciss**ors(가위, 삭감하다)	s(복수) + **ciss**(자르다) + or(기구) + s(복수)
sui**cide**(자살)	sui(자기, 스스로) + **cide**(자르다)

circ- ➡ circul- ➡ circu- ➡ circum

① 원
② 주위

| **circl**e(원) | **circl**(원) + e(명사형 어미) |
| **circu**it(순회, 회전) | **circu**(원) + it(행위, 결과) |

circular(원형의, 순환의)　　　　　　　circul(원) + ar(~의)
circulate(돌리다, 유포시키다)　　　　circul(원) + ate(행위, 상태, 직무)
circulation(순환, 유통)　　　　　　　circul(원) + ation(행위, 결과)
circus(서커스, 곡예, 원형 경기장)　　circu(원) + s(복수)
encircle(에워싸다)　　　　　　　　　en(안에) + circle(원)
encirclement(포위)　　　　　　　　　encircle(에워싸다) + ment(결과, 성질, 수단)

cit- ➡ cite-

① 부르다(call)
② 불러일으키다(urge)
③ 재촉하다

cite(소환하다, 인용하다)
citation(인용문, 소환장)　　　　　　cit(e)(소환하다, 인용하다) + ation(행위, 결과)
excitable(흥분하기 쉬운)　　　　　　ex(밖으로) + cit(재촉하다) + able(할 수 있는)
excite(흥분시키다, 자극하다)　　　　ex(밖으로) + cite(불러 일으키다)
excitement(흥분, 자극)　　　　　　　excite(흥분시키다, 자극하다) + ment(성질)
exciting(자극하는, 흥분시키는)　　　ex(밖으로) + cit(불러일으키다) + ing(행위, 결과)
incite(자극하다)　　　　　　　　　　in(안으로) + cite(불러일으키다)
incitement(자극, 격려, 선동)　　　　incite(자극하다) + ment(행위, 성질)
recital(암송, 독창)　　　　　　　　　re(다시) + cit(부르다) + al(행위)
recitation(암송, 낭독)　　　　　　　re(다시) + cit(부르다) + ation(행위, 결과)
recite(외우다, 암송하다)　　　　　　re(다시) + cite(부르다)
solicit(간청하다, 권유하다)　　　　　soli(유일하게) + cit(재촉하다)
solicitor(간청자, 재촉하는 사람)　　solicit(간청하다) + or(사람)
solicitude(염려, 근심거리)　　　　　solicit(간청하다, 권유하다) + ude(성질, 상태)

civi- ➡ civil- ➡ civili- ➡ cit- ➡ civ-

① 국민
② 시민
③ 문명

citizen(시민)   cit(시민) + ize(~로 만들다) + (e)n(단위)
citizenry(일반대중)   citizen(시민) + ryt(신분)
citizenship(시민권)   citizen(시민) + ship(자격, 특성, 기능)
civic(도시의)   civ(시민) + ic(~의)
civics(시정학, 공민과)   civ(도시의) + ics(학, 과, 예술)
civil(시민의, 공중의, 민간의, 공손한, 정중한)   civ(시민) + il(~의, ~한)
civilian(문관, 일반인)   civil(시민의, 공중의, 공손한, 정중한) + an(사람)
civility(정중함)   civil(시민의, 공중의, 공손한, 정중한) + ity(성격, 상태)
civilian(민간인, 문관)   civili(문명, 시민) + an(행위자, 관계자냄)
civilize(교화하다, 문명화하다)   civil(문명) + ize(~의 상태로 만들다)
civilization(문명, 개화)   civiliz(e)(교화하다, 문명화하다) + ation(행위, 결과)

clam- ➡ claim-

① 부르짖다(cry)
② 선언하다(declare)
③ 요구하다(demand)

acclaim(환호하다, 갈채하여~라고 인정하다)   ac(방향) + claim(부르짖다)
acclamation(갈채, 환호)   ac(방하여) + clam(부르짖다) + ation(행위, 결과)
claim(요구하다, 주장하다, 권리, 요구, 주장)
claimant(주장자, 원고)   claim(주장하다, 권리, 요구) + ant(행위자)
clamor(소란, 시끄러움)   clam(부르짖다) + or(행위, 성질)
clamorous(고함소리, 소동)   clamor(소란, 시끄러움) + ous(특성)
exclaim(절규하다)   ex(밖으로) + claim(부르짖다)
exclamation(절규, 외침, 감탄사)ex(밖으로)   clam(부르짖다) + ation(행위)
exclamatory(감탄의)   ex(밖으로) + clam(부르짖다) + atory(~의)
proclaim(선언하다)   pro(앞에서) + claim(부르짖다)
proclamation(선언서, 발표문)   pro(앞에서) + clam(선언하다) + ation(행위)

clear- ➡ clean- ➡ clar- ➡ clare- ➡ cleanli-

① 맑은(lucid)
② 밝은(bright)
③ 분명한
④ 깨끗한

clarify(투명하게 하다)	**clar**(맑은) + ify(~하게 하다)
cleaning(클리닝, 청소, 개간지)	**clean**(깨끗한) + ing(행위, 결과)
cleaner(청소기, 청소부)	**clean**(깨끗한) + er(사람, 기구)
cleanliness(청결, 깔끔)	**cleanli**(깨끗한) + ness(성질, 상태, 정도)
cleanly(깨끗하게)	**clean**(깨끗한) + ly(부사 만들기)
cleanse(깨끗이 하다)	**clean**(깨끗한) + se(~하다)
cleanser(청소부, 세제)	**clean**(깨끗한) + ser(사람, 제품)
clean up(청소하다, 정돈하다)	**clean**(깨끗한) + up(쪽으로)
clearance(치워버림, 제거)	**clear**(깨끗한) + ance(행위, 성질, 상태)
clear-eyed(눈이 밝은)	**clear**(밝은) + eyed(눈이 ~같은, ~눈을 한)
clear-headed(두뇌가 명석한)	**clear**(분명한) + headed(~의 머리를 한, 머리의)
clearly(분명히)	**clear**(분명한) + ly(부사 만들기)
de**clare**(선언하다)	de(전적으로) + **clare**(분명하게)
de**clar**ation(선언)	de**clar**(e)(선언하다) + ation(행위, 결과)
un**clean**(불결한)	un(부정) + **clean**(깨끗한)
un**clear**(불분명한)	un(부정) + **clear**(분명한)

cli- ➡ clin- ➡ (c)lean-

① 기울다(lean)
② 사다리(ladder)

climax(절정, 클라이맥스)	**cli**(기울다) + max(최대한, 최고점)
de**cline**(기울다, 쇠하다)	de(하강) + **cline**(기울다, 경사)
de**clin**ation(경사)	de**clin**(e)(기울다, 쇠하다) + ation(행위, 결과)
disin**cline**(싫증나게 하다)	dis(반대) + in**cline**(굽히다, 마음이 생기게 하다)
disin**clin**ation(싫증)	disin**clin**(e)(싫증나게 하다) + ation(행위, 결과)
in**cline**(기울이다, 마음이 생기게 하다)	in(~로 하다) + **cline**(기울다)

inclination(기울기, 경향)　　　　　　inclin(e)(기울이다) + ation(행위, 결과)
lean(기대다, 의지하다, 기울다, 구부러지다)
leaner(의지하는 사람, 기대는 사람)　　lean(기울다) + er(사람)
leaning(기울기, 경사, 경향)　　　　　lean(기울다) + ing(행위, 결과)
recline(기대게 하다, 의지하다)　　　　re(등뒤) + cline(기울다)

clud- ➡ clos- ➡ clus- ➡ close- ➡ clude-

① 닫다(shut, close)

close(닫다, 끝내다, 휴업, 종결, 끝)
closure(폐쇄, 마감, 종점)　　　　　clos(닫다) + ure(행위, 결과)
closely(착 달라붙어, 접근하여)　　　close(닫다) + ly(부사 만들기)
closing(폐쇄)　　　　　　　　　　clos(닫다) + ing(행위, 결과)
conclude(결말짓다, 단정하다)　　　con(함께) + clude(닫다)
conclusion(결론, 결정, 종결)　　　con(함께) + clus(닫다) + ion(구체적 사례)
conclusive(결정적인)　　　　　　con(함께) + clus(닫다) + ive(성질, 경향)
disclose(폭로하다, 노출시키다)　　　dis(벗기다) + close(닫다)
disclosure(폭로)　　　　　　　　dis(제거, 박탈, 분리) + clos(닫다) + ure(행위, 결과)
enclose(동봉하다, 둘러싸다)　　　en(되게 하다) + close(닫다)
enclosure(둘러쌈, 구내, 동봉)　　en(안에) + clos(닫다) + ure(행위, 결과)
exclusion(제외, 배척)　　　　　ex(밖으로) + clus(닫다) + ion(구체적 사례)
exclusive(제외하는, 배타적인)　　ex(밖으로) + clus(닫다) + ive(성질, 경향)
exclusively(독점적으로)　　　　ex(전적으로) + clus(닫다) + ive(성질, 경향) + ly(부사 만들기)
exclusivism(배타주의)　　　　　ex(밖으로) + clus(닫다) + iv(성질) + ism(주의)
include(포함하다, 넣다)　　　　　in(안으로) + cluse(닫다)
including(~을 포함하여)　　　　in(안으로) + clud(닫다) + ing(상태)
inclusion(포함, 포괄, 삽입)　　　in(안에) + clus(닫다) + ion(구체적 사례)
inclusive(~을 포함하는)　　　　in(안으로) + clus(닫다) + ive(성질, 경향)
preclude(방해하다, 가로막다)　　pre(미리) + clude(닫다)
preclusion(방해, 제외)　　　　pre(미리) + clus(닫다) + ion(구체적 사례)
recluse(은둔자)　　　　　　　re(뒤) + cluse(닫다)
seclude(은퇴시키다)　　　　　se(떨어져서) + clude(닫다)
seclusion(격리, 은퇴)　　　　se(떨어져서) + clus(닫다) + ion(행위, 구체적 사례)

cogn- ➡ gnor- ➡ gnore-

① 알다(know)

ignorance(무지, 무식)	i(부정) + **gnor**(알다) + ance(상태, 성질)
ignorant(무식한, ~을 모르는)	i(부정) + **gnor**(알다) + ant(~한)
ignore(모르는척하다, 무시하다)	i(부정) + **gnore**(알다)
re**cogn**ition(인식, 승인)	re(다시) + **cogn**(알다) + ition(상태)
re**cogn**ize(~라고 인정하다,알아차리다)	re(대하여) + **cogn**(알다) + ize(상태)

commun-

① 공통의(common)

communicate(알리다, 통신하다, 전염시키다)	**commun**(공통의) + ic(성질) + ate(만들다)
communication(통신, 전달)	**commun**(공통의) + ic(성질) + ation(행위, 결과)
communism(공산주의)	**commun**(공통의) + ism(주의)
communist(공산주의자, 공산당원)	**commun**(공통의) + ist(관계자)
community(단체, 국가, 도시, 동문)	**commun**(공통의) + ity(성격, 상태)

continu-

① 이어지다(join)
② 지속하다(last)
③ 유지하다(support, maintain)

continual(계속적인, 자주 일어나는)	**continu**(이어지다) + al(~하는 행위)
continually(지속적인, 빈번한)	**continu**al(계속적인, 자주 일어나는) + ly(부사 만들기)
continuance(존속, 계속)	**continu**(유지하다) + ance(상태, 성질)
continue(계속하다, 이어지다, 지속하다)	**continu**(지속하다) + e(상태)
continuity(연속성, 연속)	**continu**(이어지다) + ity(상태, 성격)
continuous(끊임없는)	**continu**(지속하다) + ous(~하는, ~같은)

cord- ➡ cor- ➡ cour- ➡ core-

① 마음(mind)
② 심장(heart)
③ 진심(true)

accord(일치하다, 조화하다, 화해하다)   ac(방향) + **cord**(마음)

accordance(일치, 조화)   accord(일치, 조화) + ance(성질, 상태)

according(~에 따라서)   ac(방향) + **cord**(마음) + ing(행위)

accordingly(따라서, 그러므로)   according(~에 따라서) + ly(부사 만들기)

concord(일치, 조화)   con(함께) + **cord**(마음)

concordance(조화)   concord(일치, 조화) + ance(성질, 상태)

concordant(일치된)   concord(일치, 조화) + ant(~한)

cordial(충심으로부터, 간곡한)   **cord**(마음) + ial(성질)

cordiality(성심성의)   cordial(충심으로부터, 간곡한) + ity(성격, 상태)

cordially(진심으로, 충심으로)   cordial(충심으로부터, 간곡한) + ly(부사 만들기)

core(핵심, 골자, 과일의 핵)

coreless(공허한)   **core**(마음) + less(~이 없는)

courage(용기)   **cour**(심장) + age(동작, 상태)

courageous(용기 있는)   **cour**age(용기) + ous(~있는)

dis**cord**(불일치, 알력)   dis(반대) + **cord**(마음)

dis**cord**ant(불화의, 부조화의)   dis(반대) + **cord**(마음) + ant(~의)

dis**cour**age(낙담시키다)   dis(반대) + **cour**age(용기)

dis**cour**aging(낙담시키는)   discourag(e)(낙담시키다) + ing(행위)

en**cour**age(격려하다)   en(~이 되게 하다) + **cour**age(용기)

en**cour**agement(격려, 장려)   encourage(격려하다) + ment(성질, 수단)

re**cord**(기록, 녹음, 이력, 음반)   re(다시) + **cord**(마음)

re**cord**er(기록자, 녹음기)   re(다시) + **cord**(마음) + er(사람, 기구)

re**cord**ing(녹음, 녹화)   record(기록, 녹음, 음반) + ing(행위)

corp- ➡ corpor-

① 신체
② 법인

corporal(신체의, 육체의)	**corpor**(신체) + al(~의)
corporate(법인조직의, 단체의)	**corpor**(법인) + ate(~의, 직무)
corporation(법인, 유한회사)	**corpor**(법인) + ation(행위, 결과)
corpulent(살찐, 뚱뚱한)	**corp**(신체) + (p)ul(ful 많은, 가득찬)
corpus(신체, 시체)	**corp**(신체) + us(상태)
in**corpor**ate(합동시키다, 법인으로 만들다)	in(안으로) + **corpor**ate(법인 조직의)
in**corpor**ated(법인조직의, 주식회사의)	in(안으로) + **corpor**ate(법인 조직의) + d(~의)

cosmo- ➡ cosm-

① 우주
② 세계

cosmic(우주의)	**cosm**(우주) + ic(~의)
cosmism(우주론)	**cosm**(우주) + ism(론)
cosmology(우주론)	**cosmo**(우주) + logy(론)
cosmonaut(우주비행사)	**cosmo**(우주) + naut(항해의, 항공의)
cosmopolis(국제도시)	**cosmo**(세계) + polis(도시)
cosmopolitan(사해동포주의)	**cosmo**(세계) + politan(polite 예의바른)

cover- ➡ ceal- ➡ cell-

① 덮다
② 숨기다

cell(세포, 독방, 작은집)	
cellular(세포로 된)	**cell**(세포) + ular(~로 된)
cellulose(섬유소)	**cell**(세포) + ulose(지소사)
cellulous(세포가 많은)	**cell**(세포) + ulous(많은)

conceal(숨기다)　　　con(강조) + **ceal**(숨기다)
concealment(숨김, 은닉)　　　**conceal**(숨기다) + ment(행위, 수단, 결과)
coverage(적용범위)　　　**cover**(덮다) + age(상태)
covering(덮개)　　　**cover**(덮다) + ing(행위, 결과)
coverlet(이불, 침대덮개)　　　**cover**(덮다) + let(몸에 지니는 것, 덮는 것)
dis**cover**(발견하다)　　　dis(제거) + **cover**(덮다)
dis**cover**y(발견)　　　dis**cover**(발견하다) + y(상태, 행위)
re**cover**(회복하다)　　　re(다시) + **cover**(덮다)
re**cover**y(회복)　　　re**cover**(회복하다) + y(상태, 행위)
un**cover**(폭로하다, 덮개를 벗기다)　　　un(부정) + **cover**(덮다)

cre- ➡ crea-

① 늘어나다(lengthen)
② 만들다(make)
③ 창조하다(create)
④ 자라다(grow)

con**cre**te(구체적인, 굳어진)　　　con(서로) + **cre**(만들다) + te(상태)
create(창조하다)　　　**cre**(창조하다) + ate(성질)
creation(창조물, 창작품)　　　**crea**(창조하다) + tion(행위, 결과)
creative(창조적인, 창조력 있는)　　　**cre**(창조하다) + ative(경향, 성질)
creator(창조자)　　　**cre**(창조하다) + ator(관계자, 행위자)
crescendo(점점세계)　　　**cre**(늘어나다) + scendo(scend 파도의 추진력)
crescent(초승달)　　　**cre**(늘어나다) + scent(향기, 냄새, 육감, 지각력)
creature(창조물, 삼라만상)　　　**crea**(창조하다) + ture(성질, 상태)
de**crea**se(감소하다, 감소)　　　de(하강) + **crea**(늘어나다) + se(성질, 상태)
de**cre**scendo(음악에서 점점약하게)　　　de(하강) + **cre**scendo(음악에서 점점세계)
de**cre**scent(점점 줄어드는)　　　de(하강) + **cre**scent(초승달)
de**cre**pit(노쇠한)　　　de(하강) + **cre**(늘어나다) + pit(구덩이, 구멍, 우묵한 곳)
de**cre**pitude(노쇠)　　　de**cre**pit(노쇠한) + ude(성질, 상태)
in**crea**se(증가하다)　　　in(방향) + **crea**(늘어나다) + se(성질, 상태)
in**crea**sing(점점 증가)　　　in(방향) + **crea**(늘리다) + sing(행위, 결과)
in**crea**singly(점점 증가하여)　　　in**crea**sing(점점 증가) + ly(부사 만들기)
re**cre**ate(재건하다, 개조하다)　　　re(다시) + **cre**(만들다) + ate(~하다)

recreation(휴양, 기분전환)　　　　　　　re(다시) + **cre**(창조하다) + ation(행위, 결과)

cred-

① 믿다(believed)

accredit(신용하다, 신임하다)　　　　　　ac(방향) + **cred**it(신용, 신임하다)
　　뤲 신임장을 주어 사절단을 외국에 파견하다.
credible(믿을 수 있는, 신용할 수 있는)　　**cred**(믿다) + ible(할 수 있는)
credibility(신뢰성, 학실성)　　　　　　**cred**ibil(e)(믿을 수 있는) + ity(상태)
credit(신용, 신임하다)　　　　　　　　**cred**(믿다) + it(나타나다)
creditable(신용할 수 있는, 명예로운)　　**cred**it(신용, 신임하다) + able(할 수 있는)
creditably(훌륭히)　　　　　　　　　　**cred**itab(le)(신용할 수 있는, 명예로운) + ly(부사 만들기)
creditor(채권자)　　　　　　　　　　　**cred**it(신용, 신임하다) + or(사람)
credulity(쉽사리 믿는)　　　　　　　　**cred**(믿다) + ul(~하기 쉬운) + ity(상태)
credulous(속아 넘어 가기 쉬운)　　　　**cred**(믿다) + ulous(~하기 쉬운)
creed(교의, 강령, 주의, 신념, 사도신경)
dis**cred**it(믿지 않다, 의심하다, 불신)　　dis(반대) + **cred**(믿다) + it(나타내다)
in**cred**ible(신용할 수 없는)　　　　　　in(부정) + **cred**ible(믿을 수 있는, 신용할 수 있는)

cret- ➡ cern- ➡ cre-

① 나누다(separate)
② 분별하다(observe)

con**cern**(관계)　　　　　　　　　　　　con(서로) + **cern**(분별하다)
con**cern**ed(관계있는, 걱정하는)　　　　con**cern**(관계) + ed(~하는, ~있는)
con**cern**ing(~에 관하여)　　　　　　　con**cern**(관계) + ing(행위, 결과)
con**cern**ment(관계, 관여)　　　　　　　con**cern**(관계) + ment(행위, 결과)
dis**cern**(분별하다, 인식하다)　　　　　dis(강조) + **cern**(분별하다)
dis**cern**ment(통찰력)　　　　　　　　　dis**cern**(분별하다, 인식하다) + ment(행위, 결과)
dis**cre**et(생각이 깊은, 신중한)　　　　dis(강조) + **cre**(분별하다) + et(성질, 상태)
dis**cre**etly(신중히)　　　　　　　　　　dis**cre**et(생각이 깊은, 신중한) + ly(부사 만들기)
dis**cre**tion(신중, 분별, 판단)　　　　　dis(강조) + **cre**(분별하다) + tion(행위, 결과)

excrete(배설하다)   ex(밖으로) + **cret**(나누다) + e(상태)

indiscreet(경솔한)   in(부정) + discreet(생각이 깊은, 신중한)

secret(비밀)   se(떨어져서) + **cret**(나누다)

secrete(비밀로 하다)   se(떨어져서) + **cret**(나누다) + e(상태)

secretly(비밀로, 몰래)   secret(비밀) + ly(부사 만들기)

unconcern(무관심, 냉담)   un(무) + concern(관계)

unconcerned(걱정하지 않은, 태연한)   un(반대) + concerned(관계있는, 걱정하는)

cri-

① 판단하다(judge)

② 구별하다(separate)

crisis(위기)   **cri**(판단하다) + sis(과정, 활동)

criterion(비평의 기준)   **cri**(판단하다) + terion(구체적인 기준)

critic(비평가)   **cri**(판단하다) + tic(안면 경련)

critical(위기의, 비평의)   **cri**tic(비평가) + al(~의)

critically(비판적으로)   **cri**tical(위기의, 비평의) + ly(부사 만들기)

criticism(비평)   **cri**tic(비평가) + ism(특성, 주의)

criticizable(비평할 여지가 있는)   **cri**ticiz(e)(비평하다) + able(할 수 있는)

criticize(비평하다)   **cri**(판단하다) + tic(안면경련) + ize(~하다)

critique(문예작품의 기준)   **cri**(판단하다) + tique(성질, 기준)

dis**cri**minate(구별하다)   dis(분리) + **cri**(구별하다) + min(내밀다) + ate(상태)

dis**cri**mination(구별)   dis(분리) + **cri**(구별하다) + min(내밀다) + ation(행위)

un**cri**tical(무비판의)   un(무) + **cri**tical(위기의, 비평의)

cross- ➡ cru- ➡ cruci-

① 가로지르다, 횡단하다

② 반대

③ 교차하다, 십자

a**cross**-country(들을 가로질러)a(방향)   a(방향) + **cross**(가로지르다) + country(나라)

cross(십자가, 시련, 십자훈장 교차하다, 교배하다, 잡종이 되다)

cross-armed(팔짱을 낀)	**cross**(교차하다) + armed(팔이 ～한)
crossbar(빗장, 횡선)	**cross**(교차하다) + bar(막대기)
cross-country(들을 횡단하는)	**cross**(횡단하다) + country(나라, 들)
crossed(십자로 된)	**cross**(십자) + ed(～로 된, 상태)
cross-examine(반대 신문하다)	**cross**(반대) + examine(신문하다, 시험하다)
cross-eye(사팔뜨기)	**cross**(교차하다) + eye(눈)
crossing(횡단, 건널목)	**cross**(횡단하다) + ing(행위, 결과)
cross-legged(다리를 포갠, 책상다리를 한)	**cross**(교차하다) + legged(다리가 ～한)
cross-road(십자로)	**cross**(십자) + road(길, 도로)
cross-walk(횡단보도)	**cross**(횡단하다) + walk(걷다)
crosswise(옆으로, 열십자로)	**cross**(교차하다) + wise(방향으로)
crossword(십자말풀이)	**cross**(십자) + word(말)
crucial(결정적인, 어려운)	**cruci**(교차하다) + al(하는 행위)
crucify(십자가에 못 박다)	**cru**(십자) + ci(떨어지는 것) + fy(～하게 되다)
crucifixion(십자가에 못박힘)	**cruci**(십자) + fix(고정하다) + ion(구체적 사례)
cruciform(십자형의)	**cruci**(십자) + form(형, 틀)
cruise(순항하다, 바다 위를 떠다니다)	**cru**(횡단하다) + is(가다) + e(상태)
crusade(십자군)	**cru**(십자) + sade(sad 슬픔에 잠김, 군대)
crusader(십자군 전사)	**cru**sad(e)(십자군) + er(사람)

cult- ➡ colo- ➡ cultiv- ➡ cultur-

① 경작하다
② 개척하다

agri**culture**(농업)	agri(들) + **culture**(문화)
agri**cultura**l(농업의)	agri**cultur**(e)(농업) + al(～의)
api**culture**(양봉)	api(꿀벌) + **culture**(문화)
colonial(식민지의)	**colo**(개척하다) + ni(상태, 결과) + al(～의)
colonist(식민지 사람, 이주민)	**colo**(개척하다) + nist(관계자, 사람)
colonization(식민지 개척)	**colo**niz(e)(식민지로 만들다) + ation(행위, 결과)
colonize(식민지로 만들다)	**colo**(개척하다) + nize(～로 만들다)
colony(식민지, 외국인, 거류민)	**colo**(개척하다) + ny(상태, 결과)
cult(예배, 예찬)	
cultivate(경작하다, 재배하다)	**cultiv**(경작하다) + ate(～하다)

cultivation(경작, 재배)　　　　　　cultiv(경작하다) + ation(행위, 결과)
cultivator(경작자)　　　　　　　　cultiv(경작하다) + ator(관계자 사람)
cultural(문화의, 교양의)　　　　　　cultur(경작하다) + al(~의)
culture(문화)　　　　　　　　　　cultur(경작하다) + e(상태, 결과)
cultured(세련된)　　　　　　　　　cultur(경작하다) + ed(특성)
floriculture(화초재배)　　　　　　flori(꽃) + culture(문화)

cure- ➡ cur(i)- ➡ curr(corr)- ➡ course- ➡ -curios- ➡ char- ➡ cher- ➡ care-

① 치유하다
② 주의를 기울이다(attend to)
③ 마음을 쓰다(take care)
④ 달리다(run)
⑤ 흐르다(flow)

accuracy(정확함)　　　　　　　　ac(방향) + cur(주의를 기울이다) + acy(상태)
accurate(정확한, 엄밀한)　　　　　ac(방향) + cur(주의를 기울이다) + ate(~한)
caressing(애무하는, 애정이 깃든)　　care(마음을 쓰다) + ssing(행위)
charitable(자비로운, 관대한)　　　char(마음을 쓰다) + it(상태) + able(할 수 있는)
charity(자선)　　　　　　　　　　char(마음을 쓰다) + ity(상태, 성격)
cherish(마음에 품다)　　　　　　　cher(마음을 쓰다) + ish(~하게 하다)
concours(경쟁)　　　　　　　　　con(함께) + cour(달리다) + s(복수)
concur(일치하다, 동시에 일어나다)　con(함께) + cur(마음을 쓰다)
concurrence(찬동, 일치)　　　　　concurr(일치하다, 동시에 일어나다) + ence(성질, 상태)
concurrent(일치하는)　　　　　　concurr(일치하다, 동시에 일어나다) + ent(~하는)
concurrently(동시에)　　　　　　concurrent(일치하는, 동시에 일어나는) + ly(부사 만들기)
corridor(복도)　　　　　　　　　corr(달리다) + idor(선)
course(진로, 진행, 과정)
curable(치료할 수 있는)　　　　　cur(치유하다) + able(할 수 있는)
cure-all(만병 통치약)　　　　　　cure(치유하다) + all(모든)
cureless(불치의)　　　　　　　　cure(치유하다) + less(없는)
curio(골동품)　　　　　　　　　curi(주의를 기울이다) + o(기구)
curiosity(호기심)　　　　　　　　curios(주의를 기울이다) + ity(상태, 성격)
curious(호기심이 강한)　　　　　　curi(마음을 쓰다) + ous(습관)
curiously(호기심으로)　　　　　　curious(호기심이 강한) + ly(부사 만들기)

currency(유통, 통화)	**curr**(흐르다) + ency(성질, 상태)
current(현행의, 지금의)	**curr**(흐르다) + ent(~의)
currently(널리, 일반적으로)	**curr**(흐르다) + ent(상태) + ly(부사 만들기)
curriculum(교과과정)	**curr**(흐르다) + iculum(과정)
cursory(조잡한, 몹시 서투른)	**cur**(주의를 기울이다) + sory(sorry 미안하게 생각하다)
ex**cur**sion(소풍)	ex(밖으로) + **cur**(흐르다) + sion(상태, 동작)
in**accur**ate(부정확한)	in(부정) + **accur**ate(정확한, 엄밀한)
in**cur**(부딪치다, 초래하다)	in(안으로) + **cur**(달리다)
in**cur**able(불치의)	in(부정) + **cur**(치유하다) + able(할 수 있는)
mani**cure**(매니큐어)	mani(손) + **cure**(주의를 기울이다)
inter**course**(교제)	inter(사이에) + **course**(진행)
oc**cur**(일어나다, 생기다)	oc(앞으로) + **cur**(달리다)
oc**curr**ence(사건, 생긴일)	oc**curr**(일어나다, 생기다) + ence(성질, 상태)
re**course**(의지, 의리)	re(다시) + **course**(마음을 쓰다)
re**cur**(재발하다)	re(다시) + **cur**(마음을 쓰다)
re**curr**ent(재발하는, 재현하는)	re**curr**(재발하다) + ent(~하는)
re**curr**ence(재발, 재현)	re**curr**(재발하다) + ence(성질, 상태)
pedi**cure**(발톱의 미용)	pedi(발) + **cure**(신경을 쓰다)
pre**cur**sor(선구자)	pre(미리) + **cur**(달리다) + sor(사람)
pre**cur**sory(선구의, 전조의)	pre(미리) + **cur**(달리다) + sory(상태)
pro**cure**(획득하다)	pro(먼저) + **cure**(주의를 기울이다)
pro**cur**ation(획득, 대리)	pro**cur**(e)(획득하다) + ation(행위, 결과)
se**cure**(안전하게 하다)	se(떨어져서) + **cure**(달리다)
se**cure**ly(안전하게)	se**cure**(안전하게 하다) + ly(부사 만들기)
se**cur**ity(안전보증)	se**cur**(e)(안전하게 하다) + ity(성격, 상태)

curva- ➡ curve- ➡ curvi-

① 곡선

curvaceous(곡선미의)	**curva**(곡선) + ce(gra<u>ce</u> 우미,매력) + ous(~의)
curvature(곡선, 만곡, 굴곡)	**curva**(곡선) + ture(성질, 상태)
curve(곡선, 만곡, 곡선도표, 사기, 속임, 부정)	
curved(굽은, 곡선 모양의)	**curve**(곡선) + d(무음충돌 회피 현상 'd'자음첨가)
curvilinear(곡선미의, 화려한)	**curvi**(곡선) + line(선) + ar(성질)

cuss-

① 치다

discuss(의논하다, 토론하다)
discussion(토론, 논의)

dis(반대의 동작) + cuss(치다)
discuss(의논하다, 토론하다) + ion(구체적 사례)

cycle- ➡ cyclo- ➡ cylind-

① 바퀴
② 고리, 반지
③ 원

bicycle(자전거)
cylinder(원통, 실린더)

bi(둘) + cycle(바퀴)
cylind(원) + er(도구)

dam- ➡ damn- ➡ demn-

① 비난(blame)
② 증오(hate)
③ 형벌
④ 손실

condemn(저주하다, 선고하다)
condemnable(저주받을, 괘씸한)
condemnation(비난, 저주, 유죄판결)
damage(손실, 피해)
damn(저주하다, 혹평하다)
damned(저주받은, 가증할)

con(완전히) + demn(비난)
condemn(저주하다, 선고하다) + able(할 수 있는)
condemn(저주하다) + ation(행위, 결과)
dam(손실) + age(동작, 상태)

damn(저주하다, 혹평하다) + ed(특성)

day- ➡ dai- ➡ di-

① 날

daily(매일의) 　 dai(날) + ly(부사 만들기)
daybreak(새벽녘, 동틀녘) 　 day(날) + break(깨트리다)
daydream(공상, 백일몽) 　 day(날) + dream(꿈)
daylight(일광, 새벽) 　 day(날) + light(빛)
dial(해시계, 다이얼, 전화를 걸다) 　 di(날) + al(~하는 행위)
meridian(자오선, 경선) 　 meri(중간) + di(날) + an(행위, 소속, 관계)

dem- ➡ demo- ➡ demon-

① 국민
② 민중(people)
③ 논증하다

demagogue(선동가) 　 dem(민중) + agogue(이끄는 것)
demagogic(선동가의) 　 dem(민중) + agog(야단 법석) + ic(~의)
democracy(민주주의) 　 demo(국민) + cracy(제도)
democrat(민주주의자) 　 demo(국민) + crat(주의자, 옹호자)
democratic(민주주의, 민주적인) 　 demo(국민) + crat(제도) + ic(~에 관한)
democratize(~을 민주화하다) 　 democrat(민주주의자) + ize(~화 하다)
demon(악마, 귀신, 귀신같은 사람) 　 demo(민중) + n(나쁜 의미)
demonism(마귀, 신앙) 　 demon(악마) + ism(특성, 주의)
demonstrable(논증할 수 있는) 　 demon(민중) + str(a)(strategic 전략의) + able(할 수 있는)
demonstrate(시위하다) 　 demon(민중) + strate(strategic)
demonstration(시위, 데모) 　 demonstrat(e)(시위하다) + ion(구체적 사례)
demonstrative(시위적인) 　 demonstrat(e)(시위하다) + ive(성질, 경향)
demonstrator(논증자, 데모참가자) 　 demonstrat(e)(시위하다) + or(사람)
demos(민중, 대중) 　 demo(민중) + s(복수)
epidemic(병이 유행성인) 　 epi(위에) + dem(민중) + ic(~에 관한)

dent- ➡ denti-

① 치아(tooth)

dental(치아의)	**dent**(치아) + al(~의)
dentiform(치형의)	**denti**(치아) + form(형)
dentifrice(치약)	**denti**(치아) + frice(약)
dentist(치과의사)	**dent**(치아) + ist(관계자)
in**dent**(들쑥 날쑥하다)	in(안으로) + **dent**(치아)
in**dent**ation(톱니모양으로 만듦, 결각)	in**dent**(들쑥날쑥하다) + ation(행위, 결과)

dic- ➡ dict- ➡ dit-

① 말하다(say)
② 선언하다(declare)
③ 편집하다(edit)

bene**dic**tion(축복, 기도)	bene(좋은) + **dic**tion(말씨, 어법)
con**dit**ion(조건, 상태)	con(함께) + **dit**(말하다) + ion(구체적 사례)
contra**dict**(반박하다, 모순되다)	contra(반대하여) + **dict**(말하다)
contra**dic**tion(반대, 모순)	contra(반대하여) + **dic**tion(말씨)
contra**dict**ory(반박론, 부정적인 주장)	contra**dict**(반박하다, 모순되다) + ory(주장)
de**dic**ate(헌신하다, 헌납하다)	de(전적으로) + **dic**(선언하다) + ate(~하다)
de**dic**ation(헌납, 전념)	de**dicat**(e)(헌신하다, 헌납하다) + ion(구체적 사례)
dictate(구술하다, 명령하다)	**dict**(말하다) + ate(~하다)
dictation(구술, 받아쓰기)	**dict**(말하다) + ation(행위, 결과)
dictator(독재자, 명령자)	**dict**(말하다) + ator(~하는 사람)
diction(말씨, 어법)	**dic**(말하다) + tion(행위, 결과)
dictionary(사전)	**dic**(말하다) + tion(행위, 결과) + ary(책, 사람, 장소)
e**dict**(칙령, 보고)	e(전적으로) + **dict**(말하다)
e**dit**(편집하다)	e(전적으로) + **dit**(편집하다)
in**dic**ate(가리키다, 지시하다)	in(방향) + **dic**tate(구술하다, 명령하다)
in**dic**ation(징조, 표시하는 것)	in**dicat**(e)(가리키다, 지시하다) + ion(구체적 사례)
in**dic**ative(나타내는, 직설법의)	in**dicat**(e)(지시하다) + ive(성질, 경향)
in**dic**ator(지시자 표시기, 지침 표지)	in**dicat**(e)(지시하다) + or(표지판)

in**dict**(기소하다, 고발하다)　　in(부정) + **dict**(말하다)
in**dict**ion(기소, 고발)　　in**dict**(기소하다, 고발하다) + ion(구체적 사례)
inter**dict**(금지하다, 제지하다)　　inter(사이에) + **dict**(말하다)
inter**dict**ion(금지, 제지)　　inter**dict**(금지하다, 제지하다) + ion(구체적 사례)
juris**dict**ion(재판권, 사법권)　　juris(jury 배심원, 심사관) + **dict**ion(말씨, 어법)
pre**dict**(예언하다)　　pre(미리) + **dict**(말하다)
pre**dict**able(예언 할 수 있는)　　pre**dict**(예언하다) + able(할 수 있는)
pre**dict**ion(예언, 예보, 예상)　　pre**dict**(예언하다) + ion(구체적 사례)
pre**dict**ive(예언적인, 전조가 되는)　　pre**dict**(예언하다) + ive(성질, 경향)
ver**dict**(평결, 의견, 결정)　　ver(진실한) + **dict**(말하다)

die- ➡ death- ➡ dead-

① 죽다, 죽음
② 최후

dead-end(밑바닥 생활)　　**dead**(죽음) + end(끝, 말단, 끝단)
deadline(마감시간, 최종기한)　　**dead**(죽음) + line(선)
deadlock(막다른 골목, 이중 자물쇠)　　**dead**(죽음) + lock(자물쇠)
deathbed(임종, 죽음의 자리)　　**death**(죽음) + bed(자리)
deathless(불사의, 불멸의)　　**death**(죽음) + less(없는)
deathly(죽음의, 치명적인)　　**death**(죽음) + ly(~의, ~적인)
diehard(최후까지 저항하는)　　**die**(최후) + hard(단단한, 견고한)

dign-

① 가치있는
② 훌륭한(worthy)

dignify(위엄을 갖추게 하다)　　**dign**(훌륭한) + ify(~하게 하다)
dignity(위엄, 품위, 고위자)　　**dign**(훌륭한) + ity(상태, 성격)
in**dign**ant(분개한, 성난)　　in(부정) + **dign**(가치 있는) + ant(성질, 상태)
in**dign**ation(의분, 분개)　　in(부정) + **dign**(훌륭한) + ation(행위, 결과)
in**dign**ity(경멸, 무례)　　in(부정) + **dign**ity(위엄, 품위, 고위자)

divid- ➡ divi-

① 나누다(devide)
② 개인

divide(나누다, 격리하다)　　　　　**divid**(나누다) + e(상태, 성질)
dividend(배당금, 특별한 몫)　　　　**divid**(나누다) + end(끝, 나부랭이, 지스라기)
division(분리, 구획, 나눗셈)　　　　**divi**(나누다) + sion(상태, 동작)
in**divid**ual(개개의, 독특한)　　　　　in(안으로) + **divid**(개인) + ual(~의, 성질)
in**divid**ualism(개인주의)　　　　　　in**divid**ual(개개의, 독특한) + ism(주의)

divin- ➡ divini-

① 신성

divine(신의, 신성한)　　　　　　　**divin**(신성) + e(성질, 상태)
divinity(신성)　　　　　　　　　　**divin**(신성) + ity(성격, 상태)

doct- ➡ docu- ➡ deu- ➡ dec- ➡ doc-

① 가르치다(teach)
② 증명하다(prove)

decency(버젓함, 예의바름)　　　　　**dec**(가르치다) + ency(성질, 상태)
decent(버젓한, 예의바른)　　　　　　**dec**(가르치다) + ent(~한, 성질)
docile(유순한, 가르치기 쉬운)　　　　**doc**(가르치다) + ile(~하기 쉬운)
doctor(박사, 의사, 학자)　　　　　　**doct**(가르치다) + or(사람)
doctoral(박사의, 학자의)　　　　　　**doct**or(박사, 학자) + al(~의)
doctorate(박사학위)　　　　　　　　**doct**or(박사, 의사) + ate(학위)
doctrine(교의, 주의)　　　　　　　　**doct**(가르치다) + rine(~의)
document(문서)　　　　　　　　　　**docu**(증명하다) + ment(성질 수단)
documentary(문서의, 기록영화)　　　**docu**ment(문서) + ary(~의, ~에 관한)

dol- ➡ dole-

① 슬퍼하다, 비애, 비탄
② 분배하다

con**dole**(함께 슬퍼하다, 조위하다)   con(함께) + **dole**(슬퍼하다)
con**dol**ence(애도)   con(함께) + **dol**(슬퍼하다) + ence(성질, 상태)
doleful(우울, 슬픈 듯한)   **dole**(슬퍼하다) + ful(가득한)
dole-drawer(실업수당을 받는 사람)   **dole**(분배하다) + draw(끌다) + er(사람)

dom- ➡ dame-

① 길들이다(tame)
② 지배하다(rule)
③ 집(house)

domain(영지, 영역)   **dom**(지배하다) + ain(자기 자신의, 고유한)
dome(둥근지붕)   **dom**(집) + e(형태)
domestic(길들여진)   **dom**(길들이다) + estic[~하여진(수동)]
domesticate(길들이다, 교화하다)   **dom**estic(길들여진) + ate(성질)
domicile(주소, 주거)   **dom**(집) + ic(~에 관한) + ile(성질, 상태)
dominance(우성, 지배)   **dom**(지배하다) + in(안으로) + ance(성질, 상태)
dominant(지배적인)   **dom**(지배하다) + in(안에) + ant(~적인)
dominate(지배하다, ~보다 우위에서다)   **dom**(지배하다) + in(안에) + ate(성질)
domination(지배, 군림)   **dom**(지배하다) + in(안에) + ation(행위, 결과)
domineer(권력을 휘두르다, 뽐내다)   **dom**(지배하다) + in(안에) + eer(행위자)
domino(도미노 게임, 후드가 붙은 겉옷)   **dom**(길들이다) + in(안에) + o(연결)
dominion(지배권, 통치권)   **dom**(지배하다) + in(안으로) + ion(구체적 사례)
ma**dam**(마님, 부인, 아씨)   ma(master 주인, 영주) + **dam**(지배하다)
mes**dame**s(마님들)   mes(master) + **dame**(지배하다) + s(복수)
pre**dom**inance(우월)   pre(미리) + **dom**(지배하다) + in(안에) + ance(성질, 상태)
pre**dom**inant(우세한, 탁월한)   pre(미리) + **dom**(지배하다) + in(안에) + ant(~한)
pre**dom**inate(주도권을 잡다)   pre(미리) + **dom**inate(지배하다)

don- ➡ dose- ➡ dote- ➡ dit- ➡ dat(a)- dow-

① 주다(give)

anec**dote**(일화, 숨은 이야기)	an(소유) + ec(세대, 환경) + **dote**(주다)
anti**dote**(해독제)	anti(맞은편, 반대하여) + **dote**(주다)
data(자료)	
donate(기부하다)	**don**(주다) + ate(성질, 상태)
donation(기부, 기증)	**don**(주다) + ation(행위, 결과)
donee(기증 받는 사람, 수증자)	**don**(주다) + ee(~을 당하는 사람)
donor(기증자, 시주)	**don**(주다) + or(사람)
dose(약 1회분)	
dowry(신부의 혼인 지참금)	**dow**(주다) + ry(처지, 신분)
edit(편집하다)	e(밖으로) + **dit**(주다)
edition(간행, 판)	**edit**(편집하다) + ion(구체적 사례)
editor(편집자)	**edit**(편집하다) + or(사람)
editorial(사설, 편집의)	**edit**or(편집자) + ial(~의)
en**dow**(기금을 기부하다)	en(되게 하다) + **dow**(주다)
en**dow**ment(기증, 기부)	en**dow**(기금을 기부하다) + ment(성질, 수단)
par**don**(용서하다)	par(초월하다) + **don**(주다)
par**don**able(용서할 수 있는)	par**don**(용서하다) + able(할 수 있는)
un**dat**ed(날짜표시가 없는)	un(부정) + **dat**(자료) + ed(~있는)

draw-

① 끌다

drawback(결점, 약점)	**draw**(끌다) + back(뒤)
drawer(제도사, 어음발행인)	**draw**(끌다) + er(사람)
drawing(그림, 도화)	**draw**(끌다) + ing(행위, 결과)
draw room(응접실, 객실)	**draw**(끌다) + room(방)
with**draw**(철수하다, 움츠리다, 물러나게 하다)	with(함께) + **draw**(끌다)
with**draw**al(움츠림, 철수, 취소)	with**draw**(철수하다, 움츠리다) + al(~하는 행위)

du- ➡ due- ➡ duti- ➡ debt-

① 당연한
② 의무
③ 빌리다

debtor(채무자)   **debt**(빌리다) + or(사람)
duly(당연히, 제시간에)   **du**(당연한) + ly(부사 만들기)
dutiable(관세가 부과되는, 세금이 붙는)   **duti**(의무) + able(해야만 하는)
dutiful(의무 관념이 강한, 공손한)   **duti**(의무) + ful(~가득찬)
in**debt**(~에게 빚을 지게 하다)   in(~으로 하다) + **debt**(빌리다)
in**debt**ed(부채가 있는)   in**debt**(~에게 빚을 지게 하다) + ed(~가 있는)
in**debt**edness(부체, 은혜)   in**debt**ed(부채가 있는) + ness(성질, 상태, 정도)
over**due**(지불 기한이 지난, 늦은)   over(지나다) + **due**(빌리다, 당연한)

duc- ➡ duce- ➡ duct-

① 인도하다(lead)
② 끌다(draw)

con**duct**(행위, 품행, 경영, 인도하다)   con(함께) + **duct**(인도하다)
con**duct**or(지휘자)   con(함께) + **duct**(인도하다) + or(사람)
de**duce**(연역하다, 추론하다)   de(분리, 실증하다) + **duce**(끌다)
de**duc**ible(추론할 수 있는)   de**duc(e)**(연역하다, 추론하다) + ible(할 수 있는)
de**duct**(공제하다, 빼다)   de(아래로, 하강) + **duct**(끌다)
de**duct**ible(공제, 면제할 수 있는)   de**duct**(공제하다, 빼다) + ible(할 수 있는)
de**duct**ion(공제, 추론)   de**duct**(공제하다, 빼다) + ion(구체적 사례)
de**duct**ive(추론적인)   de(실증하다) + **duct**(끌다) + ive(~적인)
e**duc**ate(교육하다, 육성하다)   e(밖으로) + **duc**(인도하다) + ate(~하다)
e**duc**ated(교육을 받는, 교양있는)   e**duc**ate(교육하다, 육성하다) + d(~는)
e**duc**ation(교육)   e(밖으로) + **duc**(인도하다) + ation(행위, 결과)
in**duce**(권유하다, 귀납하다)   in(안으로) + **duce**(인도하다)
in**duct**ion(유인, 귀납)   in(안으로) + **duct**(끌다) + ion(구체적 사례)
intro**duc**tion(소개, 서론, 입문)   intro(첫 부분, 소개하다) + **duc**(끌다) + tion(결과, 행위)
intro**duct**ory(소개의)   intro(소개하다) + **duct**(끌다) + ory(~의)

produce(생산하다) pro(앞으로) + **duce**(끌다)
producer(제작자) pro(앞으로) + **duc**(끌다) + er(사람)
product(제품, 생산품, 작품) pro(앞으로) + **duct**(끌다)
productive(생산적인) pro(앞으로) + **duct**(끌다) + ive(~적인)
productivity(생산력) pro**duct**iv(e)(생산적인) + ity(력, 성격, 상태)
reduce(줄이다, 되게 하다) re(뒤로) + **duce**(끌다)
reduced(축소된, 환원된) re**duce**(줄이다, 되게 하다) + d(~된)
reduction(축소, 변경, 환원) re(뒤로) + **duct**(끌다) + ion(구체적 사례)
reproduce(재생하다) re(다시) + pro**duce**(생산하다)
seduce(유혹하다, 꾀다, 타락시키다) se(떨어져서) + **duce**(끌다)
seducer(유혹하는 사람) se**duc**(e)(유혹하다, 꾀다, 타락시키다) + er(사람)
seductive(매혹적인, 호리한) se(떨어져서) + **duct**(끌다) + ive(~적인, ~한)

duo- ➡ du-

① 둘

duotone(2색) **duo**(둘) + tone(음색, 음조)
duple(두배의, 이중의) **du**(둘) + ple(겹치다)
duplex(중복된, 복식의) **du**(둘) + ple(접어 겹치다) + x(프랑스어 유래 복수형)

dur- ➡ dure-

① 지속하다(last)

durable(영속성이 있는, 오래 견디는) **dur**(지속하다) + able(할 수 있는)
durably(영속적으로) **dur**ab(le)(영속성이 있는, 오래 견디는) + ly(부사 만들기)
during(~동안, ~중에) **dur**(지속하다) + ing(행위)
en**dure**(견디다, 참다, 지속하다) en(~이 되게하다) + **dure**(지속하다)
en**dur**ance(인내, 지구력) en**dur**(e)(견디다, 참다) + ance(성질, 상태)

eco-

① 가정(home)

economic(경제학의)	**eco**(가정) + nom(i)(학) + ic(~의)
economical(경제적인)	**eco**nomic(경제학의) + al(~적인)
economist(경제학자, 겸약자)	**eco**(가정) + nom(i)(학) + ist(행위자, 관계자)
economize(절약하다)	**eco**(가정) + nom(i)(학) + ize(~의 상태로 만들다)
economy(경제, 절약)	**eco**(가정) + nomy(학, 법, 관리)

ego-

① 자기, 자아

egoism(이기주의)	**ego**(자기) + ism(주의)
egoist(이기주의자)	**ego**(자기) + ist(행위자, 관계자)
egoistic(이기적인)	**ego**ist(이기주의자) + ic(~되는, ~적인)
egotism(자기중심)	**ego**(자기) + tism(중심)
egotist(자기본위의 사람)	**ego**(자기) + tist(중심, 본위의 사람)
egocentric(자기중심의)	**ego**(자기) + centric(중심의)

empt- ➡ ompt- ➡ amp-

① 취하다(take)
② 사다(buy)

ex**amp**le(본보기, 표본)	ex(밖으로) + **amp**(취하다) + le(~하는 경향이 있다)
ex**empt**(면제받은, 면제자)	ex(밖으로) + **empt**(취하다)
ex**empt**ion(면제)	ex**empt**(면제받은, 면제자) + ion(구체적 사례)
pr**ompt**(신속한, 즉각적인, 촉진하다)	pr(먼저, 앞으로) + **ompt**(취하다)

equ- ➡ equi-

① 같은(same)

adequate(적당한)　　　　　　　　ad(첨가) + **equ**ate(같게 하다)
equal(동등한, 같은)　　　　　　**equ**(같은) + al(~한, 성질)
equality(평등, 대등, 한결같은)　　**equ**al(동등한, 같은) + ity(상태, 성격)
equate(같게 하다)　　　　　　**equ**(같은) + ate(~하게 하다)
equation(방정식)　　　　　　**equ**(같은) + ation(행위, 결과)
equator(적도)　　　　　　　**equ**(같은) + ator(~하는 것, ~하는 사람)
equatorial(적도의)　　　　　**equ**ator(적도) + ial(~의)
equilibrium(평형상태, 균형)　　**equi**(같은) + librium(리브리움, 진정제의 일종)
equinox(추분, 춘분)　　　　　**equi**(같은) + nox(밤, 밤의 여신)
equity(공평, 공정)　　　　　**equ**(같은) + ity(상태, 성격)
equivalence(같은, 등가)　　　**equi**(같은) + valence(결합가, balance 균형)
in**equ**ality(불평등, 같지 않음)　　in(부정) + **equ**ality(평등, 대등, 한결같은)
inad**equ**ate(부적당한)　　　　in(부정) + adequate(적당한)
un**equ**al(같지 않은, 불공평한)　　un(반대) + **equ**al(동등한, 같은)

ess- ➡ est- ➡ exist- ➡ se-

① 있다
② 존재하다(be)

ab**s**ence(부재, 결석한)　　　　ab(분리) + **se**(있다) + (e)nce(성질, 상태)
ab**s**ent(부재의, 결석의)　　　　ab(분리) + **se**(있다) + nt(<u>not</u>)
ab**s**ent-minded(방심상태에, 멍해있는)　absent(부재의) + minded(마음이 있는)
ab**s**entee(결석자)　　　　　　absent(부재의, 결석의) + ee(사람)
disinter**est**(무관심, 이해관계가 없음)　dis(반대) + inter**est**(관계, 흥미, 관심)
disinter**est**ed(사심이 없는, 공평한)　dis(반대) + inter**est**ed(관계가 있는)
essence(본질, 실재)　　　　　**ess**(존재하다) + ence(성질, 상태)
essential(본질적인, 필수의)　　**ess**(존재하다) + ent(~하는) + ial(~의, ~적인)
essentiality(본성, 본질)　　　**ess**ential(본질적인, 필수의) + ity(성격, 상태)
essentially(본질적인, 본래의)　**ess**ential(본질적인, 필수의) + ly(부사 만들기)
exist(존재하다, 생존하다)

existence(존재, 생존)   exist(존재하다, 생존하다) + ence(성질, 상태)

existent(존재하는, 생존하는)   exist(존재하다, 생존하다) + ent(~하는)

existentialist(실존주의)   exist(존재하다) + entialist(주의)

inessential(비본질적인, 없어도 되는)   in(비, 부정) + essential(본질적인)

interest(관계, 흥미, 관심)   inter(상호간) + est(존재하다)

interested(흥미를 가진, 관계가 있는)   interest(관계, 흥미, 관심) + ed(~가진)

interesting(흥미를 끄는, 재미있는)   interest(관계, 흥미, 관심) + ing(행위)

presence(출석, 존재, 현재)   pre(미리) + se(존재하다) + (e)nce(성질, 상태)

present(있는, 출석한)   pre(미리) + se(있다) + (e)nt(~하는)

uninterested(시시한, 재미없는)   un(부정) + interested(흥미를 가진)

even- ➡ aven- ➡ vent- ➡ ven- ➡ veni-

① 오다(come)

advent(도래, 출현)   ad(운동, 방향) + vent(오다)

adventure(모험, 이상한 사건)   advent(도래, 출현) + ure(행위, 결과)

adventurous(모험적인, 대담한)   adventur(e)(모험, 이상한 사건) + ous(~적인, ~한)

avenue(가로수길, 큰길)   aven(오다) + ue(route 길)

convene(모으다, 소집하다)   con(함께) + ven(오다) + e(성질, 상태)

convenience(편리, 편의)   con(함께) + veni(오다) + ence(성질, 상태)

convenient(편리한)   con(함께) + veni(오다) + ent(~한)

convention(집회, 풍습, 관례)   con(함께) + vent(오다) + ion(구체적 사례)

conventional(관례적인, 풍습적인)   convention(집회, 풍습, 관례) + al(~적인)

event(사건)   e(밖으로) + vent(오다)

eventual(종국의, 있을 수 있는)   event(사건) + ual(~의, ~있는)

eventually(최후에는, 경우에 따라서는)   eventual(종국의) + ly(부사 만들기)

intervene(간섭하다, 방해하다)   inter(사이에) + ven(오다) + e(상태, 성질)

intervention(사이에 듦, 관섭)   inter(사이에) + vent(오다) + ion(구체적 사례)

invent(발명하다, 고안하다)   in(안으로) + vent(오다)

invention(발명, 꾸며낸 이야기)   invent(발명하다, 고안하다) + ion(구체적 사례)

prevent(방해하다)   pre(앞에) + vent(오다)

revenant[긴 여행(저승)에서 돌아온 사람]   re(다시) + ven(오다) + ant(사람)

revenue(세입, 수익)   re(다시) + ven(오다) + ue(route 길)

venture(위험을 무릅쓰고 가다, 과감히 ~하다)   vent(오다) + ure(행위, 결과)

exact- ➡ exacti- ➡ exa-

① 정확한, 엄밀한
② 정확, 엄밀

exactitude(정확함, 엄밀함) **exacti**(정확) + tude(정도, 성질, 상태)
exactly(정확하게) **exact**(정확) + ly(~하게)
exactness(정학성, 엄밀함) **exact**(정확) + ness(성질, 상태, 정도)
examination(시험) **exa**(정확) + min(내밀다) + tion(행위, 결과)

exper- ➡ experi-

① 노력하다
② 시도하다(try)

experience(경험, 체험, 경험하다) **experi**(시도하다) + ence(성질, 상태)
experiment(시험, 시도, 실험하다) **experi**(시도하다) + ment(행위, 결과, 성질)
experimental(실험적인, 실험의) **experi**ment(시험, 시도, 실험하다) + al(~적인, ~의)
expert(숙련자, 전문가, 숙련된) **exper**(노력하다) + t(사람, ~된, ~한)
in**experi**ence(무경험, 미숙함) in(부정) + **experi**ence(경험, 체험, 경험하다)

fabr- ➡ fiber-

① 짜다
② 섬유

fabric(직물) **fabr**(섬유) + ic(~로 된 것)
fabricate(조립하다, 날조하다) **fabr**(짜다) + ic(~에 관한) + ate(~로 만들다)
fabrication(제작, 구성) **fabr**(짜다) + + ic(~에 관한) + ation(행위, 결과)
fiber(섬유)

fact- ➡ fac- ➡ fec(t)- ➡ fic(i)- ➡ fit- ➡ fict- ➡ fy- ➡ fice- ➡ fash-

① 만들다(make)
② 행하다(do)

affection(영향, 감동, 애정) · af(방향) + fect(만들다) + ion(행위, 구체적 사례)
affectionate(애정이 있는) · affection(영향, 감동, 애정) + ate(~있는)
benefactor(은인, 후원자) · bene(좋은) + fact(행하다) + or(사람)
beneficent(자비로운, 인정 많은) · bene(좋은) + fic(행하다) + ent(~로운)
defect(결함, 결손, 부족) · de(분리, 떨어져) + fect(만들다)
defective(결점이 있는) · defect(결함, 결손, 부족) + ive(~있는, ~하기 쉬운)
difficult(어려운, 곤란한) · dif(반대) + fic(행하다) + ult(~한)
difficulty(난관, 곤란한) · difficult(어려운, 곤란한) + y(~한, ~으로 찬)
effect(결과, 효과, 영향) · ef(전적으로) + fect(행하다)
efficiency(능률) · ef(전적으로) + fici(만들다) + ency(성질, 상태)
efficient(능률적인) · ef(전적으로) + fici(만들다) + ent(~적인, ~하는)
effective(효과적인, 효력이 있는) · ef(전적으로) + fect(행하다) + ive(성질, 성향)
effectual(유효한, 충분한) · ef(전적으로) + fect(행하다) + ual(~의, ~한)
facile(쉬운, 힘들지 않은) · fac(만들다) + ile(~하기 쉬운)
facilitate(쉬워지게 하다, 촉진하다) · facil(e)(쉬운) + it(가다) + ate(성질)
facility(쉬움, 편의, 설비) · facil(e)(쉬운, 힘들지 않은) + ity(상태, 성격)
fact(사실, 진실)
faction(당파, 파벌) · fact(사실, 진실) + ion(행위, 구체적 사례)
factitious(부자연스러운, 인공적인) · fact(만들다) + itious('-tion'을 형용사로 만들기)
factor(원동력, 원인, 요소) · fact(행하다) + or(행위, 성질, 기구)
factory(공장) · fact(만들다) + ory(~하는 곳)
fashion(유행) · fash(행하다) + ion(구체적 사례)
fashionable(유행의) · fashion(유행) + able(할 수 있는)
fashionmonger(유행을 만들어 내는 사람) · fashion(유행) + monger(상인, 퍼트리는 사람)
fiction(지어낸 이야기, 소설) · fic(만들다) + tion(행위, 결과)
fictitious(허위의, 허구의) · fict(만들다) + itious(명사형 형용사)
imperfect(불완전한) · im(부정) + perfect(완전한, 이상적인)
infect(감염시키다) · in(안으로) + fact(만들다)
infection(감염) · infect(감염시키다) + ion(구체적 사례)
manufacture(제조하다) · manu(손) + fact(만들다) + ure(행위, 결과)
non-fiction(산문문학) · non(부정) + fiction(지어낸 이야기, 소설)

office(사무소, 관청) of(곳으로) + **fice**(행하다)
perfect(완전한, 이상적인) per(완전히) + **fect**(만들다)
per**fect**ion(완전) perfect(완전한, 이상적인) + ion(구체적 사례)
per**fect**ly(완벽하게, 더할 나위 없이) perfect(완전한, 이상적인) + ly(부사 만들기)
pro**fici**ency(숙달, 능숙) pro(먼저) + **fici**(만들다) + ency(성질, 상태)
pro**fici**ent(숙당된, 능숙한) pro(먼저) + **fici**(만들다) + ent(~한)
pro**fit**(이익, 유리) pro(먼저) + **fit**(만들다)
pro**fit**able(유리한, 유익한) profit(이익, 유리) + able(할 수 있는)
sacri**fice**(희생, 산제물) sacri(신성한) + **fice**(만들다)
satis**fact**ion(만족) satis(만족시키다) + **fact**(만들다) + ion(구체적 사례)
satis**fy**(만족시키다) satis(만족시키다) + **fy**(만들다)
sleep-**fact**ory(호텔) sleep(잠자다) + **factory**(공장)
suf**fice**(족하다, 충분하다) suf(비밀리에) + **fice**(행하다)
suf**fici**ent(충분한, 족한) **suffic(e)i**(족하다, 충분하다) + ent(~한)
suf**fici**ency(충분, 충분한 자산) **suffic(e)i**(족하다, 충분하다) + ency(성질,상태)

fal- ➡ fall- ➡ fals- ➡ false-

① 속이다(cheat, deceive)

fallacy(허위, 오류, 잘못) **fall**(속이다) + acy(상태, 성질)
fallacious(잘못된, 거짓의) **fall**ac(y→i)i(허위, 오류, 잘못) + ous(~의)
false(거짓의, 잘못된)
falsehood(허위, 거짓말) **false**(거짓의, 잘못된) + hood(처지, 상태, 신분)
falsify(위조하다, 왜곡하다) **fals**(속이다) + ify(~하게 하다)

fam- ➡ fame- ➡ fant- ➡ fate- ➡ fan- ➡ fat-

① 이야기하다(speat)
② 소문(rumor)
③ 운명

de**fame**(명예를 훼손하다, 모독하다) de(분리) + **fame**(운명)
familiar(잘 알려진) **fam**(소문) + ili(~하기 쉬운) + ar(성질)

familiarity(친밀, 친숙) familiar(잘 알려진) + ity(성격, 상태)
famous(유명한, 이름난) fam(소문) + ous(~한)
fatal(운명의, 치명적) fat(운명) + al(~의, 성질, 상태)
fatalism(숙명론) fatal(운명의) + ism(론)
fatality(불운, 재난, 사망자 수) fatal(운명의, 치명적) + ity(성격, 상태)
fate(운명, 파멸, 죽음)
infamous(악명 높은, 불명예스러운) in(부정) + famous(유명한, 이름난)
infamy(악평, 불명예) in(부정) + fam(소문) + y(행위, 상태)
infancy(유년기, 초기) in(부정) + fan(이야기하다) + cy(상태, 시기)
infant(유아, 초기의) in(부정) + fant(이야기하다)
infantry(보병) infant(유아, 초기의) + ry(직업)

far- ➡ fare-

① 가다(go)
② 여행하다(travel)
③ 살아가다

far(멀리)
faraway(먼, 멀리의) far(멀리) + away(떨어져서, 멀리)
far-eastern(극동의) far(멀리) + east(동) + ern(방위)
far-fetched(먼 곳에서 가져온, 무리한) far(멀리) + fetched(가져온)
far-sighted(원시의) far(멀리) + sighted(시각의, 눈의)
fare(요금)
farewell(안녕) fare(가다) + well(잘, 좋은, 우물)
warfare(교전) war(전쟁) + fare(살아가다)
welfare(행복) wel(l)(잘) + fare(살아가다)

fault-

① 허물, 결점

fault(허물, 결점)
faulty(과실있는, 그릇된) fault(허물, 결점) + y(~성질의, ~있는)

feat- ➡ feit- ➡ facili-

① (신에 의해) 만들어진 것
② 특징, 특색, 제주, 묘기
③ 쉬운

defeat(패배시키다)   de(분리) + feat(제주)
facile(손쉬운, 용이한)
facilitate(쉽게하다, 촉진하다)   facili(쉬운) + tate(~하다)
facility(설비, 쉬움, 솜씨)   facili(쉬운) + ty(품성)
features(용모)   feat(특징) + ure(동작, 상태, 성질) + s(복수)
featureless(특색 없는, 평범한)   feat(특색) + ure(동작, 상태, 성질) + less(없는)

fend- ➡ fess- ➡ fence- ➡ feat- ➡ fens- ➡ fest-

① 치다(hit)
② 때리다(strike)
③ 인정하다(acknowledge)
④ 말하다(say)

confess(자백하다)   con(강조) + fess(말하다)
confession(자백, 실토)   confess(자백하다) + ion(구체적 사례)
confessedly(명백히)   confess(자백하다) + edly(~히, 부사어미)
defence(방어, 옹호)   de(떨어져서) + fence(말하다)
defend(방어하다, 항변하다)   de(떨어져서) + fend(치다)
defendant(피고)   defend(방어하다, 항변하다) + ant(행위자, 사람)
defender(방어자, 옹호자)   defend(방어하다, 항변하다) + er(사람)
defensible(방어할 수 있는)   de(떨어져서) + fens(치다) + ible(할 수 있는)
defensive(수비의)   de(떨어져서) + fens(치다) + ive(~의)
fence(담, 울타리, 검술, 펜싱)
fenceless(울타리 없는)   fence(담, 울타리, 검술, 펜싱) + less(없는)
fence-sitting(형세관망의, 중립의)   fence(담, 울타리) + sitting(착석, 않음)
fencing(펜싱)   fenc(e)(치다) + ing(행위, 결과)
fend(지키다, 받아 넘기다, 피하다)
manifest(명백한)   mani(손) + fest(때리다)

offence(위반, 공격)   of(앞에) + fence(치다)

offensive(불쾌한, 무례한, 공격적인)   of(앞에) + fens(치다) + ive(성질, 경향)

offend(성나게 하다, 어긋나게 하다)   of(앞에) + fend(때리다)

offender(위반자)   offend(어긋나게 하다) + er(사람)

profess(공언하다, 고백하다)   pro(공공연히, 전문적) + fess(말하다)

professed(공공연한, 전문적인)   profess(공언하다, 고백하다) + ed(~한, ~적인)

profession(직업)   pro(전문적) + fess(인정하다) + ion(구체적 사례)

professional(직업의, 프로의)   profession(직업) + al(~의)

professor(교수)   profess(공언하다, 고백하다) + or(사람)

professorial(학자다운)   professor(교수) + ial(~다운)

professorship(교수의 지위)   professor(교수) + ship(신분)

fer-

① 나르다(carry)
② 운반하다(bear)
③ 결실을 맺다
④ 참다(bear)
⑤ 가져오다(bring)

confer(협의하다, 수여하다)   con(함께) + fer(나르다)

conferee(논의 상대, 회의 출석자)   confer(협의하다, 수여하다) + ee(사람)

conference(상담, 합의)   com(함께) + fer(나르다) + ence(성질, 상태)

defer(연기하다)   de(떨어져) + fer(나르다)

deference(복종, 존경)   de(완전하게) + fer(참다) + ence(성질, 상태)

deferment(연기, 지연)   defer(연기하다) + ment(행위, 수단, 결과)

differ(~와 다르다)   dif(아니다) + fer(가져오다)

different(다른)   differ(~와 다르다) + ent(~하는, 성질)

ferry(나룻배, 나루터)   fer(나르다) + ry(작업, 일, 처리 신분)

ferryman(나룻배 사공)   ferry(나룻배, 나루터) + man(사람)

fertile(기름진, 번식력이 있는)   fer(결실을 맺다) + tile(비밀로 하다, 타일)

infer(추리하다, 추론하다)   in(안으로) + fer(나르다)

inference(추리)   infer(추리하다, 추론하다) + ence(성질, 상태)

offer(~을 제공하다, 제안하다)   of(앞에) + fer(가져오다)

offering(공물, 신청)   offer(~을 제공하다, 제안하다) + ing(행위, 결과)

prefer(~을 좋아하다, ~을 택하다)　　pre(미리) + fer(결실을 맺다)
preferable(차라리 나은)　　prefer(~을 좋아하다) + able(할 수 있는)
preference(더 좋아함, 선택)　　prefer(~을 좋아하다, ~을 택하다) + ence(성질, 상태)
refer(~에 언급하다, 조회하다)　　re(다시) + fer(나르다)
referee(중재인, 위탁받은 사람, 심판)　　refer(~에 언급하다) + ee(사람)
reference(참고, 참조, 위임)　　refer(~에 언급하다, 조회하다) + ence(성질, 상태)
suffer(괴로워하다, 고통을 겪다)　　suf(부족한) + fer(나르다)
transfer(옮기다, 운반, 나룻배)　　trans(가로질러) + fer(운반하다)
transference(이전, 수송)　　transfer(옮기다, 운반, 나룻배) + ence(성질, 상태)

fide- ➡ fid- ➡ fy- ➡ faith- ➡ fiant- ➡ fiance-

① 믿다(trust)

confide(신임하다, 속을 터놓다)　　con(완전히) + fide(믿다)
confidence(신임, 확신)　　confid(e)(신임하다, 속을 터놓다) + ence(성질, 상태)
confident(확신하는, 자신 있는)　　confid(신임하다, 속을 터놓다) + ent(~하는)
confidential(기밀의, 친한)　　confident(확신하는, 자신 있는) + ial(~의, ~한)
defiance(도전적인 태도, 무시)　　de(떨어져서) + fiance(약혼자, 믿다)
defiant(도덕적인, 반항적인)　　de(떨어져서, 분리) + fiant(믿다)
defy(도전하다)　　de(분리) + fy(믿다)
faith(신앙)
faithful(충실한, 믿을 만한)　　faith(신앙) + ful(~가득 찬, ~한)
faithless(신의 없는, 믿을 수 없는)　　faith(신앙) + less(~없는)
fidelity(충성, 충실)　　fide(믿다) + lity(성질, 상태)
infidelity(불신임, 신을 믿지 않은)　　in(부정) + fidelity(충성, 충실)

fil-

① 실

filament(필라멘트, 가는 실)　　fil(실) + ament(행위, 결과, 성질, 수단)
filar(실 같은 것, 실의)　　fil(실) + ar(~의, ~같은)
filaria(사상충)　　fil(실) + aria(가곡, 영창, 벌레)

filate(실의, 실로된)   **fil**(실) + ate(~의 성질이 있는)
filature(실뽑기, 제사)   **fil**(실) + ature(행위, 결과)

fin- ➡ fine-

① 한정하다(limit)
② 끝내다, 종말(end)
③ 훌륭한(fine)
④ 벌금
⑤ 미세한, 맑은

con**fine**ment(감금)   con(완전히) + **fine**(한정하다) + ment(행위, 결과)
de**fine**(규정짓다, 정의하다)   de(실증하다) + **fine**(훌륭한)
de**fin**ite(확실한, 일정한)   de(실증하다) + **fin**(훌륭한) + ite(~한)
de**fin**itely(명확하게, 단호하게)   definite(확실한, 일정한) + ly(부사 만들기)
de**fin**ition(정의, 설명)   de(실증하다) + **fin**(훌륭한) + ition(동작, 상태)
final(마지막의, 최종적인, 결승전)   **fin**(끝내다) + al(~하는 행위)
finale(대단원, 끝)   final(마지막의, 최종적인, 결승전) + e(상태, 결과)
finally(마침내, 최후의)   final(마지막의, 최종적인) + ly(부사 만들기)
finance(재정, 재원, 융자하다)   **fin**(벌금) + ance(상태, 성질)
financial(재정상의)   **fin**anc(e)(재정, 재원, 융자하다) + ial(~의)
financier(재정가, 금융업자)   **fin**anc(e)(재정, 재원, 융자하다) + er(사람)
fine(훌륭한, 순수한, 종말, 벌금)
finis(끝, 종말, 죽음)   **fin**(끝내다) + is(가다)
finish(끝내다)   **fin**(끝내다) + ish(~하게 하다, ~로 되다)
finished(끝마친, 완성된)   **fin**ish(끝내다) + ed(~된, 상태)
finishing(끝손질의, 마무리의)   **fin**ish(끝내다) + ing(~의)
finite(한정되어 있는, 제한된)   **fin**(한정하다) + ite(~있는, ~된)
inde**fin**ite(명확하지 않은)   in(부정) + definite(확실한, 일정한)
in**fin**ite(무한의, 부정의)   in(부정) + **fin**ite(한정되어 있는, 제한된)
in**fin**itive(부정사)   in(부정) + **fin**(한정하다) + itive(성질, 경향)
re**fine**(~을 정제하다)   re(다시) + **fine**(맑은)
re**fin**ed(세련된)   re(다시) + **fin**(훌륭한) + ed(~가진, ~된, 특성)
re**fine**ment(세련)   refine(~을 정제하다) + ment(행위, 결과)
re**fine**ry(정제소)   refine(~을 정제하다) + ry(직업, 장소)

semifinal(준결승전)　　　　　　　semi(반) + **fin**al(마지막의, 최종적인, 결승전)

fire- ➡ fir- ➡ fur- ➡ fuel

① 불
② 연료

firearms(화기)　　　　　　　　**fire**(불) + arms(무기)
fireman(소방수)　　　　　　　　**fire**(불) + man(사람)
fireplace(난로, 벽난로)　　　　　**fire**(불) + place(장소)
firewood(장작, 땔나무)　　　　　**fire**(불) + wood(나무)
firing(발포)　　　　　　　　　　**fir**(불) + ing(행위, 결과)
fuel(연료)
furnace(아궁이)　　　　　　　　**fur**(불) + nace(성질, 상태)

firm- ➡ fima-

① 단단한
② 확고한
③ 회사, 상사

af**firm**(~이라고 주장하다, 단언하다)　　af(방향) + **firm**(확고한)
af**firm**ation(단언, 주장)　　　　　af**firm**(~이라고 주장하다, 단언하다) + ation(행위, 결과)
con**firm**(진실하다고 입증하다)　　con(완전히) + **firm**(확고한)
con**firm**ation(확인, 비준)　　　　con**firm**(진실하다고 입증하다) + ation(행위, 결과)
con**firm**ed(확인된, 확립된)　　　　con**firm**(진실하다고 입증하다) + ed(~된)
firm(굳은, 확고한, 회사, 상사)
firmament(떠받치고 있는 것)　　**firm**a(단단한) + ment(성질, 수단)
firmly(굳게, 단호히)　　　　　　**firm**(단단히) + ly(부사 만들기)
firmness(견고, 진실)　　　　　　**firm**(확고한) + ness(성질, 상태, 정도)
in**firm**(허약한, 약한)　　　　　　in(부정) + **firm**(굳은, 확고한)
in**firm**ity(허약, 쇠약)　　　　　　in**firm**(허약한, 약한) + ity(상태, 성격)

fix-

① 고정시키다
② 결정하다

affix(첨부하다, 붙이다)   af(첨가) + fix(고정시키다)
fix(정하다, 정착하다, 고착시키다, 결정하다)
fixed(고정된, 확고한, 안정된)   fix(고착시키다) + ed(~된, ~한)
fixedly(고정하여, 뚫어지게)   fixed(고정된, 확고한, 안정된) + ly(부사 만들기)
fixture(정착물)   fix(정착하다, 고착시키다) + ture(성질, 상태)
infix(끼워 넣다, 삽입하다)   in(사이에) + fix(고정시키다)
prefix(접두사, 국번)   pre(앞에) + fix(고정시키다)
suffix(접미사)   suf(~의 아래에) + fix(고정시키다)

flex- ➡ flect- ➡ fle-

① 구부리다, 기울다
② 굽히다(bend)

deflection(비낌, 기울어진)   de(아래로) + fle(기울다) + ction(행위, 결과)
flex(구부리다, 구부러지다)
flexible(구부러지기 쉬운)   flex(구부리다) + ible(~할 수 있는)
flexibility(유연성, 융통성)   flexibil(구부러지기 쉬운) + ity(성격, 상태)
flexion(굴곡)   flex(구부리다) + ion(구체적 사례, 결과)
inflexible(구부러지지 않은)   in(부정) + flexible(구부러지기 쉬운)
inflect(구부리다, 굴절시키다)   in(~하다) + flect(구부리다)
inflection(굴곡, 굴절)   inflect(구부리다, 굴절시키다) + ion(구체적 사례)
reflect(반사하다, 반성하다, 심사숙고하다)   re(뒤) + flect(구부리다)
reflective(반사하는, 생각에 잠긴)   reflect(반사하다) + ive(~하는)
reflection(반사)   reflect(반사하다) + ion(구체적 사례, 행위, 결과)
reflex(반사의)   re(뒤) + flex(구부리다)
reflexive(반사적인, 재귀용법의, 재귀대명사)   reflex(반사의) + ive(~적인)

flo- ➡ blo- ➡ flor- ➡ flori- ➡ flour-

① 꽃(flower)

bloom(꽃이 피다)   **blo**(꽃) + om(피다)
blooming(활짝핀, 한창인)   **blo**om(꽃이 피다) + ing(행위, 결과)
blossom(꽃, 개화)   **blo**(꽃) + ssom(피다)
de**flo**wer(~의 꽃을 따다)   de(분리) + **flo**wer(꽃)
floral(꽃의)   **flor**(꽃) + al(~의)
floriculture(화초재배)   **flori**(꽃) + culture(재배하다)
florid(화려한)   **flor**(꽃) + id(~한)
florist(화초 재배자, 꽃장수)   **flor**(꽃) + ist(관계자)
flourish(번영하다, 번창하다)   **flour**(꽃) + ish(~하다)
flower(꽃)   **flo**(꽃) + wer('r' 발음) = flor[florida(플로리다) 꽃의 축제]
flowery(꽃이 많은, 화려한)   **flo**wer(꽃) + y(~한, 많은)

flu- ➡ flux- ➡ flo-

① 흐르다(flow)
② 넘쳐흐르다

af**flu**ence(풍부, 유복)   af(방향) + **flu**(흐르다) + ence(성질, 상태)
af**flu**ent(풍부한, 유복한)   af(운동방향) + **flu**(흐르다) + ent(~한)
flood(홍수, 쇄도, 범람하다)   **flo**od[고대영어 'flood(넘쳐흐르다)'를 그대로 사용]
fluctuate(오르내리다, 동요하다)   **flu**(흐르다) + ctu(cut 자르다, 헤치고 나가다) + ate(~하다)
fluctuation(파동, 동요)   **flu**(흐르다) + ctu(cut) + ation(행위)
fluency(유창함)   **flu**(흐르다) + ency(성질, 상태)
fluent(유창한)   **flu**(흐르다) + ent(~한, ~성질의)
fluid(유동체, 액체)   **flu**(흐르다) + id(기질, 유전기질, 특수원형질)
fluidity(유동성)   **flu**id(유동체) + ity(성격, 상태)
in**flu**ence(영향력)   in(안으로) + **flu**(흐르다) + ence(성질, 상태)
in**flu**ential(유력한)   in(안으로) + **flu**(흐르다) + ent(행위) + ial(~한)
in**flu**enza(유행성 감기)   in(안으로) + **flu**(흐르다) + en(되게하다) + za(<u>za</u>pper 활발한)
re**flux**(역류)   re(뒤로) + **flux**(흐르다)

foli- ⇒ foil-

① 잎

foil(박편–잎의 이미지에서 돋보이게 하는 물건)
foliage(잎)　　　　　　　　　　　　**foli**(잎) + age(상태, 신분)

form-

① 모양, 틀
② 형태
③ 형식
④ 구성하다
⑤ 형성하다

con**form**ity(적합, 일치)	con(완전히) + **form**(형성하다) + ity(성격, 상태)
con**form**(관습 등을 따르다, 순응하다)	con(함께) + **form**(구성하다)
de**form**(모양 없이하다, 흉하게 하다)	de(분리) + **form**(형태)
de**form**ation(모양을 망침, 기형)	de**form**(모양 없이하다) + ation(행위, 결과)
de**form**ed(기형의, 보기흉한)	de**form**(모양 없이하다, 흉하게 하다) + ed(~의, ~한)
de**form**ity(모양이 흉함, 신체장애자)	de**form**(흉하게 하다) + ity(성격, 상태)
formal(틀에 박힌, 형식적인)	**form**(형식) + al(~적인, ~하는 행위)
formality(형식에 구애됨, 정식, 절차)	**form**al(틀에 박힌, 형식적인) + ity(성격, 상태)
formalize(정식으로하다)	**form**al(틀에 박힌, 형식적인) + ize(~상태로 만들다)
formally(정식으로, 의례적으로, 형식상)	**form**al(틀에 박힌, 형식적인) + ly(부사 만들기)
formation(성립, 형성)	**form**(형성) + ation(행위, 결과)
formula(상투수법, 전통적 방식, 공식)	**form**(틀) + ula(공식, 방법)
formulate(공식화하다, ~을 고안해내다)	**form**ul(a)(공식) + ate(~화 하다)
in**form**(알리다, 불어넣다, 고취하다)	in(안으로) + **form**(형성하다)
in**form**al(비공식의, 격식 차리지 않은)	in**form**(알리다, 불어넣다, 고취하다) + al(~의)
in**form**ation(안내, 통지, 정보, 소식)	in**form**(알리다) + ation(행위, 결과)
per**form**(완수하다, 실행하다, 공연하다)	per(완전히) + **form**(형성하다)
per**form**ance(완수, 실행, 연기)	per**form**(완수하다, 실행하다, 공연하다) + ance(상태, 성질)
re**form**(개혁하다, 쇄신하다, 바로잡다)	re(고치다) + **form**(형성하다)
re**form**ation(개량, 개선)	re**form**(개혁하다, 쇄신하다) + ation(행위, 결과)

transform(변형시키다, 변화하다)   trans(지나서) + **form**(모양)
transform**ation**(변형, 변환)   transform(변형시키다, 변화하다) + ation(행위, 결과)
uni**form**(제복, 같은 모양, 한결같은)   uni(하나) + **form**(모양)

fort- ➡ force- ➡ forc-

① 힘(strength)
② 강한(strong)

com**fort**(위안, 안락, 위로하다)   com(서로) + **fort**(힘)
com**fort**able(안락한, 쾌락한)   com**fort**(위안, 안락, 위로하다) + able(할 수 있는)
en**force**(시행하다, 강요하다)   en(되게 하다) + **force**(힘)
force(힘, 병력, 군대, 강요하다, 억지로 ~시키다)
forceful(힘이 있는, 힘이든)   **force**(힘) + ful(가득찬, 특성을 가진)
forcible(강제적인, 힘찬, 강력한)   **forc**(강한) + ible(할 수 있는)
fort(성채, 요새)
forte(장점, 특기)   **fort**(힘) + e(상태, 성격)
fortify(요새화하다, 강하게 하다)   **fort**(힘) + ify(~하게 하다)
fortification(요새화, 강화)   **fort**if(y→i)i(요새화하다, 강하게 하다) + cation(행위, 결과)
fortitude(용기, 불굴의 정신)   **fort**(힘) + itude(성질, 상태)
fortress(요새, 성채)   **fort**(강한) + ress(장소, 곳)

fortu- ➡ fortun-

① 기회(chance)
② 행운, 운수(good luck)
③ 재산(wealth)

fortuitous(우연의)   **fortu**(기회) + itous(~의 상태)
fortuity(우연성)   **fortu**(기회) + ity(성격, 상태)
fortunate(운이 좋은)   **fortun**(행운) + ate(~의 성질이 있는)
fortunately(다행히, 운좋게)   **fortun**ate(운이 좋은) + ly(부사 만들기)
fortune(행운, 재산)   **fortu**(행운, 재산) + ne(상태, 결과)
fortune-teller(점장이)   **fortu**ne(행운, 재산) + teller(말하는 사람)

| mis**fortu**ne(불운) | mis(나쁜) + **fortu**ne(행운, 재산) |
| un**fortun**ate(불운한) | un(부정) + **fortun**ate(운이 좋은) |

found- ➡ fund- ➡ funda-

① 기초(base)
② 세우다(build)

con**found**(혼동하다, 당황케 하다)	con(서로) + **found**(세우다)
found(기초를 세우다, 창설하다)	
founder(설립자)	**found**(기초를 세우다, 창설하다) + er(사람)
foundation(설립, 기초화장품, 근거, 재단)	**found**(기초) + ation(행위, 결과)
fund(기금, 자금, 비축, 축적하다, ~에 자금을 내다)	
fundamental(기본, 기초)	**funda**(기초) + ment(성질, 수단) + al(~하는 행위)

fract- ➡ frag- ➡ frail-

① 깨뜨리다
② 약한

fraction(작은 조각)	**fract**(깨뜨리다) + ion(구체적 사례)
fracture(골절)	**fract**(깨뜨리다) + ure(성질, 상태)
fragile(망가지기 쉬운, 허약한)	**frag**(약한) + ile(하기 쉬운)
fragility(망가지기 쉬움, 허약)	**frag**il(e)(망가지기 쉬운, 허약한) + ity(성격, 상태)
fragment(파편, 조각)	**frag**(깨뜨리다) + ment(행위, 결과, 수단)
fragmentary(단편적인)	**frag**ment(파편, 조각) + ary(~에 관한, 성질)
frail(부서지기 쉬운, 약한, 유혹에 약한, 무른)	
frailty(마음이 약한)	**frail**(약한, 유혹에 약한, 무른) + ty(성질, 상태)

fruit-

① 과일

fruitarian(과식 주의자)	**fruit**(과일) + arian(주의자)
fruiter(열매가 열리는 나무, 과수 재배자)	**fruit**(과일) + er(종사자)
fruiterer(과일장수)	**frui**ter(과수 재배자) + er(사람)
fruitful(열매가 많이 열리는)	**fruit**(과일) + ful(많은, 풍부한)
fruition(결실, 성취, 성과)	**fruit**(과일) + ion(구체적 사례)
fruitless(무익한, 열매를 맺지 않은)	**fruit**(과일) + less(없는)

fuse- ➡ fute- ➡ fus- ➡ fut-

① 쏟다, 붓다(pour)
② 녹이다(melt)
③ 흘리다

con**fuse**(혼란시키다)	con(완전히) + **fuse**(붓다)
con**fus**ion(혼란, 애매한)	con(완전히) + **fus**(붓다) + ion(구체적 사례)
dif**fuse**(확산하다)	dif(강조) + **fuse**(흘리다)
dif**fus**ion(확산, 산포)	dif(분리) + **fus**(흘리다) + ion(구체적 사례)
ef**fuse**(발산시키다, 방출하다)	ef(밖으로) + **fuse**(흘리다)
ef**fus**ion(유출, 토로)	ef(밖으로) + **fus**(흘리다) + ion(구체적 사례)
ef**fus**ive(심정을 토로하는, 넘치는)	ef(밖으로) + **fus**(흘리다) + ive(성질, 경향)
fuse(녹이다, 융합하다)	
fusion(용해)	**fus**(녹이다) + ion(구체적 사례)
futile(쓸데없는, 헛된, 시시한, 무익한)	**fut**(쏟다) + ile(~한)
in**fuse**(주입하다)	in(안으로) + **fuse**(흘리다)
in**fus**ion(주입)	in(안으로) + **fus**(흘리다) + ion(구체적 사례)
pro**fuse**(풍부한, 아낌없는)	pro(앞으로) + **fuse**(쏟아 붓다)
pro**fus**ion(풍부)	pro(앞으로) + **fus**(붓다) + ion(구체적 사례)
re**fus**al(거절, 거부, 사퇴)	re(뒤로) + **fus**(붓다) + al(~하는 행위)
re**fuse**(거절하다)	re(되) + **fuse**(붓다)
re**fute**(논박하다)	re(다시) + **fute**(쏟다)
trans**fuse**(옮겨 따르다)	trans(꿰뚫어) + **fuse**(흘리다)

transfusion(수혈)   trans(꿰뚫어) + **fus**(흘리다) + ion(구체적 사례)

gene(r)- ➡ gent- ➡ gend- ➡ gn- ➡ genu- ➡ gen(i)-

① 태어나다, 출생(brirth)
② 생기다, 생성하다(produce)
③ 종족(race), 귀족
④ 발생

de**gener**ate(타락하다, 변질되다)   de(분리) + **gener**ate(낳다, 발생시키다)
de**gener**ation(퇴보, 퇴화)   de(분리) + **gener**ation(같은 시대의 사람들, 발생)
en**gend**er(발생시키다)   en(되게 하다) + **gend**(발생) + er(~시키다)
general(장군, 일반적인)   **gen**(귀족) + er(사람) + al(~하는 행위)
generate(낳다, 발생시키다)   **gener**(발생) + ate(~로 만들다)
generation(한세대, 같은 시대의 사람들, 발생)   **gener**(출생) + ation(결과)
generator(발전기)   **gener**(발생) + ator(기기 물건이나 사람)
generosity(관대)   **gener**(귀족) + osity(성질, 상태)
generous(후한, 푸짐한)   **gener**(생성하다) + ous(~한, 습관이 있는)
genesis(발생)   **gene**(발생) + sis(활동)
genetics(유전학)   **gen**(종족) + etics(학)
genial(온화한)   **gen**i(귀족) + al(~한)
geniality(온화, 친절, 싹싹함)   **gen**ial(온화한) + ity(성격, 상태)
genius(천재, 천부의 재능, 수호신)   **gen**(귀족) + ius(성질, 상태)
genteel(품위 있는, 고상한)   **gent**(귀족) + eel(~한 품성)
gentle(온화한, 점잖은, 가문이 좋은)   **gent**(귀족) + le(경향이 있는)
gentleman(신사)   **gent**le(온화한, 점잖은, 가문이 좋은) + man(사람)
gentlemanly(신사적인, 점잖은)   **gent**leman(신사) + ly(부사 만들기)
gently(온화하게, 점잖게)   **gent**(귀족) + ly(부사 만들기)
gentry(신사계급, 상류사회)   **gent**(귀족) + ry(계급, 사회, 단체)
genuine(순수한, 참된, 진짜의)   **genu**(태어나다) + ine(성질)
hydro**gen**(수소)   hydro(수력전기) + **gen**(생기다)
in**gen**ious(영리한, 교묘한)   in(으로하다) + **gen**i(귀족) + ous(~한)
in**genu**ous(솔직한, 순진한)   in(~으로하다) + **genu**(태어나다) + ous(~한)
oxy**gen**(산소)   oxy(산소를 함유하는) + **gen**(생기다)
pre**gn**ant(임신한)   pre(이전의) + **gn**(생기다) + ant(~한)

gest- ➡ ger-

① 나르다(carry)
② 자세

con**gest**(혼잡하게 하다, 충혈 시키다)	con(함께) + **gest**(나르다)
di**gest**(소화하다, 터득하다, 요약하다)	di(떨어져 나가다) + **gest**(나르다)
exa**gger**ate(과장하다, 과대시하다)	ex(밖으로) + ag(방향) + **ger**(자세) + ate(~하다, ~시키다)
gesture(몸짓, 시늉)	**gest**(자세) + ure(동작)
indi**gest**ion(소화불량)	in(부정) + di**gest**(소화하다) + ion(구체적 사례)
sug**gest**(암시하다, 제안하다)	sug(아래로) + **gest**(나르다)

god- ➡ gos-

① 신(神)
② 믿음
③ 그리스도교의 유일신(God)

godchild[대자(代子)]	**god**(신) + child(아이)
goddamn(빌어먹을!, 지기랄!)	**god**(신) + damn(비난하다, 매도하다)
god-daughter(대녀(代女)	**god**(신) + daughter(딸)
goddess(여신)	**god**(신) + dess(여성)
godfather[대부(代父)]	**god**(신) + father(아버지)
god-fearing(독실한)	**god**(신) + fear(두려움) + ing(행위)
godforsaken(신에게 버려진)	**god**(신) + forsaken(버려진)
godless(신을 믿지 않은)	**god**(신) + less(~이 없는, ~이 안 되는)
godlike(신성한, 신과 같은)	**god**(신) + like(같은)
gospel(복음)	**gos**(신) + pel(pell 두루마리, 양피, 모피)
gossip(잡담, 한담)	**gos**(믿음) + sip(한번 마심, 홀짝이다)
gossiper(수다쟁이)	**gos**sip(수다쟁이) + er(사람)

grad- ➡ gress- ➡ gred- ➡ gradu- ➡ gredi- ➡ gree-

① 걷다(walk)
② 가다(go)

aggress(공격을 개시하다, 침략 행동을 하다)　　ag(향하여) + **gress**(가다)
aggression(침략)　　ag(향하여) + **gress**(걷다) + ion(구체적 사례)
aggressive(적극적인, 공격적인)　　aggress(공격을 개시하다) + ive(~적인)
congress(의회, 국회, 모임, 회합)　　con(함께) + **gress**(가다)
congressman(하원)　　congress(의회, 국회) + man(사람)
degradation(타락, 강등)　　de(아래로) + **grad**(걷다) + ation(행위, 결과)
degrade(강등시키다, 좌천시키다)　　de(아래로) + **grad**(걷다) + e(성질, 상태)
degree(정도, 등급)　　de(분리) + **gree**(걷다)
digress(샛길로 빠지다, 딴 곳으로 빗나가다)　　di(분리) + **gress**(걷다)
grade(계급, 등급, 학년, 등급으로 나누다)　　**grad**(걷다) + e(상태, 결과)
gradual(점진적으로, 조금씩의)　　**gradu**(걷다) + al(~하는 행위)
graduate(졸업하다)　　**gradu**(걷다) + ate(임무, 직무)
ingredient(성분, 재료)　　in(안으로) + **gredi**(가다) + ent(성질, 상태)
progress(진행, 진보, 진보하다)　　pro(앞으로) + **gress**(걷다)
progression(진보, 진행, 발달)　　progress(진보하다) + ion(구체적 사례)
progressive(진보적인)　　progress(진행, 진보, 진보하다) + ive(~적인)
retrogress(퇴보하다)　　retro(뒤로) + **gress**(걷다)
retrogression(퇴보)　　retrogress(퇴보하다) + ion(구체적 사례)
transgress(어기다, 범하다)　　trans(가로질러) + **gress**(가다)
transgression(위반)　　transgress(어기다, 범하다) + ion(구체적 사례)

grand-

① 큰(great)

grand(웅대한, 화려한, 위대한)
grandchild(손자, 손녀)　　**grand**(큰) + child(아이)
grandparent(조부모)　　**grand**(큰) + parent(양친, 어버이)
grandprix(그랑프리, 대상, 최고상)　　**grand**(큰) + prix(prize 상)

graph- ➡ gram- ➡ gramo- ➡ gradu- ➡ gredi- ➡ gree-

① 쓰다(write)
② 도표

auto**graph**(자필 서명)	auto(스스로) + **graph**(쓰다)
autobio**graph**y(자서전)	auto(스스로) + bio**graph**y(전기, 일대기)
bio**graph**y(전기, 일대기)	bio(생) + **graph**(쓰다) + y(기술)
cable**gram**(해저전신)	cable(케이블, 밧줄) + **gram**(도표)
dia**gram**(그림, 도표, 운행표)	dia(철저한) + **gram**(도표)
epi**gram**(경구, 풍자시)	epi(그 외) + **gram**(쓰다)
geo**graph**y(지리학, 지형)	geo(지구, 토지, 지리) + **graph**(쓰다) + y(기술)
grammar(문법, 기본원리)	**gram**(쓰다) + mar(법, 원리)
grammatical(문법적인)	**gram**(쓰다) + mat(매트, 멍석) + ic(~에 관한) + al(~적인)
gramophone(축음기)	**gramo**(도표) + phone(전화기, 수화기, 음성)
graph(도표, 그래프로 나타내다)	
graphic(그래프의)	**graph**(도표, 그래프로 나타내다) + ic(~의)
para**graph**(단락)	para(옆의) + **graph**(쓰다)
phono**graph**(축음기)	phono[픕(음)] + **graph**(그래프, 도식)
photo**graph**(사진)	photo(사진) + **graph**(그래프, 도식)
photo**graph**er(사진가)	photo**graph**(사진) + er(사람)
photo**graph**y(사진술)	photo**graph**(사진) + y(기술)
pro**gram**(프로그램, 계획, 진행표)	pro(앞에서) + **gram**(쓰다)
steno**graph**y(속기)	steno(속기) + **graph**(쓰다) + y(기술)
steno**graph**er(속기사)	steno(속기) + **graph**(쓰다) + er(사람)
tele**gram**(전보, 전신)	tele(멀리) + **gram**(쓰다)

grat- ➡ gree- ➡ grate- ➡ grac-

① 기쁘게 하다(please)
② 감사하다(thank)
③ 호의(goodwill)

a**gree**(동의하다, 일치하다)	a(상태) + **gree**(기쁘게 하다)
con**grat**ulate(축하하다)	con(서로) + **grat**(호의) + ulate(~하다)

congratulation(축하)   con(서로) + **grat**(호의) + ulation(행위, 결과)

grace(은총)   **grac**(감사하다) + e(성질, 상태)

gracious(품위 있는, 자비로운)   **grac**(호의) + ious(~의 습관이 있는)

grateful(감사하는)   **grate**(감사하다) + ful(~에 가득찬)

gratification(만족, 희열)   **grat**if(y→i)i(만족시키다, 기쁘게 하다) + cation(행위, 결과)

gratify(만족시키다, 기쁘게 하다)   **grat**(기쁘게 하다) + ify(~하게 하다, 시키다)

gratitude(감사의 마음)   **grat**(감사하다) + itude(성질, 상태)

grav- ➡ griev- ➡ grave-

① 무거운(heavy)
② 중대한(serious)
③ 파다
④ 중력

ag**grav**ate(악화시키다)   ag(향하여) + **grav**(무거운) + ate(~로 만들다)

ag**grav**ation(악화)   ag(향하여) + **grav**(무거운) + ation(행위, 결과)

grave(무거운)   **grav**(무거운) + e(상태)

graveness(중대함)   **grave**(무거운) + ness(성질, 상태, 정도)

gravitate(끌리다)   **grav**(중력) + itate(~로 만들다)

gravitation[인력(引力), 끌어당기는 힘]   **grav**(중력) + itation(행위, 결과)

gravity(중력)   **grav**(중력) + ity(성격, 상태)

grievance(불평)   **griev**(파다) + ance(행위)

grieve(슬퍼하다, 슬프게 하다)   **griev**(무거운) + e(상태)

grievous(슬픔, 비통한)   **griev**(파다) + ous(~한)

greg-

① 떼
② 무리(flock)

con**greg**ate(모이다, 모으다)   con(함께) + **greg**(무리) + ate(~로 만들다)

con**greg**ation(회합)   con(함께) + **greg**(무리) + ation(행위, 결과)

se**greg**ate[분리(격리)하다]   se(분리) + **greg**(무리) + ate(~로 만들다)

se**greg**ation(분리,격리)   se(분리) + **greg**(무리) + ation(행위, 결과)

grow-

① 늘어나다
② 자라다

growth(성장)   **grow**(자라다) + th(동사나 형용사를 추상명사 만들기)
grow-up(성인, 어른)   **grow**(자라다) + up(위로)

habit- ➡ hibit- ➡ hav-

① 살다(live)
② 거주하다(dwell)
③ 가지다(have)

be**hav**e(행동하다)   be(하다) + **hav**(가지다) + e(성질, 상태)
be**hav**ior(행동, 행실)   be(하다) + **hav**(가지다) + ior(성질, 상태)
ex**hibit**(전시하다)   ex(밖으로) + **hibit**(가지다)
ex**hibit**ion(전시회)   ex**hibit**(전시하다) + ion(구체적 사례)
habit(버릇, 습관)
habitable(거주할 수 있는)   **habit**(거주하다) + able(~할 수 있는)
habitation(주소, 거주)   **habit**(거주하다) + ation(행위, 결과)
habitual(습관적인)   **habit**(버릇, 습관) + ual(~적인)
in**habit**(~에 살다, 거주하다)   in(안에) + **habit**(거주하다)
in**habit**ant(주민)   in(안에) + **habit**(거주하다) + ant(행위자, 사람)
in**habit**ed(사람이 살고 있는)   in(안에) + **habit**(거주하다) + ed(~하고 있는)
in**hibit**(금지하다, 방해하다)   in(부정) + **hibit**(가지다)
in**hibit**ion(금지, 억제)   in**hibit**(금지하다, 방해하다) + ion(구체적 사례)
pro**hibit**(담배 등을 금하다)   pro(대신에) + **hibit**(살다)

hap- ➡ happ- ➡ happi- ➡ happy-

① 행운
② 재산

happen(일어나다)	**happ**(행운) + en(~하게 하다, 되다)
happening(뜻하지 않은 사건)	**happ**en(일어나다) + ing(행위, 결과)
happily(행복하게)	**happi**(행운) + ly(부사 만들기)
happiness(행복)	**happi**(행운) + ness(성질, 상태)
mis**hap**(재난)	mis(잘못된) + **hap**(행운)
un**happi**ness(불행)	un(부정) + **happi**(행운) + ness(성질, 상태)
un**happy**(불행한)	un(부정) + **happy**(행운)

hear-

① 듣다

hearing(청취, 듣기)	**hear**(듣다) + ing(행위, 결과)
hearsay(소문)	**hear**(듣다) + say(말하다)

heart-

① 마음(mind)
② 진심(true)

dis**heart**en(낙담시키다)	dis(반대) + **heart**(마음) + en(~로 되다)
heartache(마음의 고통, 고민)	**heart**(마음) + ache(아픔, 고통)
heartbeat(고동)	**heart**(마음) + beat(치다, 때리다)
hearten(원기를 북돋우다, 격려하다)	**heart**(진심) + en(~로 되다)
heartless(무정한, 불친절한)	**heart**(마음) + less(~이 없는)

her- ➡ here- ➡ hered- ➡ hes- ➡ heir-

① 상속하다(succeed)
② 달라붙다
③ 매달리다(stick)

ad**here**(정착하다, 들러붙다, 고수하다)	ad(첨가) + **here**(달라붙다)
ad**her**ence(집착)	ad**her(e)**(집착하다) + ence(성질, 상태)
ad**he**sive(집착성의)	ad**he(re)**(집착하다) + sive(~성의)
co**here**(밀착하다, 일치하다)	co(함께) + **here**(달라붙다)
co**her**ent(밀착하는)	co**here**(밀착하다, 일치하다) + (e)nt(~하는)
co**he**sion(정착, 단결, 유예)	co**he(re)**(밀착하다) + sion(상태, 동작)
heir(상속인)	
heredity(유전, 세습)	**hered**(상속하다) + ity(성격, 상태)
heritage(유산, 상속재산)	**her**(상속하다) + it(가다) + age(성격, 상태)
in**her**it(물려받다, 뒤를 잇다)	in(안으로) + **her**(상속하다) + it(가다)

homo-

① 같은(same)

homogeneous(동종의)	**homo**(같은) + geneous(genus 종류, 부류)
homonym(동음이의어)	**homo**(같은) + nym(이의어, nymph 반신반인)
homosexual(동성애의)	**homo**(같은) + sex(사랑하다) + ual(~의)

horr- ➡ hor-

① 덜덜 떨다(shudder)
② 털이 곤두서다(bristle)
③ 두려워하다

ab**hor**(~을 몹시 싫어하다)	ab(방향) + **hor**(두려워하다)
horrify(~을 오싹하게 하다)	**horr**(털이 곤두서다) + ify(~하게 하다)
horror(공포, 전율)	**horr**(두려워하다) + or(동작, 상태, 성질)

hum- ➡ humu-

① 인간(man)
② 땅, 흙(soil)
③ 습한
④ 지면(ground)

human(인간의, 인간적인)   **hum**(인간) + an(~의, ~적인)
humane(인간미가 있는, 자비로운)   **hum**(인간) + ane(성질, 경향, 상태)
humanism(인도주의, 인문주의)   **hum**an(인간의, 인간적인) + ism(~주의)
humanistic(인간성의)   **hum**an(인간의, 인간적인) + istic(~성의)
humanitarian(인도주의자)   **hum**an(인간) + itarian(~주의자)
humanitarianism(박애주의자)   **hum**an(인간의) + itarian(사람) + ism(~주의)
humanity(인간성, 인간애)   **hum**an(인간의, 인간적인) + ity(성격, 상태)
humankind(인류, 인간)   **hum**an(인간의, 인간적인) + kind(종류, 친절한)
humanly(인간답게)   **hum**an(인간의, 인간적인) + ly(~답게)
humble(겸손한, 천한)   **hum**(인간) + b(순음, 자음첨가) + le(반발, ~하는 경향이 있는)
humbleness(겸손, 비하)   **hum**ble(겸손한, 천한) + ness(성질, 상태, 정도)
humid(습기 있는, 눅눅한)   **hum**(습한) + id(~있는, ~한)
humidity(습기)   **hum**id(습기 있는, 눅눅한) + ity(성격, 상태)
humiliate(~에게 창피를 주다)   **hum**(인간) + ili(~의 성질이 있는) + ate(~을 주다)
humiliation(굴욕, 체면손상)   **hum**(인간) + ili(~의 성질이 있는) + ation(행위, 결과)
humility(겸손)   **hum**(인간) + ility(성격, 상태)
humus(흙, 부식토)   **humu**(흙) + s(복수)

ide- ➡ ideo-

① 관념, 개념(idea)
② 보다(see)

ideal(이상, 궁극의 목적, 이상적인)   **ide**(관념) + al(성질, 상태)
ideology(관념형태, 이데올로기)   **ideo**(관념) + logy(학, 론)

ident-

① 같은(same)

identity(동일함, 일치, 동일인물)　　　　ident(같은) + ity(성격, 상태)
identification(신분증명)　　　　identif(y→i)i(확인하다) + cation(상태, 증명)
identify[(동일인물이지) 확인하다]　　　　ident(같은) + ify(~하게 하다)

integr-

① 전부의(whole)
② 완전한(entire)

integral(불가결한, 완전한, 적분의)　　　　integr(완전한) + al(~한, ~의)
integrate(~완성하다, ~을 통합하다)　　　　integr(완전한) + ate(~로 만들다)
integrity(고결한, 완전한 상태)　　　　integr(완전한) + ity(성격, 상태)

is- ➡ ish- ➡ it- ➡ ir- ➡ iti-

① 가다(go)
② 발행하다, 나타나다

ambition(야망, 포부)　　　　ambi(둘레에) + it(가다) + ion(구체적 사례)
ambitious(큰 뜻을 품은, 야심 있는)　　　　ambi(둘레에) + iti(가다) + ous(습관, 성질)
circuit(회로)　　　　circu(주위에) + it(가다)
exit(출구)　　　　ex(밖으로) + it(가다)
initial(최초의, 초기의)　　　　in(안으로) + iti(가다) + al(~의, 상태)
initiate(시작하다, 입문시키다)　　　　in(안으로) + iti(가다) + ate(~시키다, 하게 하다)
initiation(첫걸음, 시작, 솔선)　　　　in(안으로) + iti(가다) + ation(행위, 결과)
issue(발행하다, 나타나다)　　　　is(발행하다) + sue(소송을 제기하다)
issuance(발행)　　　　issu(e)(발행하다, 나타나다) + ance(성질, 상태)
itinerant(순회하는, 돌아다니는)　　　　it(가다) + iner(inter 상호간) + ant(~하는)
itinerate(순회하다, 돌아다니다)　　　　it(가다) + iner(inter 상호간) + ate(~하다)
perish(죽다, 사라지다, 소멸하다)　　　　per(완전히) + ish(가다)

transit(통과, 행단, 운송)   trans(지나서) + **it**(가다)
transition(변이, 변천)   trans(지나서) + **it**(가다) + ion(구체적 사례)
transitive(타동사의)   trans(가로질러) + **it**(가다) + ive(성질, 경향)

islet- ➡ isle- ➡ isol-

① 작은 섬
② 고립
③ 분리

isle(섬, 작은 섬)
islet(작은 섬)   **is**(<u>is</u>land 섬) + **let**(축소, 작은 것)
isolable(고립할 수 있는)   **isol**(고립) + able(할 수 있는)
isolate(고립시키다)   **isol**(고립) + ate(~시키다)
isolation(고립, 격리, 분리)   **isol**(고립) + ation(결과)

ject- ➡ jet- ➡ jac-

① 던지다(throw)

ad**jac**ent(접근한, 인접한)   ad(방향) + **jac**(던지다) + ent(~한, 성질)
ab**ject**(비참한, 불쌍한)   ab(향해서) + **ject**(던지다)
ad**ject**ive(형용사)   ad(방향) + **ject**(던지다) + ive(성질, 경향)
con**ject**ure(추측하다, 추측)   con(서로) + **ject**(던지다) + ure(성질, 상태)
e**ject**(배척하다)   e(밖으로) + **ject**(던지다)
e**ject**ion(배척, 방출)   e**ject**(배척하다) + ion(구체적 사례)
in**ject**ion(주사)   in(안으로) + **ject**(던지다) + ion(구체적 사례)
inter**ject**(사이에 끼우다)   inter(사이에) + **ject**(던지다)
inter**ject**ion(감탄사, 간투사) inter**ject**(사이에 끼우다) + ion(구체적 사례)
jet(분사, 분출, 뿜어 나오다)
jet-plane(제트기)   **jet**(던지다) + plane(비행기)
jetty(부두, 방파제, 돌출부) **jet**(던지다) + ty(안전)
ob**ject**(대상, 목적)   ob(~앞에) + **ject**(던지다)
ob**ject**ion(반대)   ob(반대하여) + **ject**(던지다) + ion(구체적 사례)

objective(목적의, 객관적인)　　　　ob(가까운) + ject(던지다) + ive(~적, ~의)
project(계획, 계획하다)　　　　pro(미리) + ject(던지다)
projection(투사계획, 투영)　　　　project(계획, 계획하다) + ion(구체적 사례)
projector(투영기, 투사기, 계획자)　　　　pro(앞으로) + ject(던지다) + or(기기, 사람)
reject(거절하다)　　　　re(뒤로) + ject(던지다)
rejection(거절)　　　　reject(거절하다) + ion(구체적 사례)
subject(주어, 주제, 주인)　　　　sub(아래로) + ject(던지다)
subjection(주관적)　　　　subject(주어, 주제, 주인) + ion(구체적 사례)
subjective(주관적)　　　　subject(주어, 주제, 주인) + ive(~적)

journ-

① 날(day)

adjourn(연기하다)　　　　ad(방향) + journ(날)
journal(전기 간행물)　　　　journ(날) + al(성질, 상태, 간행물)
journalism(저널리즘, 신문 잡지업)　　　　journal(전기 간행물) + ism(특성, 주의)
journalist(저널리스트, 신문인)　　　　journal(전기 간행물) + ist(관계자)
journey(여행)　　　　journ(날) + ey(행위, 여정, 상태, 장소)
sojourn(체재하다, 머무르다)　　　　so(se 떨어져) + journ(날)

joy- ➡ joc-

① 기쁨
② 익살스러운

enjoy(즐기다)　　　　en(~이 되게 하다) + joy(기쁨)
jocose(우스꽝스런)　　　　joc(익살스러운) + ose(~스런)
jocular(익살맞은)　　　　joc(익살스러운) + ular(성질, 상태)
jocund(쾌활한)　　　　joc(익살스러운) + und(성격, 상태)
joyful(즐거운, 기쁜)　　　　joy(기쁨) + ful(가득한)

jud- ➡ judg-

① 판단하다(judge)

judgment(판단, 판정)   **judg**(판단하다) + ment(행위, 결과, 성질)
judicial(재판의, 사법의, 공장한)   **jud**(판단하다) + icial(~의)
pre**jud**ice(편견, 선입관)   pre(먼저) + **jud**(판단하다) + ice(상태, 성질)

just- ➡ juris- ➡ jure- ➡ jur- ➡ jury-

① 법(law)
② 옳은(right)

ad**just**(조정하다, 조절하다, 순응하다)   ad(향하여) + **just**(옳은)
in**jure**(손상시키다, 해치다)   in(부정) + **jure**(법)
in**jury**(부상, 손상)   in(부정) + **jury**(법)
in**just**ice(부정, 불의, 불공평)   in(부정) + **just**ice(정의, 공정)
jury(배심원, 심사원)
justice(정의, 공정)   **just**(옳은) + ice(상태, 성질)
justify(정당화하다)   **just**(법) + ify(~화 하다, ~로 되다)

know- ➡ gn-

① 알다

ac**know**ledge(인정하다)   ac(향하여) + **know**ledge(지식)
co**gn**izance(인식, 인지)   co**gn**iz(e)(인식하다, 인지하다) + ance(상태, 성질)
co**gn**ize(인식하다, 인지하다)   co(강조) + **gn**(알다) + ize(~하다, ~만들다)
i**gn**orant(무지한)   i(부정) + **gn**(알다) + or(상태, 성질) + ant(~한)
i**gn**orant(무지한)   i**gn**or(e)(무시하다) + ant(~한)
i**gn**ore(무시하다)   i(부정) + **gn**(알다) + ore(~하다)
know-all(무엇이나 아는체 하는)   **know**(알다) + all(모두)
know-how(기술)   **know**(알다) + how(어떻게, 어떤 방식으로)
knowledge(지식)   **know**(알다) + ledge(선반, 광맥)

recognizable(인식할 수 있는)
recognize(인식하다)

recogniz(e)(인식하다) + able(할 수 있는)
re(다시) + co(강조) + **gn**(알다) + ize(~하다)

labor- ➡ labori-

① 일하다
② 노동

collaborate(공동으로 일하다, 협력하다)
collaboration(공동제작)
elaborate(정교한, 정성들인)
labor(노동, 노력, 일하다)
laboratory(실험실)
labor force(노동력)
laborious(어려운, 근면한)

col(함께) + **labor**(일하다) + ate(~하다)
col(함께) + **labor**(일하다) + ation(행위, 결과)
e(전적으로) + **labor**(일하다) + ate(~한 성질)

labor(일하다) + atory(장소)
labor(노동) + force(힘)
labori(노동) + ous(~하는 습관이 있는)

late- ➡ lat- ➡ lay-

① 가져오다(bring)
② 나르다(carry)

de**lay**(연기하다, 꾸물거리다, 지체, 연기)
re**late**(관계시키다)
re**lat**ion(관계, 관련)
re**lat**ive(친척, 동족)
re**lat**ively(다른 것에 비하여, 비교적)
super**lat**ive(최고의, 과장된, 최상급의)
trans**late**(번역하다, 전환시키다)

de(분리) + **lay**(나르다)
re(다시) + **late**(가져오다)
re(되) + **lat**(가져오다) + ion(구체적 사례)
re(되) + **lat**(가져오다) + ive(관계자)
re**lat**ive(친척, 동족) + ly(부사 만들기)
super(위에) + **lat**(나르다) + ive(~의)
trans(넘어서) + **late**(나르다)

later-

① 측면

lateral(옆의, 측면의)   later(측면) + al(~의)
bilateral(쌍방의, 쌍무적인)   bi(둘) + later(측면) + al(~의)
unilateral(한쪽만의, 일방적인)   uni(하나) + lateral(옆의, 측면의)

lav- ➡ lau-

① 씻다(wash)

laundry(세탁소, 세탁물)   lau(씻다) + ndry(장소, 물건)
lavatory(화장실, 세면대)   lav(씻다) + atory(장소, 물건)

lax- ➡ lease- ➡ lyze- ➡ lysis-

① 늦추다
② 풀다(loosem)

analysis(분해, 분석)   ana(분리) + lysis(풀다)
analyze(~을 분해하다)   ana(분리) + lyze(풀다)
paralyze(마비시키다, 무기력하게 하다)   para(반대로) + lyze(늦추다)
relax(~을 늦추다, 쉬게 하다, 편하게 하다)   re(뒤로) + lax(풀다)
relaxation(휴식, 기분전환)   relax(편하게 하다) + ation(행위, 결과)
release(해방하다, 해방, 석방)   re(다시) + lease(풀어주다)

lect- ➡ leg- ➡ lig-

① 모으다(gather)
② 선택하다, 고르다(choose)
③ 읽다(read)

collect(모으다)	col(서로) + **lect**(모으다)
collection(수집)	collect(모으다) + ion(구체적 사례, 결과)
collective(집합적)	collect(모으다) + ive(성질, 경향)
diligent(부지런한, 노력하는)	di(철저히) + **lig**(모으다) + ent(~하는)
elect(선거하다, 뽑다)	e(밖으로) + **lect**(고르다)
election(선거)	elect(선거하다, 뽑다) + ion(구체적 사례, 결과)
elector(유권자, 선거인)	elect(선거하다, 뽑다) + or(사람)
elegance(우아함)	e(밖으로) + **leg**(모으다) + ance(성질, 상태)
elegant(우아한, 고상한)	e(전적으로) + **leg**(선택하다) + (성질)
illegible(판독할 수 없는)	il(부정) + **leg**(읽다) + ible(할 수 있는)
intellect(지성, 이성, 이해력)	intel(상호) + **lect**(고르다)
intellectual(지적인)	intellect(지성) + ual(~적인, 특유의 성질)
intelligence(지능, 정보)	intel(상호) + **lig**(모으다) + ence(성질, 상태)
intelligent(총명한)	intel(상호) + **lig**(모으다) + ent(~한, 성질)
intelligible(알기 쉬운)	intel(상호) + **lig**(읽다) + ible(할 수 있는)
lecture(강의)	**lect**(읽다) + ure(행위, 결과)
lector(낭독하는 사람)	**lect**(읽다) + or(사람)
legend(전설)	**leg**(읽다) + end(이야기 따위의 결말)
legible(판독할 수 있는)	**leg**(읽다) + ible(할 수 있는)
neglect(게을리 하다, 무시, 무시하다)	neg(부정) + **lect**(모으다)
negligence(태만, 무관심)	neg(거부) + **lig**(선택하다) + ence(성질, 상태)
negligent(소홀한, 태만한)	neg(부정) + **lig**(모으다) + ent(~한, 성질)
recollect(생각해내다, 회상하다)	re(다시) + col(서로) + **lect**(모으다)
recollection(회상, 추억)	recollect(생각해내다, 회상하다) + ion(구체적 사례)
select(골라내다, 선택하다)	se(떨어져서) + **lect**(선택하다)

letter- ➡ liter-

① 문자
② 편지

illiterate(문맹의)　　　　　　　　il(부정) + literate(읽고 쓸 수 있는)
lettered(교육받은)　　　　　　　letter(문자) + ed(~의 특성이 있는, ~을 가진)
lettergram(서신, 전보)　　　　　letter(편지) + gram(그림, 기록, 문서)
letterless(문맹의, 무식한)　　　letter(문자) + less(~이 없는)
literal(글자 그대로의)　　　　　liter(문자) + al(~의)
literary(문화의, 문화적의)　　　liter(문자) + ary(~성질의, ~에 관한)
literate(읽고 쓸 수 있는)　　　　liter(문자) + ate(~로 만들다)
obliterate(지우다, 말살하다)　　ob(~에 반대하여) + literate(읽고 쓸 수 있는)
obliteration(삭제, 말살)　　　　ob(~에 반대하여) + liter(문자) + ation(행위, 결과)

lev- ➡ lief- ➡ levi-

① 가벼운(heavy)
② 편안한
③ 들어 올리다(raise)

alleviate(경감하다)　　　　　　　　al(향하여) + levi(가벼운) + ate(~로 만들다)
elevate(을 올리다, 높이다)　　　　　e(벗어나다) + lev(들어 올리다) + ate(~로 만들다)
elevation(향상)　　　　　　　　　　e(벗어나다) + lev(가벼운) + ation(행위, 결과)
elevator(엘레베이터, 승강기)　　　　elevat(e)(을 올리다, 높이다) + or(기구, 기기)
irrelevance(부적절)　　　　　　　　ir(부정) + re(다시) + lev(가벼운) + ance(성질, 상태)
irrelevant(당치 않은, 무관계한)　　　ir(부정) + relevant(적절한)
lever(지레, 지렛대, 수단, 힘)　　　　lev(들어 올리다) + er(도구, 기구, 행위자)
relief(구조, 경감, 안심, 구원)　　　　re(다시) + lief(편안한, 기꺼이)
relevant(관계가 있는, 적절한)　　　　re(다시) + lev(들어 올리다) + ant(~하는)

lig- ➡ leag- ➡ ly- ➡ lly- ➡ lige-

① 속박하다, 묶다(bind)
② 의무를 지우다

ally(~을 동맹 시키다)	al(향하여) + ly(묶다)
league(동맹, 연맹, 경기연맹)	leag(묶다) + ue(단체)
obligation(의무, 구속, 책임)	ob(~으로) + lig(묶다) + ation(행위, 결과)
oblige(부득이~하게 하다, 고맙게 여기다)	ob(~으로) + lige(의무를 지우다)
rally(다시 모으다, 단결하다, 집결하다)	ra(re다시) + lly(묶다)
religion(종교)	re(다시) + lig(묶다) + ion(구체적 사례)

lin- ➡ line-

① 선
② 삼(마麻)

delineate(윤곽을 그리다)	de(실증하다) + line(선) + ate(~로 만들다)
lineal(직계의, 정통의)	line(선) + al(~의)
linear(직선의, 선과 같은)	line(선) + ar(~와 같은, ~의)
liner(정기선, 정기항공기)	lin(선) + er(선, 기)
line(안을 대다)	
line-up(진용, 선수의 배치)	line(선) + up(위에, 쪽으로)
lining(안대기, 안감)	lin(삼) + ing(행위, 결과)

lingu- ➡ langu- ➡ lingo-

① 혀(tongue)
② 언어(language)

language(언어)	langu(언어) + age(동작, 상태, 신분)
bilingual(두 나라 말을 하는)	bi(둘) + lingual(혀의)
lingo(뜻모를 말, 알 수 없는 말)	
lingual(혀의)	lingu(혀) + al(~의)

linguist(언어학자)
linguister(통역)
linguistic(언어학의)
linguistics(언어학)

lingu(언어) + ist(관계자)
lingu(혀) + ister(~하는 사람)
lingu(혀) + ist(학) + ic(~의)
lingu(혀) + istics(학)

lip- ➡ lipp- ➡ lab-

① 입술

labial(입술의)
lipstick(립스틱, 입술 연지)
thin-lipped(입술이 엷은)

lab(입술) + ial(~의)
lip(입술) + stick(막대기, 토막)
thin(얇은) + **lipp**(입술) + ed(특성)

listen-

① 듣다

listener(경청자)
listening-in(라디오 청취)

listen(듣다) + er(사람)
listen(듣다) + ing(행위, 결과) + in(안)

loc- ➡ loco-

① 장소(place)
② 이동

allocate(배분하다, 배당하다)
local(특정한 지방의)
locate(위치하다, 소재를 파악하다)
locomotive(기관차)

al(모든) + **locate**(위치하다, 소재를 파악하다)
loc(장소) + al(성질, 상태)
loc(지방) + ate(~하다, ~로 만들다)
loco(이동) + motive(동기, motivity 원동력)

log- ➡ loqu- ➡ locut-

① 말하다(speak)

apo**log**ize(사과하다, 변명하다)	apo(방어) + **log**(말하다) + ize(~하다)
apo**log**y(사과, 변명, 해명)	apo(방어) + **log**(말하다) + y(명사형 어미)
astro**log**y(점성술)	astro(별) + **log**(말하다) + y(명사형 어미)
bio**log**y(생물학)	bio(생명) + **log**(말하다) + y(명사형 어미)
cata**log**(목록, 캐덜로그)	cata(완전히) + **log**(말하다)
col**loqu**ial(구어체의, 일상회화의)	col(서로) + **loqu**(말하다) + ial(~의)
dia**log**(대화)	dia(가로질러) + **log**(말하다)
e**loqu**ent(웅변의, 사람을 감동시키는)	e(전적으로) + **loqu**(말하다) + ent(~하는)
etymo**log**y(어원학)	etymo(어원) + **log**(말하다) + y(명사형 어미)
logic(논리학, 합리적인 생각)	**log**(말하다) + ic(학, 생각)
mono**log**(독백)	mono(하나) + **log**(말하다)
pro**log**(머리말, 서약, 막)	pro(앞에) + **log**(말하다)
psycho**log**y(심리학)	psycho(심리) + + **log**(말하다) + y(명사형 어미)

long- ➡ leng- ➡ longi-

① 길다
② 학수고대

head**long**(곤두박이로, 거꾸로, 앞뒤 생각없이)	head(머리) + **long**(길다)
length(길이, 장단)	**leng**(길다) + th(성질, 상태, 정도)
lengthen(길게하다, 늘리다)	**leng**th(길이, 장단) + en(~하게 하다)
lengthy(긴, 기다란)	**leng**th(길이, 장단) + y(행위, 상태)
longevity(장수, 수명)	**long**(길다) + ev(<u>ever</u> 언제나) + ity(상태, 성격)
longing(동경, 갈망)	**long**(학수고대) + ing(행위, 결과)
longitude(경도)	**longi**(길다) + tude(정도, 성질, 상태)
longrun(흥행의 장기)	**long**(길다) + run(달리다)

loy- ➡ leg- ➡ lege-

① 법률(law)

legal(합법적인, 법률상의)	**leg**(법률) + al(~적인, ~상의)
legislation(입법)	**leg**(법률) + is(가다) + lation(만드는 행위)
legislator(입법자)	**leg**(법률) + is(가다) + lator(만드는 사람)
legislature(입법부, 의회)	**leg**(법률) + is(가다) + lature(만드는 곳)
legitimate(합법의, 정규의)	**leg**(법률) + it(가다) + im(안으로) + ate(~의)
loyal(충성스러운, 성실한, 충신)	**loy**(법률) + al(~하는 행위)
privi**lege**(특권, 특전)	pri(최초의) + vi(길) + **lege**(법률)

luck-

① 행운

luckily(운좋게)	**luck**(y→i)i(행운) + ly(부사 만들기)
luckiness(요행)	**luck**(y→i)i(행운) + ness(성질, 상태)
luckless(불운한, 재수 없는)	**luck**(행운) + less(~없는)
lucky(행운의)	**luck**(행운) + y(~의)

lude- ➡ lus- ➡ luc-

① 놀다, 장난치다
② 착각, 환각, 환상
③ 연주하다

al**lude**(비추다, 암시하다)	al(방향) + **lude**(환상)
al**lus**ion(암시, 빗됨)	al(방향) + **lus**(환상) + ion(구체적 사례)
al**lus**ive(암시적인)	al(방향) + **lus**(환상) + ive(성질, 경향)
de**lude**(속이다)	de(전적으로) + **lude**(착각)
de**lus**ion(망상)	de(전적으로) + **lus**(착각) + ion(구체적 사례)
e**lude**(피하다)	e(벗어나다) + **lude**(놀다)
e**lus**ion(회피, 발뺌, 변명)	e(벗어나다) + **lus**(착각) + ion(구체적 사례)

hallucination(환각, 망상)   hal(hale강건한) + **luc**(환각) + in(안으로) + ation(행위, 결과)
illusion(착각, 환상, 환영)   il(~으로 하다) + **lus**(착각) + ion(구체적 사례)
prelude(전주곡)   pre(앞서) + **lude**(연주하다)

lumin-

① 빛

illuminate(조명하다)   il(~으로 하다) + **lumin**(빛) + ate(만들다)
illumination(조명)   il(~으로 하다) + **lumin**(빛) + ation(행위, 결과)
luminary(발광체)   **lumin**(빛) + ary(물체)
luminous(빛나는)   **lumin**(빛) + ous(습관)

lust- ➡ luc-

① 빛나는
② 밝은((bright)
③ 설명

illustrate(설명하다, 예측하다)   il(~으로 하다) + **lust**(설명) + rate(비율, 가격, 시세)
illustration(예증, 도해)   il(~으로 하다) + **lust**(설명) + ration(정액, 정량)
lucid(맑은, 투명한)   **luc**(밝은) + id(~한)
luster(광택, 윤)   **lust**(빛나는) + er(~한 상태)

macro-

① 길다
② 큰
③ 거시적인

macrocosm(대우주)   **macro**(큰) + cosm(우주)
macro-economics(거시 경제학)   **macro**(거시적인) + economics(경제학)
macrograph(확대도, 육안도)   **macro**(큰) + graph(그래프, 도식)

macrophysics(거시적 물리학)   macro(거시적인) + physics(물리학)
macroscale(대규모)   macro(큰) + scale(규모, 척도)

magn- ➡ maj- ➡ max- ➡ magni- ➡ may-

① 거대한(great)

magnific(장엄한, 숭고한)   magni(거대한) + fic(~화하는, ~한)
magnificent(장대한, 훌륭한)   magnific(장엄한, 숭고한) + ent(~한)
magnify(확대하다)   magni(거대한) + fy(~하다)
magnitude(크기)   magni(거대한) + tude(상태, 성질)
majestic(장엄한)   maj(거대한) + estic(~한)
majesty(존엄, 폐하)   maj(거대한) + esty(est 최상급)
major(큰 쪽의)   maj(거대한) + or(성질, 장소, 기구, 사람)
majority(대다수)   major(큰 쪽의) + ity(성격, 상태)
mayor(시장)   may(거대한) + or(사람)
maxim(격언)   max(거대한) + im(으로 하다)
maximum(최대)   max(거대한) + imum(~한)

man- ➡ manu- ➡ mani- ➡ mann-

① 손(hand)
② 손으로 만들다

emancipate(해방하다)   e(밖으로) + man(손) + cip(잡다) + ate(~하다)
emancipation(노예해방)   e(밖으로) + man(손) + cip(잡다) + ation(결과)
ill-mannered(매너가 나쁜)   ill(나쁜) + mann(손) + ered(성질, 상태)
manageable(다루기 쉬운)   man(손) + age(동작, 상태) + able(할 수 있는)
manager(지배인)   man(손) + ager(다루는 사람)
maneuver(함대의 기동작전, 묘책)   man(손) + eu(eulogy 찬사) + ver(진실)
manifest(명시하다, 증명하다)   mani(손) + fest(festival 축제)
manipulate(다루다, 조작하다)   mani(손) + pul(공공연히) + (~로 만들다) + ate(~하다)
manipulation(조종)   mani(손) + pul(공공연히) + ation(행위, 결과)
manipulator(손으로 다루는 사람)   mani(손) + pul(공공연히) + ator(사람)

manner(방법, 예절, 관습)   **mann**(손) + er(성질, 상태)

mannerism[매너리즘(표현이 틀에 박힌 것)]   **mann**er(관습) + ism(특성, 주의)

manneristic(습관적인, 틀에 박힌)   **mann**er(관습) + ist(신봉자) + ic(성질)

manual(손의, 손으로 하는, 참고서)   **manu**(손) + al(~하는 행위)

manufacture(손으로 만들다)   **manu**(손) + facture(제작물, 솜씨)

manufacturer(제조업자)   **manu**factur(e)(손으로 만들다) + er(사람)

manure(거름, 비료)   **man**(손) + ure(동작, 상태, 성질)

manuscript(원고, 손으로 쓴 글)   **manu**(손) + script(손으로 쓴 글)

well-**mann**ered(매너가 좋은)   well(훌륭한, 좋은) + **mann**(손) + ered(성질, 상태)

mari- ➡ marin-

① 바다(see)

   (참고) (광고에서) 바다의 왕자 '**marin** boy'라고 할때, '**marin**'은 '바다'라는 뜻

marine(바다의, 선박의)   **marin**(바다) + e(~의)

mariner(선원)   **marin**(바다) + er(사람)

maritime(바다의, 해운의)   **mari**(바다) + time(시간)

sub**marin**e(잠수함)   sub(아래) + **marin**(바다) + e(명사형 어미)

matr- ➡ mater- ➡ mother-

① 어머니(mother)

mother country(조국)   **mother**(어머니) + country(나라)

maternal(어머니의, 어머니다운, 어머니 쪽의)   **mater**(어머니) + nal(~의, 다운)

maternity(어머니다움, 모성, 산부인과 병원)   **mater**(어머니) + nity(장소, 성격, 성질)

matron(기혼여성, 부인)   **matr**(어머니) + on(관계되는 사람)

mother-in-law(장모, 시어머니)   **mother**(어머니) + in(안에) + law(법)

mother tongue(모국어)   **mother**(어머니) + tongue(혀)

medi- ➡ mid- ➡ meri- ➡ middle- ➡ mean-

① 중간(middle)
② 돕다

a**mid**(~의 한 가운데에, 한창 ~하는 중에)	a(운동) + **mid**(중간)
a**mid**st(~의 가운데로)	a**mid**(~의 한 가운데에) + st(**st**and 서다)
im**medi**ate(당장의, 즉석의, 직접적인)	im(아니다) + **medi**(중간) + ate(~의, 적인)
im**medi**ately(직접적으로)	im**medi**ate(당장의, 즉석의, 직접적인) + ly(부사 만들기)
inter**medi**ate(중간물)	inter(사이에) + **medi**ate(중재하다)
meantime(그 사이, 그 동안)	**mean**(중간) + time(시간)
mediate(조종하다, 중재하다, 화해하다)	**medi**(중간) + ate(~로 만들다)
mediator(조정자)	**medi**(중간) + ator(관계하는 사람)
median(중간의, 중앙의)	**med**(중간) + ian(~의)
medieval(중세의 관습, 중세풍의)	**medi**(중간) + eval(**eval**uate 가치를 평가하다)
mediterranean(지중해)	**medi**(중간) + terrane(지층, 지역) + an(장소)
medium(매개물, 중간, 중등의)	**medi**(중간) + um(물질, 성질)
meridian(자오선)	**meri**(중간) + di(날) + an(소속, 관계, 행위)
midday(정오의, 한낮의)	**mid**(중간) + day(날)
middlebrow(지식이 보통인 사람)	**middle**(중간) + brow(이마, 지성)
middle-class(중산계급의)	**middle**(중간) + class(등급, 학급, 종류)
middleman(중매인)	**middle**(중간) + man(사람)
middleweight(평균체중의 사람)	**middle**(중간) + weight(무게)
midnight(한밤중)	**mid**(중간) + night(밤)
midst(중앙, 한가운데)	**mid**(중간) + st(**st**and 서다)
midway(도중에)	**mid**(중앙) + way(길)
midwife(산파)	**mid**(돕다) + wife(아내)

mela- ➡ melan-

① 검다(black)

melanin(멜라닌 색소)	**mela**(검은) + nin(명명)
melancholy(우울)	**melan**(검은) + choly(choler 분통, 화)

memor- ➡ member- ➡ memoir- ➡ membr- ➡ meme-

① 주의 깊은(mindful)
② 주의하다(mind)
③ 생각나다

com**memor**ate(기념하다)	com(함께) + **memor**(생각나다) + ate(~로 만들다)
com**memor**ation(기념)	com(함께) + **memor**(생각나다) + ation(행위, 결과)
memento(기념물, 추억거리)	**meme**(생각하다) + nto(물건, 회상)
memo(메모하다)	
memoir(전기, 실록)	
memoirist(회고록 집필자)	**memoir**(전기) + ist(해당자, 관련자)
memorable(기억할 만한)	**memor**(생각나다) + able(할 수 있는)
memorandum(비망록, 각서)	**memor**(생각나다) + andum(기록)
memorial(기념의, 추도의, 기념비)	**memor**(생각나다) + ial(~의)
memorialize(기념하다)	**memor**ial(기념의, 추도의, 기념비) + ize(취급하다)
memorization(암기)	**memor**iz(e)(기억하다) + ation(행위, 결과)
memorize(기억하다)	**memor**(생각나다) + ize(~ 상태로 만들다)
memory(기억)	**memor**(생각나다) + y(상태, 성질)
re**member**(생각해내다)	re(다시) + **member**(생각하다)
re**membr**ance(기억)	re(다시) + **membr**(생각하다) + ance(성질, 상태)

merc- ➡ mark- ➡ merch-

① 교역하다(trade)
② 보상(reward)

com**merc**e(상업, 통상, 무역)	com(서로) + **merc**(교역하다) + e(상태, 성질)
com**merc**ial(상업의, 무역의)	com(서로) + **merc**(교역하다) + ial(~의)
market(시장, 장날, 매매, 거래)	**mark**(교역하다) + et(작은)
merchandise(상품)	**merch**(교역하다) + and(그리고) + ise(상태, 성질)
merchant(상인, 무역상)	**merch**(교역하다) + ant(관계자, 사람)
mercy(자비, 인정, 용서)	**merc**(보상) + y(성질, 상태)

merge- ➡ mars- ➡ merse-

① 가라앉다(sink)
② 담그다(dip)
③ 나타나다

emerge(물속에서 나오다, 나타나다)　　　　e(밖으로) + **merge**(나타나다)
emergency(비상사태, 돌발사건)　　　　e(밖으로) + **merge**(나타나다) + (e)ncy(성질, 상태)
merge(몰입하다, 합병하다)
merger(합병)　　　　**merge**(몰입하다, 합병하다) + r(명사형 어미)
sub**merge**(잠수하다, 물속에 가라앉히다)　　　　sub(아래로) + **merge**(가라앉다)

meter- ➡ metr- ➡ metro-

① 계측기, 측량하다
② 치수(measure)

baro**meter**(기압계, 지표)　　　　baro(막대기) + **meter**(계측기)
dia**meter**(지름, 직경)　　　　dia(가로질러) + **meter**(치수)
geo**metr**y(기하학)　　　　geo(토지, 지구) + **metr**(치수) + y(학)
hydro**meter**(액체 비중계)　　　　hydro(수력전기) + **meter**(계측기)
metropolis(수도)　　　　**metro**(측량하다) + polis(도시)
speedo**meter**(속도계)　　　　speedo(속도) + **meter**(계측기)
thermo**meter**(온도계, 체온계)　　　　thermo(열, 온도) + **meter**(계측기)

micro-

① 작은(small)
② 짧은(short)
③ 작은 것을 보는

microbe(세균, 미생물)　　　　**micro**(작은) + be(생존하다)
microbiology(미생물학)　　　　**micro**(작은) + bio(생) + logy(학)
microbus(소형버스)　　　　**micro**(작은) + bus

microcopy(축소복사)   **micro**(작은) + copy(복사)
microeconomics(미시경제학)   **micro**(작은) + economics(경제학)
microelectronics(극소 전자공학)   **micro**(작은) + electronics(전자공학)
micrograph(현미경사진)   **micro**(작은 것을 보는) + graph(사진, 그래프, 도식)
microinjection(현미주사)   **micro**(작은) + injection(주사)
micrology(미물학)   **micro**(작은) + logy(학)
micrometer(측미계)   **micro**(작은) + meter(계량기)
micron[(마이크론) 1m의 백만분의 일]   **micro**(짧은) + n(단위)
micronize(미분화하다)   **micro**n(마이크론) + ize(~화 하다)
microphone(라디오 송신기)   **micro**(작은) + phone(수화기, 전화기)
microscope(현미경)   **micro**(작은 것을 보는) + scope(보는 기계, 영역)
microscopic(현미경적)   **micro**(작은 것을 보는) + scop(보다) + ic(~적)
microwave(극초단파)   **micro**(작은) + wave(파도, 물결, 파)

min- ➡ minu- ➡ mini- ➡ mino-

① 작은(small)
② 내밀다(project)
③ 돌출하다

di**min**ish(감소하다, 줄이다)   di(아래로) + **min**(내밀다) + ish(~하게 하다)
e**min**ent(저명한, 탁월한)   e(밖으로) + **min**(돌출하다) + ent(행위자)
im**min**ent(긴박한, 일촉즉발의)   im(안으로) + **min**(내밀다) + ent(~하는 성질)
miniature(모형, 세밀화)   **mini**(작은) + at(첨가) + ure(동작, 상태, 성질)
minimize(최소한으로 하다)   **mini**(작은) + mize(~으로 하다)
minimum(최소한)   **mini**(작은) + mum(~한)
minister(성직자)   **mini**(작은) + ster(~하는 사람)
ministry(내각)   **mini**(작은) + stry(str 구조)
minor(미성년자, ~보다 작은)   **min**(작은) + or(~보다)
minority(소수, 소수파)   **min**or(~보다 작은) + ity(성격, 상태)
minus(마이너스)   **min**u(작은) + s(복수)
minute(분, 의사록, 순간)   **min**(작은) + ute(상태, 결과)
pro**min**ent(눈에 띄는, 돌출한)   pro(앞에) + **min**(돌출하다) + ent(~하는 성질)
re**mini**scence(회상, 추억)   re(다시) + **mini**(내밀다) + scence(성질, 상태)
re**mini**scent(추억의, 회고의)   re(다시) + **mini**(내밀다) + scent(향수, 향기, 냄새)

vita**mino**sis(비타민결핍증)　　vita(생기있는) + **mino**(작은) + sis(활동)

mind- ➡ ment-

① 마음
② 생각하다
③ 호소하다

com**ment**(논평, 주석)　　com(강조) + **ment**(호소하다)
com**ment**ary(논평, 시사해설)　　com**ment**(논평, 주석) + ary(평가, 사람, 장소)
com**ment**ate(해설하다)　　com**ment**(논평, 주석) + ate(~하다, ~만들다)
mental(마음의, 정신의)　　**ment**(마음) + al(~의, 성질, 상태)
mention(언급하다)　　**ment**(호소하다) + ion(구체적 사례)
mindful(주의 깊은, 마음에 두는)　　**mind**(마음) + ful(~깊은, 특성)
re**mind**(생각나게 하다)　　re(되) + **mind**(생각하다)
re**mind**er(생각나게 하는 사람)　　re**mind**(생각나게 하다) + er(사람)

mir- ➡ mar- ➡ mara- ➡ morr-

① 놀라다
② 경탄하다(wonder)
③ 보다(look)

ad**mir**e(~에 감탄하다, 칭찬하다)　　ad(향하여) + **mir**(경탄하다) + e(상태)
marvel(경이, 경탄할만한 일)　　**mar**(경탄하다) + vel(~일)
marvelous(놀라운, 믿기 어려운)　　**mar**vel(경이, 경탄할만한 일) + ous(~하는 습관)
miracle(기적)　　**mira**(놀라다) + cle(일, 것)
miraculous(기적적인, 놀랄만한)　　**mira**(놀라다) + cul(~적인) + ous(~하는 습관)
mirror(비추다, 반영하다, 거울)　　**mirr**(보다) + or(도구, ~하다)

mis- ➡ miso-

① 나쁘다, 잘못하다
② 염세
③ 혐오

misadventure(불운)   **mis**(나쁘다) + adventure(모험)
misadvise(그릇된 충고를 하다)   **mis**(나쁘다) + advise(충고)
misanthropy(염세, 인간불신)   **mis**(나쁘다) + anthropy(인류, 사람)
misapply(적용을 잘못하다)   **mis**(잘못하다) + apply(적용되다)
misbehave(무례한 행동)   **mis**(나쁘다) + behave(처신하다, 행동하다)
misogamy(결혼을 싫어하는 사람)   **miso**(혐오) + gamy(결혼)
misology(이론 혐오)   **miso**(혐오) + logy(이론)

mit- ➡ miss- ➡ mess- ➡ mitt-

① 보내다(send)
② 던지다(throw)
③ 가게하다
④ 놓다

ad**miss**ion(입장허가)   ad(향하여) + **miss**(보내다) + ion(구체적 사례)
ad**mit**(허락하다, 인정하다)   ad(향하여) + **mit**(보내다)
com**miss**ion(위임, 위원회)   com(서로) + **miss**ion(사절단, 대표단, 임무)
com**miss**ioner(위원)   com**miss**ion(위임, 위원회) + er(사람)
com**mit**(저지르다, 위탁하다)   com(완전히) + **mit**(던지다)
com**mitt**ee(위원회)   com(함께) + **mitt**(놓다) + ee(~회, 사람)
compro**mise**(타협)   com(서로) + pro(앞서) + **mis**(보내다) + e(성질, 상태)
dis**miss**(해산시키다, 해임하다)   dis(제거) + **miss**(보내다)
inter**mit**(중단되다)   inter(사이에) + **mit**(놓다)
message(전갈)   **mess**(보내다) + age(동작, 상태)
messenger[심부름꾼, 使者(사자)]   **mess**(보내다) + enger(사람)
missile(미사일)   **miss**(보내다, 던지다) + ile(~할 수 있는, ~적합한)
mission(사절단, 대표단, 임무)   **miss**(보내다) + ion(구체적 사례)
missionary(전도의)   **miss**ion(사절단, 대표단, 임무) + ary(~의)

omit(~을 생략하다, ~을 빠뜨리다)　　o(b)(m앞에서 b생략·반대) + **mit**(던지다)

omission(생략)　　o(b)(m앞에서 b생략·반대) + **miss**(던지다) + ion(구체적 사례)

permit(허가하다)　　per(통과하다) + **mit**(보내다)

premise(전제)　　pre(미리) + **mis**(놓다) + e(성질, 상태)

promise(약속, 가망, 약속을 하다)　　pro(미리) + **mis**(던지다) + e(상태, 성질)

promising(가망 있는, 전도유망한)　　promis(e)(가망) + ing(행위, 결과)

remit(보내다, 송달하다, 송금하다)　　re(대하여) + **mit**(보내다)

remittance(송금)　　re(대하여) + **mitt**(보내다) + ance(성질, 상태, 행위)

submit(복종시키다, 제출하다)　　sub(아래로) + **mit**(보내다)

surmise(추측하다, 추량하다)　　sur(비밀리에) + **mis**(놓다) + e(상태, 성질)

transmit(전달하다, 보내다, 전염시키다)　　trans(넘어서) + **mit**(보내다)

mod-

① 방법(manner)

② 양식(measure)

③ 형태(form)

④ 현대

⑤ 수정하다, 바뀌다

accommodate(수용하다, 적응시키다)　　ac(향하여) + com(완전히) + **mod**(방법) + ate(성질)

accommodation(수용)　　ac(향하여) + com(완전히) + **mod**(방법) + ation(행위, 결과)

accommodative(조화적인, 적응성 있는)　　accom**mod**at(e)(수용하다, 적응시키다) + ive(성질, 경향)

commodity(상품, 일용품, 유용한 것)　　com(서로) + **mod**(방법) + ity(성격, 상태)

immoderate(과도의)　　im(위에) + **mod**erate(알맞은, 온건한, 삼가는)

immodest(버릇없는, 조심성 없는)　　im(부정) + **mod**est(겸손한, 삼가는)

moderate(알맞은, 온건한, 삼가는)　　**mod**(양식) + er(~한) + ate(성질)

moderation(절도, 온화)　　**mod**(양식) + er(~한) + ation(행위, 결과)

moderator(조정자)　　**mod**(수정하다) + er(~한) + ator(사람)

modern(현대의, 현대적인)　　**mod**(현대) + ern(~의, ~적인)

modernism(현대풍)　　**mod**ern(현대의, 현대적인) + ism(특성, ~주의)

modernist(현대주의자)　　**mod**ern(현대의, 현대적인) + ist(~주의자)

modernity(현대성)　　**mod**ern(현대의, 현대적인) + ity(성격, 상태)

modernize(~을 현대화하다)　　**mod**ern(현대의, 현대적인) + ize(~화 하다)

modest(겸손한, 삼가는)　　**mod**(양식) + est(최상급)

modesty(겸손, 정숙)   **mod**(양식) + est(최상급) + y(명사형 어미)
modifier(수식어귀)   **mod**if(y→i)i(변경하다, 수정하다, 수식하다) + er(특성)
modification(한정, 수식)   **mod**if(y→i)i(수식하다) + cation(행위, 결과)
modify(변경하다, 수정하다, 수식하다)   **mod**(수정) + ify(~로 되다, ~하다)
modish(유행의)   **mod**(양식) + ish(~의, ~적)
modulate(조정하다)   **mod**(수정) + ulate(~하다)
modulation(조정, 억양)   **mod**(수정) + ulation(행위, 결과)

moni- ➡ mon- ➡ monu-

① 충고하다(advise)
② 경고하다(warn)
③ 생각나게 하다(remind)

ad**mon**ish(훈계하다, 경고하다)   ad(향하여) + **mon**(경고하다) + ish(~하게 하다)
monitor(급창, 충고자, 모니터, 청취하다)   **mon**(충고하다) + it(가다) + or(사람, 기구)
monument(기념비, 기념관, 유적)   **monu**(생각나게 하다) + ment(결과, 수단)
sum**mon**(소환하다, 소집하다)   sum(비밀리에) + **mon**(경고하다)

mort- ➡ mori-

① 죽음(death)
② 치명적인
③ 죽을 운명의

im**mort**al(불멸의)   im(부정) + **mort**al(죽을 운명의, 치명적인)
im**mort**ality(불후, 영원)   im**mort**al(불멸의) + ity(성격, 상태)
im**mort**alize(불멸케하다)   im**mort**al(불멸의) + ize(~의 상태로 만들다)
moribund(죽어가는)   **mori**(죽을 운명의) + bund(항구, 부두)
mortal(죽을 운명의, 치명적인)   **mort**(죽을 운명의) + al(성질, 상태)
mortality(죽을 운명, 사망률)   **mort**al(죽을 운명의) + ity(성격, 상태)
mortgage(저당, 저당 잡히다)   **mort**(치명적인) + gage(담보, 저당물)
mortician(장의사)   **mort**(죽음) + ic(~관한) + ian(관계자)
mortify(굴욕을 느끼게 하다)   **mort**(치명적인) + ify(~하게 하다)

mortification(굴욕, 분함)　　　　　mortif(y→i)i(굴욕을 느끼게 하다) + cation(증명)
postmortem(사후의, 검시)　　　　　post(후의) + mort(죽음) + em[~안에(으로)]

mount-

① 오르다
② 이겨내다
③ 극복하다

mount(오르다)
dismount(내리다)　　　　　　　　dis(반대) + mount(오르다)
paramount(최고의)　　　　　　　　para(옆에, 초월) + mount(오르다)
surmount(이겨내다, 극복하다)　　　sur(확실히) + mount(이겨내다)

mov- ➡ mob- ➡ mot- ➡ mut-

① 움직이다(move)
② 변하다(change)

automobile(자동차)　　　　　　　auto(자동) + mob(움직이다) + ile(성질이 있는)
commute(교환하다, 통학하다)　　　com(서로) + mut(움직이다) + e(상태, 성질)
demote(좌천시키다)　　　　　　　de(하강) + mot(움직이다) + e(상태)
demotion(좌천, 강등)　　　　　　　demot(e)(좌천시키다) + ion(구체적 사례)
emotion(감정, 감동)　　　　　　　e(전적으로) + motion(동작)
emotional(감정의)　　　　　　　　emotion(감정, 감동) + al(~의)
mob(폭도, 민중, 군중)
mobile(움직이기 쉬운)　　　　　　mob(움직이다) + ile(~하기 쉬운)
mobilize(동원하다)　　　　　　　　mobil(e)(움직이기 쉬운) + ize(~상태로 만들다)
mobilization(동원)　　　　　　　　mobiliz(e)(동원하다) + ation(행위, 결과)
moter(모터, 동력)　　　　　　　　mot(움직이다) + er(기기, 사람)
motion(동작)　　　　　　　　　　mot(움직이다) + ion(구체적 사례)
motive(동기, 자극)　　　　　　　　mot(변하다) + ive(성질, 상태)
motivate[~에 동기(자극)을 주다]　　motiv(e)(동기, 자극) + ate(~을 주다)
motivation(동기유발)　　　　　　　motiv(e)(동기, 자극) + ation(행위, 결과)

movable(움직일 수 있는)   mov(움직이다) + able(할 수 있는)
move(움직이다, 이사하다, 감동시키다)   mov(움직이다) + e(성질, 상태)
movement(운동, 움직임)   move(움직이다, 감동시키다) + ment(행위, 결과)
movie(영화)   mov(움직이다) + ie(작은)
mutiny(반란(움직여지는 것)   mut(움직이다) + iny(성질, 상태)
mutual(상호간의, 공통의)   mut(움직이다) + ual(~의, ~성질의)
remote(멀리 떨어진)   re(뒤) + mot(움직이다) + e(성질, 상태)
removal(이전, 제거)   re(뒤로) + mov(움직이다) + al(~하는 행위)
remove(이동하다, 제거하다)   re(뒤로) + move(움직이다)
promote(승진시키다, ~을 촉진하다)   pro(앞으로) + mot(움직이다) + e(상태)
promoter(발기인, 주체인, 흥행주)   pro(앞으로) + mot(움직이다) + er(사람)
promotion(승진, 승급)   pro(앞으로) + mot(변화다) + ion(구체적 사례)

name- ➡ nom-

① 이름

denominate(명명하다)   de(전적으로) + nominate(지명하다)
denomination(명명, 명칭)   de(전적으로) + nomination(지명)
name-calling(욕설, 중상, 비난)   name(이름) + calling(부름, 외침)
nameless(무명의)   name(이름) + less(~이 없는)
namely(즉, 다시 말하면)   name(이름) + ly(부사 만들기)
nominal(유명무실한)   nom(이름) + in(부정) + al(~한, 성질)
nominate(지명하다)   nom(이름) + in(으로 하다) + ate(~로 만들다)
nomination(지명)   nom(이름) + in(으로 하다) + ation(행위, 결과)
nominative(주격의)   nominat(e)(지명하다) + ive(성질, 경향)
nominator(지명자)   nominat(e)(지명하다) + or(사람)

nasci- ➡ nation- ➡ natur- ➡ nate- ➡ naiss

① 자연(nature)
② 생기다

innate(타고난)   in(안으로) + nate(생기다)

nation(국가)	**nat**(생기다) + ion(행위, 결과, 구체적 사례)
national(국민의, 국가의)	**nat**ion(국가) + al(~의)
nationality(국적)	**nat**ional(국가의) + ity(상태, 성격)
nationalism(국가주의)	**nat**ional(국가의) + ism(주의)
native(토착의, 원주민)	**nat**(자연) + ive(행위자, 관계자)
natural(자연의, 자연스러운)	**nat**ur(자연) + al(~다운)
naturalism(자연주의)	**nat**ural(자연의) + ism(주의)
naturalist(자연주의자, 박물학자)	**nat**ural(자연의) + ist(관계자)
naturalize(귀화시키다)	**nat**ural(자연의) + ize(~상태로 만들다)
re**naiss**ance(르네상스, 문예부흥)	re(다시) + **naiss**(생기다) + ance(행위, 성질)

nat- ➡ na-

① 태어나다(born)

in**nat**e(타고난, 선천적인)	in(안에) + **nat**(태어나다) + e(성질, 경향)
naive(순진한, 고지식한)	**na**(태어나다) + ive(성질, 경향)
nation(국가, 국민)	**nat**(태어나다) + ion(구체적 사례)
nationality(국적, 국민성)	**nat**ion(국가, 국민) + al(성질, 경향) + ity(상태, 성격)
native(타고난, 천부의)	**nat**(태어나다) + ive(성질, 경향)
natural(자연의, 천성의, 당연한)	**nat**ur(e)(자연, 천성) + al(~의)
nature(자연, 천성)	**nat**(태어나다) + ure(행위, 결과)

nav- ➡ naut-

① 배(ship)
② 항해하다(sail)

aero**naut**ics(항공학, 항공술, 비행술)	aero(항공) + **naut**(항해하다) + ics(학문)
astro**naut**[(미국)우주비행사]	astro(별, 우주) + **naut**(항해하다)
cosmo**naut**[(러시아)우주비행사]	cosmo(우주) + **naut**(항해하다)
naval(해군의, 군함의)	**nav**(배) + al(~의)
navigate(항해하다, 비행하다)	**nav**(항해하다) + ig(으로 하다) + ate(~하다)
navigation(항해, 비행)	**nav**igat(e)(항해하다, 비행하다) + ion(구체적 사례)

navigator(항해자, 조종자)　　　　　**nav**igat(e)(항해하다, 비행하다) + or(관계자)
navy(해군, 군함, 짙은 감색)　　　　　**nav**(배) + y(장소, 상태, 행위)

nect- ➡ nex-

① 매다(knot)

an**nex**(병합하다, 덧붙이다, 별관, 부과물)　　an(첨가) + **nex**(매다)
an**nex**ation(병합, 첨가)　　　　　annex(병합하다) + ation(행위, 결과)
con**nect**(연결하다)　　　　　con(서로) + **nect**(매다)
con**nect**ion(결합, 연결)　　　　con**nect**(연결하다) + ion(구체적 사례)

neg-

① 부인하다(deny)
② 부정(not)

negative(부정의, 소극적인, 거부)　　**neg**(부정) + ative(성질, 성향)
neglect(~을 무시하다, 무시, 경시, 방치)　　**neg**(부인하다) + lect(선택하다)
negligence(태만, 부주의)　　　**neg**(부인하다) + lig(의무를 지우다) + ence(성질, 상태)
negligent(태만의, 부주의한)　　**neg**(부인하다) + lig(의무를 지우다) + ent(~의, 성질)
negotiate(협상하다, 교섭하다)　　**neg**(부정) + oti(여과, 틈) + ate(~하다)

nob-

① 높은 사람, 고관
② 고귀한

ig**nob**le(천한)　　　　　ig(부정) + **nob**le(고귀한)
nobby(귀족다운, 세련된)　　　　**nob**(고귀한) + by(~다운, ~된, 성격, 상질)
nobility(고귀함)　　　　　**nob**(고귀한) + ility(성격, 상태)
noble(고귀한)　　　　　**nob**(고귀한) + le(~한)
nobly(훌륭하게)　　　　　**nob**(고귀한) + ly(부사 만들기)

not-

① 알다(know)
② 표시하다(mark)
③ 필기하다

notable(주목할 만한, 탁월한)	**not**(표시하다) + able(할 수 있는)
note(메모, 주석, 주의, 저명)	**not**(필기하다) + e(성질, 상태)
notice(주목, 통지, 게시, 알아차리다)	**not**(알다) + ice(성질, 상태)
noticeable(두드러진, 현저한)	**not**ice(주목) + able(할 수 있는)
notify(알리다, 통지하다, 발표하다)	**not**(알다) + ify(~하게 하다)
notion(개념, 관념)	**not**(알다) + ion(구체적 사례)
notorious(유명한)	**not**(알다) + or(y→i)i(성질) + ous(습관)

nov-

① 새로운(new)

in**nov**ate(혁신하다, 쇄신하다)	in(안으로) + **nov**(새로운) + ate(~하다)
in**nov**ation(혁신, 쇄신, 새로운 시설)	in(안으로) + **nov**(새로운) + ation(행위, 결과)
re**nov**ate(새롭게 하다)	re(다시) + **nov**(새로운) + ate(~하다)
re**nov**ation(혁신, 쇄신, 수선)	re(다시) + **nov**(새로운) + ation(행위, 결과)

nox- ➡ noct- ➡ noc-

① 밤(night)

nocturnal(밤의, 야간의)	**noct**(밤) + urnal(~의)
nocturne(야상곡)	**noc**(밤) + tu(r)ne(tune 곡)

number- ➡ numer-

① 수

in**numer**able(셀 수 없는)	in(부정) + **numer**able(셀 수 있는)
numberous(다수의, 수많은)	**number**(수) + ous(많은)
numerable(셀 수 있는)	**numer**(수) + able(할 수 있는)
numeral(수의)	**numer**(수) + al(~의)

nunci- ➡ nounce-

① 알리다
② 보고하다(report)

an**nounce**(~을 발표하다, 선언하다)	an(향하여) + **nounce**(알리다)
an**nounce**ment(발표, 공고)	an**nounce**(~을 발표하다, 선언하다) + ment(결과)
de**nounce**(공공연히 비난하다)	de(떨어져, 전적으로) + **nounce**(알리다)
pro**nounce**(선언하다, 발음하다)	pro(앞으로) + **nounce**(알리다)
pro**nounce**ment(공고, 선언, 판결)	pro**nounce**(선언하다) + ment(결과, 수단)
pro**nunci**ation(발음)	pro(앞으로) + **nunci**(알리다) + ation(행위, 결과)
re**nounce**(~을 단념하다, 포기하다, 부인하다)	re(뒤) + **nounce**(알리다)

occup-

① 잡다
② 점령하다

occupancy(점유, 점령)	**occup**(점령하다) + ancy(행위, 상태, 성질)
occupation(직업)	**occup**(점령하다) + ation(행위, 결과)
occupy(차지하다)	**occup**(점령하다) + y(행위, 상태)

onym- ➡ onoma-

① 이름(name)

a**nonym**(가명, 익명)	an(부정) + **onym**(이름)
a**nonym**ity(익명)	an(부정) + **onym**(이름) + ity(상태)
a**nonym**ous(작자불명의, 익명의)	a**nonym**(가명, 익명) + ous(~의)
ant**onym**(반의어)	ant(~에 반대하여) + **onym**(이름)
pseud**onym**(익명, 가명)	pseud(가짜의, 거짓의) + **onym**(이름)
sys**onym**(동의어)	sys(같은) + **onym**(이름)

oper-

① 일하다(work)

co-**oper**ate(협력하다, 협동하다)	co(함께) + **oper**ate(작동하다, 일하다)
opera(가극, 오페라)	**oper**(일하다) + a(area 범위, 영역, 장소)
operate(작동하다, 일하다, 수술하다)	**oper**(일하다) + ate(~로 만들다)
operation(작업, 실행, 작전, 수술)	**oper**(일하다) + ation(행위, 결과)
operator(운전자, 교환수, 수술자)	**oper**(일하다) + ator(관계자)

opt- ➡ op-

① 바라다(wish)
② 택하다(choose)

ad**opt**(채택하다, 양자삼다)	ad(향하여) + **opt**(택하다)
ad**opt**ion(양자결연, 채택, 채용)	ad**opt**(채택하다, 양자삼다) + ion(구체적 사례)
opinion(의견, 소신)	**op**(택하다) + in(안으로) + ion(구체적 사례)
optimism(낙천, 낙천주의)	**opt**(바라다) + im(위에) + ism(~주의, 특성)
optimist(낙천주의자)	**opt**(바라다) + im(위에) + ist(관계자)
option(선택권)	**opt**(택하다) + ion(구체적 사례)
optional(임의의, 선택과목)	**opt**ion(선택권) + al(~의, 성질, 상태)

ord- ➡ order-

① 순서
② 명령
③ 정돈

co-**ord**inate(동등의)	co(서로) + **ord**(정돈) + in(안에) + ate(성질, 상태)
dis**order**(혼란, 무질서, 어지럽히다)	dis(반대) + **order**(정돈하다, 지시하다)
extra**ord**inary(이상한)	extra(범위 밖에) + **ord**(순서) + in(으로하다) + ary(성질)
ordain(임명하다)	**ord**(명령) + ain(=own 자기 자신의, 독특한)
order(순서, 명령, 주문, 정상적인 상태, 정돈하다, 명령하다, 지시하다)	
orderly(순서 바르게, 전령)	**order**(순서, 명령) + ly(부사 만들기)
ordinal[순서의, 서수(1st, 2nd)]	**ord**(순서) + in(안으로) + al(~의)
ordinary(보통의)	**ord**(순서) + in(안으로) + ary(~에 관한)
ordinance(법령)	**ord**(명령) + in(안으로) + ance(성질, 상태, 행위)
sub**ord**inate(종속하다)	sub(아래에) + **ord**in(임명하다) + ate(~하게 하다)
sub**ord**ination(종속)	sub(아래에) + **ord**in(임명하다) + ation(행위, 결과)
sub**ord**inative(종속적인)	sub(아래에) + **ord**in(임명하다) + ative(~적인)

ori- ➡ ort-

① 떠오르다(rise)
② 시작하다(begin)

a**bort**(유산시키다, 실패하다, 중단시키다)	ab(분리) + **ort**(떠오르다)
a**bort**ion(유산, 실패)	a**bort**(유산시키다, 실패하다) + ion(구체적 사례)
orient(동쪽, 동쪽으로 향하게 하다)	**ori**(떠오르다) + ent(장소)
orientation(동쪽을 찾아내기, 적응시키기)	**ori**ent(동쪽) + ation(행위, 결과)
origin(발단, 근원, 가문, 혈통)	**ori**(시작하다) + gin(시작하다)
original(원시의, 최초의, 독창적인)	**ori**gin(발단, 근원, 가문, 혈통) + al(~의)
originate(시작하다, 창설하다)	**ori**gin(발단, 근원, 가문, 혈통) + ate(~하다)
originator(창시자, 발기인, 원조)	**ori**gin(발단, 근원, 가문) + ator(관계자)

oti-

① 틈(leisure)
② 여과

negotiable(교섭할 수 있는)	neg(부정) + **oti**(틈) + able(할 수 있는)
negotiate(결정하다, 협정하다)	neg(부정) + **oti**(틈) + ate(~하다)
negotiation(교섭, 양도)	neg(부정) + **oti**(틈) + ation(행위, 결과)
negotiator(협상자, 교섭자)	neg(부정) + **oti**(틈) + ator(관계자)
otiose(한가한, 게으른, 불필요한)	**oti**(여과) + ose(~의 가진, 성질)

pan-

① 빵(bread)
② 모든(all)
③ 모든 사람의, 만국의(universal)

accom**pan**y(~에 동반하다, ~에 곁들이다)	ac(향하여) + com**pan**y(회사, 동료)
com**pan**ion(동료, 반려자)	com(서로) + **pan**(빵) + ion(구체적 사례)
com**pan**y(회사, 동료)	com(함께) + **pan**(빵) + y(행위, 상태, 장소)
panacea(만병통치약)	**pan**(모든) + acea(명명)
pandemic(유행성의)	**pan**(모든) + dem(국민, 민중) + ic(~의)
panorama(파노라마, 회전화)	**pan**(모든) + orama(연속하여 일어나다)
pantheon(판테온, 만신전)	**pan**(모든) + theo(신) + n(장소)

par- ➡ pair- ➡ pear

① 준비하다(prepare)
② 나타나다(appear)
③ 보이다(show)
④ 같은(same)

ap**par**atus(가구, 장치)	ap(향하여) + **par**(보이다) + atus(자격)
ap**par**ent(명백한, 겉보기만의)	ap(향하여) + **par**(보이다) + ent(~한, 성질의)

appear(나타나다, ~인듯하다)   ap(향하여) + **pear**(나타나다)

ap**pear**ance(출현, 외양, 겉보기)   ap**pear**(나타나다) + ance(성질, 상태)

dis**par**ity(부동, 불일치)   dis(반대) + **par**ity(동등, 동격)

par(동등, 동위)

parade(열병, 행렬, 행진하다)   **par**(보이다) + ade(행동, 참가자)

parity[(농산물 가격과 생필품 가격 비교), 동등, 동격]   **par**(같은) + ity(상태, 성격)

pre**par**e(준비하다, 연습하다, 각오하다)   pre(미리) + **par**(준비하다) + e(상태)

re**pair**(수선하다, 고치다)   re(다시) + **pair**(보이다)

se**par**ate(분리하다, 갈라놓다, 헤어지다)   se(떨어져) + **par**(보이다) + ate(만들다)

trans**par**ent(투명한, 솔직한, 뻔한)   trans(가로질러) + **par**(보이다) + ent(~한)

paper-

① 종이

paperboard(판지, 두꺼운 종이)   **paper**(종이) + board(널, 판자)

paperboy(심문팔이 소년)   **paper**(종이) + boy(소년)

papercutter(종이 재단기)   **paper**(종이) + cutter(절단기)

paperfile(철, 서류꽂이)   **paper**(종이) + file(서류철, 꽂이)

papermoney(지폐)   **paper**(종이) + money(돈)

papertiger(종이 호랑이, 허장성세)   **paper**(종이) + tiger(호랑이)

paperwar(필전)   **paper**(종이) + war(전쟁)

papery(종이의)   **paper**(종이) + y(성질의)

part- ➡ parti-

① 나누다(share)
② 부분
③ 분리하다(part)

a**part**(따로따로, 떨어져)   a(분리) + **part**(나누다)

com**part**ment(구획, 작은방, 객실)   com(완전히) + **part**(분리하다) + ment(결과)

de**part**(출발하다)   de(떨어져) + **part**(분리하다)

de**part**ment(한 부분, 학과)   de(분리) + **part**(나누다) + ment(행위, 결과, 수단)

departure(출발)   de(떨어져) + **part**(분리하다) + ure(동작, 상태)

im**part**[(나누어) 주다]   im(안에) + **part**(나누다)

im**part**ible(나눌 수 없는)   im(부정) + **part**(나누다) + ible(할 수 있는)

partial(일부의, 부분적인, 편파적인)   **prati**(부분) + al(~의, ~적인)

partiality(불공평)   **parti**al(부분적인, 편파적인) + ity(성격, 상태)

partially(부분적으로, 불공평하게)   **parti**al(부분적인, 편파적인) + ly(부사 만들기)

participant(참가자)   **prati**(부분) + cip(잡다) + ant(행위자, 사람)

participate(참가하다, 함께하다)   **prati**(부분) + cip(잡다) + ate(~로 만들다)

participation(참가)   **prati**(부분) + cip(잡다) + ation(행위, 결과)

participle(분사)   **prati**(부분) + cip(잡다) + le(도구, 동작 등)

particle(미립자, 극히 작은 조각)   **parti**(부분) + cle(작고 미세한 것)

particular(특별한)   **parti**(부분) + cul(e)(작은) + ar(~에 관한)

partisan(당파)   **parti**(부분) + san('saint'의 약자, 발기인, 후원자, 성인)

partition(구획, 분배)   **parti**(분리하다) + tion(행위, 결과)

partner(상대, 협동자)   **part**(부분) + ner(사람)

pro**port**ion(비례)   pro(공공연히) + **port**('part'의 모음변화) + ion(구체적 사례)

pass- ➡ path- ➡ pati- ➡ pas- ➡ pac-

① 통과하다(pass)
② 발걸음(step)
③ 겪다, 참고 견디다(suffer)

a**pac**e(급히, 빨리)   a(운동) + **pac**e(보조)

com**pass**ion(동정, 연민)   com(서로) + **pass**(겪다) + ion(구체적 사례)

im**pass**able(통과할 수 없는)   im(부정) + **pass**(통과하다) + able(할 수 있는)

im**pass**e(막다른 골목)   im(부정) + **pass**(통과하다) + e(상태)

pace(보조, 천천히 걷다)   **pac**(발걸음) + e(상태)

pacer(걷는 사람)   **pac**(발걸음) + er(사람)

passable(통행할 수 있는, 유통될 수 있는)   **pass**(통과하다) + able(할 수 있는)

passage(통행)   **pass**(통과하다) + age(동작, 상태)

passageway(복도)   **pass**age(통행) + way(길)

passenger(승객)   **pass**(통과하다) + enger(사람)

passer-by(통행인, 길손)   **pass**(통과하다) + er(사람) + by(곁에)

passing(통행하는)   **pass**(통과하다) + ing(행위, 결과)

passion(감정, 격정, 애착, 열중)　　　**pass**(겪다) + ion(구체적 사례)

passionate(열렬한, 정열적인)　　　**pass**ion(감정, 애착, 열중) + ate(성질)

passive(소극적인, 수동적인)　　　**pass**(참고 견디다) + ive(~적인, 성질, 경향)

passport(여권)　　　**pass**(통과하다) + port(항구)

password(암호)　　　**pass**(통과하다) + word(말)

past['s=t'는 치음(齒音, 이빨 소리로 같음), 과거의]

pastime(오락)　　　**pas**(통과하다) + time(시간)

patience(인내, 끈기)　　　**pati**(참고 견디다) + ence(성질, 상태)

patient(인내심 있는, 환자)　　　**pati**(참고 견디다) + ent(성질, 행위자)

sur**pass**(보다 낫다, 능가하다)　　　sur(~의 위에) + **pass**(통과하다)

sym**path**ize(동정하다, 공감하다)　　　sym(함께) + **path**(겪다) + ize(~하다, 만들다)

sym**path**etic(동정적인)　　　sym(함께) + **path**(겪다) + etic(~적인)

tres**pass**er(침입자)　　　tres(가로질러) + **pass**(통과하다) + er(사람)

pat- ➡ patr- ➡ pater- ➡ patri- ➡ patter- ➡ father-

① 아버지(father)
② 국가(國家)

com**patri**ot(동포, 겨레, 동료)　　　com(함께) + **patri**ot(애국자)

ex**patri**ate(국외로 추방하다)　　　ex(밖으로) + **patri**(국가) + ate(~로 만들다)

ex**patri**ation(국외추방)　　　ex(밖으로) + **patri**(국가) + ation(행위, 결과)

father-in-law(장인, 시아버지)　　　**father**(아버지) + in(안에) + law(법)

fatherland(조국)　　　**father**(아버지) + land(땅)

fatherlike(아버지 같은)　　　**father**(아버지) + like(같은)

paternal(아버지의, 아버지다운)　　　**pater** + nal(~다운, ~의)

patriarch[가장(家長)]　　　**patri**(아버지) + arch(지배자, 군주)

patriot(애국자)　　　**pat**(아버지) + riot(폭동, 소동, ot 사람)

patriotism(애국심)　　　**patri**ot(애국자) + ism(특성, 주의)

patron(보호자, 후원자)　　　**pat**(아버지) + ron(사람)

patronage(후원)　　　**pat**ron(보호자, 후원자) + age(동작, 상태)

pattern[형(型)]　　　**patter**(아버지) + n(성질, 상태)

re**patri**ate(본국으로 송환하다)　　　re(다시) + **patri**(국가) + ate(~로 만들다)

re**patri**ation(본국 송환)　　　re(다시) + **patri**(국가) + ation(행위, 결과)

pax- ➡ pac- ➡ peace- ➡ pease- ➡ pay-

① 평화(peace)
② 지불하다

ap**pease**(달래다)	ap(향하여) + **pease**(평화)
ap**pease**ment(위로, 지정, 완화)	ap**pease**(달래다) + ment(성질, 수단, 행위)
pacific(평화스러운)	**pac**(평화) + ific(~스러운)
pacificate(달래다, 화해시키다)	**pac**ific(평화스러운) + ate(~로 만들다)
pacifist(평화주의자)	**pac**(평화) + ifist(주의자)
pacify(진정시키다)	**pac**(평화) + ify(~하게 하다)
pact(계약, 협정, 조약)	**pac**(평화) + t(행위, 결과)
payable(지불할 수 있는)	**pay**(지불하다) + able(할 수 있는)
payee(수취인)	**pay**(지불하다) + ee(사람, ~을 당하는 사람)
payment(지불, 보수)	**pay**(지불하다) + ment(성질, 수단, 행위)
peace-maker(조정자)	**peace**(평화) + maker(만드는 사람, 제작자)
peaceful(평화로운)	**peace**(평화) + ful(~로운, 특성을 가진)

ped- ➡ pedi-

① 발(足)

ex**pedi**te(재촉하다, 진척시키다)	ex(밖으로) + **pedi**(발) + te(행위)
ex**pedi**tion(탐험, 원정)	ex(밖으로) + **pedi**(발) + tion(행위, 결과)
im**ped**e(방해하다, 지체시키다)	im(부정) + **ped**(발) + e
im**pedi**ment(방해물)	im(부정) + **pedi**(발) + ment(성질, 수단)
pedal(페달, 발판)	**ped**(발) + al(~하는 행위)
peddler(행상인)	**ped**(발) + dler(걷는 사람)
pedestal(주춧대, 다리)	**ped**(발) + estal(<u>esta</u>blish 설치다다, 수립하다)
pedestrian(보행자)	**ped**(발) + estri + an(행위자)
pedigree(계도, 혈통표)	**ped**(발) + igree(<u>a</u>gree 일치하다)

pel- ➡ puls- ➡ peal- ➡ pell-

① 쫓다, 몰다(drive)
② 밀다(push)
③ 치다(beat)
④ 추진하다

appeal(간청, 탄원, 상소, 호소하다) ap(향하다) + **peal**(추진하다)
appealing(매력적인) ap(향하여) + **peal**(쫓다) + ing(행위)
compel(강요하다, 강제하다) com(전적으로) + **pel**(추진하다)
compulsion(강제) com(전적으로) + **puls**(추진하다) + ion(구체적 사례)
compulsory(강제하는, 명령적인, 의무적인) com(강조) + **puls**(몰다) + ory(~하는)
expel(쫓아내다, 추방하다, 제명하다) ex(밖으로) + **pel**(쫓다)
expulsion(추방, 배제, 제명) ex(밖으로) + **puls**(쫓다) + ion(구체적 사례)
impel(압박하여 ~하게 하다) im(안으로) + **pel**(밀다)
impulse(충동, 충격) im(안으로) + **pulse**(맥박, 맥박 치다, 고동치다)
impulsion(충동, 충격) im(안으로) + **puls**(치다) + ion(구체적 사례)
impulsive(충동적인) im(안으로) + **puls**(치다) + ive(~적인, 성질, 경향)
propel(추진시키다, 재촉하다) pro(앞으로) + **pel**(몰다)
propellent(추진하는) pro(앞으로) + **pell**(추진하다) + ent(~하는)
propeller(프로펠러) pro(앞으로) + **pell**(추진하다) + er(기계)
pulsate(고동치다, 맥박이 뛰다) **puls**[밀다(혈액을 밀어내다)] + ate(~로 만들다)
pulsation(고동, 맥박) **puls**[밀다(혈액을 밀어내다)] + ation(행위, 결과)
pulse(맥박, 맥박 치다, 고동치다) **puls**[밀다(혈액을 밀어내다)] + e(상태)
repel(물리치다, 몰아내다) re(뒤) + **pel**(쫓다)
repulse(물리치다) re(뒤) + **puls**(쫓다) + e(상태)
repulsion(반감) re(뒤) + **puls**(쫓다) + ion(구체적 사례)
repulsive(반감을 일으키는) re(뒤) + **puls**(쫓다) + ive(~하는, 성질, 경향)

pen- ➡ pent- ➡ pun-

① 벌주다(punish)

penalize(유죄를 선고하다) **pen**(벌주다) + al(~하는 행위) + ize(~로 취급하다)
penalty(형벌, 벌금, 반칙의 벌점) **pen**(벌주다) + al(하는 행위) + ty(성질, 상태)

punish(벌하다, 응징하다) | **pun**(벌주다) + ish(~하게 하다, ~을 주다)
punishment(처벌, 징계) | **pun**ish(벌하다, 응징하다) + ment(행위, 결과)
repent(후회하다, 분하게 여기다) | re(다시) + **pent**(벌주다)

pend- ➡ pens-

① 매달(리)다(hang)
② 무게를 재다(weigh)
③ 지불하다(pay)
④ 기다리다(wait)

compensate(배상하다, 갚다) | com(전적으로) + **pens**(지불하다) + ate(~로 만들다)
depend(의지하다, 신뢰하다, ~에 달려있다) | de(전적으로) + **pend**(매달리다)
dependent(의존하고 있는) | de(전적으로) + **pend**(매달리다) + ent(~하고 있는)
expend(소비하다) | ex(밖으로) + **pend**(지불하다)
expenditure(소비, 지출, 비용) | ex(밖으로) + **pend**(지불하다) + it(가다) + ure(행위, 결과)
expense(지출, 비용, 손실) | ex(전적으로) + **pens**(지불하다) + e(상태)
expensive(값비싼, 비용이드는) | ex(전적으로) + **pens**(지불하다) + ive(성질, 경향)
impending(절박한, 임박한) | im(안으로) + **pend**(매달리다) + ing(행위, 결과)
independence(독립심, 자주) | in(부정) + de**pend**(의지하다) + ence(성질, 상태)
pending(~을 기다리는 동안) | **pend**(대기하다) + ing(행위, 결과)
spend(소비하다, 돈을 쓰다) | s(복수) + **pend**(지불하다)
suspend(매달다, 보류하다, 중지하다) | sus(아래에) + **pend**(매달다)

pet- ➡ peat-

① 구하다(seek)

appetite(식욕, 욕망, 흥미) | ap(향하여) + **pet**(구하다) + ite(지지자)
appetizer(전채요리, 식욕을 돋우는 것) | ap(향하여) + **pet**(구하다) + izer(상태)
compete(겨루다, 경쟁하다) | com(함께) + **pet**(구하다) + e(상태)
competent(유능한, 적임자, 자격 있는) | com(완전히) + **pet**(구하다) + ent(~하는)
competitor(경쟁자, 적수) | com(함께) + **pet**(구하다) + it(가다) + or(사람)
impetuous(맹렬한, 성급한, 급격한) | im(안으로) + **pet**(구하다) + uous(습관)

re**peat**(반복하다, 복창하다, 재연)   re(다시) + **peat**(구하다)
petition(청원, 탄원하다)   **pet**(구하다) + it(가다) + ion(구체적 사례)
petitioner(청원자, 원고)   **pet**ition(청원, 탄원하다) + er(관계자)

phan- ➡ phen- ➡ phas- ➡ fan-

① 나타나다(show, appear)
② 보이다

em**phas**is(강조, 역설)   em(되게 되다) + **phas**(나타나다) + is(상태, 성질)
em**phas**ize(강조하다, 역설하다)   em(되게 되다) + **phas**(나타나다) + ize(~하다)
fantasia(환상곡)   **fan**(보이다) + tasi[tas(t)y, tas(y→i) 고상한] + a(air 곡조,공기)
fantastic(공상적인, 상상의, 굉장한)   **fan**(보이다) + tast(e)(taste 맛, 고상한 취미) + ic(~의)
fantasy(엉뚱한 공상, 괴이한 환상)   **fan**(나타나다) + tas(t)y(tasty 재미있는, 고상한)
phantom(환영, 유령, 유명무실)   **phan**(나타나다) + tom(b)(tomb 무덤)
phase(단계, 국면, 부분, 면)   **phas**(나타나다) + e(성질, 상태)

phe-

① 말하다(speak)

phenom(천재, 굉장한 사람)   **phe**(말하다) + nom(이름)
pro**phe**cy(예언)   pro(미리) + **phe**(말하다) + cy(결과, 상태)
pro**phe**sy(~을 예언하다)   pro(미리) + **phe**(말하다) + sy(성질, 상태)
pro**phe**t(예언자)   pro(미리) + **phe**(말하다) + t(사람)

phon- ➡ phono- ➡ phone-

① 소리(sound)

ear**phon**e(이어폰)   ear(귀) + **phon**(소리) + e(성질, 상태)
eu**phon**y(듣기 좋은 소리)   eu(선(善)) + **phon**(소리) + y(행위, 상태)
gramo**phon**e(축음기)   gramo(기록) + **phon**(소리) + e(성질, 상태)

homo**phone**(동음이의어)   homo(같은) + **phon**(소리) + e(성질, 상태)

inter**phone**(구내전화)   inter(~의 사이에) + **phone**(소리)

mega**phone**(확성기)   mega(큰) + **phone**(소리)

micro**phone**(마이크로폰)   micro(작은) + **phone**(소리)

phone(전화)   **phon**(소리) + e(성질, 상태)

phonetic(음성의, 발음의, 음성학의)   **phon**(소리) + etic(에틱한, ic~의)

phonograph(축음기)   **phono**(소리) + graph(그래프, 도식)

sym**phon**y(교향곡, 교향악단)   sym(함께) + **phon**(소리) + y(장소, 집단)

tele**phone**(전화기)   tele(먼) + **phone**(소리)

xylo**phone**(목금, 실로폰)   xylo(나무) + **phone**(소리)

xylo**phon**ist(실로폰 연주자)   xylo(나무) + **phon**(소리) + ist(연주자)

photo-

① 빛(light)

photograph(사진)   **photo**(빛) + graph(그래프, 도식)

photographer(사진사)   **photo**(빛) + graph(그래프, 도식) + er(사람)

photographic(사진의)   **photo**(빛) + graph(그래프, 도식) + ic(~의)

photolysis(광분해)   **photo**(빛) + lysis(분해)

pict-

① 그리다(paint)

de**pict**(묘사하다, 서술하다)   de(완전하게) + **pict**(그리다)

de**pict**ion(묘사, 서술)   de**pict**(묘사하다, 서술하다) + ion(구체적 사례)

picture(그림, 사진, 영화, 묘사하다)   **pict**(그리다) + ure(행위, 결과)

picturesque(생생한, 그림같이 아름다운)   **pict**ure(그림) + s(복수) + que(<u>que</u>en, 여왕)

plaud- ➡ plode- ➡ plos- ➡ plause- ➡ pleas-

① 치다(strike)
② 박수치다(clap)
③ 기뻐하는

ap**plaud**(박수를 보내다, 칭찬하다)	ex(밖으로) + **plaud**(박수치다)
ap**plause**(박수갈채, 칭찬)	ex(밖으로) + **plause**(박수치다)
dis**pleas**ure(불쾌)	dis(반대) + **pleas**(기뻐하는) + ure(행위, 결과)
ex**plode**(폭발하다, 폭소하다)	ex(밖으로) + **plode**(치다, 박수치다)
ex**plos**ive(폭발성의, 폭약)	ex(밖으로) + **plos**(치다) + ive(성질)
ex**plos**ion(폭발, 파열, 급증)	ex(밖으로) + **plos**(치다) + ion(구체적 사례)
please(기뻐하다)	**pleas**(기뻐하는) + e(성질, 상태)

plen- ➡ plet- ➡ ply- ➡ ple- ➡ pli-

① 채우다(fill)
② 가득 찬(full)

accom**pli**sh(달성하다, 수행하다)	ac(향하여) + com(완전히) + **pli**(채우다) + sh(~하다)
am**ple**(넉넉한, 풍부한, 큰)	am(강조) + **ple**(가득 찬)
am**pli**fy(~을 상세히 논하다)	am(강조) + **pli**(채우다) + fy(~하게 하다)
com**plet**e(완전한, 철저한)	com(완전히) + **plet**(채우다) + e(성질, 상태)
com**plet**ion(완성, 성취)	com(완전히) + **plet**(채우다) + ion(구체적 사례)
com**pli**ance(순종, 복종, 협력)	com(완전히) + **pli**(가득찬) + ance(성질, 상태)
com**ply**(따르다, 응하다)	com(완전히) + **ply**(채우다)
plenty(풍부, 다수, 충분)	**plen**(가득 찬) + ty(성질, 상태)
sup**ple**ment(추가, 보충, 부록)	sup(계속, 아래에) + **ple**(채우다) + ment(성질, 수단)
sup**ply**(공급하다, 충족시키다, 보급)	sup(계속, 아래에) + **ply**(채우다)

plor-

① 외치다(cry)
② 울다(weep)

deplorable(비통한, 비참한)　　　　　　　　de(전적으로) + **plor**(울다) + able(할 수 있는, ~한)
de**plor**e(애통해 하다)　　　　　　　　　de(전적으로) + **plor**(울다) + e(성질, 상태)
ex**plor**ation(탐험, 탐사, 조사, 연구)　　　ex(밖으로) + **plor**(외치다) + ation(행위, 결과)
ex**plor**e(탐험하다, 탐색하다, 조사하다)　ex(밖으로) + **plor**(외치다) + e(성질, 상태)

ply- ➡ ple- ➡ pli(c)- ➡ play- ➡ plo(y)- ➡ plex-

① 접어 겹치다(fold)
② 적용하다

ap**pli**ance(기구, 기계, 응용)　　　　　　　ap(향하여) + **pli**(적용하다) + ance(상태, 성질)
ap**plic**able(적용할 수 있는)　　　　　　　ap(향하여) + **plic**(적용하다) + able(할 수 있는)
ap**plic**ant(지원, 응모, 신청자)　　　　　　ap(향하여) + **plic**(적용하다) + ant(사람)
ap**plic**ation(적용, 응용)　　　　　　　　ap(향하여) + **plic**(적용하다) + ation(행위, 결과)
ap**ply**(붙이다, 적용하다, 응용하다, 지원하다)　ap(향하여) + **ply**(적용하다)
com**plex**(복잡한, 합성물)　　　　　　　　com(함께) + **plex**(접어 겹치다)
com**plic**ate(복잡하게 하다)　　　　　　　com(완전히) + **plic**(접어 겹치다) + ate(~로 만들다)
di**plo**ma(공문서, 면허장)　　　　　　　　di(철저한) + **plo**(적용하다) + ma(문서)
di**plo**macy(외교, 책략)　　　　　　　　　di(철저한) + **plo**(적용하다) + macy(묘책)
di**plo**mat(외교관)　　　　　　　　　　　di(철저한) + **plo**(적용하다) + mat(사람)
di**plo**matic(외교관의)　　　　　　　　　di(철저한) + **plo**(적용하다) + mat(사람) + ic(~의)
de**ploy**(전개하다, 배치하다)　　　　　　　de(분리) + **ploy**(접어 겹치다)
dis**play**(펼치다, 전시하다, 진열)　　　　　dis(분리) + **play**(접어 겹치다)
du**plic**ate(중복의, 이중의, 복사하다)　　　du(둘) + **plic**(겹치다) + ate(~로 만들다)
em**ploy**(고용하다, 일터를 주다)　　　　　em(되게 하다) + **ploy**(적용하다)
ex**plic**it(명백한, 숨김없는)　　　　　　　ex(전적으로) + **plic**(적용하다) + it(나타나다)
im**plic**ate(관련시키다, 휩쓸려들게 하다)　em(되게 하다) + **plic**(접어 겹치다) + ate(~로 만들다)
im**ply**(함축하다, 암시하다, 의미하다)　　im(안으로) + **ply**(접어 겹치다)
pliers(집게, 벤찌)　　　　　　　　　　　**pli**(접어 겹치다) + er(기구) + s(복수)
re**ply**(회답, 회신하다, 대답하다)　　　　　re(뒤) + **ply**(적용하다)

simple(간단한, 소박한, 단일의)　　　　sim(<u>sim</u>ulation 모의실험, 가짜) + **ple**(적용하다)

point- ➡ punct- ➡ pung- ➡ punctu-

① 점(點)
② 지시

ap**point**(지명하다, 임명하다)　　　　ap(향하여) + **point**(지시)
ap**point**ed(지정된, 정해진)　　　　ap**point**(지명하다, 임명하다) + ed(~한)
ap**point**ment(임명, 지정)　　　　ap**point**(지명하다, 임명하다) + ment(행위, 결과)
disap**point**(실망시키다)　　　　dis(제거, 박탈) + ap**point**(지명하다, 임명하다)
disap**point**ment(실망, 낙망)　　　　disap**point**(실망시키다) + ment(행위, 결과)
point(점, 요점, 득점, 가리키다, 지시하다)
point-blank(노골적인, 직사의)　　　　**point**(점) + blank(백지의, 공백의)
pointed(뽀족한, 예리한)　　　　**point**(점) + ed(~한)
pointer(지시하는 사람)　　　　**point**(지시) + er(사람)
punctual(약속시간을 엄수하는)　　　　**punctu**(지시) + al(~하는)
punctuality(시간엄수)　　　　**punctu**al(약속시간을 엄수하는) + ity(성격, 상태)
punctuation(구두점, 구두법)　　　　**punctu**(지시) + ation(행위, 결과)
puncture(빵구나다)　　　　**punct**(점) + ure(행위, 결과)
pungent(매운, 얼얼한)　　　　**pung**(점) + ent(~한, ~성질의)

police- ➡ polic- ➡ polit-

① 도시(city)
② 정치

metro**polit**an(수도의)　　　　metro(측량하다) + **polit**(도시) + an(~의)
police-force(경찰력)　　　　**police**(도시) + force(힘)
policeman(경찰관)　　　　**police**(도시) + man(사람)
policy(정치)　　　　**polic**(도시) + y(행위, 상태)
politic(정치의, 정책의)　　　　**polit**(도시) + ic(~의)
political(정치적)　　　　**polit**ic(정치의, 정책의) + al(~적)
politics(정치, 정략)　　　　**polit**ic(정치의, 정책의) + s(복수)

politician(정치가)   **polit**ic(정치의, 정책의) + ian(사람)

poly-

① 다(多), 복(複)

polyandry(일처다부)   **poly**[다(多)] + andry(남편)
polyarchy(다두정치)   **poly**[다(多)] + archy(정치)
polycentrism(다 중심주의)   **poly**[다(多)] + centr(중심) + ism(주의)
polychrome(다색채의)   **poly**[다(多)] + chrome(~의 빛깔, 색소)
polygamy(일부다처)   **poly**[다(多)] + gamy(결혼, 번식)

popul- ➡ publ- ➡ public-

① 대중
② 국민, 사람
③ 민족

popular(인기 있는, 대중적인, 일반의)   **popul**(대중) + ar(~한, ~의, ~적인)
popularity(인기)   **popul**ar(인기 있는, 대중적인) + ity(성격, 상태)
popularize(통속화하다)   **popul**ar(인기 있는, 대중적인) + ize(~로 만들다)
populate(~에 사람을 거주케 하다)   **popul**(사람) + ate(~하게 만들다)
population(인구)   **popul**(국민) + ation(행위, 결과)
populous(인구가 많은)   **popul**(국민) + ous(많은)
public(공공의)   **publ**(대중) + ic(~의)
publication(출판, 공표, 발표)   **public**(공공의) + ation(행위, 결과)
publicity(선전)   **publ**(대중) + ic(~에 관한) + ity(성격, 상태)
publicize(선전하다)   **publ**(대중) + ic(~에 관한) + ize(~의 상태로 만들다)
public opinion(여론)   **public**(대중) + opinion(의견, 견해)
public servant(공무원)   **public**(대중) + servant(하인, 종, 고용인)
publicly(공공연히, 공적으로)   **public**(대중) + ly(부사 만들기)
publish(출판하다)   **publ**(대중) + ish(~하게 하다)
publisher(출판업자)   **publ**ish(출판하다) + er(관계자)
re**public**(공화국)   re(대하여) + **public**(국민)

re**public**an(공화국의)　　　　　　　　**republic**(공화국) + an(〜의)

port- ➡ porch-

① 운반하다(carry)
② 항구(harbor)
③ 문(gate)

de**port**(처신하다)　　　　　　　　de(떨어져) + **port**(운반하다)
de**port**ment(행동, 태도)　　　　　de**port**(처신하다) + ment(행위, 결과)
ex**port**(수출하다, 수출)　　　　　ex(밖으로) + **port**(운반하다)
ex**port**er(수출업자)　　　　　　　ex**port**(수출하다, 수출) + er(관계자)
im**port**(수입하다, 수입)　　　　　im(안으로) + **port**(운반하다)
im**port**er(수입업자)　　　　　　　im**port**(수입하다, 수입) + er(관계자)
im**port**ance(중요성)　　　　　　　im(안으로) + **port**(운반하다) + ance(성질, 상태)
im**port**ant(중요한, 주요한)　　　import(수입하다, 수입) + ant(〜한)
op**port**unist(기회주의자)　　　　op(반대하여) + **port**(문) + un(부정) + ist(주의자)
op**port**unity(적절한 시기)　　　　op(가까운) + **port**(문) + unity(통일, 통합)
porch(돌출현관)
port(항구, 공항, 항구도시)
portly(풍채 좋은)　　　　　　　**port**(항구, 공항, 항구도시) + ly(〜다운, 〜좋은)
portable(운반할 수 있는)　　　**port**(운반하다) + able(할 수 있는)
porter(운반인, 수화물)　　　　　**port**(운반하다) + er(사람, 물건)
re**port**(보고서, 설명서, 발표)　　re(다시) + **port**(운반하다)
s**port**(스포츠)　　　　　　　　　(di)s(분리) + **port**(운반하다. 즉, 일을 그만두고 놀다)
sup**port**(지지하다, 지원하다, 후원하다)　sup(아래로) + **port**(운반하다)
sup**port**able(참을 수 있는)　　support(지지하다) + able(할 수 있는)
sup**port**er(지지자)　　　　　　　support(지지하다) + er(행위자)
trans**port**(운송하다, 수송하다)　trans(가로질러) + **port**(운반하다)
trans**port**ation(운송, 수송, 교통기관)　trans**port**(운송하다) + ation(행위, 결과)

pos- ➡ pon- ➡ pound-

① 놓다(put)
② 자리, 위치(place)

component(구성하고 있는, 성분)	com(서로) + **pon**(놓다) + ent(하고 있는)
compose(구성하다, 진정하다)	com(완전히) + **pos**(놓다) + e(상태)
composition(조립, 합성, 구성, 작문)	com(완전히) + **pos**(놓다) + ition(동작, 상태)
composure(침착, 냉정)	com(완전히) + **pos**(놓다) + ure(행위, 결과)
compound(합성의, 혼성의)	com(함께) + **pound**(놓다)
depose(면직하다, 해임하다)	de(떨어져) + **pos**(놓다) + e(상태, 성질)
deposit(예금하다, 보관하다)	de(떨어져) + **pos**(놓다) + it(가다)
dispose(배치하다, 정리하다)	dis(철저히) + **pos**(놓다) + e(상태, 성질)
disposition(기질, 성질, 배치)	dis(철저히) + **pos**(놓다) + ition(동작, 상태)
expose(몸을 드러내다, 진열하다)	ex(밖으로) + **pos**(놓다) + e(상태, 성질)
exposition(전시회, 박람회)	ex(밖으로) + **pos**(놓다) + ition(동작, 상태)
exposure(노출, 진열)	ex(밖으로) + **pos**(놓다) + ure(행위, 결과)
impose(세금 등을 부과하다, 강요하다)	im(안으로) + **pos**(놓다) + e(성질, 상태)
oppose(~에 반항하다, 반대하다)	op(반대하여) + **pos**(놓다) + e(성질, 상태)
opposite(정반대의)	op(반대하여) + **pos**(놓다) + ite(성질이 있는)
pose(어떤 자세를 취하다, 자세, 태도)	**pos**(놓다) + e(성질, 상태)
positive(명백한, 절대적인)	**pos**(자리) + it(가다) + ive(성질, 경향)
posses(소유하다)	**pos**(놓다) + ses(sess 자리)
possession(소유, 점유)	**pos**(놓다) + sess(자리) + ion(구체적 사례)
possessive(소유의, 소유를 나타내는)	**pos**(놓다) + sess(자리) + ive(성질, 경향)
possessor(소유자, 임자)	**pos**(놓다) + sess(자리) + or(사람)
postpone(연기하다)	**pos**(놓다) + t(상태) + **pon**(놓다) + e(성질, 상태)
proposal(제안, 계획, 결혼신청)	pro(앞에) + **pos**(놓다) + al(하는 행위)
propose(구혼하다)	pro(앞에) + **pos**(놓다) + e(성질, 상태)
proposition(제안, 계획)	pro(앞에) + **pos**(놓다) + ition(동작, 상태)
purpose(사용목적, 동기, 의도)	pur(공공연히) + **pos**(놓다) + e(상태, 성질)
suppose(생각하다, ~가정하다)	sup(비밀리에) + **pos**(놓다) + e(상태, 성질)

pot- ➡ poss-

① 할 수 있는(able)

possible(가능한, ~할 수 있는)   poss(할 수 있는) + ible(할 수 있는)
possibly(가능성, 가망, 실현성)   possibl(e)(가능한, ~할 수 있는) + y(상태)
possibility(가능성, 가망, 실현성)   possibil(y→i 음위전환)(가능성, 실현성) + ity(성격, 상태)
potent(세력있는, 유력한, 강력한)   pot(할 수 있는) + ent(~하는, 성질의)
potential(가능성 있는, 잠재적인)   potent(세력 있는, 유력한, 강력한) + ial(성질)
potentiality(잠재상태, 잠재적 가능성)   potential(가능성 있는, 잠재적인) + ity(성격, 상태)

prehend- ➡ prehens-

① 잡다

apprehend(붙잡다, 체포하다, 파악하다)   ap(향하여) + prehend(잡다)
apprehension(이해)   ap(향하여) + prehens(잡다) + ion(구체적 사례)
comprehend(이해하다)   com(완전히) + prehend(잡다)
comprehensible(이해할 수 있는)   comprehens(이해) + ible(할 수 있는)
comprehension(이해, 납득)   prehens(잡다) + ion(구체적 사례)
comprehensive(포괄적인, 이해의)   com(완전히) + prehens(잡다) + ive(경향)

press-

① 누르다

compress(압축하다, 요약하다)   com(완전히) + press(누르다)
compressor(압축하다, 요약하다)   com(완전히) + press(누르다) + or(기기)
depress(우울하게 하다)   de(떨어져) + press(누르다)
depressing(억누르는, 울적해지는)   de(떨어져) + press(누르다) + ing(행위, 결과)
depression(불경기)   de(하강) + press(누르다) + ion(구체적 사례)
depressor(억압자)   de(아래로) + press(누르다) + or(사람)
express(표현하다, 운반하다, 급행여차)   ex(밖으로) + press(누르다)
expression(표현, 말씨, 표정)   ex(밖으로) + press(누르다) + ion(구체적 사례)

impress(감명을 주다) | im(안으로) + **press**(누르다)
impression(인상) | im(안으로) + **press**(누르다) + ion(구체적 사례)
impressionism(인상) | impression(인상) + ism(~주의)
impressionist(인상파 화가) | impression(인상) + ist(행위자, 관계자)
impressive(인상적인) | impress(감명을 주다) + ive(성질, 경향)
oppress(억누르다, 학대하다) | op(앞에) + **press**(누르다)
oppression(압박, 학대) | oppress(억누르다, 학대하다) + ion(구체적 사례)
pressing(절박한, 긴급한, 압박) | press(누르다) + ing(행위, 결과)
pressure(압력, 압박, 압축, 누르기) | press(누르다) + ure(행위, 결과)
pressure group(압력 단체) | pressure(압력, 압박, 누르기) + group(집단)
repress(진압하다) | re(뒤) + **press**(누르다)
repression(진압, 억압, 억제) | repress(진압하다) + ion(구체적 사례)
suppress(참다) | sup(아래에) + **press**(누르다)
suppressor(억압자, 억압기) | sup(아래에) + **press**(누르다) + or(기기)

price- ➡ prize- ➡ praise- ➡ preci- ➡ pret-

① 가격
② 감상

appreciate(감상하다) | ap(향하여) + **preci**(감상) + ate(~로 만들다)
appreciation(감상) | appreciat(e)(감상하다) + ion(구체적 사례)
appreciator(감상자) | appreciat(e)(감상하다) + or(사람)
interpret(통역하다) | inter(사이에) + **pret**(감상)
interpretation(통역) | interpret(통역하다) + ation(행위, 결과)
interpreter(통역자) | interpret(통역하다) + er(사람)
precious(귀중한) | preci(가격) + ous(많은)
priceless(대단히 귀중한) | price(가격) + less(~이 안 되는)
prize(상품)
praise(칭찬)

prin- ➡ pri- ➡ prim- ➡ prem-

① 제1의(the first)
② 최초의

premier(국무총리, 수상, 제1의, 최고참의)　　**prem**(제1의) + ier(사람, ～의)
prince(왕자, 군주, 제 1인자)　　**prin**(제1의) + ce(～성질, 미국에서는 'se')
principal(주요한, 앞장서는, 우두머리)　　**prin**(제1의) + cip(잡다) + al(～하는 행위)
principle(원리, 원칙, 방침, 본질)　　**prin**(제1의) + cip(잡다) + le(경향)
prime(제1의, 최초의, 근본적인, 번영기)　　**prim**(최초의) + e(성질, 상태)
primary(본래의, 초보의, 주요한, 원색)　　**prim**(최초의) + ary(～성질의, ～관한)
primitive(원시의, 유치한, 소박한)　　**prim**(최초의) + it(가다) + ive(성질, 경향)
prior(앞의, 먼저의, ～보다 먼저)　　**pri**(제1의) + or(동작, 상태, 성질)
priority(～보다 우선함, 우선권)　　**pri**or(앞의, 먼저의, ～보다 먼저) + ity(성격, 상태)

pris- ➡ prey-

① 잡다

com**pris**e(포함하다)　　com(함께) + **pris**(잡다) + e(상태)
enter**pris**e(사업)　　enter(상호간에) + **pris**(잡다) + e(상태)
im**pris**on(투옥하다)　　im(안으로) + **pris**(잡다) + on(접촉, 쪽으로)
prey(먹이, 희생물, 전리품, 잡아먹다, 약탈하다)
prison(감옥, 교도소)　　**pris**(잡다) + on(단위, 장소)
prisoner(죄수)　　**pris**on(감옥, 교도소) + er(사람)
sur**pris**e(놀람, 뜻밖의 일)　　sur(비밀리에) + **pris**(잡다) + e(상태)

priv-

① 개인의

de**priv**e(빼앗다)　　de(제거, 박탈) + **priv**(개인의) + e(상태, 성질)
privacy(사생활, 은둔)　　**priv**(개인의) + acy(상태, 성질)
private(개인의, 사사로운)　　**priv**(개인의) + ate(～의, 성질)

privilege(특권, 특별취급)　　　　　　　**priv**(개인의) + ile(~에 관한, 적합한) + ge(행위)
privy(몰래)　　　　　　　　　　　　　**priv**(개인의) + y(행위, 상태)

prob- ➡ prov- ➡ proof-

① 시도하다(try)
② 증명하다(prove)
③ 시험하다(test)
④ 조사하다(examine)

ap**prov**al(승인, 신청)　　　　　　　　ap(향하여) + **prov**(증명하다) + al(~하는 행위)
ap**prov**e(승인하다, 찬성하다, 입증하다)　ap(향하여) + **prov**e(증명하다)
bomb**proof**(방탄의)　　　　　　　　　bomb(폭탄) + **proof**(증명하다)
bullet**proof**(방탄의처럼 막다)　　　　　bullet(탄알) + **proof**(증명하다)
disap**prov**e(인가하지 않은)　　　　　　dis[불(不)] + ap**prov**e(승인하다, 찬성하다, 입증하다)
dis**proof**(반증)　　　　　　　　　　　dis(반대) + **proof**(증명)
dis**prov**e(반박하다, ~의 반증을 들다)　 dis(반대) + **prov**e(증명하다)
fire**proof**(내화의, 불연성의)　　　　　　fire(불) + **proof**(증명하다)
im**prov**able(개량할 수 있는)　　　　　 im(위에) + **prov**(증명하다) + able(할 수 있는)
im**prov**e(개량하다, 개선하다)　　　　　im(위에) + **prov**(시험하다) + e(성질, 상태)
im**prov**ement(개량)　　　　　　　　　im**prov**e(개량하다, 개선하다) + ment(성질, 수단)
probability(가망성, 사실인 듯한)　　　 **prob**(증명하다) + ability(능력)
probe(조사하다, 조사, 시도)　　　　　 **prob**(조사하다) + e(성질, 상태)
proof(증거)
proofread(교정보다)　　　　　　　　　**proof**(조사하다) + read(읽다)
proofreader(교정원)　　　　　　　　　**proof**read(교정보다) + er(사람)
proofreading(교정)　　　　　　　　　**proof**read(교정보다) + ing(행위, 결과)
prove(증명하다)　　　　　　　　　　　**prov**(증명하다) + e(성질, 상태)
rain**proof**(방수)　　　　　　　　　　　rain(비) + **proof**(증명하다)
re**prov**e(꾸짖다, 비난하다, 반발하다)　　re(다시) + **prov**(조사하다) + e(성질, 상태)
water**proof**(방수의)　　　　　　　　　water(물) + **proof**(증명하다)

prophe-

① 예언

prophecy(예언)   **prophe**(예언) + cy(상태)
prophesy(예언하다)   **prophe**(예언) + sy(~하다)
prophet(예언자)   **prophe**(예언) + t(사람)
prophetic(예언의)   **prophe**t(예언자) + ic(~의)

pute- ➡ put-

① 생각하다(think)
② ~에서 잘라내다(lop off)

com**pute**(계산하다, 산출하다)   com(함께) + **pute**(생각하다)
com**put**er(계산기, 계산자)   com(함께) + **put**(생각하다) + er(기기, 사람)
de**put**y(대리인, 부관, 대의원)   de(분리) + **put**(생각하다) + y(경향)
dis**pute**(논쟁하다, 토론하다)   dis(반대) + **pute**(생각하다)
re**put**ation(평판, 세평)   re(다시) + **put**(생각하다) + ation(행위, 결과)

que(st)- ➡ quir- ➡ quire- ➡ quisit- ➡ quer-

① 구하다(seek)
② 묻다(ask)

ac**quire**(획득하다, 습득하다)   ac(행하여) + **quire**(구하다)
ac**quir**ed(습득한, 후천적으로 얻은)   ac(행하여) + **quir**(구하다) + ed(~한, ~을 가진)
ac**quire**ment(습득, 재예)   ac(행하여) + **quire**(구하다) + ment(행위, 결과)
ac**quisit**ion(취득, 획득, 취득물)   ac(향하여) + **quisit**(구하다) + ion(구체적 사례)
con**quer**(정복하다, 획득하다)   con(완전히) + **quer**(구하다)
con**quest**(정복, 획득)   con(완전히) + **quest**(구하다)
en**que**te(앙케이트, 여론조사)   en(안에) + **que**(묻다) + te(상태, 결과)
ex**quisit**e(우아한, 정교한)   ex(전적으로) + **quisit**(구하다) + e(상태)
in**quire**(묻다, 문의하다)   in(~으로 하다) + **quire**(묻다)

inquiry(조사, 연구, 문의)　　　　in(~으로 하다) + **quir**(묻다) + y(경향)
query(질문, 캐묻다)　　　　**quer**(묻다) + y(경향)
querist(심문자, 질문자)　　　**quer**(묻다) + ist(행위자, 관계자)
quest(탐색)
question(질문, 의문, 문제점)　　**quest**(묻다) + ion(구체적 사례)
questionable(의심스러운, 불확실한)　**quest**ion(질문, 의문, 문제점) + able(할 수 있는)
re**quest**(요청, 간청, ~을 부탁하다)　re(다시) + **quest**(구하다)
re**quire**(~을 필요로 하다, 요구하다)　re(다시) + **quire**(구하다)

quick-

① 빠른
② 살아있는

quicken(빠르게 하다)　　　　**quick**(빠른) + en(하게 하다)
quickening(살리는, 소생시키는)　**quick**(살아있는) + en(하게 하다) + ing(행위)
quickeyed(눈치 빠른)　　　　**quick**(빠른) + eyed(눈)
quickly(신속히, 빨리)　　　　**quick**(빠른) + ly(부사 만들기)

radi- ➡ rad- ➡ ray-

① 광선
② 뿌리

e**rad**icate(근절하다)　　　　e(밖으로) + **rad**(뿌리) + ic(~에 관한) + ate(만들다)
e**rad**icator(근절시키는 사람)　　e(밖으로) + **rad**(뿌리) + ic(~에 관한) + ator(사람)
radar(레이다, 전파탐지기)　　**rad**(광선) + ar(기기)
radial(광선의, 방사성의)　　**radi**(광선) + al(~의)
radiance(광휘, 빛남)　　　**radi**(광선) + ance(성질, 상태)
radiant(빛나는, 방사의)　　**radi**(광선) + ant(~하는, ~의)
radiate(발하다, 발산하다)　　**radi**(광선) + ate(~을 주다, ~로 만들다)
radiation(방사선)　　　　**radi**(광선) + ation(행위, 결과)
radiator(냉각장치, 라디에이터)　**radi**(광선) + ator(~하는 것)
radical(근본의, 과격한)　　**rad**(뿌리) + ic(~에 관한) + al(~하는 행위)

radicalize(급진적으로 하다, 과격하게 하다)   **rad**ical(근본의, 과격한) + ize(상태로 만들다)

radicle(잔 뿌리)   **radi**(뿌리) + cle(작은)

radio(라디오)   **radi**(광선) + o(동작, 관계, 제품)

radioactive(방사성의, 방사능의)   **radi**o(라디오) + active(활동적인)

radio photograph(전송사진)   **radi**o(라디오) + photograph(사진)

radio station(방송국)   **radi**o(라디오) + station(국, 정거장, 역)

radish(무)   **rad**(뿌리) + ish(결과, ~하게 하다)

rayon(인조견사, 인조실, 레용)   **ray**(광선, 빛) + on(결과, 상태, 접촉)

x-**radi**ation(엑스선 방사)   x + **radi**ation(방사선)

rect-

① 옳은(right)
② 일직선의(straight)
③ 다스리다(rule)
④ 이끌다(lead)

cor**rect**(정정하다, 교정하다, 올바른)   cor(전적으로) + **rect**(옳은)

di**rect**(직접의, ~을 관리하다, 똑바른)   di(가로질러) + **rect**(일직선의)

di**rect**ion(방향, 명령, 지도)   di**rect**(~을 관리하다) + ion(구체적 사례)

di**rect**ive(지령의, 지시의)   di**rect**(직접의, 똑바른) + ive(성질, 경향)

di**rect**or(지도자, 감독, 교장)   di**rect**(~을 관리하다, 똑바른) + or(관계자)

di**rect**ory(주소 성명록, 지도서)   di(가로질러) + **rect**(이끌다) + ory(~하는 곳)

e**rect**(똑바로 세우다)   e(~로부터) + **rect**(일직선의)

e**rect**ion(직립, 발기)   e**rect**(똑바로 세우다) + ion(구체적 사례)

indi**rect**(간접의)   in(반대) + di**rect**(직접의)

reg- ➡ roy- ➡ rea- ➡ reig- ➡ rec- ➡ rig-

① 지배하다, 통치하다(rule)
② 규칙
③ 국왕(king)

realm(영역, 분야, 왕국)   **rea**(지배하다) + lm(<u>lim</u>it 제한, 한계)

regime(정권, 정치제도)
regiment(연대, 다수)
region(지역, 지방, 영역, 분야)
regular(규칙적인, 정상적인, 일정한)
regularity(규칙적임, 일정불변)
regularly(규칙적으로, 정기적으로)
regulate(규정하다, 통제하다)
regulation(규칙, 규정, 통제)
reign(통치, 주권, 통치권, 지배하다)
royal(국왕의, 왕다운, 멋진)
royalty(왕족, 특허권 사용료)
sovereign(군주, 통치하는 사람)
sovereignty(주권국, 통치권)

reg(통치하다) + ime(제도, 권)
regime(정권, 정치제도) + (e)nt(장소, 행위자)
reg(통치하다) + ion(구체적 사례)
reg(규칙) + ular(공식, 방법)
regular(규칙적인, 일정한) + ity(상태)
regular(규칙적인, 정상적인, 일정한) + ly(부사 만들기)
reg(통치하다) + ulate(~만들다)
reg(통치하다) + ula(공식, 방법) + tion(행위, 결과)
reig(지배하다) + n(결과, 행위)
roy(국왕) + al(성질, 상태, ~의)
royal(국왕의, 왕다운, 멋진) + ty(품성, 안전)
sove(초월하여) + reign(주권, 통치권)
sovereign(군주, 통치하는 사람) + ty(품성, 안전)

render- ➡ rendi-

① 주다(give)

render(되게하다, 주다, 갚다)
rendering(묘사, 표현, 번역)
rendition(번역)
surrender(내주다, 양도하다)

render(주다) + ing(행위, 결과)
rendi(주다) + tion(행위, 결과)
sur(아래로) + render(주다)

river- ➡ rival- ➡ rive-

① 강
② 경쟁하다

arrive(도착하다, 닿다)
rivalry(경쟁)
rivalship(대항, 경쟁)
riverside(강기슭, 강가)

ar(방향) + rive(river 강)
rival(경쟁) + ry(성질, 상태)
rival(경쟁하다) + ship(배, 상태)
river(강) + side(곁)

rot- ➡ rad- ➡ ray-

① 회전

rota(당번)   **rot**(회전) + a(상태)
> 레 '돌아가면서 한다'는 뜻으로 **당번**이라 한다.

rotary(로타리)   **rot**(회전) + ary(~에 속하다)
rotate(회전하다, 순환하다)   **rot**(회전) + ate(~로 만들다)
rotation(회전)   **rot**(회전) + ation(행위, 결과)

rub- ➡ ro-

① 붉다(red)

rouge[루즈, 입술 연지(불어로 '빨강'의 뜻)]
rubicund(붉은, 빨개진)   **rub**(붉다) + icund(성질)
ruby(루비)   **rub**(붉은) + y(상태)

rupt- ➡ rout-

① 부수다
② 부서지다(break)

ab**rupt**(갑작스러운, 돌연한)   ab(향하여) + **rupt**(부서지다)
bank**rupt**(파산자, 파산하다)   bank(은행) + **rupt**(부서지다)
bank**rupt**cy(파산, 도산)   bank(은행) + **rupt**(부서지다) + cy(행위, 작용)
cor**rupt**(부정한, 타락한, 매수하다)   cor(완전히) + **rupt**(부서지다)
cor**rupt**ible(부패하기 쉬운, 뇌물이 통하는)   cor**rupt**(부정한, 타락한, 매수하다) + ible(할 수 있는)
cor**rupt**ion(타락, 부패)   cor**rupt**(부정한, 타락한) + ion(구체적 사례)
e**rupt**(분화하다)   e(밖으로) + **rupt**(부수다)
e**rupt**ion(폭발, 분화)   e**rupt**(분화하다) + ion(구체적 사례)
e**rupt**ive(분화성의)   e**rupt**(분화하다) + ive(성질, 경향)
inter**rupt**(중단하다, 방해하다)   inter(사이에) + **rupt**(부수다)
inter**rupt**ion(방해, 수단)   inter**rupt**(중단하다, 방해하다) + ion(구체적 사례)

route[(개척된) 길, 노선, 수단]   **rout**(부수다) + e(성질, 상태)
routine(판에 박힌 수작, 진부한 것, 타성적인)   **rout**(부수다) + ine(~의 성질)
rupture(터지다, 파열하다)   **rupt**(부수다) + ure(동작, 상태)

sacr- ➡ saint- ➡ sanct-

① 신성한(sacred, holy)

sacred(신성한, 거룩한)   **sacr**(신성한) + ed(~을 가진, ~의 특성인 있는)
sacrifice(희생, 산 제물)   **sacr**(신성한) + if(ify ~화 하다) + ice(성질, 상태)
saint(성인, 성자, 고결한 사람, 천사)
sanction(허가, 인가, 공인하다, 비준하다)   **sanct**(신성한) + ion(구체적 사례)

sad(d)- ➡ sid- ➡ sit(t)- ➡ set(t)- ➡ sess-

① 앉다(sit)
② 놓다(set)
③ 자리, 좌석(seat)
④ 소유하다

baby-**sit**(아기를 돌보다)   baby(아기) + **sit**(놓다)
ob**sess**[(귀신)들리다, 붙다]   ob(가까이) + **sess**(놓다)
ob**sess**ion(강박관념)   ob**sess**[(귀신) 들리다, 붙다] + ion(구체적 사례)
pos**sess**(갖고 있다, 소유하다)   pos(놓다) + **sess**(자리)
pos**sess**ion(소유, 점유)   pos(놓다) + **sess**(자리) + ion(구체적 사례)
pos**sess**ive(소유의, 소유를 나타내는)   pos(놓다) + **sess**(자리) + ive(성질, 경향)
pos**sess**or(소유자, 임자)   pos(놓다) + **sess**(자리) + or(사람)
pre**sid**e(사회하다)   pre(앞에) + **sid**(앉다) + e(상태)
pre**sid**ent(대통령, 의장, 회장, 총장)   pre(앞에) + **sid**(앉다) + ent(사람)
re**sid**e(살다, 거주하다)   re(다시) + **sid**(놓다) + e(상태)
re**sid**ence(거주, 체재기간)   re(다시) + **sid**(놓다) + ence(성질, 상태, 기간)
re**sid**ent(거주하는, 거주자)   re(다시) + **sid**(놓다) + ent(사람, ~하는)
saddle(안장)   **sadd**(자리) + le(도구)
session(개회중, 회기, 개정 기간)   **sess**(자리) + ion(구체적 사례)

setting(무대장치)　　　　　　　　　　sett(놓다) + ing(행위, 결과)
settle(놓다, 두다)　　　　　　　　　　sett(놓다) + le(경향)
settler(이주민)　　　　　　　　　　　sett(놓다) + ler(사람)
sitter(모텔, 앉는 사람)　　　　　　　sitt(앉다) + er(사람)
subside[(소동, 폭풍우) 가라앉다, 진정되다]　sub(아래에) + sid(놓다) + e(상태)
subsidy(보조금)　　　　　　　　　　sub(아래에) + sid(놓다) + y(행위, 상태, 장소)
subsidiary(모조의, 부차적인)　　　　sub(부차적) + sid(자리) + iary(~에 관한)

sal- ➡ sult- ➡ sau- ➡ xult-

① 소금(salt)
② 뛰어오르다(jump)

exult(기뻐하다)　　　　　　　　　　e(전적으로) + xult(뛰어오르다)
exultant(몹시 기뻐하는, 의기 양양한)　exult(기뻐하다) + ant(~하는)
exultation(몹시 기뻐함)　　　　　　exult(기뻐하다) + ation(행위, 결과)
insult(모욕하다, 창피주다, 모욕적 언동)　in(안으로) + sult(뛰어오르다)
insulting(모욕적인, 무례한)　　　　　insult(모욕하다) + ing(행위, 결과)
result(결과, 결말, 생기다, 끝나다)　　re(다시) + sult(뛰어오르다)
resultless(효과 없는, 헛된)　　　　　result(결과, 결말) + less(~이 없는)
salad(샐러드)　　　　　　　　　　　sal(소금) + ad(~종류의 식물, ~개 부분을)
salary(급료)　　　　　　　　　　　sal(소금) + ary(~에 관한)
salmon(연어)　　　　　　　　　　　sal(뛰어오르다) + mon(mono 하나)
saltcellar(소금 그릇)　　　　　　　　salt(소금) + cellar(저장소)
saltish(소금기가 있는, 약간 짠)　　　salt(소금) + ish(~의 성질이 있는)
salty(짠)　　　　　　　　　　　　　sal(소금) + ty(품성)
sauce[소스(소금으로 간을 냄)]　　　sau(소금) + ce(추상의미)
saucer(받침접시)　　　　　　　　　sau(뛰어오르다) + cer(container '그릇'의 약자)
saucy(건방진, 뻔뻔스러운)　　　　　sau(뛰어오르다) + cy(행위, 작용, 성질)
sausage(소시지)　　　　　　　　　　sau(소금) + sage(샐비어의 일종, 슬기로운)

san- ➡ salut- ➡ sanit-

① 건강(health)
② 건강한(heathy)

insane(정신이상의, 몰지각한)   in(반대) + **san**(건강한) + e(상태, 성질)
salute(인사하다, 경의를 표하다)   **salut**(건강) + e(상태, 성질)
sane(제정신의, 분별력 있는)   **san**(건강한) + e(상태, 성질)
sanitary(위생상의, 위생적인)   **sanit**(건강) + ary(~성질의, ~적인)
sanitation(공중위생, 위생설비)   **sanit**(건강) + ation(행위, 결과)

satis- ➡ sat(i)- ➡ satur-

① 만족시키다(satisfy)
② 충분한(enough)

dis**satis**fy(불만을 주다)   dis(불) + **satis**(만족시키다) + fy(~하게 하다)
dis**satis**faction(불만)   dis(불) + **satis**(만족시키다) + faction(실화 소설)
satiate(물리게 하다, ~을 배부르게 하다)   **sati**(만족시키다) + ate(~만들다)
satire(풍자, 신랄함)   **sat**(만족시키다) + ire(<u>ire</u>nic '평화에 도움이 되는'의 줄임말)
satiric(풍자적인, 비꼬는)   **sat**(만족시키다) + iric(<u>ire</u>ni<u>c</u>)
satirist(빈정대는 사람)   **sat**(만족시키다) + ir(irenic) + ist(사람)
satirize(풍자하다, 비꼬다)   **sat**(만족시키다) + ir(irenic) + ize(~상태로 만들다)
satisfaction(만족)   **satis**(만족시키다) + faction(실화소설, 당파)
satisfactory(만족한)   **satis**(만족시키다) + factory(공장)
satisfactorily(만족하게)   **satis**factor(y→i)i(만족한) + ly(부사 만들기)
satisfy(만족시키다)   **satis**(만족시키다) + fy(~하게 하다)
satisfying(만족시키는, 이해가 가는)   **satis**fy(만족시키다) + ing(행위, 결과)
saturate(삼투 시키다, 흠뻑 적시다)   **satur**(충분한) + ate(~만들다)
saturation(침투, 침윤)   **satur**(충분한) + ation(행위, 결과)
saturn(토성)   **satur**(충분한) + n(장소)
un**satis**factory(불만족스러운)   un(불) + **satis**factory(만족한)
un**satis**fied(만족하고 있지 않은)   un(불) + **satis**(만족시키다) + fi(~하게 하다) + ed(~한)

scan- ➡ scal- ➡ scend- ➡ scent-

① 기어오르다, 올라가다(climb)
② 사다리(ladder)
③ 등급, 증계(stairs)

ascend(올라가다, 오르다)	a(방향, 운동) + **scend**(오르다)
ascent(상승, 향상, 비탈, 오르막)	a(방향) + **scent**(오르다)
descend(내려가다, 전해 내려오다)	de(하강) + **scend**(사다리)
descent(하강)	de(하강) + **scent**(올라가다, 향수, 풍기다)
descendant(자손)	descend(내려가다, 전해 내려오다) + ant(행위자, 사람)
escalate(확대하다, 증가하다, 강화하다)	e(전적으로) + **scal**(오르다) + ate(~하다)
escalator(자동승강계단)	e(전적으로) + **scal**(층계) + ator(기기, 물건, 사람)
scale(눈금, 척도, 비율, 등급, 규모, 기어오르다)	**scal**(등급) + e(상태, 성질)
scandal(스캔들, 추문, 중상)	**scand**(올라가다) + al(행위)

scholar- ➡ schola-

① 학자

scholarly(학자다운, 학문적인)	**scholar**(학자) + ly(~다운)
scholarship(학식, 장학금)	**scholar**(학자) + ship(신분, 상태)
scholastic(학교의, 학자의)	**schola**(학자) + stic(~의)

sci-

① 알다(know)

con**sci**ence(양심, 도의심, 선악의 관념)	con(함께) + **sci**(알다) + ence(성질, 상태)
con**sci**entious(양심적인)	con(서로) + **sci**(알다) + ent(행위) + ious(~적인)
con**sci**ous(의식하고 있는)	con(서로) + **sci**(알다) + ous(~있는)
con**sci**ousness(지각, 의식)	conscious(의식하고 있는) + ness(성질, 상태)
science(과학, 학문)	**sci**(알다) + ence(성질, 상태)
scientific(과학적인)	**sci**(알다) + ent(~성질의) + if(~하게 하다) + ic(~적인)

scientific(과학적인)   sci(알다) + ent(행위) + ific(~적인)
scientist(과학자)   sci(알다) + ent(~하는) + ist(관계하는 사람)

scrib(e)- ➡ script-

① 쓰다(write)

ascribe(~의 탓으로 하다)   a(방향) + **scribe**(쓰다)
ascribable(~에 돌릴 수 있는)   a(방향) + **scrib**(쓰다) + able(할 수 있는)
circum**scribe**(한계를 정하다, 정의하다)   circum(주위) + **scribe**(쓰다)
circum**scrip**tion(한계를 정함, 경계선)   circum(주위) + **script**(쓰다) + ion(구체적 사례)
con**scribe**(징발하다, 징집하다)   con(완전히) + **scribe**(쓰다)
de**scribe**(묘사하다, 기술하다)   de(실증하다) + **scribe**(쓰다)
de**scrip**tion(기술, 묘사, 서술)   de(실증하다) + **script**(쓰다) + ion(구체적 사례)
de**scrip**tive(묘사적인, 기술적인)   de(실증하다) + **script**(쓰다) + ive(경향, 성질)
in**scribe**(적다, 새기다)   in(안으로) + **scribe**(쓰다)
in**scrip**tion(비문)   in(위에) + **script**(쓰다) + ion(구체적 사례)
manu**script**(원고)   manu(손) + **script**(쓰다)
post**script**(추신, 후신)   post(후에) + **script**(쓰다)
pre**scribe**(처방하다, 규정하다)   pre(미리) + **scribe**(쓰다)
pre**scrip**tion(처방, 명령, 규정)   pre(미리) + **script**(쓰다) + ion(구체적 사례)
scribble(갈겨쓰기)   **scrib**(쓰다) + ble(double 2배)
scribbler(삼류작가)   **scrib**(쓰다) + ble(double 2배) + (e)r(사람)
script(대본)
scripter(각본가)   **script**(쓰다) + er(사람)
sub**scribe**(기부하다)   sub(비밀리에) + **scribe**(쓰다)
sub**scrib**er(기부자)   sub(비밀리에) + **scrib**(쓰다) + er(사람)
sub**scrip**tion(기부, 기부신청)   sub(비밀리에) + **script**(쓰다) + ion(구체적 사례)
tran**scribe**(베끼다, 전사하다)   tran(가로질러) + **scribe**(쓰다)
tran**script**(사본, 등본, 베낀것)   tran(가로질러) + **script**(쓰다)
tran**scrip**tion(필사, 사본, 녹음, 녹화)   tran(가로질러) + **script**(쓰다) + ion(구체적 사례)

sens(e)- ➡ sent- ➡ senti-

① 느끼다(feel)

assent(동의하다)	as(향하여) + **sent**(느끼다)
common **sense**(상식)	common(일반적인, 공통의) + **sense**(감각)
con**sent**(동의하다, 찬성하다, 승인)	con(완전히) + **sent**(느끼다)
dis**sent**(의견을 달리하다)	dis(분리) + **sent**(느끼다)
in**sens**ible(무감각한, 감각이 둔한)	in(부정) + **sens**(느끼다) + ible(할 수 없는)
non**sense**(허튼 소리, 터무니없는 것)	non(부정) + **sense**(감각)
pre**senti**ment(예감)	pre(미리) + **senti**(느끼다) + ment(수단, 상태)
re**sent**(분개하다, 불쾌하게 생각하다)	re(뒤) + **sent**(느끼다)
re**sent**ful(분개한)	resent(분개하다, 불쾌하게 생각하다) + ful(~가득)
re**sent**ment(노함, 원한)	re(뒤) + **sent**(느끼다) + ment(행위, 수단, 결과)
sensation(감각, 감동을 주는 사건)	**sens**(느끼다) + ation(행위, 결과)
sensational(선풍적 인기의, 세속적인)	sensation(감각, 감동을 주는 사건) + al(성질)
sense(감각)	**sens**(느끼다) + e(성질, 상태)
senseless(무감각한)	sense(감각) + less(~이 없는)
sensible(분별 있는)	**sens**(느끼다) + ible(할 수 있는)
sensibility(감각력, 감수성)	**sens**(느끼다) + ibil(ible 음위전환, 철자법칙) + ity(성격, 상태)
sensitive(예민한)	**sens**(느끼다) + it(나타나다) + ive(성질, 경향)
sensitivity(민감한, 감수성)	**sens**itiv(e)(예민한) + ibil(ible) + ity(성격, 상태)
sensual(육감적, 관능적인, 세속적인)	**sens**(느끼다) + ual(성질의, 특유의)
sentence(문장, 판결, ~의 형에 처하다)	**sent**(느끼다) + ence(성질, 상태)
sentiment(정서, 감정, 감상)	**senti**(느끼다) + ment(행위, 성질, 수단)
sentimental(감정적인, 감상적인)	sentiment(정서, 감정, 감상) + al(~적인)

sequ- ➡ secut- ➡ su- ➡ xecut-

① 뒤따르다(follow)
② 행하다

con**secut**ive(연속적인)	con(서로) + **secut**(뒤따르다) + ive(성질, 경향)
con**sequ**ence(결과, 중대성)	con(완전히) + **sequ**(행하다) + ence(성질, 상태)
con**sequ**ent(당연한)	con(전적으로) + **sequ**(행하다) + ent(~하는)

consequently(그 결과, 따라서)	con(서로) + **sequ**(뒤따르다) + ent(성질) + ly(부사 만들기)
execute(실시하다, 실행하다, 완수하다)	e(적적으로) + **xecut**(행하다) + e(상태)
executive(집행권이 있는, 행정관)	**execut**(e)(실행하다, 완수하다) + ive(성질, 경향)
executor(유언집행자, 시행자)	**execut**(e)(실행하다, 완수하다) + or(사람)
per**secut**e(박해하다)	per(끝까지) + **secut**(행하다) + e(상태, 성질)
pro**secut**e(수행하다, 기소하다)	pre(앞) + **secut**(행하다) + e(성질, 상태)
pro**secut**or(검사, 수행자, 기소자)	pre(앞) + **secut**(행하다) + or(사람)
pur**su**e(뒤쫓다, 추구하다)	pur(앞으로) + **su**(뒤따르다) + e(성질, 상태)
sequence(연속, 연발, 순서, 결과)	**sequ**(뒤따르다) + ence(성질, 상태)
sub**sequ**ent(그 후의, 다음의, 계속해 일어나는)	sub(연결) + **sequ**(뒤따르다) + ent(성질)
sue(소송을 제기하다, 구혼하다, ~에게 간청하다)	**su**(뒤따르다) + e(성질, 상태)
suitable(적당한)	**su**(뒤따르다) + it(가다) + able(할 수 있는)
suite(수행원, 한 벌, 특별실)	**su**(뒤따르다) + ite(지지자, 거주자)

sert- ➡ seri- ➡ cert- ➡ seed- ➡ xert-

① 결합하다, 맺다(join)
② 두다, 놓다(put)
③ 보태다(add)

as**sert**ion(주장)	as(향하여) + **sert**(맺다) + ion(구체적 사례)
as**sert**ive(단언적)	as(향하여) + **sert**(맺다) + ive(성질, 경향)
con**cert**(음악회, 합주, 협동, 협약)	con(함께) + **cert**(놓다)
de**sert**(버리다, 돌보지 않다, 탈주하다, 사막, 공적)	de(떨어져) + **sert**(놓다)
des**sert**(디저트)	des(분리) + **sert**(두다)

해 '그만 두다'로 식사의 **마지막 코스**이다.

de**sert**ed(버림받은)	de(떨어져) + **sert**(놓다) + ed(~의 특성이 있는)
de**sert**er(탈주자)	de(분리) + **sert**(놓다) + er(사람)
de**sert**ion(버림, 탈주)	de**sert**(버리다, 돌보지 않다) + ion(구체적 사례)
e**xert**(애쓰다, 열심히 노력하다)	e(전적으로) + **xert**(맺다)
in**sert**(삽입하다, 끼워 넣다)	in(안으로) + **sert**(놓다)
seed(씨앗)	
seeding(묘종)	**seed**(씨앗) + ing(행위, 결과)
series(시리즈)	**seri**(놓다) + es(복수)

해 연속하여 놓다.

① 시중들다, 섬기다(serve)
② 지키다(keep)
③ 보존하다(protect)

conservation(보호, 유지)　　　　con(완전히) + serv(보존하다) + ation(행위, 결과)
conservatism(보수주의)　　　　con(완전히) + serv(보존하다) + atism(~주의)
conservative(보수적인)　　　　con(완전히) + serv(보존하다) + ative(경향, 성질)
conservatory(보존성의)　　　　con(완전히) + serv(보존하다) + atory(경향이 있는)
conserve(보존하다)　　　　con(완전히) + serv(보존하다) + e(성질, 상태)
deserve(~할 만하다)　　　　de(전적으로) + serv(시중들다) + e(성질, 상태)
observe(관찰하다, 감시하다)　　　　ob(앞에) + serv(지키다) + e(성질, 상태)
observance(준수, 지킴)　　　　ob(가까이) + serv(지키다) + ance(상태, 행위)
observation(관찰)　　　　ob(가까이) + serv(지키다) + ation(행위, 결과)
observatory(관측소)　　　　ob(앞에) + serv(지키다) + atory(장소)
preserve(보존하다, 유지하다)　　　　pre(앞으로) + serv(보존하다) + e(성질, 상태)
reserve(비축, 예비품, 예약하다)　　　　re(뒤) + serv(보존하다) + e(성질, 상태)
reservation(보류, 예약)　　　　re(뒤) + serv(보존하다) + ation(행위, 결과)
reservoir(저장소, 저수지)　　　　re(뒤) + serv(보존하다) + oir(장소)
sergeant(하사관, 중사, 상사)　　　　serge(섬기다) + ant(행위자, 사람)
serve(섬기다, 봉사하다, ~를 위해 일하다)　　　　serv(섬기다) + e(성질, 상태)
server(급사, 서브하는 사람)　　　　serv(시중들다) + er(사람)
servant(고용인, 하인)　　　　serv(시중들다) + ant(행위자, 사람)
service(서비스, 봉사, 근무, 공급)　　　　serv(시중들다) + ice(성질, 상태)
serviceman(군인)　　　　service(서비스, 봉사, 근무, 공급) + man(사람)
servility(노예근성, 비굴)　　　　serv(섬기다) + il(e)(~의 성질이 있는) + ity(성격)
servitude(노예상태, 노역)　　　　serv(시중들다) + it(가다) + ude(성질, 상태)

sex- ➡ sect- ➡ xecut-

① 자르다(cut)
② 구별하다
③ 나누다

bisect(이등분하다)	bi(둘) + sect(나누다)
execution(실행, 사형집행)	e(전적으로) + excut(자르다) + ion(구체적 사례)
intersect(가로지르다, 교차하다)	inter(사이에) + sect(나누다)
intersection(가로지름, 교차점)	intersect(가로지르다, 교차하다) + ion(구체적 사례)
insect(곤충)	in(~으로 하다) + sect(나누다)

🕮 곤충은 머리, 가슴, 배로 나누다.

sect(분파, 종파)	
section(절단, 구분)	sect(나누다) + ion(구체적 사례)
sectional(부분의, 부분적인)	section(절단, 구분) + al(~의, 성질, 상태)

short-

① 짧다

shortage(부족)	short(짧다) + age(행위, 결과)
shortcoming(결점, 결핍)	short(짧다) + coming(도래, 출현, 다가올)
shorten(짧게 하다)	short(짧다) + en(~하게 하다)
shorthand(속기)	short(짧다) + hand(손, 솜씨, 필치)
shortly(곧, 이내)	short(짧다) + ly(부사 만들기)

sign-

① 표시하다(mark)

assign(할당하다, 부여하다, 선정하다, 선임하다)	as(향하여) + sign(표시하다)
assignment(할당, 숙제, 연구과제)	assign(할당하다, 부여하다) + ment(행위, 결과)
design(입안하다, ~을 꾀하다, 설계, 구도)	de(완전히) + sign(표시하다)
designate(명시하다, 임명하다)	de(전적으로) + sign(표시하다) + ate(~로 만들다)

designated(지정된, 관선의)   de(전적으로) + **sign**(표시하다) + ated(~을 가진)
designation(지시, 지명, 임명)   de(전적으로) + **sign**(표시하다) + ation(행위, 결과)
designator(지명자, 지정자)   de(전적으로) + **sign**(표시하다) + ator(사람)
designer(디자이너, 도안가, 설계자)   de**sign**(설계, 구도) + er(관계자)
insignificant(무의미한, 하찮은)   in(반대) + **sign**ificant(중요한, 의미 깊은)
resign(사직하다)   re(뒤) + **sign**(표시하다)
resignation(사직, ~의 징조이다)   re(뒤) + **sign**(표시하다) + ation(행위, 결과)
sign(부호, 표시, 간판, 서명하다, 신호하다)
signal(신호, 조짐, 징후)   **sign**(표시하다) + al(~하는 행위, 성질, 상태)
signature(서명, 사인)   **sign**(표시하다) + ature(행위, 결과)
signboard(간판, 게시판)   **sign**(표시하다) + board(널, 판자)
signify(의미하다, 표시하다)   **sign**(표시하다) + ify(~하게 하다)
significance(의미)   **sign**if(y→i)(의미하다) + ic(~에 관한) + ance(상태, 성질)
significant(중요한, 의미 깊은)   **sign**if(y→i)(의미하다) + ic(~에 관한) + ant(~하는)
signification(의미, 취지)   **sign**if(y→i)(의미하다) + ic(~에 관한) + ation(행위, 결과)

simi- ➡ simil- ➡ sembl-

① 같은(same)
② 비슷한(like)
③ 함께(together)

as**sembl**e(모으다, 모이다, 화합하다)   as(향하여) + **sembl**(함께) + e(상태, 성질)
as**sembl**y(회합자, 회합)   as(향하여) + **sembl**(함께) + y(행위, 장소, 상태)
as**simil**ate(동화하다)   as(방향) + **simil**(같은) + ate(성질)
re**sembl**e(~을 닮은, 비슷하다)   re(다시) + **sembl**(비슷한) + e(상태, 성질)
re**sembl**ance(유사, 비슷함)   re(다시) + **sembl**(비슷한) + ance(성질, 상태)
simian(원숭이의, 유인원, 원숭이 같은)   **simi**(비슷한, 같은) + an(사람)
similar(비슷한, 유사한)   **simil**(비슷한) + ar((~과 같은, ~성질의)
similarity(유사점, 유사성)   **simil**(비슷한) + arity(성질)
simile(직유)   **simi**(같은) + le(~하는 경향)

sist- ➡ ist- ➡ st- ➡ stitut-

① 서다(stand)
② 세우다(set up)

assist(원조하다, 도와주다)	as(향하여) + sist(서다)
assistance(원조)	assist(원조하다, 도와주다) + ance(성질, 상태)
assistant(조수, 협조자, 보조자)	assist(원조하다) + ant(행위자, 사람)
circumstance(상황, 환경)	circum(주위) + st(서다) + ance(성질, 상태)
consist(구성하다, 존재하다)	con(함께) + sist(서다)
consistency(일관성, 일치, 조화)	con(서로) + sist(서다) + ency(성질, 상태)
consistent(일관된, 일치하는)	con(서로) + sist(서다) + ent(~하는 성질의)
constant(연속적인, 변함없는)	con(완전히) + st(서다) + ant(~하는 상태)
constitution(헌법, 구성, 조직)	con(완전히) + stitut(서다) + ion(구체적 사례)
constitutional(헌법상의, 합법적인)	constitution(헌법, 구성, 조직) + al(~의)
contrast(대조를 이루다, 대비, 대조, 차이)	contra(대조하여) + st(서다)
destination(목적지, 행선지, 용도)	de(전적으로) + st(서다) + in(위에) + ation(행위, 결과)
destine(~할 운명에 서있다)	de(전적으로) + st(서다) + ine(~속하는 성질)
destiny(운명, 숙명)	de(전적으로) + st(서다) + in(안에) + y(행위, 상태)
ecstasy(황홀경, 무아의 경지)	ec(분리, 이탈) + st(서다) + asy(상태)
establish(수립하다, 설립하다)	e(전적으로) + st(세우다) + abl(e)(할 수 있는) + ish(~하게 하다)
establishment(설립, 창립, 확립)	establish(수립하다, 설립하다) + ment(행위, 결과)
estate(토지, 부동산)	e(밖으로) + st(세우다) + ate(직무)
exist(존재하다, 현존하다, 생존하고 있다)	ex(전적으로) + ist(서다)
existence(존재, 현존, 생존)	exist(존재하다, 현존하다) + ence(성질, 상태)
inconsistency(모순)	in(부정) + con(서로) + sist(서다) + ency(성질, 상태)
inconsistent(모순된)	in(부정) + consistent(일관된, 일치하는)
insist(강력히 주장하다, 주장하다)	in(으로 하다) + sist(세우다)
insistence(주장)	insist(강력히 주장하다, 주장하다) + ence(성질, 상태)
instant(순간, 인스턴트, 즉각적인)	in(안에) + st(서다) + ant(~하는, ~적인)
institute(연구소, 강습소, 전문대, 제공하다)	in(위에) + stitut(서다) + e(상태)
institution(협회, 학회, 창립)	institut(e)(전문대, 제공하다) + ion(구체적 사례)
irresistible(저항할 수 없는)	ir(부정) + resistible(저항할 수 있는)
obstacle(장애물, 방해)	ob(반대하여) + st(서다) + acle(장치)
persist(고집하다, 주장하다, 지속하다)	per(완전히) + sist(서다)
persistence(고집, 끈덕짐)	persist(고집하다, 지속하다) + ence(성질, 상태)

persistent(영속하는, 고집하는) persist(고집하다, 지속하다) + ent(~하는)
resist(반대하다, ~에 저항하다) re(뒤) + sist(서다)
resistance(저항) re(뒤) + sist(서다) + ance(행위, 성질, 상태)
resistant(저항의) re(뒤) + sist(서다) + ant(~하는, ~의)
resistible(저항할 수 있는) re(뒤) + sist(서다) + ible(할 수 있는)
restore(회복시키다, 복원하다) re(다시) + st(세우다) + ore(상태, 성질)
stable(안정된, 지속성이 있는) st(서다) + able(할 수 있는)
stability(안정성) stabil(stable 안정된, 지속성이 있는) + ity(성격, 상태)
stabilize(~을 안정시키다) stabil(stable 안정된, 지속성이 있는) + ize(상태로 만들다)
stage(무대, 연단, 단계, 국면) st(서다) + age(동작, 상태, 행위, 결과)
state(상태, 국가, 지위, 계급, 진술하다) st(서다) + ate(직무, ~로 만들다)
station(역, 정거장, 장소, 부서) st(세우다) + ation(행위, 결과)
status(지위, 신분, 상태, 정세) st(서다) + atus(신분, 상태)
steady(고정된, 끊임없는) st(세우다) + eady(상태, 성질)
subsist(존재하다, 생존하다) sub(계속) + sist(서다)
subsistence(생존, 생계) subsist(존재하다, 생존하다) + ence(성질, 상태)
substantial(현실의, 실재의) sub(아래에) + st(서다) + ant(성질) + ial(~의)
substitute(~을 대신하다, 대응하다, 보결) sub(차(次)) + stitut(서다) + e(상태)

sol-

① 혼자의(alone)
② 전체의(entire)

desolate(황폐시키다, 처량하게 하다) de(떨어져) + sol(혼자의) + ate(~만들다)
soldier(군인) sol(혼자) + di(떨어져서) + er(사람)
sole(혼자의, 독점적인, 독신의) sol(혼자의) + e(상태)
solemn(진지한, 근엄한, 장중한) sol(혼자의) + emn(emotion 감동, 감격, ~한)
solitary(단독의, 고독한, 인적이 드문) sol(혼자의) + it(가다) + ary(~에 관한)
solo(독창, 독주, 단독으로, 단독연기, 독주곡) sol(혼자) + o(곡, 연기)

solv- ➡ solut-

① 풀다(unite)
② 느슨하게 하다(loosen)

absolute(절대적인, 무조건의, 단호한) · ab(향하여) + solut(풀다) + e(상태)
absolutely(절대로, 완전히, 무조건) · absolute(절대적인, 무조건의) + ly(부사 만들기)
dissolve(녹이다, 해산하다) · dis(분리) + solv(풀다) + e(성질, 상태)
resolute(굳게 결심한, 단호한, 좋은) · re(다시) + solut(풀다) + e(상태)
resolution(결심, 결의안, 분해) · re(다시) + solut(풀다) + ion(구체적 사례)
resolve(분해, 분석하다, 결심하다, 풀다) · re(대하여) + solve(풀다)
solve(풀다, 해결하다) · solv(풀다) + e(성질, 상태)
solvent(녹이는, 지불능력이 있는, 해결책) · solv(풀다) + ent(~하는, ~성질의)

son- ➡ soun-

① 소리(sound)

consonant(일치하는) · con(서로) + son(소리) + ant(~하는)
hypersonic(극초음속의) · hyper(초과, 과도, 극초과) + sonic(소리의)
parson(교구목사) · par(~을 통해서) + son(소리)
person(사람) · per(완전한) + son(소리)
personal(개인의, 인격적인) · per(완전한) + son(소리) + al(~의, ~하는)
personality(개성, 성격, 인물) · personal(인격적인) + ity(성격, 상태)
resonance(공명, 반향) · re(뒤) + son(소리) + ance(성질, 상태)
resonant(공명하는, 반향 하는) · re(뒤) + son(소리) + ant(~하는)
resonate(공명하다, 울리다) · re(다시) + son(소리) + ate(~로 만들다)
resound(울리다, 울려 퍼지다) · re(다시) + sound(소리)
song(노래) · son(소리) + g(성질, 경향, 목적)
songster(가수) · song(노래) + ster('star 스타'의모음변화)
song write(작사가, 작곡가) · song(노래) + write(쓰다)
sonic(소리의) · son(소리) + ic(~의)
sonnet(소네트, 14행시) · son(소리) + net(그물망)
sonority(울려 퍼짐) · son(소리) + ority(성격, 상태)
sonorous(울려 퍼지는, 낭랑한) · son(소리) + orous(~하는 습관이 있는)

sound(소리)   **soun**(소리) + d(상태, 성질)

super**son**ic(초음파의, 초음속의)   super(~을 초월하여) + **son**ic(소리의)

spec- ➡ (s)pect- ➡ spi-

① 보다(look)

as**pect**(외관, 모양, 국면, 관점)	as(향하여) + **pect**(보다)
circum**spect**(신중한)	circum(주위에) + **spect**(보다)
con**spi**cuous(잘 보이는, 남의 눈을 끄는)	con(완전히) + **spi**(보다) + cuous(~습관)
de**spi**te(~임에도 불구하고, 모욕)	de(아래로) + **spi**(보다) + te(상태)
ex**pect**(기대하다, 추측하다)	ex(전적으로) + **pect**(보다)
ex**pect**ation(기대, 예상)	ex**pect**(기대하다, 추측하다) + ation(행위, 결과)
in**spect**(검사하다, 조사하다)	in(안으로) + **spect**(보다)
pro**spect**(전망, 가망, 공상)	pro(앞) + **spect**(보다)
re**spect**(존경하다)	re(다시) + **spect**(보다)
re**spect**able(존경할 만한, 훌륭한)	respect(존경하다) + able(할 수 있는)
re**spect**ful(공손한, 예의바른)	respect(존경하다) + ful(특성을 가진)
re**spect**ively(각각, 따로따로)	re(뒤) + **spect**(보다) + ive(경향) + ly(부사 만들기)
special(특수한, 독특한, 특유한, 전문의)	**spec**(보다) + ial(~의, ~한)
specialist(전문가)	special(전문의) + ist(관련자)
specialty(전문)	special(특수한, 독특한, 특유한, 전문의) + ty(품성)
species(종류, 생물의 종)	**spec**(보다) + ies(여러 가지, 지소사)
specimen(견본, 표본)	**spec**(보다) + imen(행위, 결과, 성질, 상태)
spectacle(구경거리, 광경, 스펙터클, 영화)	**spect**(보다) + acle(상태, 성질)
spectacular(장관의, 불만한)	**spect**(보다) + acular(동작, 상태, 성질의)
spectator(구경꾼, 방관자)	**spect**(보다) + ator(사람)
speculate(심사숙고하다, 추측하다)	**spec**(보다) + ulate(~로 만들다)
speculation(심사숙고, 추론, 투기)	**spec**(보다) + ulation(행위, 결과)
spite(악의, 심술)	**spi**(보다) + te(성질, 상태)
sus**pect**(의심하다, 혐의를 두다, 용의자)	sus(아래에) + **pect**(보다)
su**spi**cion(의심, 의혹, 혐의, 용의)	su(아래에) + **spi**(보다) + cion(구체적 사례)
su**spi**cious(수상한, 의심을 일으키는)	su(아래에) + **spi**(보다) + cious(~습관)

spir- ➡ sper- ➡ xpir- ➡ spair-

① 호흡하다(breathe)

aspiration(열망, 포부)	a(강조) + **spir**(호흡하다) + ation(행위, 결과)
aspire(열망하다)	a(강조) + **spir**(호흡하다) + e(상태)
conspiracy(공모, 음모)	con(함께) + **spir**(호흡하다) + acy(성질, 상태, 지위)
conspiration(공모자, 음모자)	con(함께) + **spir**(호흡하다) + ation(행위, 결과)
conspire(공모하다)	con(함께) + **spir**(호흡하다) + e(상태)
desperate(절망적인)	de(떨어져) + **sper**(호흡하다) + ate(상태, 성질)
desperately(절망적으로, 자포자기하여)	desperate(절망적인) + ly(부사 만들기)
despair(절망, 자포자기)	de(떨어져) + **spair**(호흡하다)
expiration(종결, 숨을 내쉼)	e(분리) + **xpir**(호흡하다) + ation(행위, 결과)
expire(끝나다, 죽다)	e(분리, 이탈) + **xpir**(호흡하다) + e(상태)
inspiration(영감, 고취)	in(안으로) + **spir**(호흡하다) + ation(행위, 결과)
inspire(고무하다, ~에게 영감을 주다)	in(안으로) + **spir**(호흡하다) + e(상태)
perspiration(발한, 땀)	per(통과하다) + **spir**(호흡하다) + ation(행위, 결과)
perspire(땀을 흘리다)	per(통과하다) + **spir**(호흡하다) + e(상태)
respiration(호흡)	re(대하여) + **spir**(호흡하다) + ation(행위, 결과)
respire(호흡하다, 휴식하다)	re(뒤) + **spir**(호흡하다) + e(상태)
spirit(정신)	**spir**(호흡하다) + it(나타나다)
spiritual(정신적인)	**spir**it(정신) + ual(~적인)

spond- ➡ spons- ➡ spous-

① 약속하다(promise)

correspond(통신하다, 일치하다)	cor(서로) + re(다시) + **spond**(약속하다)
correspondence(편지왕래, 통신, 일치)	correspond(통신하다, 일치하다) + ence(성질, 상태)
correspondent(통신원, 지방 대리점)	correspond(통신하다) + ent(행위자)
corresponding(대응하는, 통신하는)	correspond(통신하다) + ing(행위, 결과)
irresponsible(무책임한)	ir(부정) + responsible(책임이 있는)
respond(대답하다, 응답하다, 반응하다)	re(되) + **spond**(약속하다)
responsible(책임이 있는)	re(다시) + **spons**(약속하다) + ible(할 수 있다)
responsibility(책임, 의무)	**respons**ibil(책임이 있는) + ity(성격, 상태)

sponsor(보증인, 후원자) spond(약속하다) + or(사람)
sponsorship(스폰서임, 후원자임) sponsor(보증인, 후원자) + ship(자격, 특성)
spouse(배우자) spous(약속하다) + e(상태)

stand- ➡ stant- ➡ stance- ➡ stancy-

① 서다
② 자세

bystander(방관자) by(곁에) + stand(서다) + er(사람)
constancy(불변성, 항구성) con(완전히) + stancy(서다)
constant(변치 않은, 부단한) con(완전히) + stant(서다)
distance(원거리, 먼곳) di(떨어져) + stance(서다)
distant(멀다) di(떨어져) + stant(서다)
inconstancy(변덕스러운) in(부정) + constancy(불변성, 항구성)
instance(실례, 사실) in(안으로) + stance(서다)
instant(즉석의) in(안에) + stant(서다)
instantly(당장, 즉석에서) instant(즉석의) + ly(부사 만들기)
stand(서다, 관람석, 책꽂이, 노점)
standard(표준, 규격) stand(서다) + ard(많이 ~한 상태)
standardize(표준에 맞추다) standard(표준, 규격) + ize(~로 취급하다)
stand-by(대기신호) stand(서다) + by(가까이)
stand-off(격리, 분리) stand(서다) + off(분리)
standpoint(입장, 견지) stand(서다) + point(점)
standstill(막힘, 멈춤) stand(서다) + still(정지)
standing(서있는, 상비의) stand(서다) + ing(행위, 결과)
substance(물질, 실질) sub(아래에) + stance(서다)
substantial(실질적인) sub(아래에) + stant(서다) + ial(~적인)
substantially(실질적으로) substantial(실질적인) + ly(부사 만들기)

stat- ➡ st- ➡ stall-

① 서다

constable(순경, 보안관)	con(함께) + **st**(서다) + able(할 수 있는)
con**st**ant(변치 않은, 성실한)	con(완전히) + **st**(서다) + ant(~하는)
in**stall**(설치하다, 취임시키다)	in(안으로) + **stall**(서다)
in**stall**ation(임명, 장치)	in**stall**(설치하다, 취임시키다) + ation(행위, 결과)
stable(안정된, 마굿간)	**st**(서다) + able(할 수 있는)
stability(안정, 안정성)	**st**abil[stable 음위전환, 철자법칙(안정된)] + ity(성격, 상태)
stabilize(안정시키다, 견고하게 하다)	**st**abil(안정된) + ize(~상태로 만들다)
statesman(정치가)	**stat**(서다) + es(복수형) + man(사람)
statement(진술하다)	**stat**(서다) + e(상태) + ment(결과, 행위, 성질, 수단)
static(정적인)	**stat**(서다) + ic(~이 되는)
station(정거장, 역, 지위)	**stat**(서다) + ion(구체적 사례)
stationary(정지된, 움직이지 않은)	**stat**(서다) + ion(구체적 사례) + ary(성질)
statue[상(像)]	**stat**(서다) + ue(상태)
stature(키, 크기)	**stat**(서다) + ure(동작, 상태, 성질)
statute(법령)	**stat**(서다) + ute(상태, 결과)
un**st**able(불안정한)	un(불) + **st**able(안정된)

stinct- ➡ sting- ➡ stig(u)- ➡ stimul- ➡ xtinct- ➡ xtingu- ➡ stick-

① 찌르다(prick), 자극하다
② 표시하다(mark)
③ 끄다(quench)

di**stinct**(명확한)	di(완전히) + **stinct**(표시하다)
di**stinct**ion(구별)	di(분리) + **stinct**(표시하다) + ion(구체적 사례)
di**stingu**ish(구별하다)	di(분리) + **stingu**(표시하다) + ish(~하게 하다)
e**xtinct**(꺼진, 끊어진, 끝난)	e(전적으로) + **xtinct**(끄다)
e**xtinct**ion(소화, 절멸, 진화, 폐지)	e**xtinct**(꺼진, 끊어진, 끝난) + ion(구체적 사례)
e**xtingu**ish(불을 끄다)	e(전적으로) + **xtingu**(끄다) + ish(~하게 하다)
in**stig**ate(선동하다)	in(안으로) + **stig**(자극하다) + ate(~로 만들다)
in**stig**ation(선동, 교사)	in(안으로) + **stig**(자극하다) + ation(행위, 결과)

instinct(본능)	in(안으로) + stinct(찌르다)
instinctive(본능적인)	instinct(본능) + ive(성질, 경향, ~적인)
stick(막대기, 지팡이)
sticky(끈적끈적한, 귀찮은)	stick(찌르다) + y(행위, 상태)
stimulate(자극하다)	stimul(자극하다) + ate(~로 만들다)
stimulation(자극, 격려)	stimul(자극하다) + ation(행위, 결과)
stimulus(자극제)	stimul(자극하다) + us(성질, 상태)
sting(침, 가시, 찌르기, 자극, 괴롭히다)
stingy(찌르는, 인색한)	sting(찌르다) + y(행위, 상태)

stitut- ➡ stitu-

① 서다
② 세우다(build)

constituent(구성하는)	con(함께) + stitu(세우다) + ent(~하는)
constitute(구성하다)	con(함께) + stitut(세우다) + e(성질, 상태)
constitution(헌법, 구성, 정체)	con(함께) + stitut(세우다) + ion(구체적 사례)
institute(설립하다)	in(안으로) + stitut(세우다) + e(상태)
institution(시설, 기관, 제도)	in(안으로) + stitut(세우다) + ion(구체적 사례)
prostitute(매춘부)	pro(앞에) + stitut(서다) + e(상태)

string- ➡ strain(t)- ➡ strict- ➡ strong-
➡ straight- ➡ streng- ➡ stress- ➡ stretch- ➡ strait-

① 힘껏 잡아당기다(draw tight)
② 힘센, 강한

distress(고난, 비탄, 괴롭히다, 고민케 하다)	di(강조) + stress(압박, 압력을 가하다)
district(지구, 관구, 지역, 지대)	di(떨어져 나가는) + strict(잡아당기다)
restrain(제지하다, 방지하다, 감금하다)	re(뒤) + strain(힘껏 당기다, 왜곡하다)
restraint(억제, 속박, 자제, 조심)	re(뒤) + straint(힘껏 당기다)
restrict(제한하다, 금지하다, 한정하다)	re(뒤) + strict(엄격한)
restriction(제한, 사양)	restrict(제한하다, 금지하다) + ion(구체적 사례)

straight(일직선, 똑바른, 곧은, 연속된, 정직한, 잇따라, 직접으로)

strain(힘껏 당기다, 억지로 갖다, 왜곡하다, 긴장, 고생, 지나치게 사용하다)

strait(해협, 곤경, 난국)

strength(힘, 세기, 강점, 병력, 인원수)　　**streng** + th(성질, 상태, 정도)

stress(압박, 긴장, 강조, 압력을 가하다, 액센트)

stretch(잡아 늘리다, 뻗다)

strict(엄격한, 정밀한, 완전한)

string[끈,(악기의)현,(활의) 시위]

strong(강한, 힘센, 견고한)

struct- ➡ stro- ➡ stru- ➡ dustr(i)-

① 짓다

② 세우다(build)

con**struct**(건설하다, 조립하다, 구성하다)　　con(함께) + **struct**(세우다)

con**struct**ion(건설, 건축, 구조)　　con(함께) + **struct**(세우다) + ion(구체적 사례)

con**struct**ive(건설적인, 구조상의)　　con(함께) + **struct**(세우다) + ive(성질, 경향)

de**stro**y(파괴하다, 파멸시키다)　　de(분리) + **stro**(세우다) + y(행위, 상태)

de**stro**yer(파괴자)　　de**stro**y(파괴하다, 파멸시키다) + er(사람)

de**struct**ion(파괴, 파멸)　　de(분리) + **struct**(세우다) + ion(구체적 사례)

de**struct**ive(파괴적인, 해로운)　　de(분리) + **struct**(세우다) + ive(성질, 경향)

in**dustr**y(근면, 산업)　　in(안으로) + **dustr**(세우다) + y(행위, 상태)

in**dustri**al(산업의)　　in(안으로) + **dustri**(세우다) + al(~의)

in**dustri**alize(산업화하다)　　in**dustri**al(산업의) + ize(~의 상태로 만들다)

in**dustri**ous(근면한)　　in(안으로) + **dustri**(세우다) + ous(~한, 습관)

in**struct**(교육하다, 지시하다, 명령하다)　　in(안으로) + **struct**(세우다)

in**struct**ion(교육, 교훈, 지시)　　in**struct**(교육하다) + ion(구체적 사례)

in**struct**ive(교육적인, 도움이 되는)　　in**struct**(교육하다) + ive(성질, 경향)

in**struct**or(교사, 전임강사)　　in**struct**(교육하다, 지시하다) + or(사람)

in**stru**ment(기구, 도구, 악기, 기관)　　in(안으로) + **stru**(세우다) + ment(행위, 결과)

ob**struct**(~의 진행을 가로막다)　　ob(반대하여) + **struct**(세우다)

structure(건축물, 구조, 조직)　　**struct**(세우다) + ure(행위, 결과)

sugar-

① 달다

sugar candy(감미로운 사람)	**sugar**(달다) + candy(사탕)
sugar cane(사탕수수)	**sugar**(달다) + cane(지팡이, 줄기)
sugar-coat(겉을 잘 꾸미다)	**sugar**(달다) + coat(상의, 외투)
sugar diabetes(당뇨병)	**sugar**(달다) + diabetes(당뇨병)
sugary(달콤한)	**sugar**(달다) + y(〜한)

sul- ➡ sult-

① 의논

con**sul**(영사)	con(함께) + **sul**(의논)
con**sul**ate(영사관)	con(함께) + **sul**(의논) + ate(사람, 직무)
con**sult**(의견을 듣다, 진찰을 받다)	con(서로) + **sult**(sul 의논하다)
con**sult**ation(상담, 협의)	con(서로) + **sult**(의견) + ation(행위, 결과)

sum- ➡ sump- ➡ summ-

① 취하다(take)
② 빼앗다

as**sum**e(가정하다, 떠맡다, 가장)	as(향하여) + **sum**(취하다) + e(상태)
as**sum**ed(가장한, 꾸민)	as(향하여) + **sum**(취하다) + ed(특성을 가진)
as**sump**tion(가정, 떠맡기, 가장)	as(향하여) + **sump**(취하다) + tion(행위, 결과)
as**sump**tive(가정이, 건방진)	as(향하여) + **sump**(빼앗다) + tive(성질, 경향)
con**sum**e(〜을 소비하다)	con(완전히) + **sum**(취하다) + e(상태)
con**sum**er(소비자)	con(완전히) + **sum**(취하다) + er(사람)
con**sum**ing(소비하는)	con(완전히) + **sum**(취하다) + ing(행위, 결과)
con**sump**tion(소비, 소멸, 폐병)	con(완전히) + **sump**(빼앗다) + tion(행위, 결과)
con**sump**tive(소비의, 폐병의)	con(완전히) + **sump**(빼앗다) + tive(성질, 경향)
pre**sum**able(추측할 수 있는)	pre(미리) + **sum**(취하다) + able(할 수 있는)

presume(~을 추정하다, 간주하다)　　　pre(미리) + **sum**(취하다) + e(상태)
pre**sump**tion(추정, 가정, 주제넘음)　　pre(미리) + **sump**(취하다) + tion(행위, 결과)
re**sum**e(다시 시작하다, 이력서, 요약)　　re(다시) + **sum**(취하다) + e(상태)
re**sump**tion(회복, 되찾음)　　　　　　re(다시) + **sump**(취하다) + tion(행위, 결과)
sum(합계)

summarize(요약하다)　　　　　　　**summ**ar(y→i)(개요) + ize(~하다)
summary(적요의, 개요)　　　　　　**summ**(취하다) + ary(~에 관한, ~성질의)
summing-up(요약, 적요)　　　　　　**summ**(취하다) + ing(행위, 결과) + up(위에)
summit(정상)　　　　　　　　　　**summ**(빼앗다) + it(가다)

sure-

① 틀림없는
② 확실한

in**sure**(보험에 들다)　　　　　　　in(안으로) + **sure**(확실한)
surety(보증인)　　　　　　　　　　**sure**(확실한) + ty(사람, 안전)

tact- ➡ tegr-

① 만지다(touch)
② 접촉하다(touch)

con**tact**(접촉, 연락하다, 접촉하다)　　con(서로) + **tact**(만지다, 재치, 솜씨)
in**tegr**al(필수의, 완전한, 격분)　　　in(안으로) + **tegr**(만지다) + al(~하는 행위)
in**tegr**ate(~을 통합하다, 완성하다)　　in(안으로) + **tegr**(만지다) + ate(~로 만들다)
in**tegr**ity(정직, 성실, 완전한 상태)　　in(안으로) + **tegr**(만지다) + ity(성격, 상태)
tactics(전술, 작전, 책략, 흥정)　　　**tact**(접촉하다) + ics(학문, 예술)

tain- ➡ ten- ➡ tin-

① 잡다
② 갖다
③ 유지하다(hold)

abs**tain**(삼가다)	abs(분리) + **tain**(잡다)
abs**tin**ence(절제, 금주)	abs(분리) + **tin**(잡다) + ence(성질, 상태)
at**tain**[달성하다,(명성 등을) 얻다]	at(향하여) + **tain**(접촉하다)
at**tain**able(달성할 수 있는)	at**tain**(달성하다) + able(할 수 있는)
at**tain**ment(도달, 달성)	at**tain**(달성하다) + ment(행위, 결과, 성질, 수단)
con**tain**(포함하다, 억누르다)	con(완전히) + **tain**(잡다)
con**tain**er(그릇, 용기)	con(함께) + **tain**(잡다) + er(용기)
con**ten**t(내용, 취지, 만족하고 있는)	con(전적으로) + **ten**(잡다) + t(행위, 결과)
con**tin**ent(대륙, 본토)	con(완전히) + **tin**(잡다) + ent(장소)
con**tin**ual(연속적인, 끊임없는)	con(서로) + **tin**(유지하다) + ual(~하는 행위)
con**tin**ue(계속하다, 지속하다)	con(서로) + **tin**(유지하다) + ue(상태, ~하다)
con**tin**uous(연속적인, 끊임없는)	con(서로) + **tin**(유지하다) + uous(~하는 습관)
de**tain**ment(억류, 구류)	de(분리) + **tain**(잡다) + ment(성질, 수단, 행위)
enter**tain**(대접하다, 즐겁게 하다)	enter(상호간에) + **tain**(잡다)
enter**tain**er(예능인)	enter**tain**(즐겁게 하다) + er(사람)
enter**tain**ing(유쾌한, 재미있는)	enter**tain**(즐겁게 하다) + ing(행위, 결과)
enter**tain**ment(대접, 연예)	enter**tain**(즐겁게 하다) + ment(성질, 수단, 행위)
lieu**ten**ant(부관, 대리자, 중위)	lieu(대신) + **ten**(갖다) + ant(행위자, 사람)
main**tain**(유지하다, 지속하다, 주장하다)	main(주요한) + **tain**(유지하다)
main**ten**ance(지속, 유지, 옹호)	main(주요한) + **ten**(유지하다) + ance(성질, 상태)
ob**tain**(~을 획득하다, 손에 넣다)	ob(~으로) + **tain**(잡다)
ob**tain**able(얻을 수 있는)	ob**tain**(~을 획득하다, 손에 넣다) + able(할 수 있는)
per**tain**(~에 속하다)	per(끝까지) + **tain**(잡다)
re**tain**(~을 유지하다, 간직하다)	re(뒤로) + **tain**(잡다)
sus**tain**(지지하다, ~을 떠받치다, 견디다)	sus(아래에) + **tain**(잡다)
sus**ten**ance(생계)	sus(아래에) + **ten**(유지하다) + ance(성질, 상태, 행위)
tenacious(끈기 있는, 끈덕진)	**ten**(유지하다) + acious(~하는 습관이 있는)
tennis(테니스)	**ten**(잡다) + nis(명령어)

tect-

① 덮다
② 감싸다(cover)

detect(탐지하다, 알아내다, 가파하다)	de(분리) + tect(덮다)
detection(탐지, 발견)	detect(탐지하다, 알아내다) + ion(구체적 사례)
detective(탐정의, 형사, 검출용의)	detect(탐지하다) + ive(성질, 경향)
detector(검출기, 탐지기)	detect(탐지하다) + or(기기)
protect(보호하다, 지키다)	pro(앞에) + tect(감싸다)
protection(보호, 옹호)	protect(보호하다, 지키다) + ion(구체적 사례)
protector(보호자, 보호 장치)	protect(보호하다, 지키다) + or(사람, 기기)

temp- ➡ temper- ➡ tempor- ➡ tim(e)-

① 때
② 조절하다(moderate, regulate)

comtemporary(동시대의 사람)	com(함께) + tempor(때) + ary(사람)
extemporaneous(즉흥적인, 준비 없는)	ex(전적으로) + tempor(때) + aneous(~하는 습관이 있는)
intemperance(부절제, 과도)	in(부정) + temper(조절하다) + ance(성질, 상태)
intemperate(과도의, 부절제한)	in(부정) + temperate(온화한, 삼가는)
temper(기질, 성미, 차분한, 참을성)	temp(조절하다) + er(반복, 반발)
temperament(기질, 성미)	temper(기질, 성미, 참을성) + ament(성질, 수단)
temperate(온화한, 삼가는)	temper(차분한, 참을성) + ate(~의 성질이 있는)
temperature(온도)	temper(조절하다) + ature(상태, 성질, 행위, 결과)
tempest(폭풍우)	temp(때) + est(최상급)
tempestuous(폭풍의, 사나운 비바람의)	tempest(폭풍우) + uous(~하는 습관이 있는)
tempo(빠르기, 박자)	temp(때) + o(상태)
temporal(세속적인, 때의, 일시적인)	tempor(때) + al(성질, 상태, ~하는 행위)
tempoary(임시의, 일시적인)	tempor(때) + ary(~의 성질의, ~에 관한)
time-honored(전통 있는, 유서 깊은)	time(때) + honored(명예로운)
timely(적시의, 때맞춘)	time(때) + ly(~의, ~다운)
timetable(시간표)	time(때) + table(식탁, 평판, 표, 목록)
timing(타이밍, 가장 알맞은 시기를 택하기)	tim(때) + ing(행위, 결과)

tempt- ➡ tent-

① 시도하다

tempt(유혹하다, ~할 기분이 나게 하다)
temptation(유혹, 마음을 끄는 것)　　　　**tempt**(유혹하다) + ation(행위, 결과)
tentative(시험적인, 일시적인, 가설, 시안)　　**tent**(시도하다) + ative(성향, 성질)

tend- ➡ tens- ➡ tent-

① 잡아당기다(stretch)
② 뻗어나가다
③ 늘리다
④ 자라다(grow)

at**tend**(출석하다, 수반하다, 주의하다)　　　　at(방향) + **tend**(뻗어나가다)
at**tend**ance(출석, 시중, 간호)　　　　　　　at**tend**(주의하다) + ance(성질, 상태, 행위)
at**tend**ant(모시는, 수행하는, 부수적인)　　　at**tend**(출석하다, 수반하다) + ant(~하는)
at**tent**ion(유의, 주목, 보살핌)　　　　　　　at(방향) + **tent**(잡아당기다) + ion(구체적 사례)
at**tent**ive(주의 깊은, 세심한)　　　　　　　at(방향) + **tent**(잡아당기다) + ive(성질, 경향)
con**tend**(다투다, 논쟁하다, 경쟁하다, 주장하다)　con(서로) + **tend**(잡아당기다)
con**tent**ion(말다툼, 논쟁)　　　　　　　　　con(서로) + **tent**(잡아당기다) + ion(구체적 사례)
con**tent**ious(다투기 좋아하는)　　　　　　　con(서로) + **tent**(잡아당기다) + ious(~하는 습관)
ex**tend**(확장하다)　　　　　　　　　　　　ex(밖으로) + **tend**(뻗어나가다)
ex**tens**ion(확장, 소방용의 신축식 사다리)　　ex(밖으로) + **tens**(뻗어나가다) + ion(구체적 사례)
ex**tens**ive(광대한, 넓은)　　　　　　　　　ex(밖으로) + **tens**(늘리다) + ive(성질, 경향)
ex**tent**(범위, 한도, 크기, 넓이)　　　　　　ex(밖으로) + **tent**(늘리다)
in**tend**(~할 작정이다, 예정이다)　　　　　　in(안으로) + **tend**(잡아당기다)
in**tens**e(맹렬한, 열심인, 열성적인)　　　　　in(안으로) + **tens**(잡아당기다) + e(성질, 상태)
in**tent**(의향, 목적, 의도)　　　　　　　　　in(안으로) + **tent**(잡아당기다)
in**tent**ion(의도, 의향, 목적)　　　　　　　　in**tent**(의향, 의도) + ion(구체적 사례)
in**tent**ional(고의적인)　　　　　　　　　　in**tent**ion(의도, 의향, 목적) + al(~하는 행위, 성질, 상태)
os**tens**ible(표면상의)　　　　　　　　　　os(앞에) + **tens**(늘리다) + ible(할 수 있는)
os**tent**ation(겉치장, 허식)　　　　　　　　os(앞에) + **tent**(늘리다) + ation(행위, 결과)
os**tent**atious(화려한, 과시하는)　　　　　　os(앞에) + **tent**(늘리다) + atious(~하는 습관)

pretend(구실삼다, ~인체하다) pre(앞으로) + tent(잡아당기다)

pretension(자부, 과장) pre(앞으로) + tens(잡아당기다) + ion(구체적 사례)

tendency(경향, 추세, 성향, 성벽) tend(뻗어나가다) + ency(성질, 상태)

tender(부드러운, 간호사, 제출하다) tend[자라다(새순)] + er(반복, 성질)

tenderly(부드럽게) tender(부드러운, 간호사, 제출하다) + ly(부사 만들기)

tense(팽팽한, 긴장된, 긴장시키다) tens(잡아당기다) + e(성질, 상태)

tension(긴장, 장력, 팽창력) tens(잡아당기다) + ion(구체적 사례)

tent(천막, 야영하다)

termin- ➡ term-

① 한계
② 한정하다(limit)

determination(결심, 결정) de(완전하게) + termin(한정하다) + ation(행위, 결과)

determine(결정하다, 결심하다) de(완전하게) + termin(한정하다) + e(상태)

term(기간, 학기, 용어, 관계, ~을 이라고 부르다)

terminal(종착역, 맨끝, 종점의, 학기말의) termin(한정하다) + al(상태)

terminate(~을 끝내다, ~을 경계짓다) termin(한계) + ate(~로 만들다)

terr-

① 땅(earth)

mediterranean(지중해) medi(중간) + terr(땅) + anean(ocean 대양, 바다)

terrace(높은 지대, 녹지대, 옥상정원) terr(땅) + ace(최고의 것)

territorial(영토의, 한지역의) territor(y→i)(영토, 지역, 지방, 영역, 분야) + al(~의)

territory(영토, 지역, 지방, 영역, 분야) terr(땅) + it(나타내다) + ory(~곳)

test-

① 약속하다(promise)
② 증명하다
③ 확인하다

attest(증명하다)	at(향하여) + **test**(증명하다)
attestation(증명, 입증, 증거)	attest(증명하다) + ation(행위, 결과)
contest(경쟁)	con(서로) + **test**(증명하다)
contestant(경쟁상대)	contest(경쟁) + ant(행위자)
detest(싫어하다, 혐오하다)	de(부정) + **test**(약속하다)
detestation(혐오, 증오)	detest(싫어하다, 혐오하다) + ation(행위, 결과)
protest(단언하다, 항의하다, 선언, 불복)	pro(앞에서) + **test**(증명하다)
protestant(신교도)	pro(먼저) + **test**(증명하다) + ant(행위자)
testament(유언장, 계약, 신구약성서)	**test**(약속하다) + ament(성질, 상태, 수단, 행위)
testify(증명하다)	**test**(증명하다) + ify(~하게 하다)
testimony(증언)	**test**(약속하다) + im(안에) + ony(상태, 행위)

text- ➡ tissue-

① 짜다
② 엮다(weave)

context(전후 관계, 배경, 상황)	con(서로) + **text**(엮다)
pretext(구실, 핑계)	pre(미리) + **text**(짜다)
text(교과서, 원본, 본문)	
textbook(교과서)	text(짜다) + book(책)
textile(직물, 옷감, 짜는)	text(짜다) + ile(~에 관한)
texture(짜임새, 천, 구조, 직물)	text(짜다) + ure(행위, 결과)
tissue(조직, 얇은 천, 부드러운 종이)	
tissue-paper(박엽지(미술품 포장지)	tissue(짜다) + paper(종이)

th- ➡ the-

① (위치나 사람을) 가리키다
② 이미 알고 있는 사물, 건물, 물건이나 사람 = 정관사
③ 그=것
④ 신(神)

than(~보다)   **th**(그) + an(운동 방향, 첨가)
> 해 그것보다 조금 더 첨가하여 보테니 ~ 보다가 된다.

thank(감사하다)   **th**(신) + ank[ankh(h는 묵음), 생명의 상징, 장수의 상징]
> 해 신이 생명과 장수를 주니 감사할 일이다.

that(저것)   **th**(것) + at(점, 지점)
> 해 큰 것도 멀리서 보면 점으로 보인다.

the(그)   **th**(그) + e(반복되는 자음을 회피하는 현상, 대체로 e를 넣음)

thearchy(신정국가, 신정치)   **the**(신) + archy(정치)

theater(극장, 야외극장)   **th**(그) + eat(먹다) + er(사람)
> 해 **야외극장**이나 **원형극장**에서 굶주린 호랑이를 사람과 같이 넣어 잡아먹게 했다.

theism(유신론)   **the**(신) + is(있다, 존자하다) + m(론)

thing(물건, 물체, 사물, 일)   **th**(이미 알고 있는 물건이나 사람) + ing(행위, 결과)

this(이것)   **th**(것) + is(있다, 존재하다)
> 해 옆에 있다.

theo-

① 신
② 이론(theory)

pantheo**n**(판테온, 만신궁)   pan(모든) + **theo**(신) + n(장소)

theocracy(신권정치)   **theo**(신) + cracy(정치)

theocrat(신권 정치가)   **theo**(신) + crat(지지하는 사람)

theologize(신학적으로 다루다)   **theo**(신) + log(학) + ize(~로 취급하다)

theology(신학)   **theo**(신) + logy(학)

thermo-

① 열

thermodynamics(열역학)	**thermo**(열) + dynamics(역학)
thermogenesis(열발생)	**thermo**(열) + genesis(기원, 발생, 창시)
thermolysis(열분해)	**thermo**(열) + lysis(분해)
thermometer(온도계)	**thermo**(열) + meter(측량기)
thermonuclear(열핵의)	**thermo**(열) + nucle(핵) + ar(~의)

thum- ➡ tum-

① 불룩하다
② 많다

thumb(엄지손가락)	**thum**(불룩하다) + b(입술소리가 같아서 붙음)
tumult(큰 소동)	**tum**(불룩하다) + ult(ultra 매우, 과도한)

till-

① 경작하다
② 갈다

till(갈다, 경작하다)	
tillage(경작지)	**till**(경작하다) + age(동작, 상태)

tor- ➡ torch- ➡ tort-

① 비틀다
② 꼬집다

at**tor**ney(변호사, 대리인)	at(향하여) + **tor**(꼬집다) + ney(near 가까이) + y(행위)
con**tort**(찡그리다)	con(완전히) + **tort**(꼬집다)

contortion(비틀림)
distort(왜곡하다, 찡그리다)
distorted(비틀어진, 찌그러진)
distortion(뒤틀림, 왜곡된 사실)
retort(말대꾸하다)
torch(횃불)
torment(고통)
tortoise[(육상, 민물)거북]
torture(고문)
tortuous(비틀린, 뒤틀린)
torturous(고문의)

con(완전히) + **tort**(비틀다) + ion(구체적 사례)
dis(철저히) + **tort**(비틀다)
dis(철저히) + **tort**(비틀다) + ed(특성)
distort(왜곡하다) + ion(구체적 사례)
re(되) + **tort**(꼬집다)

tor(비틀다) + ment(행위, 결과, 성질)
tort(비틀다) + oise(발을 의미)
tort(비틀다) + ure(동작, 상태, 성질)
tort(비틀다) + uous(~하는 습관이 있는)
tortur(e)(고문) + ous(~의, ~하는 습관이 있는)

touch- ➡ tact- ➡ tag- ➡ tang- ➡ ting- ➡ tegr-

① 닿다
② 만지다

contact(접촉)
contagion(전염병)
contagious(전염성의)
contingent(우연한)
intact(손대지 않은)
integral(완전한)
integrity(성실, 완전무결)
tact(재치, 박자, 촉각)
tactful(재치 있는)
tactile(촉각의, 만질 수 있는)
tangent(접촉하다)
tangible(만져서 알 수 있는)
touching(감동적인)
touchstone(시금석, 표준)
touchy(성을 잘 내는)
untouchable(연방경찰국원)

con(서로) + **tact**(닿다)
con(서로) + **tag**(닿다) + ion(구체적 사례)
con(서로) + **tag**(닿다) + ious(~하는 습관이 있는)
con(서로) + **ting**(닿다) + ent(~하는, ~성질의)
in(부정) + **tact**(만지다)
in(안으로) + **tegr**(만지다) + al(~하는, 성질, 상태)
in(안으로) + **tegr**(만지다) + ity(성격, 상태)

tact(재치, 박자, 촉각) + ful(~가득)
tact(재치, 박자, 촉각) + ile(~의 성질이 있는)
tang(닿다) + ent(~하는 성질)
tang(만지다) + ible(알 수 있는)
touch(닿다) + ing(행위, 결과)
touch(닿다) + stone(돌)
touch(닿다) + y(성질, 행위, 상태)
un(부정) + **touch**(닿다) + able(할 수 있는)

tox- ➡ toxi- ➡ toxo-

① 독
② 활, 화살

toxic(유독한)　　　　　　　　　　**tox**(독) + ic(성질)

toxication(중독)　　　　　　　　**tox**ic(유독한) + ation(행위, 결과)

toxigenic(독소를 생산하는)　　　**toxi**(독) + genic(~을 생성하는)

toxoid(변성독소)　　　　　　　　**toxo**(독) + id(화합물)

toxophilite(궁술가, 궁술애호가)　**toxo**(활) + philite(사랑하는 사람)

tract- ➡ track- ➡ tray- ➡ treat- ➡ trait- ➡ trail- ➡ train

① 끌다(draw)
② 다루다(handle)

abs**tract**(추상적인, 무형의, 이론적인, 발췌)　　abs(분리) + **tract**(끌다)

abs**tract**ion(추상, 분리, 방심)　　　　　　　abs**tract**(추상적인) + ion(구체적 사례)

abs**tract**ive(매력적인)　　　　　　　　　　abs**tract**(추상적인) + ive(성질, 경향)

at**tract**(끌다, 매혹하다)　　　　　　　　　　at(향하여) + **tract**(끌다)

at**tract**ion(끌어당김, 인력, 매력)　　　　　　at**tract**(끌다, 매혹하다) + ion(구체적 사례)

con**tract**(계약서, 청부, 계약하다, 줄이다, 수축하다)　con(서로) + **tract**(다루다)

con**tract**ion(수축, 위축)　　　　　　　　　contract(줄이다, 수축하다) + ion(구체적 사례)

de**tract**(줄이다, 떨어뜨리다)　　　　　　　　de(떨어져) + **tract**(끌다)

de**tract**ion(감손, 욕설)　　　　　　　　　　de**tract**(줄이다, 떨어뜨리다) + ion(구체적 사례)

ex**tract**(빼내다, 발췌하다, 인용문, 짜내다)　　ex(밖으로) + **tract**(끌다)

por**trait**(초상화)　　　　　　　　　　　　por(앞으로) + **trait**(끌다)

por**tray**(그리다, 묘사하다)　　　　　　　　por(앞으로) + **tray**(끌다)

pro**tract**(오래 끌다)　　　　　　　　　　　pro(앞으로) + **tract**(끌다)

pro**tract**ion(오래 끌기)　　　　　　　　　　pro**tract**(오래 끌다) + ion(구체적 사례)

re**treat**(후퇴하다, 철수하다, 은퇴하다, 후퇴, 은둔)　re(뒤로) + **treat**(끌다)

sub**tract**(감하다)　　　　　　　　　　　　sub(아래로) + **tract**(끌다)

sub**tract**ion(빼기, 공제)　　　　　　　　　sub**tract**(감하다) + ion(구체적 사례)

trace(자취, 흔적, 발자국, 추적하다, 더듬다)　**trac**(끌다) + e(성질, 상태)

track(지나간 자국, 진로, 경주로, 추적하다, ~에 발자국을 남기다)

trail[질질 끌(리)다, ~의 뒤를 슬슬 따라가다, 끌고 간 자국, 흔적, 단서]

trailer(질질 끄는 사람, 트레일러)　　**trail**[질질 끌(리)다] + er(사람)

train(열차, 기차, 훈련하다)

treat(대우하다, 다루다, 치료하다, 대접, 큰 즐거움, 한턱내다)

treaty(조약, 협정, 흥정, 담판)　　**treat**(대우하다, 다루다) + y(행위, 상태)

treatment(대우, 취급, 처리, 치료법)　　**treat**(다루다) + ment(행위, 성질, 수단)

tractor(트랙터)　　**tract**(끌다) + or(기기)

tribut- ➡ tribu- ➡ trib-

① 지불하다(pay)
② 주다(give)
③ 할당하다
④ 원인 따위를 돌리다(assign)
⑤ 종족

at**tribut**e(~의 탓이라고 한다)　　at(향하여) + **tribute**(조공, 공물, 찬사, 선물)

at**tribut**ion(~에 돌림)　　at(향하여) + **tribut**(돌리다) + ion(구체적 사례)

con**tribut**ory(기부의, 공헌의)　　con(완전히) + **tribut**(주다) + ory(성질의, ~하는)

con**tribut**e(공헌하다, 기부하다)　　con(완전히) + **tribut**(주다) + e(성질, 상태)

con**tribut**ion(기부, 기증, 공헌)　　con(완전히) + **tribut**(주다) + ion(구체적 사례)

dis**tribut**able(분배할 수 있는)　　dis(분리) + **tribut**(주다) + able(할 수 있는)

dis**tribut**e(분배하다)　　dis(분리) + **tribut**(할당하다) + e(성질, 상태)

dis**tribut**ive(분배의)　　dis(분리) + **tribut**(할당하다) + ive(성질, 경향)

dis**tribut**or(도매상인, 배급자)　　dis(분리) + **tribut**(할당하다) + or(사람)

tribe(종족)　　**trib**(종족) + e(성질, 상태)

tribune(호민관)　　**trib**(종족) + une(<u>une</u>qualed 무적의, 월등하게 좋은)

tribute(조공, 공물, 찬사, 선물)　　**tribut**(주다) + e(성질, 상태)

tuit- ➡ tut-

① 보호하다
② 봐주다

in**tuit**(직관으로 알다)	in(안으로) + **tuit**(보호하다)
in**tuit**ion(직관)	in**tuit**(직관으로 알다) + ion(구체적 사례)
in**tuit**ive(직관적인)	in**tuit**(직관으로 알다) + ive(성질, 경향)
in**tuit**ively(직관적으로)	in**tuit**ive(직관적인) + ly(부사 만들기)
tutor(가정교사, 개별지도교수)	**tut**(봐주다) + or(관계자)
tutorial(가정교사의, 개인지도의)	**tut**or(가정교사, 개별지도교수) + ial(~의)
tuition(교수, 수업료)	**tuit**(봐주다) + ion(구체적 사례)

turb- ➡ tuber- ➡ turm- ➡ tum- ➡ troubl-

① 혼란시키다
② 어지럽히다
③ 혼잡한(crowded)

dis**turb**(방해하다, 혼란시키다, 휘젓다)	dis(철저하게) + **turb**(혼란시키다)
dis**turb**ance(소동, 방해)	dis**turb**(방해하다, 혼란시키다) + ance(성질, 상태)
per**turb**(크게 혼란시키다)	per(끝까지) + **turb**(혼란시키다)
trouble(걱정, 고생, 고장, 말썽)	**troubl**(어지럽히다) + e(상태, 성질)
troubled(거친, 난처한)	**troubl**(어지럽히다) + ed(~의 특성이 있는)
troublesome(골치 아픈, 귀찮은)	**trouble**(걱정, 말썽) + some(상당한, 쾌)
tuberculosis(결액)	**tuber**(어지럽히다) + culo(항문, 직장) + sis(활동)
tumult(소동, 야단법석)	**tum**(혼란시키다) + ult(<u>ultra</u> 매우, 과도한)
tumultuous(소란한, 떠들썩한)	**thm**ult(큰 소동) + uous(~하는 습관이 있는)
turban(둘둘 감는 밴드)	**turb**[어지럽히다(둘둘 감다)] + an(<u>band</u> 밴드)
turbid(흐린, 혼탁한)	**turb**(혼잡한) + id(상태)
turbidity(혼탁, 혼란)	**turb**id(흐린, 혼탁한) + ity(성격, 상태)
turbine(터빈)	**turb**[어지럽히다(빙빙돌다)] + ine(~에 관해)
turbulence(소란, 거침, 떠들썩함)	**turb**(혼잡한) + ulence(성질, 상태)
turbulent(소란한, 사나운)	**turb**(혼잡한) + ulent(~하는, ~성질의)
turmoil(소란, 소동)	**turm**(혼잡한) + oil(기름)

turn- ➡ tour-

① 돌다

con**tour**(윤곽)	con(완전히) + **tour**(돌다)
de**tour**(우회, 돌아가는 길)	de(떨어져) + **tour**(돌다)
re**turn**(되돌아가다)	re(되) + **turn**(돌다)
tour(짧은 여행, 일주, 순회)	
tourist(여행자, 관광여행자)	**tour**(돌다) + ist(관계자)
tournament(승차진출권, 토너먼트, 마상시합)	**tour**(돌다) + nament(성질, 수단)
turn(~을 회전시키다, 방향을 바꾸다, 회전, 변화, 순번)	
turnabout(선회, 회전, 회전목마)	**turn**(돌다) + about(관하여)
turning(회전, 모퉁이)	**turn**(돌다) + ing(행위, 결과)
turning point(전환점)	**turn**ing(회전, 모퉁이) + point(점)
turnip(순무)	**turn**(돌다) + ip(ipecac 남아메리카산의 식물의 뿌리)
turnover(전복, 매상고)	**turn**(돌다) + over(위로 덮어)
turntable(회전반, 회전 작업대)	**turn**(돌다) + table(탁자)
turnup(소동, 소란)	**turn**(돌다) + up(위로, 흥분하여)

umb- ➡ somb-

① 어둡다

somber(어두침침함)	**somb**(어둡다) + er(성질, 상태)
umber(암갈색)	**umb**(어둡다) + er(색, 사람)
umbrage(불쾌, 노여움)	**umb**(어둡다) + rage(격노, 분노)
umbrella(우산)	**umb**(어둡다) + rel(relation 관계) + la(기구)

un-

① 부정

unclean(불결한)	**un**(부정) + clean(깨끗한)
unclear(불분명한)	**un**(부정) + clear(문명한)

uni-

① 하나

unicorn(뿔이 하나 달린 전설상의 동물)	**uni**(하나) + corn[horn 뿔 (접미사)]
unicycle(외바퀴 자전거)	**uni**(하나) + cycle(자전거)
uniform(제복)	**uni**(하나) + form(형태)
uniformity(한결같음, 획일성)	**uni**form(제복) + ity(상태, 성격)
unify(하나로 하다)	**uni**(하나) + fy(~하게 하다, ~로 되다)
union(단결)	**uni**(하나) + on(일원으로)
unique(유일한, 비길데 없는)	**uni**(하나) + que(queen 여왕)
unison(조화, 일치)	**uni**(하나) + son(상태, 동작)
unit(단위)	**uni**(하나) + t(행위, 결과)
unite(결합하다)	**uni**(하나) + te(행위)
united kingdom(영국)	**uni**ted(하나가 된, 결합된) + kingdom(왕국)
universe(우주, 은하계)	**uni**(하나) + vers(돌다) + e(상태)
university(대학교)	**uni**(하나) + vers(돌다) + ity(성격, 상태)

urb-

① 도시

sub**urb**an(교외의)	sub(~의 아래에) + **urb**an(도시의)
urban(도시의)	**urb**(도시) + an(~의)
urbane(도시풍의)	**urb**(도시) + ane(~풍의)
urbanity(도시풍)	**urb**an(도시의) + ity(성격, 상태)

us- ➡ util-

① 사용하다
② 이용하다(use)

ab**us**e(악용하다, 학대하다, 남용)	ab(분리) + **us**(사용하다) + e(성질, 상태)
usage(관습, 관례, 처리, 취급, 사용)	**us**(이용하다) + age(동작, 상태)

use(사용하다, 이용하다, 이용효과, 효과)	us(사용하다) + e(상태)
utility(유용, 효용, 공익사업)	util(이용하다) + ity(성격, 상태)
utilize(이용하다, 활용하다)	util(이용하다) + ize(~의 상태로 만들다)
usual(평소의, 습관적인)	us(이용하다) + ual(~의, ~성질의, ~특유의)

va- ➡ vaca- ➡ void- ➡ vac- ➡ vacan- ➡ vacu- ➡ van-

① 비어있는(empty)
② 진공

avoid(피하다, 회피하다)	a(방향) + void(비어있는)
avoidance(회피)	avoid(피하다) + ance(성질, 상태)
devoid(~이 전혀 없는, 결여된)	de(떨어져) + void(비어있는)
evacuate(비우다, 철거하다, 철수하다)	e(밖으로) + vacu(비어있는) + ate(직무)
evacuation(철거, 소개)	e(밖으로) + vacu(비어있는) + ation(행위, 결과)
evacuee(소개자, 피난민)	e(밖으로) + vacu(비어있는) + ee(당하는 사람)
vacancy(공허)	vacan(비어있는) + cy(행위, 결과)
vacant(알맹이 없는, 비어있는)	vac(비어있는) + ant(~하는)
vacate(비게하다, 공허하게 하다)	vac(비어있는) + ate(~로 만들다)
vacation(휴가, 방학)	vaca(비어있는) + tion(행위, 결과)
vacationist(휴가를 즐기는 유람객)	vacation(휴가, 방학) + ist(사람)
vacuity(공허)	vacu(비어있는) + ity(상태, 성격)
vacuum(진공청소)	vacu(진공) + um(기기)
vain(헛된)	va(비어있는) + in(안)
vanish(사라지다, 없어지다)	van(비어있는) + ish(~하게 하다)
vanishing(사라지는)	vanish(사라지다, 없어지다) + ing(행위, 결과)
vanishment(소실)	vanish(사라지다, 없어지다) + ment(행위, 성질, 수단)
vanity(공허, 허무, 허영)	van(비어있는) + ity(성격, 상태)

vade- ➡ vas-

① 가다(go)

| evade(벗어나다, 면하다, 피하다) | e(벗어나다) + vade(가다) |

evasion(피함, 회피)	e(벗어나다) + **vas**(가다) + ion(구체적 사례)
evasive(회피하다, 둘러대는)	e(벗어나다) + **vas**(가다) + ive(행위)
in**vade**(~에 침입하다, 침범하다)	in(안으로) + **vade**(가다)
in**vas**ion(침입, 침략)	in(안으로) + **vas**(가다) + ion(구체적 사례)
per**vade**(보급하다)	per(끝까지) + **vade**(가다)
per**vas**ion(보급)	per(끝까지) + **vas**(가다) + ion(구체적 사례)

vaga- ➡ vagu(e)- ➡ vag-

① 떠돌다
② 헤매다(wander)

extra**vag**ance(사치품, 낭비)	extra(범위 외) + **vag**(떠돌다) + ance(성질, 행위)
extra**vag**ant(낭비하는, 사치스러운)	extra(범위 외) + **vag**(떠돌다) + ant(~하는)
vagabond(방랑자, 정처없는 나그네, 건달)	**vaga**(떠돌다) + bond(결속, 속박)
vague(어렴풋한, 막연한, 모호한)	**vagu**(헤매다) + e(성질, 상태)
vaguely(막연히, 모호하게)	**vague**(어렴풋한, 막연한, 모호한) + ly(부사 만들기)
vagueness(애매모호함)	**vague**(어렴풋한, 모호한) + ness(성질, 상태, 정도)

val- ➡ vail- ➡ vali- ➡ valu- ➡ valor- ➡ value-

① 강한(strong)
② 가치 있는(worth)

a**vail**(쓸모 있다, 효력, 이익)	a(상태) + **vail**(가치 있는)
a**vail**able(이용할 수 있는, 쓸모 있는)	a**vail**(쓸모 있다, 효력, 이익) + able(할 수 있는)
equi**val**ent(동등한, 상당하는)	equi(같은) + **val**(가치 있는) + ent(~하는)
e**valu**ate(평가하다, 가치를 판정하다)	e(전적으로) + **valu**(가치 있는) + ate(~로 만들다)
in**vali**d(병약한, 상한, 환자)	in(부정) + **valid**(타당한, 유효한)
pre**vail**(우세하다, 능가하다, 극복하다, 유행하다)	pre(앞) + **vail**(강한)
pre**vail**ing(우세한, 유력한, 일반의)	pre**vail**(우세하다, 극복하다) + ing(행위, 결과)
pre**val**ent(일반에게 행해지는, 보급되고 있는)	pre(앞으로) + **val**(가치 있는) + ent(~하는)
valiant(용감한, 힘센)	**vali**(강한) + ant(~한)
valid(타당한, 유효한)	**vali**(가치) + d(~한)

validate(인정하다, 확인하다, 유효하게 하다)   **valid**(타당한, 유효한) + ate(~로 만들다)
validity(정당한, 타당한)   **valid**(타당한, 유효한) + ity(성격, 상태)
valor(용기, 용맹)
value(가치, 가격, 평가, 쓸모, 평가하다)
valuable(귀중한, 값비싼)   **valu**(가치) + able(할 수 있는)
valueless(가치 없는, 하찮은)   **value**(가치) + less(~없는)

velop-

① 싸다(wrap)

de**velop**(개발하다, 발전시키다, 현상하다)   de(분리) + **velop**(싸다)
de**velop**ment(발달, 발육, 개발, 현상)   de(분리) + **velop**(싸다) + ment(행위, 결과)
en**velop**(싸다, 덮다, 감추다)   en(안에) + **velop**(싸다)
en**velop**e(봉투, 씌우개, 외피)   en**velop**(싸다, 덮다, 감추다) + e(상태, 성질)

vent- ➡ ven- ➡ veni- ➡ venu-

① 오다(come)

ad**vent**ure(모험심, 가슴 설레는 체험)   ad(향하여) + **vent**(오다) + ure(성질)
a**ven**ue(대로, 큰길, 수단, 큰길)   a(강조) + **ven**(오다) + ue(결과, 행위)
con**ven**e(소집하다, 회합하다)   con(함께) + **ven**(오다) + e(상태, 결과)
con**veni**ence(편의, 이익, 편리한 시설)   con(함께) + **veni**(오다) + ence(성질, 상태)
con**veni**ent(편리한, 알맞은)   con(함께) + **veni**(오다) + ent(~하는 성질의)
con**vent**ion(모집, 집회, 소집, 관례, 협정)   con(함께) + **vent**(오다) + ion(구체적 사례)
e**vent**(사건, 행사)   e(전적으로) + **vent**(오다)
e**vent**ual(최후의, 궁극적인 결과로 생기는)   e**vent**(사건, 행사) + ual(~하는 행위)
inter**ven**e(개입하다, 사이에 끼어들다)   inter(사이에) + **ven**(오다) + e(상태, 결과)
in**vent**(발명하다, 고안하다)   in(안으로) + **vent**(오다)
in**vent**ion(발명, 고안, 창출)   in**vent**(발명하다, 고안하다) + ion(구체적 사례)
pre**vent**(~을 막다, 방해하다)   pre(앞에) + **vent**(오다)
re**venu**e(세입, 총수익, 세무서)   re(다시) + **venu**(오다) + e(상태, 성질)
sou**ven**ir(기념, 선물)   sou(소리) + **ven**(오다) + ir(행위, 결과)

venture(모험적 기도, 투기적 사업, 감행하다)**vent**(오다) + ure(동작, 성질, 행위)

ver-

① 진실한(true)

verdict(평결, 판정, 의견)	**ver**(진실한) + dict(선언하다)
verify(확인하다, 검증하다, 실증하다)	**ver**(진실한) + ify(~하게 하다)
verifiable(증명할 수 있는)	**ver**if(y→i)i(확인하다, 검증하다, 실증하다) + able(할 수 있는)
very(매우, 대단히, 진실로, 정말로, 참된)	**ver**(진실한) + y(행위, 상태)

verb-

① 동사
② 낱말

ad**verb**(부사)	ad(붙다) + **verb**(동사)
ad**verb**ial(부사적인)	ad**verb**(부사) + ial(~적인)
pro**verb**(속담)	pro(앞선) + **verb**(낱말)
pro**verb**ial(속담의, 유명한)	pro**verb**(속담) + ial(~의, ~ 한)
verbose(말이 많은, 장황한)	**verb**(낱말) + ose(~많은)
verbosity(말수가 많은 것)	**verb**os(e)(말이 많은, 장황한) + ity(상태, 성격)

vers- ➡ vert- ➡ vorc-

① 돌다(turn)
② ~로 향하다
③ 변하다(change)

ad**vers**ary(적, 상대)	ad**vers**(e)(거스르는, 반대의) + ary(사람)
ad**vers**e(거스르는, 반대의)	ad(향하여) + **vers**(변화다) + e(상태, 성질)
ad**vers**ity(역경)	ad**vers**(e)(거스르는, 반대의) + ity(성격, 상태)

advert(유의하다, 주의를 돌리다)   ad(향하여) + **vert**(돌리다)

advertise(광고하다)   ad(향하여) + **vert**(돌리다) + ise(성질, 상태)

advertisement(광고)   advertise(광고하다) + ment(행위, 결과)

anniversary(기념일)   anni(해마다) + **vers**(돌다) + ary(행사)

controversy(논쟁, 설전)   contro(반대하여) + **vers**(돌다) + y(행위, 상태)

conversation(회화, 대화, 좌담)   con(서로) + **vers**(돌리다) + ation(행위, 결과)

conversion(전환, 개종)   con(전적으로) + **vers**(변하다) + ion(구체적 사례)

convert(바꾸다, 개종하다)   con(전적으로) + **vert**(변하다)

convertible(포장달린 자동차)   con(완전히) + **vert**(변화다) + ible(할 수 있는)

divorce(이혼, 분리시키다)   di(분리) + **vorc**(돌다) + e(상태, 성질)

diverse(딴 종류의, 다른, 다양한)   di(분리) + **vers**(돌다) + e(상태, 성질)

diversion(기분전환, 딴 데로 돌림)   di(분리) + **vers**(돌리다) + ion(구체적 사례)

divert(돌리다)   di(강조) + **vert**(돌리다)

inverse(반대의, 역의)   in(부정) + **vers**(~로 향하다) + e(상태, 성질)

inversion(전도, 역)   in(부정) + **vers**(~로 향하다) + ion(구체적 사례)

invert(거꾸로 하다, 뒤집다)   in(부정) + **vert**(~로 향하다)

perverse(외고집의, 심술궂은)   per(끝까지) + **vers**(향하다) + e(상태, 성질)

perversion(곡해, 악용, 타락)   per(끝까지) + **vers**(향하다) + ion(구체적 사례)

pervert(벗어나게 하다)   per(통과하다) + **vert**(~로 향하다)

reverse(거꾸로 하다, 역의, 반대의)   re(뒤) + **vers**(돌다) + e(상태, 성질)

reversible(거꾸로 할 수 있는)   re(뒤) + **vers**(돌다) + ible(할 수 있는)

reversion(복귀, 되돌아가기)   re(뒤) + **vers**(돌다) + ion(구체적 사례)

revert(되돌아가다)   re(되) + **vert**(돌다)

universe(우주, 삼라만상, 세계, 전인류)   uni(하나) + **vers**(돌리다) + e(상태, 성질)

university(종합대학교)   uni(하나) + **vers**(돌리다) + ity(성격, 상태)

verse(운문, 시)   **vers**(돌다) + e(상태, 성질)

version(번역, 각색, ~판, ~화)   **vers**(변하다) + ion(구체적 사례)

vest-

① 조끼
② 주다

divest(옷을 벗기다)   di(분리) + **vest**(조끼)

invest(옷을 입히다)   in(안으로) + **vest**(조끼)

investment(투자)   in(안으로) + **vest**(주다) + ment(성질, 행위, 결과)
life **vest**(구명대)   life(생명) + **vest**(조끼)
vestment(옷, 의복)   **vest**(조끼) + ment(성질, 행위, 결과)

vey- ➡ voy- ➡ way- ➡ wei-

① 길(way)
② 무게

con**vey**(나르다, 운반하다, 전달하다) con(서로) + **vey**(길)
con**vey**able(나를 수 있는, 양도할 수 있는) con**vey**(나르다) + able(할 수 있는)
con**vey**ance(운반) con**vey**(나르다, 운반하다) + ance(성질, 상태, 행위)
con**vey**er(or)(운반 장치, 운송업자) con**vey**(나르다, 운반하다) + er(or)(기기, 사람)
en**voy**(사절, 외교관) en(~이 되게 하다) + **voy**(길)
voyage(항해, 배 여행, 항해하다, 횡단하다) **voy**(길) + age(동작, 상태)
way in(입구) **way**(길) + in(안)
way out(출구) **way**(길) + out(밖)
wayside(길가의, 노변의) **way**(길) + side(가)
weigh(무게를 달다) **wei**(무게) + gh(성질)
weight(무게) **wei**(무게) + ght(결과, 단위)
weightless(중량이 없는, 사소한) **wei**ght(무게) + less(없는)
weighty(무거운) **wei**ght(무게) + y(행위, 상태)

vict- ➡ vinc-

① 정복하다(conquer)
② 이기다

victory(승리, 우승, 극복) **vict**(이기다) + ory(동작, 상태, 성질)
con**vict**(유죄를 선고하다, 죄수) con(완전히) + **vict**(정복하다)
con**vict**ion(유죄판결, 설득, 확신, 신념) con(완전히) + **vict**(이기다) + ion(구체적 사례)
con**vinc**e(납득시키다, 확신시키다) con(완전히) + **vinc**(이기다) + e(성질, 상태)

vig- ➡ veg-

① 활기찬(lively)

vegetable(채소, 야채, 식물)	**veg**(활기찬) + et(작은) + able(할 수 있는)
vigil(철야, 불침번)	**vig**(활기찬) + il(행위, 결과)
vigor(활동력, 원기, 생기)	**vig**(활기찬) + or(동작, 상태, 성질)
vigorous(활력에 넘친, 원기 왕성함)	**vig**or(활동력, 원기, 생기) + ous(~많음)
vigour(활기, 정력)	**vig**(활기찬) + our(행위, 성질)

vis- ➡ vid- ➡ vic- ➡ vey- ➡ vi- ➡ vy- ➡ wis- ➡ wit- ➡ vig-

① 보다(see)
② 알다(know)

ad**vic**e(충고)	ad(향하여) + **vic**(보다) + e(명사형어미)
ad**vis**e(충고하다)	ad(향하여) + **vis**(보다) + e(성질, 상태)
de**vi**ate(벗어나다, 빗나가다)	de(분리) + **vi**(보다) + ate(~로 만들다)
en**vi**able(부러운, 탐내는)	en(안으로) + **vi**(보다) + able(할 수 있는)
en**vi**ous(부러워하는)	en(안으로) + **vi**(보다) + ous(~하는)
en**vy**(부러워하다, 시샘, 부러움)	en(안으로) + **vy**(보다)
e**vid**ence(증거)	e(완전히) + **vid**(보다) + ence(성질, 상태)
e**vid**ent(분명한, 명백한)	e(완전히) + **vid**(보다) + ent(~하는, ~성질의)
ob**vi**ous(분명한, 명백한, 유난히 두드러진)	ob(앞에) + **vi**(보다) + ous(습관이 있는)
ob**vi**ously(명백하게)	ob**vi**ous(분명한, 명백한) + ly(부사 만들기)
pre**vi**ew[시사(試寫)]	pre(미리) + **vi**ew(전망)
pre**vi**ously(미리, 전에는)	pre(미리) + **vi**(보다) + ous(습관이 있는) + ly(부사 만들기)
pro**vid**e(공급하다, 제공하다, 준비하다)	pro(미리) + **vid**(보다) + e(상태)
pro**vis**ion(공급, 준비)	pro(미리) + **vis**(보다) + ion(구체적 사례)
re**vi**ew(복습)	re(다시) + **vi**(보다) + ew(성질, 상태)
re**vis**ion(교정, 개정, 개정판)	re(다시) + **vis**(보다) + ion(구체적 사례)
super**vis**e(감독하다, 관리하다)	super(위에) + **vis**(보다) + e(성질, 상태)
sur**vey**(조사하다, 검사하다, 측량하다)	sur(비밀리에) + **vey**(보다)
tele**vis**ion(텔레비젼, 수상기)	tele(멀리) + **vis**ion(보이기)
tri**vi**al(사소한, 하찮은, 천박한)	tri(셋) + **vi**(보다) + al(성질, 상태)

view(전망) vi(보다) + ew(성질, 상태)

vigil(밤샘, 철야) vig(보다) + il(행위, 결과)

visa[사증(査證)] vis(보다) + a(증명)

visible(보이는) vis(보다) + ible(할 수 있는)

vision(미래도, 상상력, 시력, 통찰력, 보이기) vis(보다) + ion(구체적 사례)

visionary[환영(幻影)의, 환상의] vision(상상력) + ary(~성질의, ~에 관한)

visit(방문하다) vis(보다) + it(가다)

visitor(방문객) visit(방문하다) + or(사람)

visual(보이기 위한, 시각의) vis(보다) + ual(~하는, 성질, 상태)

wisdom(현명함, 지혜) wis(알다) + dom(신분, 상태, 영토)

wise(현명한, 박식한) wis(알다) + e(성질, 상태)

wit(기지, 재치, 융통성, 재능)

witless(지혜 없는, 분별없는) wit(알다) + less(없는)

witness(증거, 증인, 목격자) wit(보다) + ness(성질, 상태, 정도)

viv- ➡ vit- ➡ vita-

① 살다(live)
② 생기있는

revival(소생, 부흥, 부흥회) re(다시) + viv(살다) + al(~하는 행위)

revive(부활하다, 회복시키다) re(다시) + viv(살다) + e(상태)

survival(생존) sur(초월하여) + vival(생명의, 힘찬, 활기 있는)

survive(살아남다, ~보다 오래 살다) sur(초월하여) + viv(살다) + e(상태)

survivor(생존자, 구조된 사람, 유족) sur(초월하여) + viv(살다) + or(사람)

vital(생명의, 힘찬, 활기 있는) vit(생기 있는) + al(~하는 행위)

vitality(활력, 활기, 약동하는 힘) vital(힘찬, 활기 있는) + ity(성격, 상태)

vitalize(생명을 주다) vital(생명의, 힘찬, 활기 있는) + ize(~로 만들다)

vitalization(생기를 줌) vitaliz(e)(생명을 주다) + ation(행위, 결과)

vive(만세) viv(생기 있는) + e(상태)

vivid(발랄한, 약동하는, 생생한, 선명한) viv(생기 있는) + id(상태)

vivify(~에 생기를 주다) viv(생기 있는) + ify(~하게 하다)

vivacious(쾌활한) viv(생기 있는) + aci(상태) + ous(~하는)

vital(생명의, 힘찬, 활기 있는) vit(생기 있는) + al(~하는 행위)

vitality(활력, 활기, 약동하는 힘) vital(힘찬, 활기 있는) + ity(성격, 상태)

vitaminosis(비타민결핍증)   **vita**(생기 있는) + mino(작은) + sis(활동)

voc- ➡ vok-

① 부르다(call)
② 목소리(voice)

ad**voc**ate(옹호자, 주창자, 대변자)   ad(향하여) + **voc**(부르다) + ate(사람)
con**voc**ation(소집, 집회)   con(함께) + **voc**(부르다) + ation(행위, 결과)
con**vok**e(소집하다)   con(함께) + **vok**(부르다) + e(상태)
equi**voc**al(애매한)   equi(같은) + **voc**(목소리) + al(~하는)
in**vok**e(염원하다, 간청하다, 호소하다)   in(안으로) + **vok**(부르다) + e(상태)
irre**voc**able(취소할 수 없는, 돌이킬 수 없는)   ir(부정) + re(다시) + **voc**(부르다) + able
pro**voc**ation(성나게 함, 도발)   pro(앞에서) + **voc**(부르다) + ation(행위, 결과)
pro**voc**ative(성나게 하는, 약올리는)   pro(앞에서) + **voc**(부르다) + ative(~하는)
pro**vok**e(성나게 하다, 자극하다, 선동하다)   pro(앞에서) + **vok**(부르다) + e(상태)
re**voc**ation(폐지, 취소)   re(뒤) + **voc**(부르다) + ation(행위, 결과)
re**vok**e(취소하다, 폐지하다, 해약하다)   re(뒤) + **vok**(부르다) + e(상태)
vocabulary(용어 범위, 어휘, 단어집)   **voc**(목소리) + ab(분리) + ula(방법) + ry(상태)
vocal(음성의, 성악의, 소리 내는)   **voc**(목소리) + al(~의, ~하는)
vocalist(성악가, 가수)   **voc**al(음성의, 성악의, 소리 내는) + ist(관계자)
vocalize(목소리로 내다)   **voc**al(음성의, 소리 내는) + ize(~상태로 만들다)
vocation(천직, 직업, 소명)   **voc**(부르다) + ation(행위, 결과)
vocational(직업의)   **voc**ation(천직, 직업, 소명) + al(~의)

vol- ➡ wil- ➡ well- ➡ will- ➡ wel- ➡ weal-

① 의지(will)
② 자유의사

bene**vol**ent(자비심이 많은, 친절한)   bene(좋은) + **vol**(의지) + ent(~하는 성질)
in**vol**untary(무식의, 본능적인)   in(부정) + **vol**untary(자발적으로 하는)
voluntary(자발적으로 하는)   **vol**(자유의사) + unt(~하는 성질) + ary(~관한)
volunteer(지원자)   **vol**(자유의사) + unt(~하는 성질) + eer(사람)

wealth(부, 재산)

wealthy(넉넉한, 유복한)

welcome(환영, 환영하다)

welfare(행복)

well-being(복지, 행복)

willful(계획적인, 고의로)

well-off(유복한, 순조로운)

well-to-do(유복한, 넉넉한)

wilful(계획적인, 외고집의)

willfully(계획적으로)

willing(기꺼이~하는, 마음에 드는)

willingly(기꺼이, 자진해서)

weal(의지) + th(정도, 상태)

wealth(부, 재산) + y(행위, 상태)

wel(의지) + come(오다)

wel(의지) + fare(운명, 상태, 운임)

well(건강한) + being(존재, 본질)

well(의지) + ful(가득찬, ~의 특성을 가진)

well(의지, 솟아오르다) + off(분리)

well(의지, 솟아오르다) + to(첨가) + do(한)

wil(의지) + ful(~의 특성을 가진, 가득 찬)

wilful(계획적인, 외고집의) + ly(부사 만들기)

will(자유의사) + ing(행위, 결과)

willing(기꺼이 ~하는) + ly(부사 만들기)

volv- ➡ volu- ➡ volut- ➡ valv- ➡ volt-

① 감싸다
② 회전시키다(roll)

evolution(발전, 전개, 진화)

evolutional(진화의)

evolutionary(진화의)

evolutive(진화의, 발전의)

evolve(차츰 발전시키다, 진화하다)

involve(끌어넣다, 포함하다)

involvement(연루, 포함)

revolt(반란, 반항, 반감)

revolution(혁명, 큰 변혁)

revolutionary(혁명적인, 혁명가)

revolve(회전시키다, 연발권총)

valve(관, 밸브)

volume(책, 서적)
   해 두루마리 서적을 의미한다.

e(밖으로) + volut(회전시키다) + ion(행위, 결과)

evolution(발전, 전개, 진화) + al(~의, ~하는)

evolution(발전, 전개, 진화) + ary(~의, 성질)

e(밖으로) + volut(회전시키다) + ive(~의, 성질)

e(밖으로) + volv(회전시키다) + e(상태, 성질)

in(안으로) + volv(감싸다) + e(상태, 성질)

involve(끌어넣다, 포함하다) + ment(행위, 결과)

re(되) + volt(회전시키다)

re(되) + volu(회전시키다) + tion(행위, 결과)

revolution(혁명) + ary(~적인, 사람)

re(다시) + volv(회전시키다) + e(상태, 성질)

valv(회전시키다, 감싸다) + e(상태, 성질)

volu(감다) + me(mean 의미)

want-

① 원하다
② 모자라다

wantage(부족)	**want**(모자라다) + age(동작, 상태)
wanted(지명 수배된, ~을 구함)	**want**(원하다) + ed(~을 가진, 특성 있는)
wanting(부족한, 빠져있는, ~이 없는)	**want**(모자라다) + ing(행위, 결과)
wantless(부족이 없는)	**want**(모자라다) + less(없는)
wanton(엉터리없는, 바람난)	**want**(원하다) + on(접촉)

war-

① 알아채고 있는
② 조심하는

a**war**e(~을 알아채고 있는, 알고 있는)	a(강조) + **war**(알아채고 있는) + e(상태)
be**war**e(주의하다, 조심하다)	be(완전히) + **war**(조심하는) + e(상태)
wary(경계하고 있는, 조심하는)	**war**(조심하는) + y(행위, 상태)

web- ➡ weav-

① 짜다

cob**web**(거미줄)	cob(거미, 백조의 수컷, 다리가 짧고 튼튼한 말) + **web**(짜다)
weaver(직공)	**weav**(짜다) + er(사람)
web(거미집, 거미줄)	
webfooted(발에 물갈퀴가 있는)	**web**(짜다) + foot(발) + ed(~특성이 있는)
web-like(거미줄 같은, 거미집 같은)	**web**(거미집, 거미줄) + like(같은)

wid-

① 헤어지다

widow(미망인)   **wid**(헤어지다) + ow(아픔, 앗, 아야)

wild-

① 야성

be**wild**er(당황케 하다)   be(~로 하다) + **wild**(야성) + er(반발)
wilderness(황야)   **wild**(야성) + er(반발) + ness(성질, 상태, 정도)

wind- ➡ vent- ➡ ventil-

① 바람
② 환기

vent(환기구멍)
ventilate(환기하다)   **ventil**(환기) + ate(~로 만들다)
ventilation(환기)   **ventil**(환기) + ation(행위, 결과)
ventilator(통풍기, 환풍기) **ventil**(환기) + ator(기기)
windfall(뜻밖의 행운)   **wind**(바람) + fall(떨어지다, 낙하하다)
windmill(풍차)   **wind**(바람) + mill(맷돌)
window(창문)   **wind**(바람) + ow(아픔, 앗)
windy(바람이 센)   **wind**(바람) + y(행위, 상태)

xyl- ➡ xylo-

① 나무(tree)
② 물관

xylem(물관부)   **xyl**(물관) + em(부)

xylograph(목판, 목판인쇄, 목판화)　　　　**xylo**(나무) + graph(그래프, 도식)
xylophone(실로폰)　　　　**xylo**(나무) + phone(소리)
xylotomy(나무를 얇게 절단하는 법)　　　　**xylo**(나무) + tomy(절단법)

ZO- ➡ ZOO-

① 동물(animal)

zoo(동물원)
zoology(동물학)　　　　**zoo**(동물) + log(y→i)i(학)
zoological(동물학의, 동물에 관한)　　　　**zoo**(동물) + log(y→i)i(학) + cal(~의, ~관한)

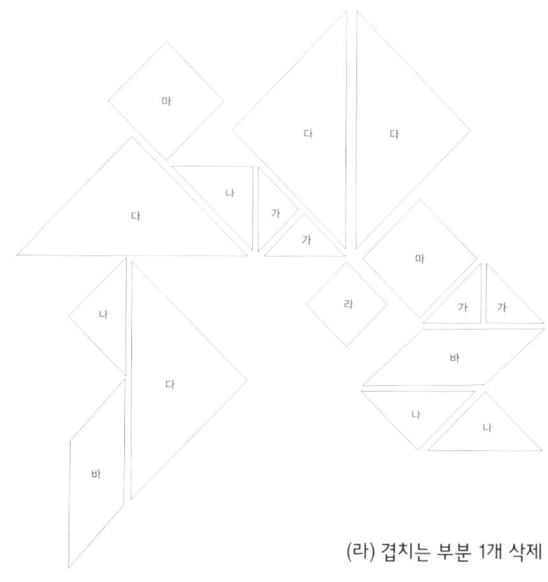

(라) 겹치는 부분 1개 삭제

그림으로 **독해력** 익히기

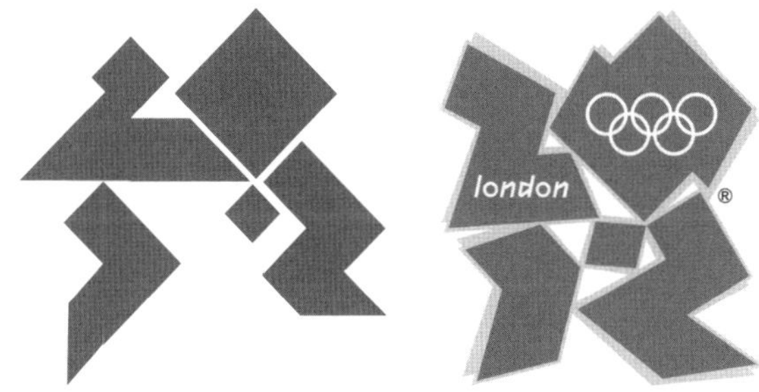

모서리를 늘리고 자르면서 그래픽 작업 후, 2012년 런던 올림픽 로고가 탄생함.

그림으로 독해력 쉽게 알기

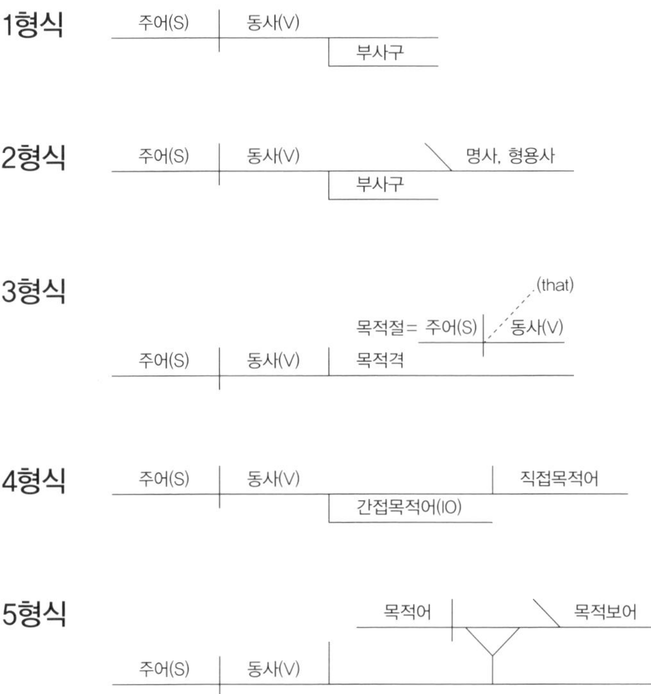

　많은 학생들이 단어는 알고 있는데 독해가 되지 않아, 그림을 통하여 독해를 완전 분해하여 누구나 쉽게 알 수 있도록 복잡하고 긴 문장도 기본적인 5가지 유형에서 가지를 친 것이다.

기본 5가지 유형 실전 연습

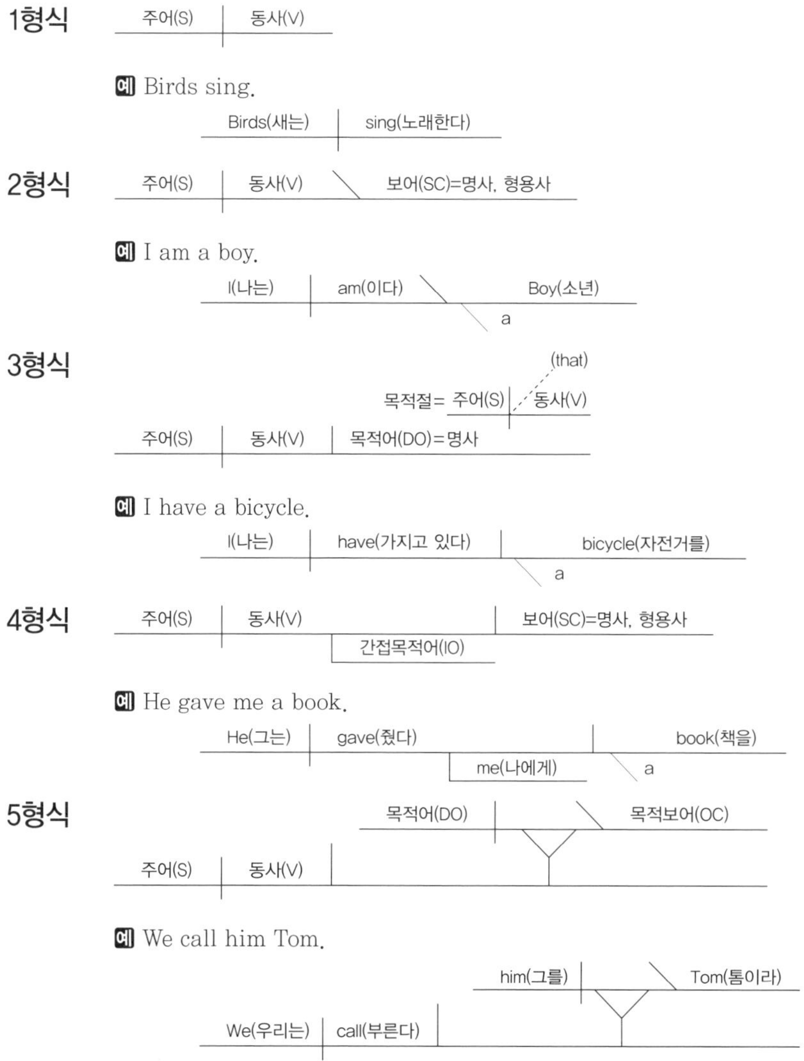

S는 **S**ubject, **V**는 **V**erb, **C**는 **C**omplement, **O**는 **O**bject, **DO**는 **D**irect **O**bject, **IO**는 **I**ndirect **O**bject, **SC**는 **S**ubject **C**omplement, **OC**는 **O**bject **C**omplement, **M**은 **M**odifier, 수식어는 어떠한 자리에서나 올수 있다.

8품사

8품사란 명사(**N**oun), 대명사(**P**ronoun), 형용사(**A**djective), 동사(**V**erb), 부사(**A**dverb), 전치사(**P**reposition), 접속사(**C**onjunction), 감탄사(**I**nterjection)을 말한다.

명사　사람 및 이 세상 모든 사물의 이름을 나타내는 말이다.

　　例 **Bill** is a wise **boy**. 빌은 현명한 소년이다.　　　　　　　[**Bill**과 **boy**는 명사]

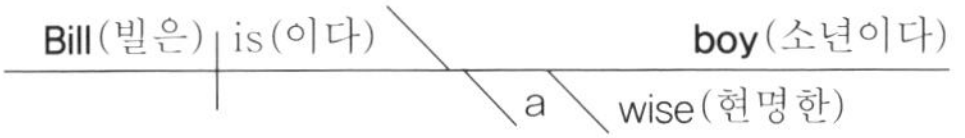

대명사　명사의 대신으로 쓰이는 말이다.

　　例 I love **him**. 나는 그를 사랑한다.　　　　　　　　　　　[**I, him**은 대명사]

형용사　명사를 수식하는 말이다.

　　例 **The old** man is **kind**. 그 노인은 친절하다.　　　　　　[**The, old, kind**는 형용사]

a, an, the는 관사(Article)

동사　사람 및 사물의 동작이나 상태를 설명하는 말이다.

　　例 He **will go** soon. 그는 곧 갈 것이다.　　　　　　　　　[**will, go**는 동사]

will은 조동사(Helping Verb)

부사　동사, 형용사, 다른 부사를 수식하는 말이다.

　　例 Birds sing **merrily**. 새들이 즐겁게 노래한다.　　　　　　[**merrily**는 부사]

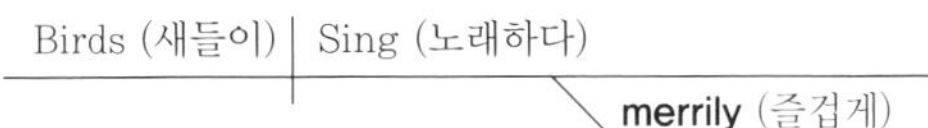

　　例 Birds are **very** beautiful. 새들이 매우 아름답다.　　　　　[**very**는 부사]

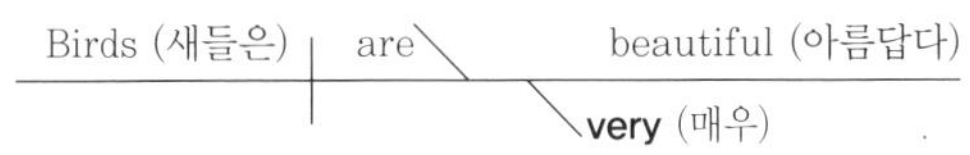

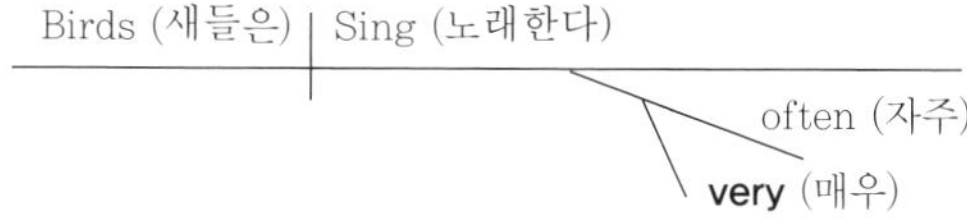

예 Birds sing **very** often. 새들이 매우 자주 노래하다.　　　　　　　　[**very**는 부사]

전치사 명사 또는 대명사 앞에 놓고, 그 말과 다른 말과의 관계를 표시라는 말이다.

예 He went **at** night. 그는 밤에 갔다.　　　　　　　　[**at**은 전치사]

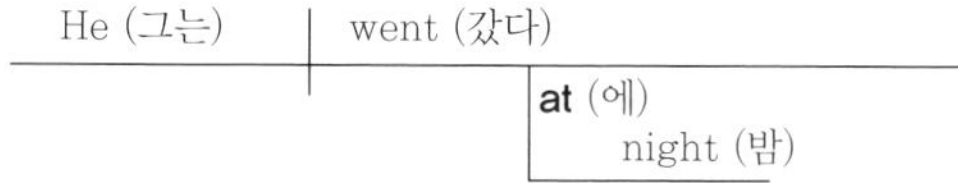

예 This is the letter **from** her. 이것은 그녀로부터 온 그 편지다.　　　　　　[**from**은 전치사]

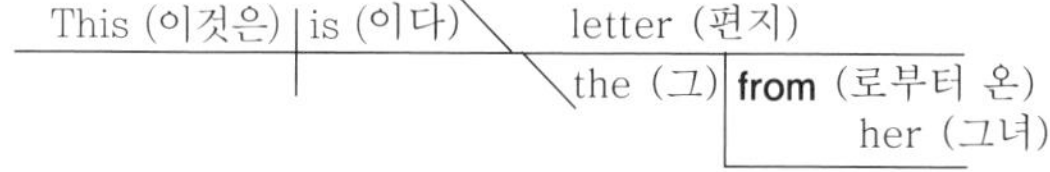

접속사 '단어와 단어', '구와 구', '절과 절'을 이어준다.

예 He **and** I are friends. 그와 나는 친구다.　　　　　　　　[**and**는 접속사]

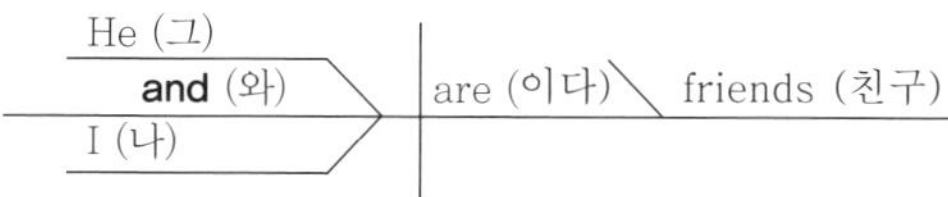

예 Put it on the desk **or** on the floor. 그것을 책상 위나 마루 위에 놓아라.　　　[**or**]

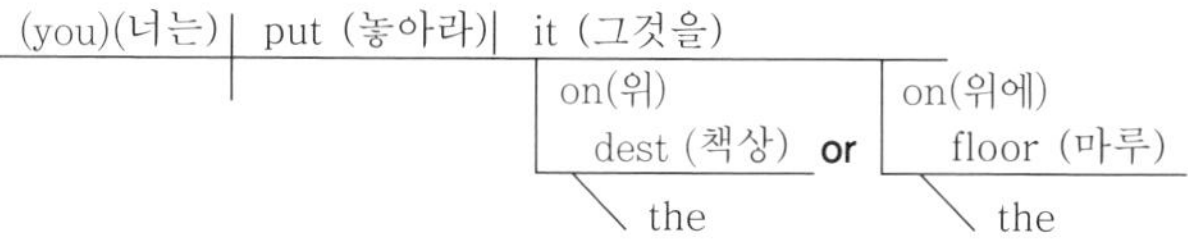

예 I can run, **but** I cannot fly. 나는 달릴 수 있다, 그러나 나는 날 수 없다.　　　[**but**]

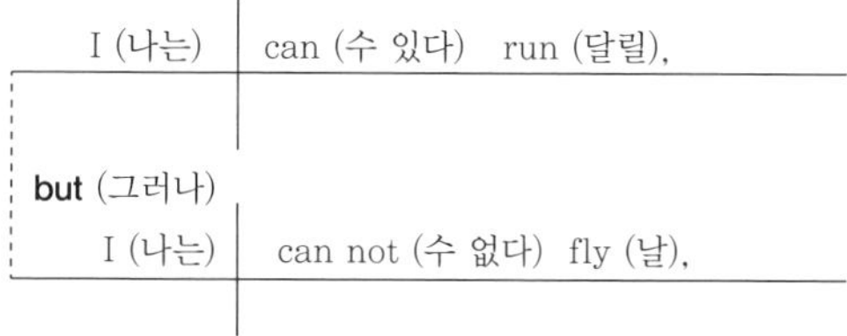

감탄사 기쁘고 슬픈, 여러 가지 감정을 나타내는 말이다.

예 **Oh!** I am very happy. 오! 나는 참 행복하구나.　　　　　　　[**Oh**는 감탄사]

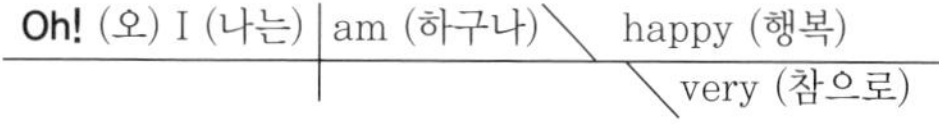

절: 단문·중문·복문

절이란 2개 이상의 주어＋술어 관계로 되어 있을 때, 그 각 주어＋술어를 절(Clause)이라 한다. 절의 종류로는 대등절, 주절, 종속절, 부사절이 있다.

대등절 접속사 **and, but, or, so, for**로 이어져 있는 절.

예 I am I, and you are you. 나는 나이고, 너는 너이다.　　　　[**and**는 접속사]

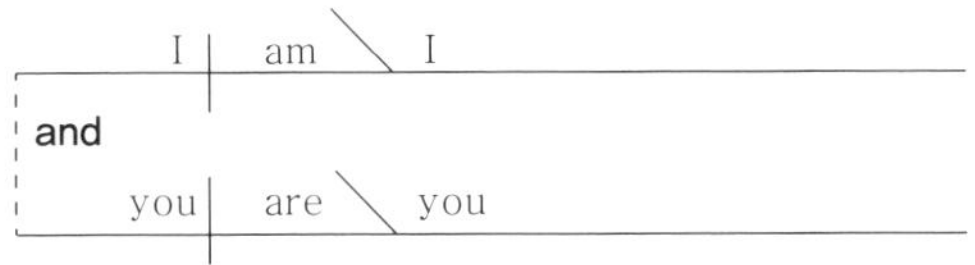

예 I like you, **but** you love me. 나는 너를 좋아한다. 그러나 너는 나를 사랑한다.　　　　[**but**는 접속사]

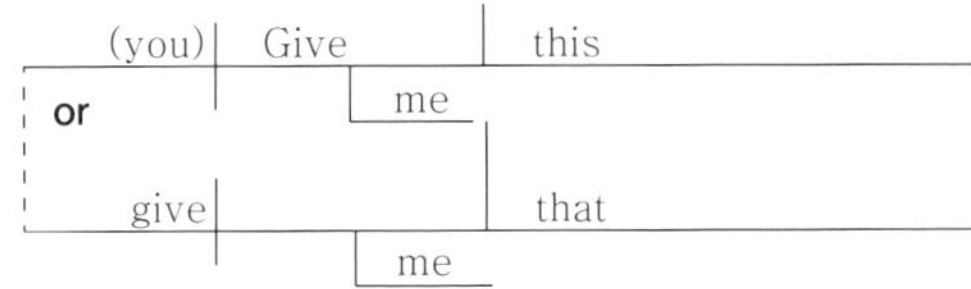

예 Give me this, **or** give me that. 나에게 이것을 달라, 그렇지 않으면 저것을 달라.

예 He came, **so** she went. 그는 왔다, 그래서 그 여자는 갔다.

예 A fish cannot fly, **for** it has no wings. 물고기는 날 수 없다, 왜냐하면 날개가 없기 때문에.

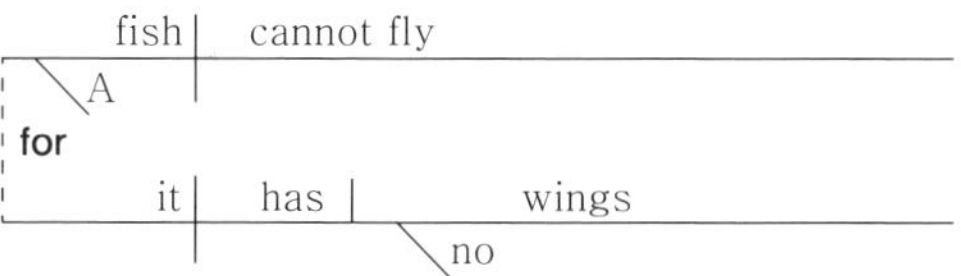

주절과 종속절   and, but, or, so, for 이외의 접속사로 이어져 있는 절.

예 I know **that** he is honest. 나는 그가 정직하다는 것을 안다.

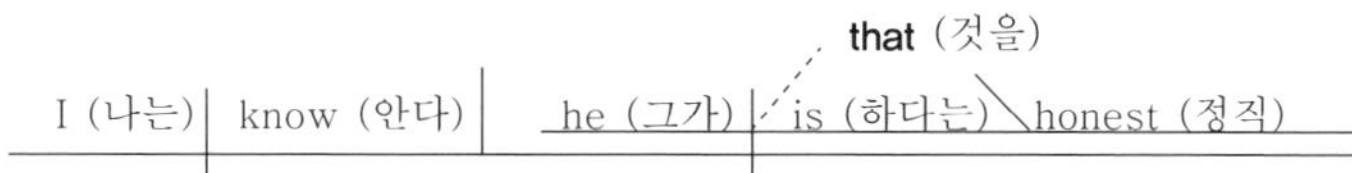

종속절에는 명사절, 형용사절, 부사절이 있다.

명사절   I know **that** he is honest. 나는 그가 정직함을 안다.

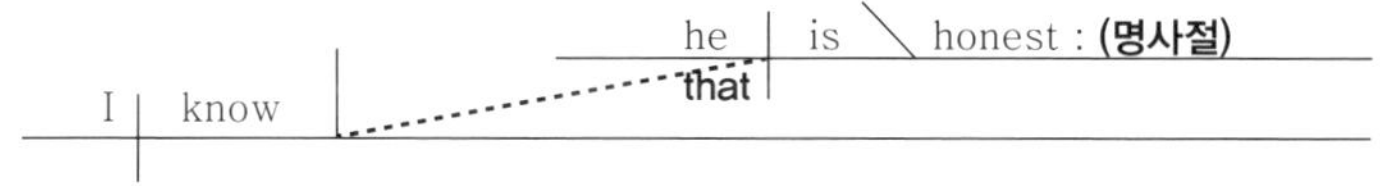

형용사절   He is the boy **that** is honest. 그는 정직한 소년이다.

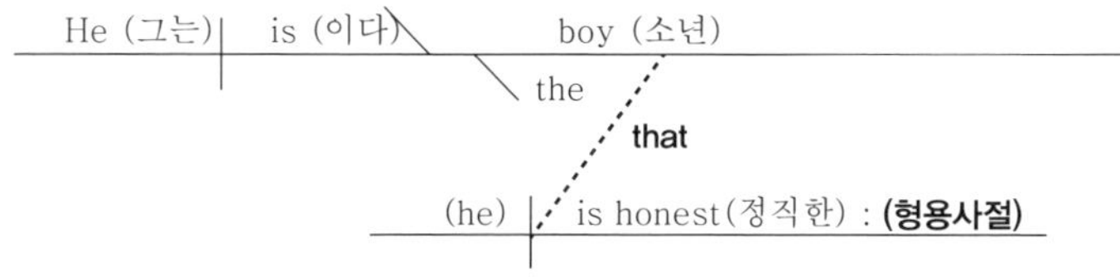

부사절   Wait till he comes. 그가 올 때까지 기다려라.

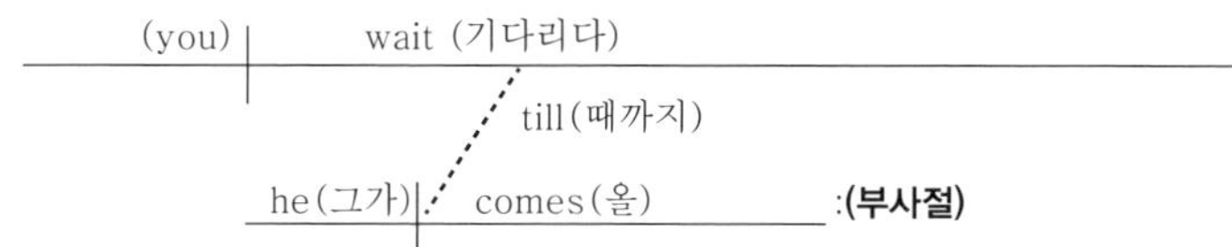

부사절에는 9종류가 있다.

때를 나타내는 부사절

예 **When I wept**, he laughed. 내가 울었을 때, 그는 웃었다.

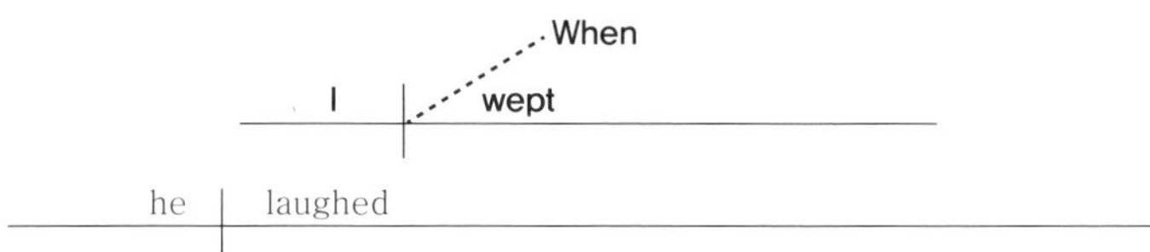

장소를 나타내는 부사절

예 He lives **where he was born**. 그는 그가 난 곳에서 산다.

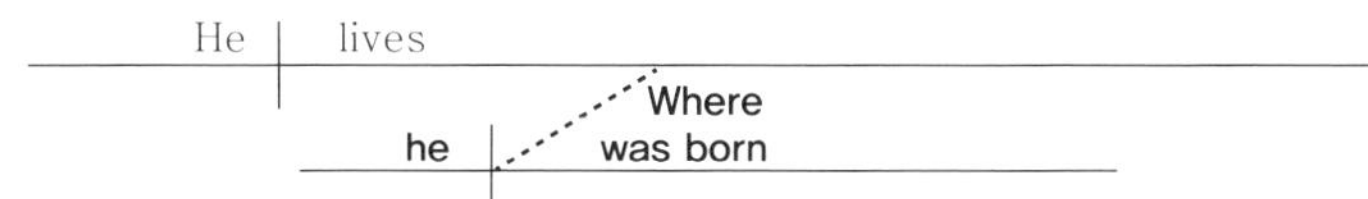

원인·이유를 나타내는 부사절

예 He failed, **because he was careless**. 그는 부주의했기 때문에 실패했다.

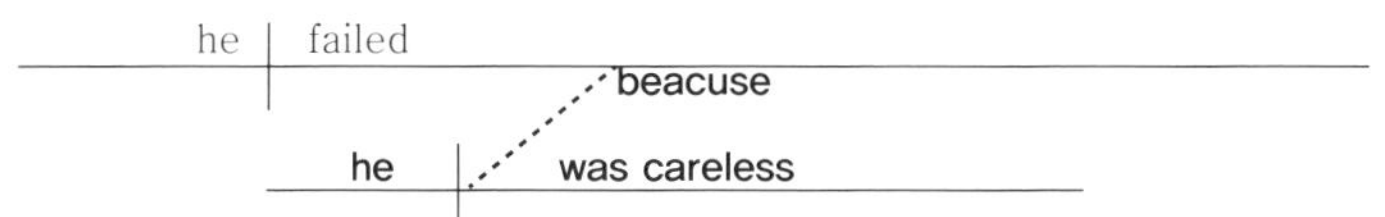

목적을 나타내는 부사절

예 We eat **that we may live**. 우리들은 살기위해 먹는다.

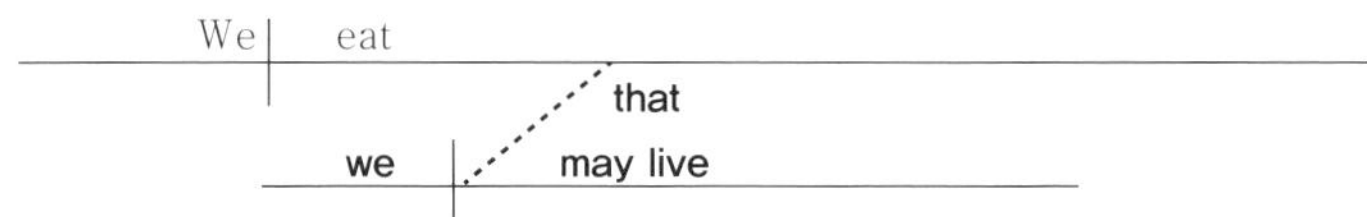

결과를 나타내는 부사절

예 I am so busy **that I cannot go**. 나는 매우 바쁘므로 갈 수 없다.

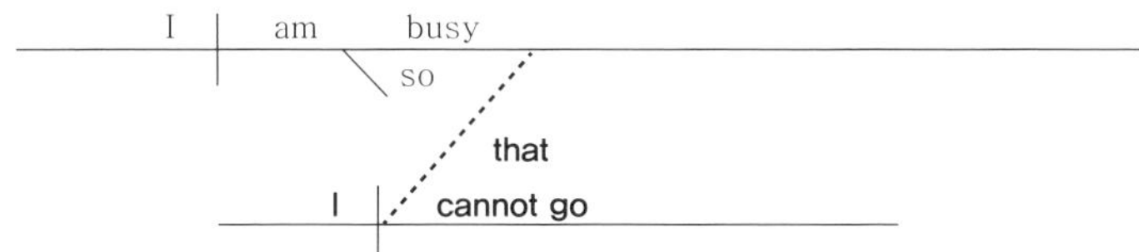

조건을 나타내는 부사절

㉠ If it is true, I am sorry. 만일 그것이 사실이라면 안 됐다.

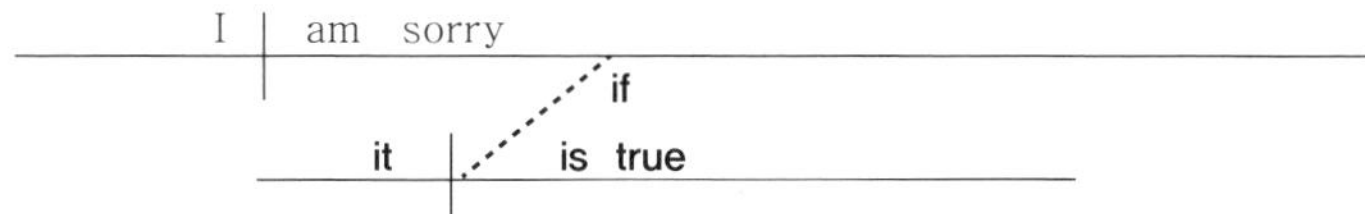

양보를 나타내는 부사절

㉠ Though he is young, he is wise. 그는 어리지만, 슬기롭다.

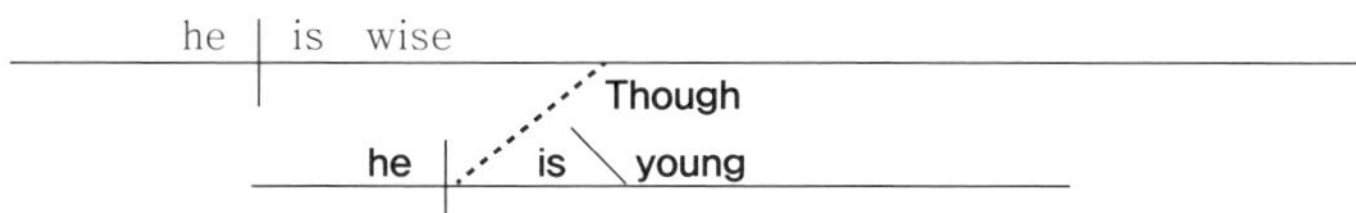

모양·태도를 나타내는 부사절

㉠ Do **as I tell you**. 내가 네게 말하는 대로 하라.

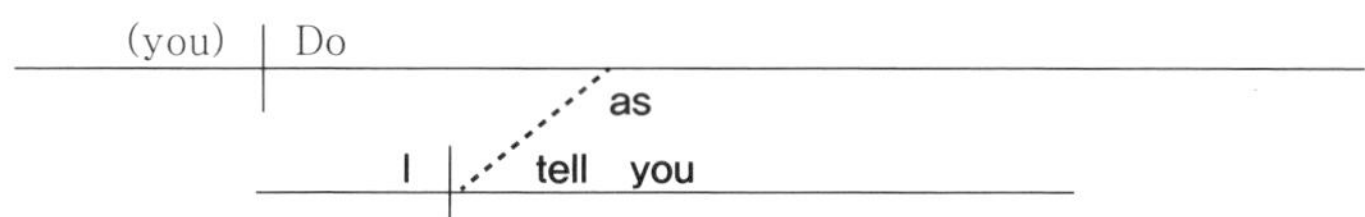

비교를 나타내는 부사절

㉠ He is taller **than I am**. 그는 나보다 키가 크다.

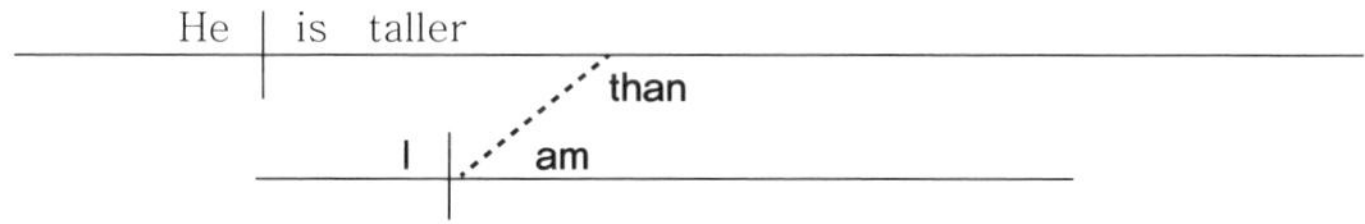

단문·중문·복문 구별하기

단문   주어＋술어 관계가 하나인 것

예 Because of sickness, I cannot go. 병 때문에, 나는 갈 수 없다.

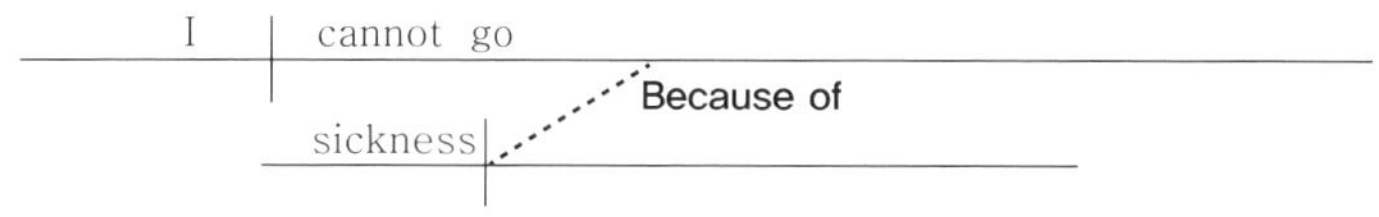

중문   주어＋술어 관계가 둘인데 접속사 **and, but, or, so, for** 중의 하나인 것.

예 I cannot go, for I am sick . 나는 갈 수 없다, 왜냐하면 앓고 있기 때문에.

복문   주어＋술어 과계가 둘이고 접속사 and, but, or, so, for가 아닌 것.

예 As I am sick, I cannot go. 나는 앓고 있으므로 갈 수 없다.

문의 종류 : 서술문, 의문문, 명령문, 감탄문, 기원문

서술문 무엇이 어떻고 어떻다고 설명하는 문.

예 Bill is a good boy. 빌은 착한 소년이다.

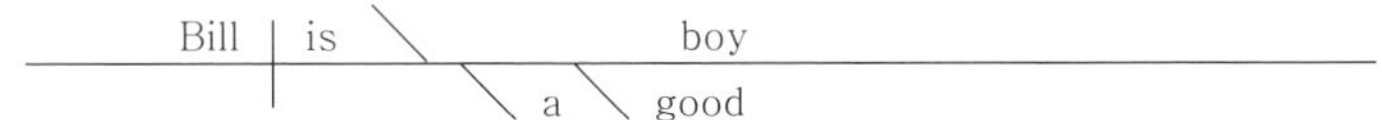

예 He works very hard. 그는 매우 열심히 일한다.

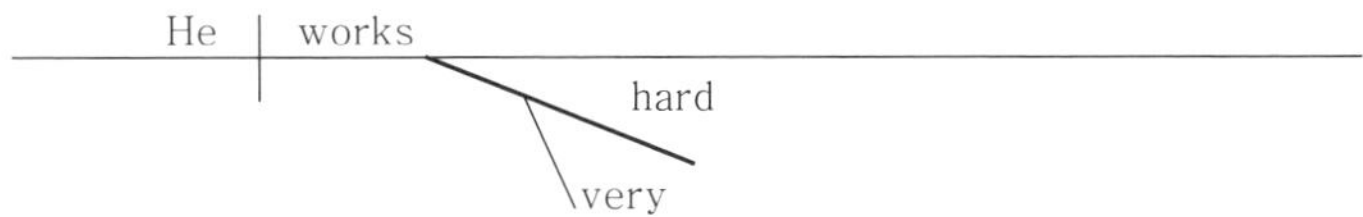

의문문 말을 물어 보는 문.

예 **Is** Bill a good boy? 빌은 착한 소년이냐?

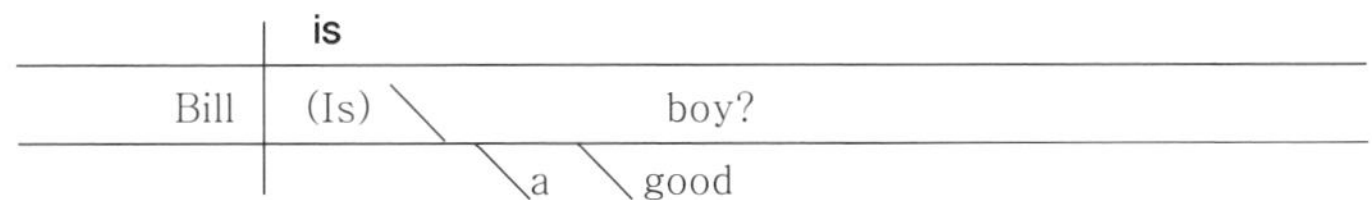

예 **Does** he work very hard? 그는 매우 열심히 일하느냐?

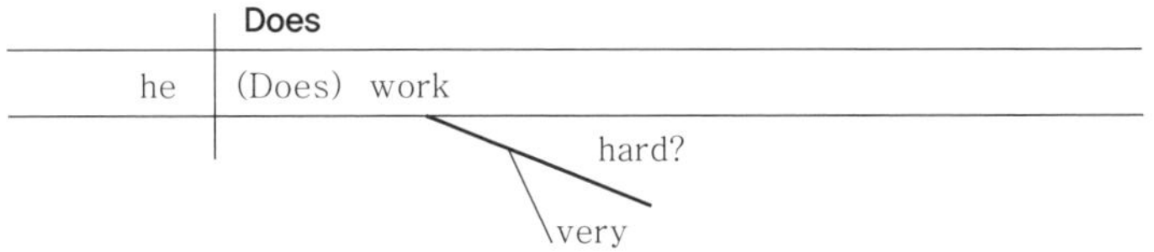

명령문 명령하는 문은 대체로 **you**를 생략한다.

예 Be a good boy. 착한 소년이 되라.

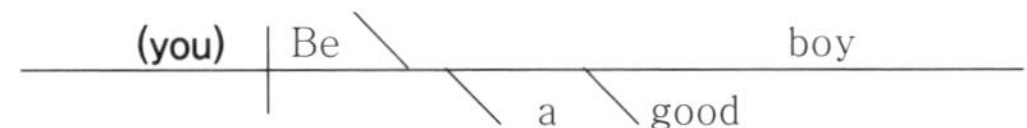

예 Work hard. 열심히 일해라.

감탄문 감동. 감탄을 나타내는 문으로 **What**이나 **How**를 붙인다.

   예 **What** a good **boy** Bill is! 빌은 착한 소년이지!　　　　[**boy** 명사가 있으므로 **What**]

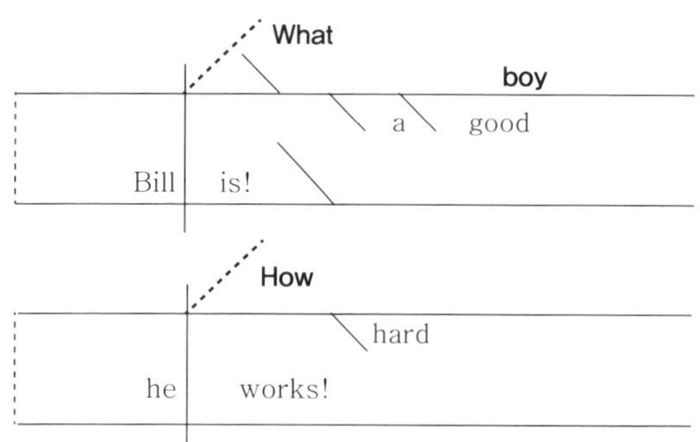

[명사가 없으면 **How**]

기원문 기원을 나타내는 문은 대체로 **May**를 붙인다.

   예 **May** you succeed! 당신이 성공하기를 빕니다!

   예 **May** you be happy! 당신이 행복하기를 비나이다.

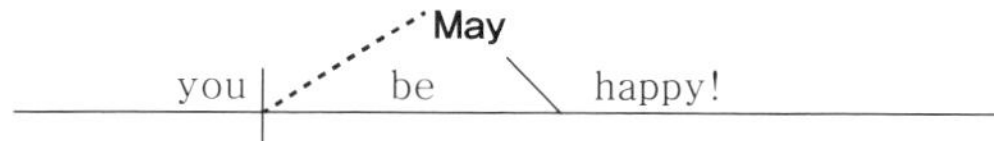

  구의 종류에는 명사구, 형용사구, 동사구, 부사구, 전치사구, 접속사구, 감탄사구가 있다.

명사구　　**To die** is wrong. 죽는 것은 나쁘다.　　　　　　　　[**To die** 명사구]

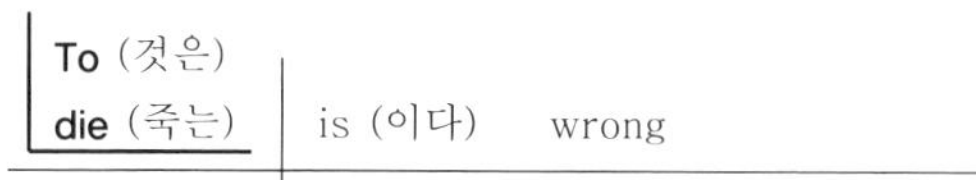

형용사구　He is a boy **with blue eyes**. 그는 푸른 눈을 가진 소년이다.

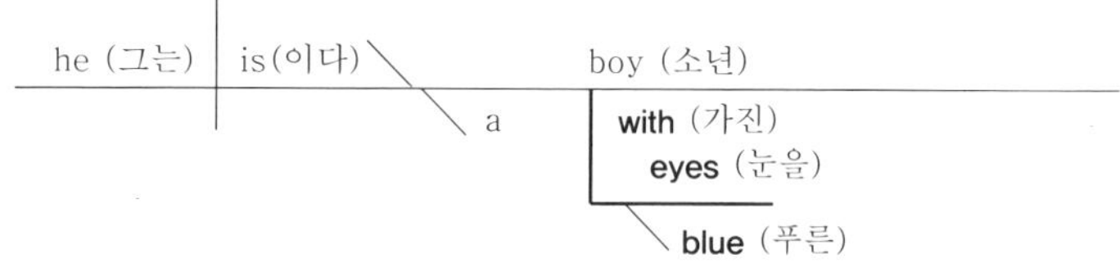

동사구　Take care of your health. 너의 건강에 주의해라.　[**Take care of** 동사의 역할]

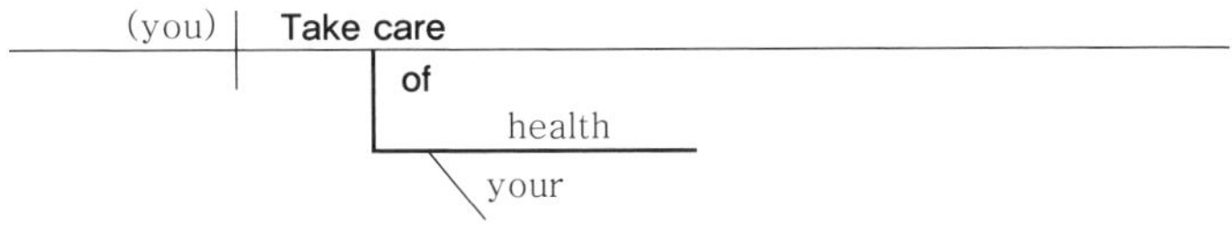

부사구　She went **in a hurry**. 그 여자는 바삐 갔다.

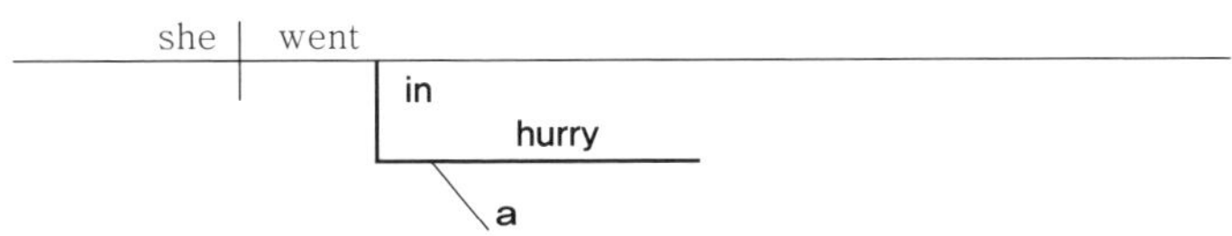

전치사구　He was **in front of** you. 그는 네 앞에 있었다.

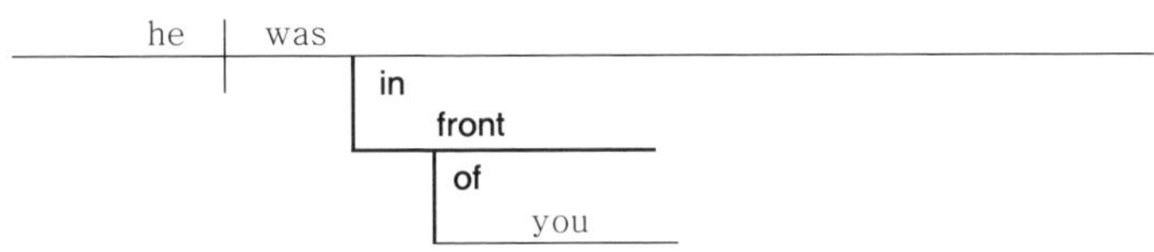

접속사구　**As soon as** he came, I went. 그가 오자마자 나는 갔다.

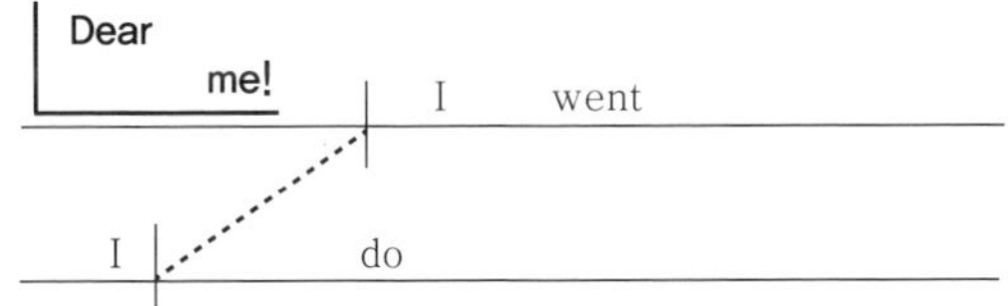

감탄사구　**Dear me**! what shall I do. 저런! 나는 어찌할꼬.

주절에 많은 **종속절**과 **구**가 올 수 있다. (━━━ 주절은 선을 굵게 했다)

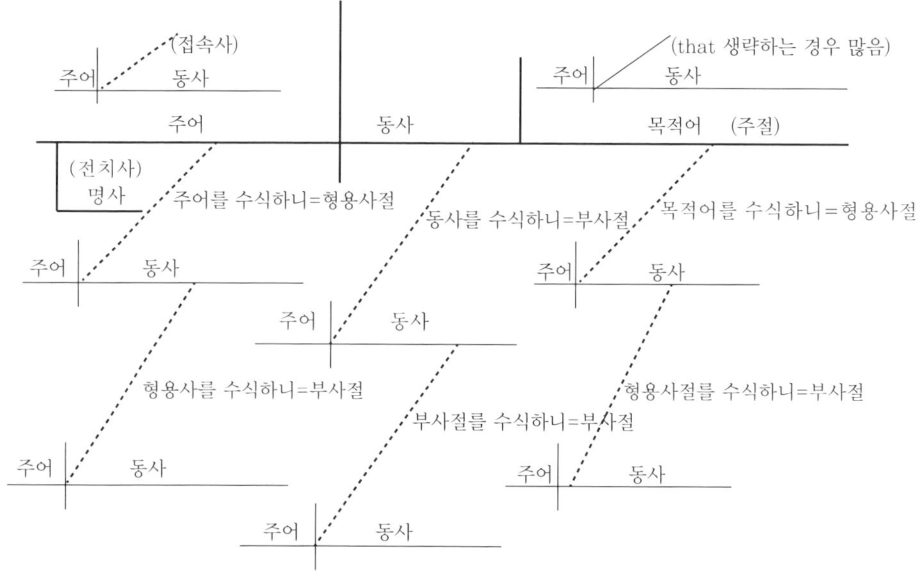

그리고 각 절마다 (전치사 위치 / **명사** 위치) 구나 (＼ 형용사, ＼ 부사) **형용사, 부사**가 각 단어를 수식한다.

30일 독해 plan

30일 plan으로 독해력 완성하기
언어는 한사람만이 소유하는 것이 아니라
많은 사람들이 공유하는 것이다.

참조! 그림은 적색 필름으로 덮어서 보면
답이 안 보이므로 독해력 증강에 도움이 됩니다.

영어를 해도 늘지 않는 학생에게 권한다.

p292~p303까지를 살펴보고 교과서든 신문이든 어떠한 문장이라도 사전을 찾아가며 그 문장을 예문의 방법처럼 그림으로 그려 나가다보면 신기하게도 저절로 전치사 하나 틀리지 않고 그 문장이 머릿속에 남는다.
거짓말인지 지금 당장 확인해보라! 지금 여러분이 접한 문장을 사전을 찾아서 완전 분해하여 그림으로 그리고 해석을 다 달아놓고 다음에 눈을 감고 그 문장을 말해보라. 5줄 이상되는 문장도 저절로 암송이 된다는 것에 놀랄 것이다.

Day 1

It is important to learn early to rely upon yourself; for little has been done in
the world by those who are always looking out for someone to help them.

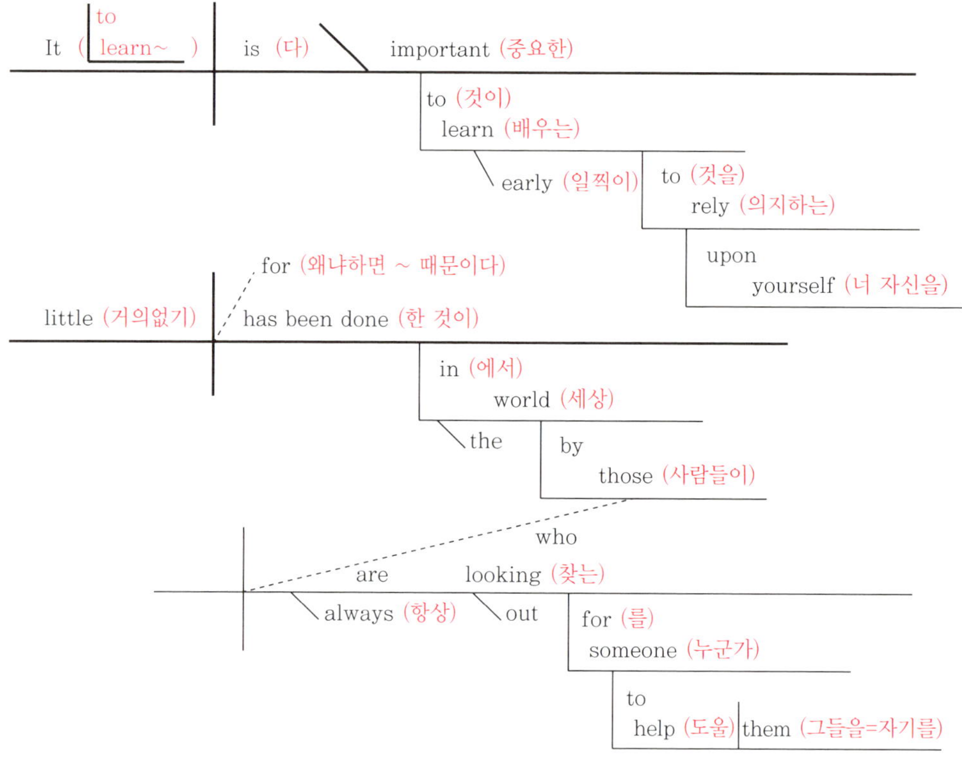

It(가주어) to learn~(진주어)

important(중요한, 유력한)

import(수입, ~을 수입하다)   im(안으로) + port(항구)

해 비행기가 발명되기 전에는 외국과의 수입은 항구에서 이루어졌다. 우리가 살아가는데 가장 중요한 것은 수입원이다 그래서 중요한이 되었다.

rely(의지하다, 신뢰하다)   re(다시) + ly(의무를 지우다)

해 신뢰하기 때문에 다시 의무를 지우는 것이다.

look out for(~을 찾다)

little has been done by those who~(~한 사람들에 의해 이루어진 일은 거의 없다.)

너 자신을 의지하는 것을 일찍이 배우는 것이 중요하다. 왜냐하면, 자기를 도울 누군가를 항상 찾는 사람들이 세상에서 한 것이 거의 없기 때문이다.

Day 2

There is no man that carries guilt about him who does not receive a sting into his soul. A guilty conscience needs no accuser, while a clear one fears none.

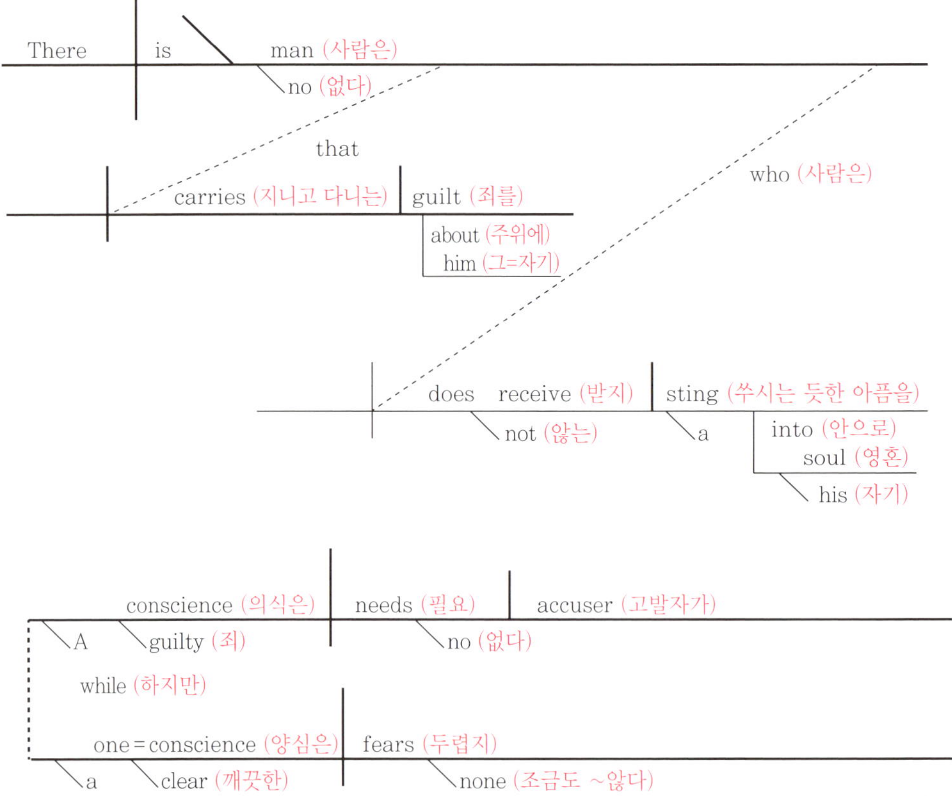

guilt about him(자기 주위에 죄를=자기가 죄를 짓고)

carry(운반하다, 나르다, 가지고 있다, 지니고 다니다)

about(주위에)

carry guilty about him(자기 주위에 죄를 지니고 다니다)

sting(찌르기, 쑤시는 듯한 아픔, 찌르다)

conscience(양심, 도덕심, 의식)

while(하지만, 하는 동안, 게다가)

해석

자기 주위에 죄를 지니고 다니는 사람은 자기 영혼 안으로 쑤시는 듯한 아픔을 받지 않는 사람은 없다. 죄의식은 고발자가 필요 없다. 하지만 깨끗한 양심은 조금도(아무것도) 두렵지 않다.

Day 3

Nature's way in fashion is exactly opposite to Mankind's. In summer she wears her heaviest clothing, but in winter she goes naked.

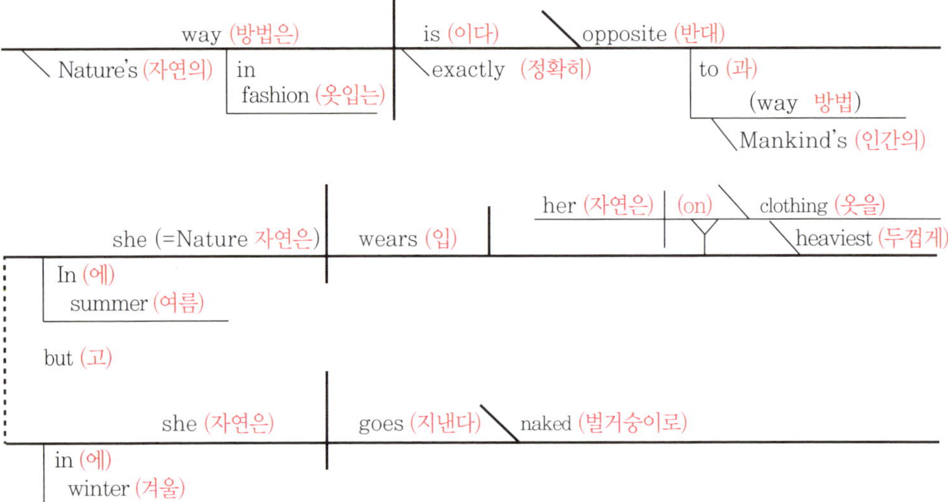

Nature's way in fashion(자연의 옷 입는 방법)

exactly(정확히)　　　ex(전적으로, 밖으로)＋act(행위, 행동)＋ly(부사 만들기)

opposite(반대)　　　op(~반대하여)＋posite(position 위치, 장소 posit 설치하다, 장치하다)

is exactly opposite(~에 정반대이다)

mankind(인간, 인류)　man(인간)＋kind(종류, 친절)

she(=Nature 자연은 여성으로 쓰임)

go naked(벌거벗고 지내다)

heaviest(두껍게)　　　heavi[heave 올리다, (무거운 물건을) 들어 올리다, heavy 무거운]＋est(형용사·부사 최상급)

clothing(의류)

　해 clothing는 clothes보다 의미가 넓으며 몸에 걸치는 모든 것을 포함하여 말함 따라서 의식주는
　　보통 'food, clothing and shelter'이다.

해석

옷 입는 자연의 방법은 인간의 방법과 정 반대이다. 여름에 자연은 옷을 두껍게 입고,
겨울에 자연은 벌거숭이로 지낸다.

Day 4

His opinion may be summarized like this. Love of power, like vanity, is a strong element in normal human nature, and as such is to be accepted; it becomes deplorable only when it is excessive.

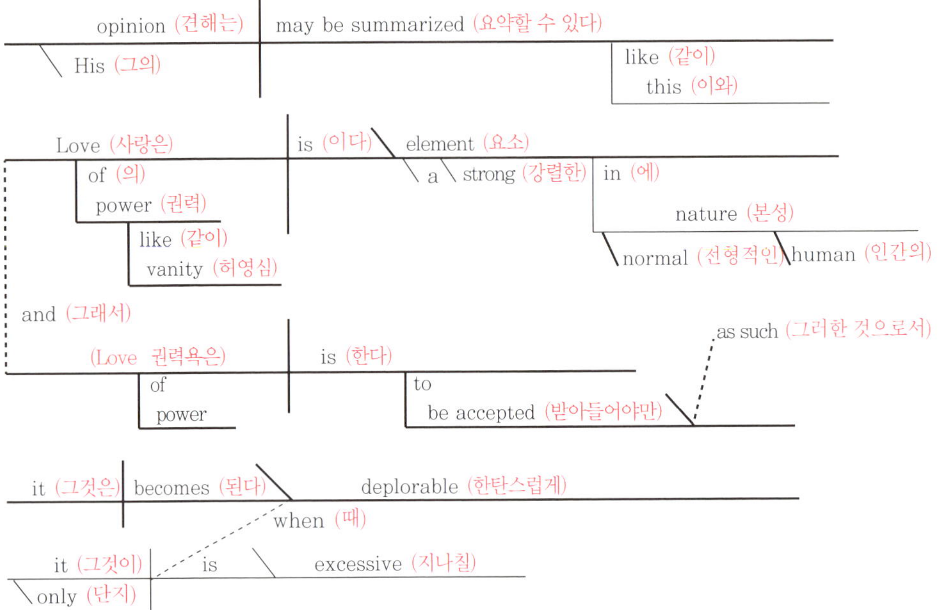

opinion(의견, 견해, 소신)

summarize(요약하다)　　　　　　　sum(총액) + ar(~에 관한) + ize(~하다)

summ[sub 아래, 취하다(m=b 순음으로 같음)]

like this(이와 같이, 이것과 같이)

like(전치사)

love of power(권력욕)

vanity(자만심, 허영심)

normal(전형적인, 표준, 정상적인)

human(인간의, 인간적인, 인간)

nature(자연의, 가공하지 않은, 본래의, 꾸밈없는, 본성)

as such(그러한 것으로서)

deplorable(한탄스러운, 개탄스러운, 애처로운, 처참한)

excessive(과도의, 극단적인, 지나친)　　　ex(벗어나) + cess(가다) + ive(성질, 경향)

그의 견해는 이와 같이 요약할 수 있다. 허영심같이 권력욕은 전형적인 인간의 본성에 강렬한 요소이다. 그래서, (권력욕은) 그러한 것으로서 받아들여야만 한다. 단지 그것이 지나칠 때 그것은 한탄스럽게 된다.

Day 5

I find the great thing in this world is, not so much where we stand, as in what direction we are moving. To reach the port we must sail sometimes with the wind and sometimes against it, but we must sail, and not drift, nor lie at anchor.

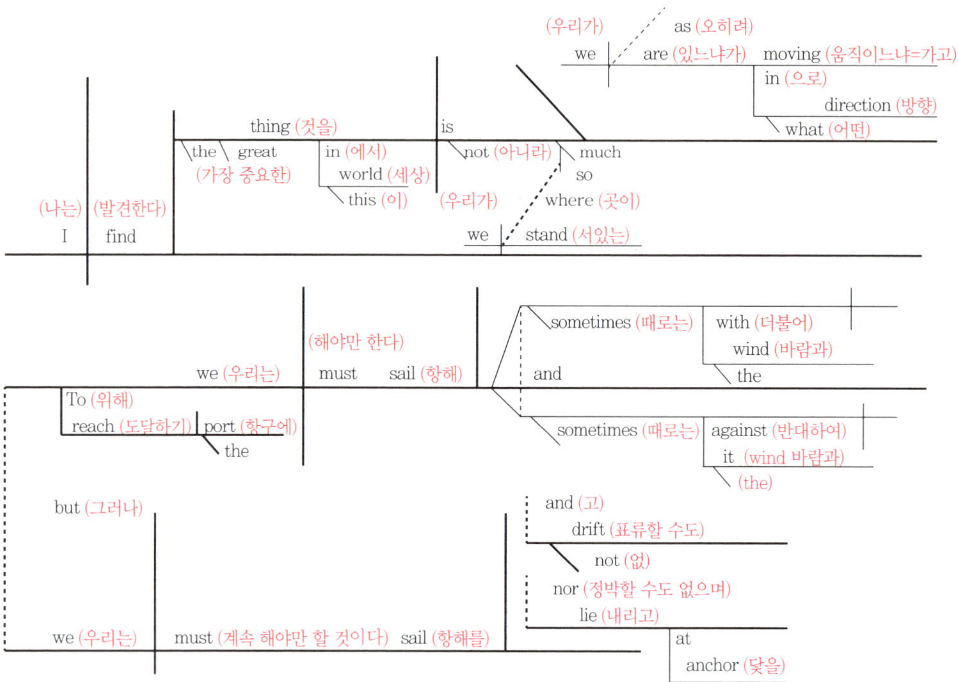

great(가장 중요한, 중대한, 광대한, 위대한)

where we stand(우리가 서 있는 곳=우리의 현 위치)

direction(방향, 지도, 지휘, 감독)

not so much ~ A as ~ B(~ A라기보다는 오히려 ~ B이다)

sometimes(때로는, 때때로)

with the wind(바람과 더불어 = 순풍을 타고)

against it(against the wind 바람에 반대하여 = 역풍을 안고)

nor(~도 또한 ~않다, ~도 아니다)

drift(표류)

anchor(닻)

lie at anchor(닻을 놓다=정박하고 있다.)

해석

나는 우리가 서 있는 곳이 아니라 오히려 우리가 어떤 방향으로 가고 있느냐가 이 세상에서 가장 중요한 것을 발견하다. 항구에 도달하기 위해, 우리는 때로는 순풍을 타고 때로는 역풍을 안고 항해해야만 한다. 그러나 우리는 표류할 수도 없고, 정박하고 있을 수도 없으며, 항해를 계속 해야만 할 것이다.

Day 6

I heartily wish that in my youth I had had someone of good sense to direct my reading. I sigh when I reflect on the amount of time I have wasted on books that were of no great profit to me.

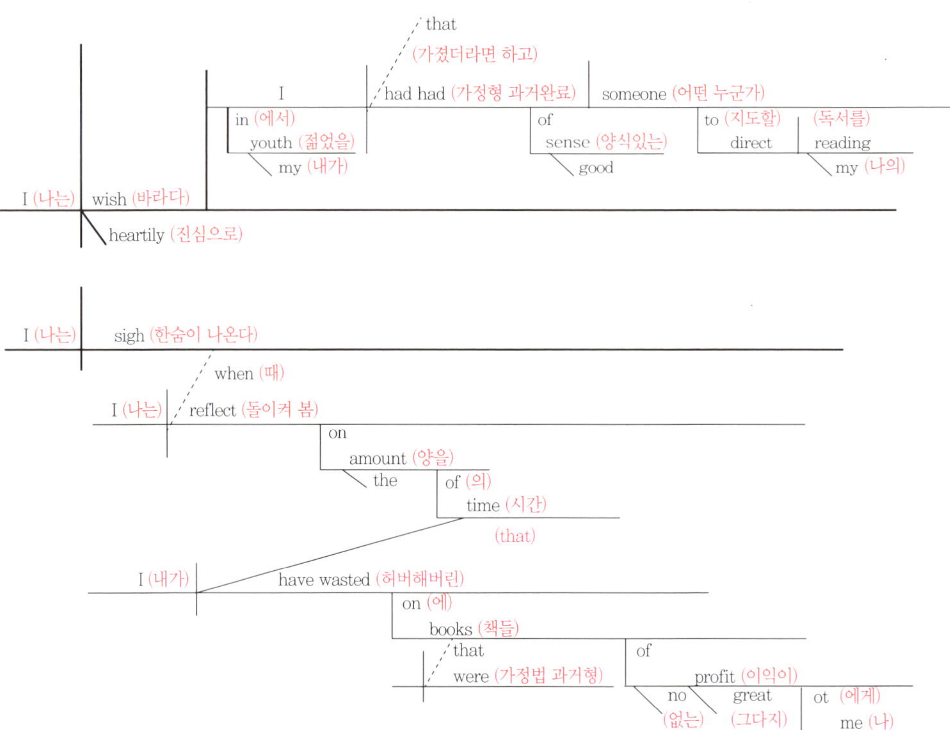

heartily(진심으로)　　　　　　　heart(심장) + ily(부사 만들기)

in my youth(when I was young)

sens(느끼다, 교재 어근 'sens-'를 찾아서 읽어보세요. of sense 분별 있는, 양식 있는)

direct(지도하다, 감독하다)　　　　di(가로질러) + rect(다스리다)

sigh(탄식하다, 한숨 쉬다)

reflect(반성하다, 돌이켜보다)　　　re(뒤. 되) + flect(굽히다)

해석

내가 젊었을 때 나의 독서를 지도할 양식 있는 어떤 누군가를 가졌더라면 하고 나는 진심으로 지금 바란다. 나에게 그리 이익이 없는 책들에 내가 허비해버린 많은 시간의 양을 돌이켜 볼 때 나는 한숨이 나온다.

Day 7

If my life's journey is to be along an easy road to success, I shall have no objection; If, however, it is to be along a hard one, let it be ever so rough, I will make it smooth and gain my object nevertheless.

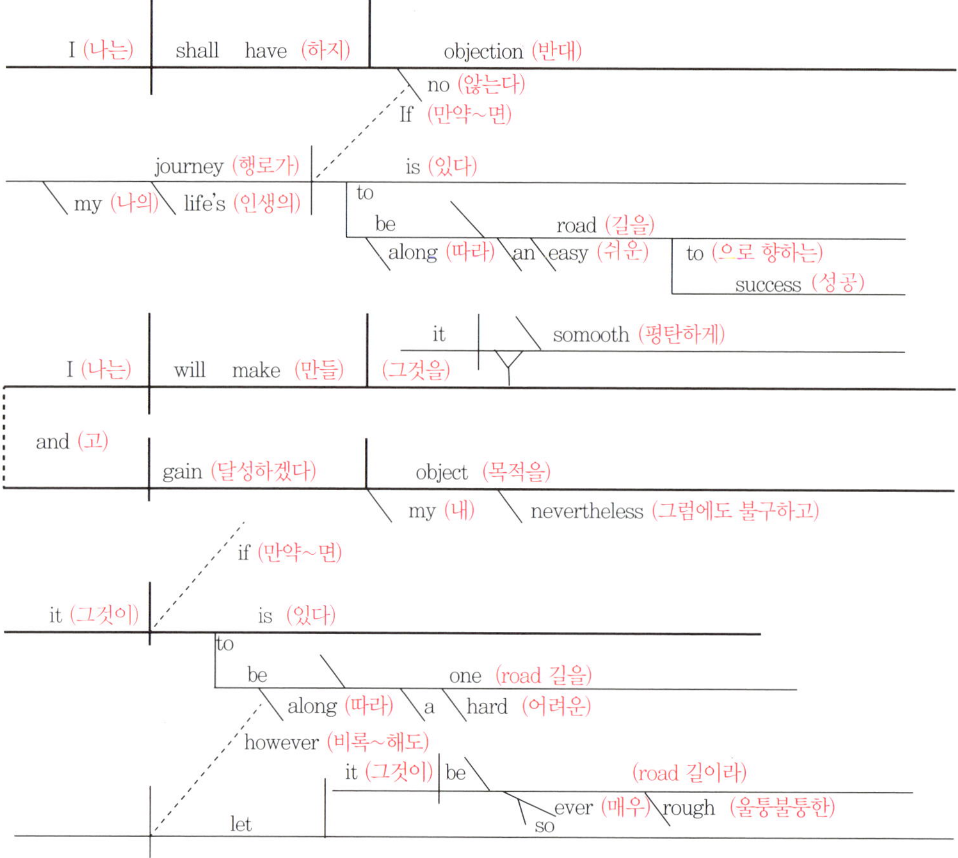

objection(반대, 이의)　　　　　　ob(반대하여) + ject(던지다) + tion(행위, 결과)

journey(여행, 여정, 행로)　　　　　journ(날) + ey(행위, 여정, 상태, 장소)

smooth(부드러운, 매끄러운, 평탄한)

gain(달성하다, 얻다)

object(목적, 물건, 물체)　　　　　ob(방향) + ject(던지다)

nevertheless(아무리 ~해도, 그럼에도 불구하고)

　　해 방향을 향하여 던지는 것이 목표(목적)이며, 물건을 던지고 물체를 던지는 것이다.

let it be ever so rough(그것이 아무리 험할 지라도)

ever so(대단히, 매우)

rough(울퉁불퉁한, 거친, 험악한)

해석

만약 나의 인생행로가 성공으로 향하는 쉬운 길을 따라 있다면 나는 반대하지 않는다. 만약 그것이 비록 매우 울퉁불퉁한 길이라 해도, 그것이 어려운 길을 따라 있다면 나는 그것을 평탄하게 만들고 그럼에도 불구하고 내 목적을 달성하겠다.

Day 8

The destiny of Man is not limited to his existence on earth. He exists less by the actions performed during his life than by the wake he leaves behind him like a shooting star.

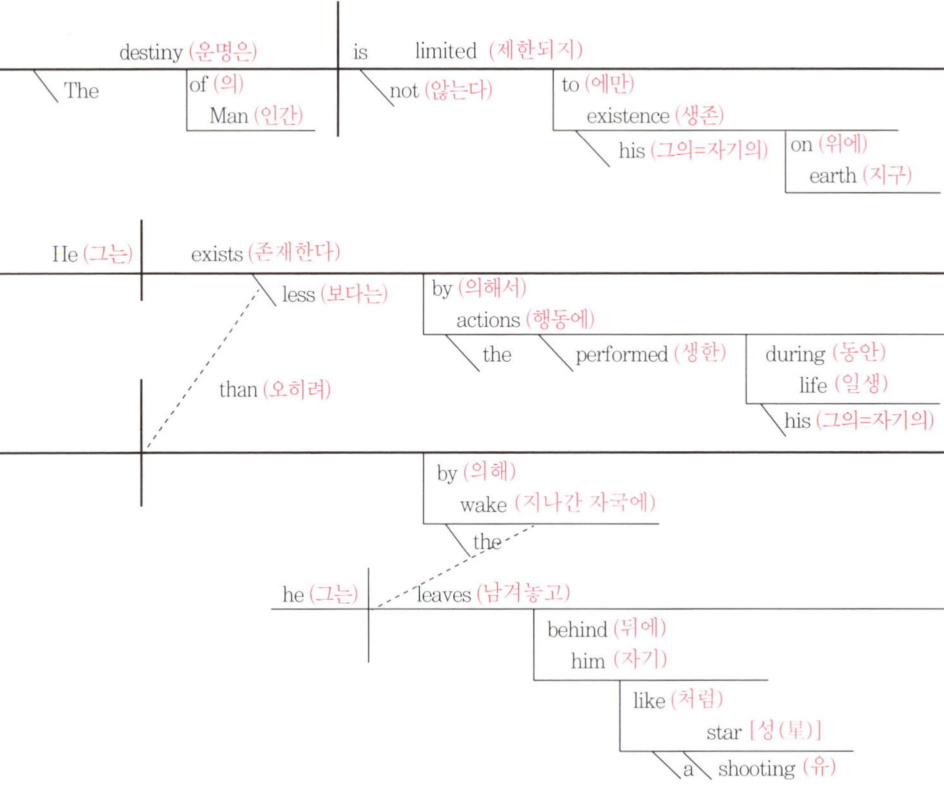

destiny(운명, 숙명)

is limited to~(~에 제한되다)

existence(생존, 존재)

exist(존재하다, 실재하다)　　　　　　ex(전적으로) + ist(서다)

해 전적으로 서다는 존재하고 실재한다는 뜻 생각해 보라 사람도 서서 죽지 않는다.

less A than B (A보다는 오히려 B)

perform(행하다, 실행하다, 완수하다)　　per(완전히) + form(형태)

해 완전한 형태가 되었을 때 실행한다.

wake(배 지나간 자국, 지나간 자국, 잠깨다)

the wake he leaves behind him(자기 뒤에 남겨 놓고 지나간 자국)

leave(남기다, 남기도 가다)

shooting(사격)

shooting star(유성)

인간의 운명은 지상에 자기의 생존에만 제한되지 않는다. 그는 자기의 일생동안 행한 행동에 의해서보다는 오히려 그는 유성처럼 자기 뒤에 남겨 놓고 지나간 자국에 의해 존재한다.

Day 9

Language is a product of the human mind, and reflects its operations. In so far, then, as the human mind is one and the same all the world over, human speech is bound to exhibit some common features wherever it comes into being.

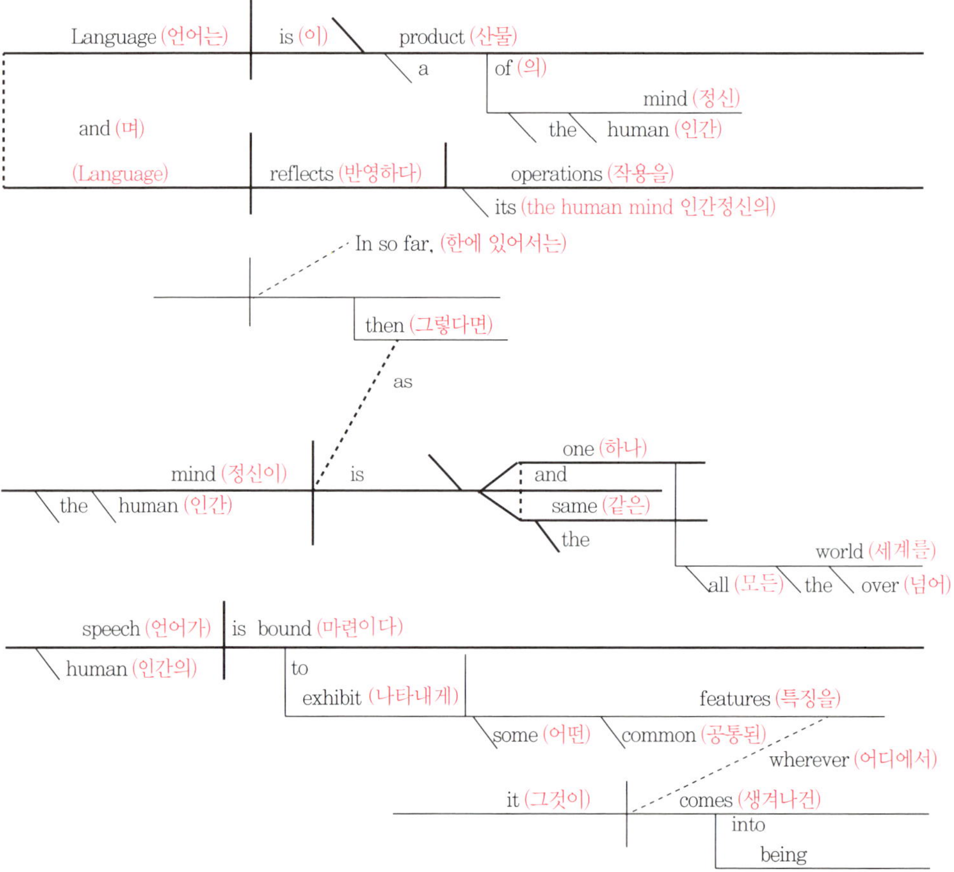

Language(언어)

product(산물, 생산물)

reflect(반영한다, 반사하다)

operation[작용, 움직임] ~하기 마련이다]

In so far as = so far as~(~하는 한에 있어서는)

one and the same(하나같은 = 완전히 동일한)

all the world over(온 세계에, 모든 세계를 넘어서, 세계 도처에)

is bound to~(~하기 마련이다)

wherever it comes into being(어디에서 그것이 생겨나건 간에)

come into being(생겨나다)

언어는 인간 정신의 산물이며, 인간정신의 작용을 반영한다. 그렇다면, 인간정신이 모든 세계를 넘어 (어느 곳에서나) 하나같은 한에 있어서는 인간의 언어가 어디에서 그것이 생겨나건 어떤 공통된 특징을 나타내게 마련이다.

Day 10

Since our power on the earth's surface is entirely dependent on the supply of energy which the earth derives from the sun, we are necessarily dependent upon the sun, and could hardly realize any of our wishes if the sun grew cold.

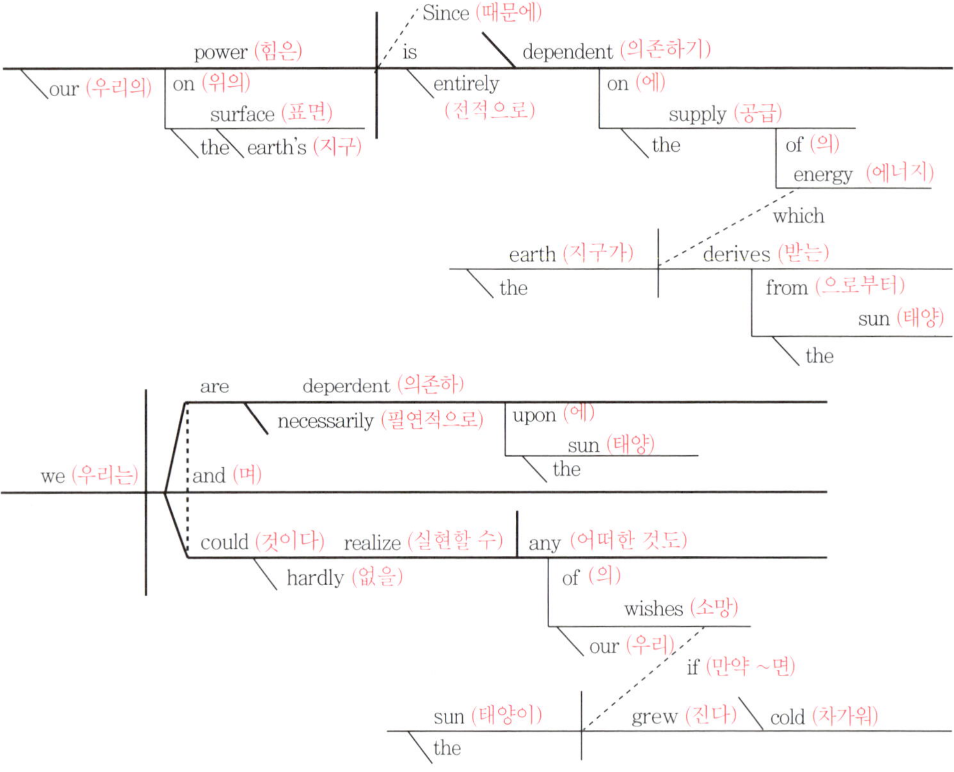

Since(그 후, 그 이래로, 지금까지, '까닭에, 때문에'는 흔히 글머리에 쓰임)

entirely(전적으로, 아주, 완전히)

dependent(의지하고 있는, 의존하는)

derive(받다, 얻다, 획득하다, 끌어내다, 유래하다, 추론하다)

realize(실현하다, 현실화하다, 실감하다)

grew cold(식다)

grew['grow'의 과거, 커지다(진행), 성장하다, 늘어나다, 발생하다]

해석

지구 표면 위의 우리의 힘은 전적으로, 지구가 태양으로부터 받는 에너지의 공급에 의존하기 때문에 우리는 필연적으로 태양에 의존하며, 만약 태양이 차가워진다면 우리 소망의 어떤 것도 실현 할 수 없을 것이다.

Day 11

One who has overcome one difficulty is ready to meet the next with confidence. See how much such person has gained. In after life, while others are hesitating what to do, or whether to do anything, he accomplishes what he undertakes.

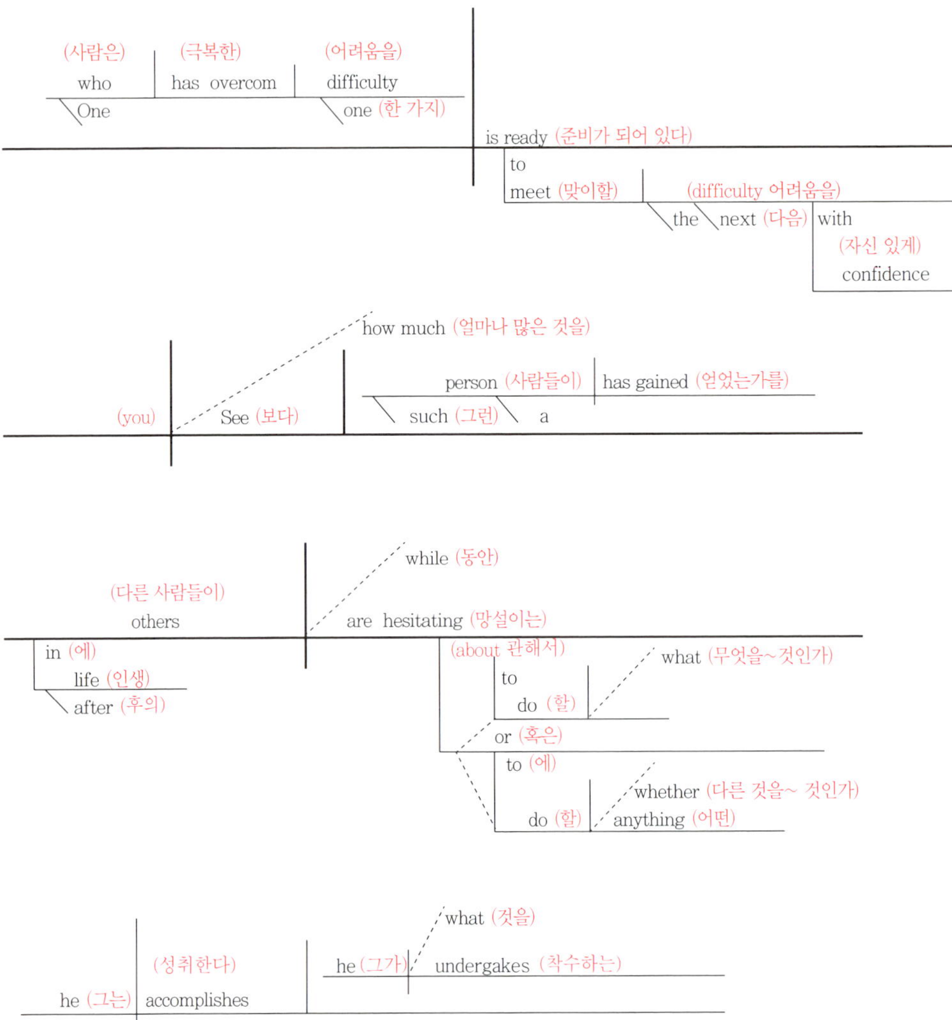

overcome(극복하다)　　　　　　　　over(가로질러) + come(오다)
　　해 장애물을 가로질러 오다.

difficult(곤란한, 어려운)　　　　　　dif(반대) + fic(~을 일으키는) + ult(성질)

is ready to(~할 각오가 되어 있다)

in after life(장차, 후일에, 남은 인생에)

hesitate(망설이다)　　　　　　　　he(그) + sit(앉다) + ate(~시키다, 특성을 가진)
　　해 그를 강제로 앉히도록 시킨다.

accomplish(성취하다)　　　　　　　ac(방향) + complish(complete 완전한)
　　해 완전한 상태에 까지 이르렀으니 성취한 것이다.

undertake(착수하다)　　　　　　　under(아래에) + take(잡다, 취하다)

한 가지 어려움을 극복한 사람은 자신 있게 다음 어려움을 맞이할 준비가 되어 있다. 그런 사람이 얼마나 많은 것을 얻었는가를 보라. 남은 인생에 다른 사람들이 무엇을 할 것인가, 혹은 어떤 다른 것을 할 것인가에 (관해서) 망설이는 동안, 그는 자기가 착수하는 것을 성취한다.

Day 12

Today, if a man were to know something about everything, the allotment of time would give one minute to each subject, and he would flit from topic to topic as a butterfly from flower to flower. Today commercial, literary, or inventive success means concentration.

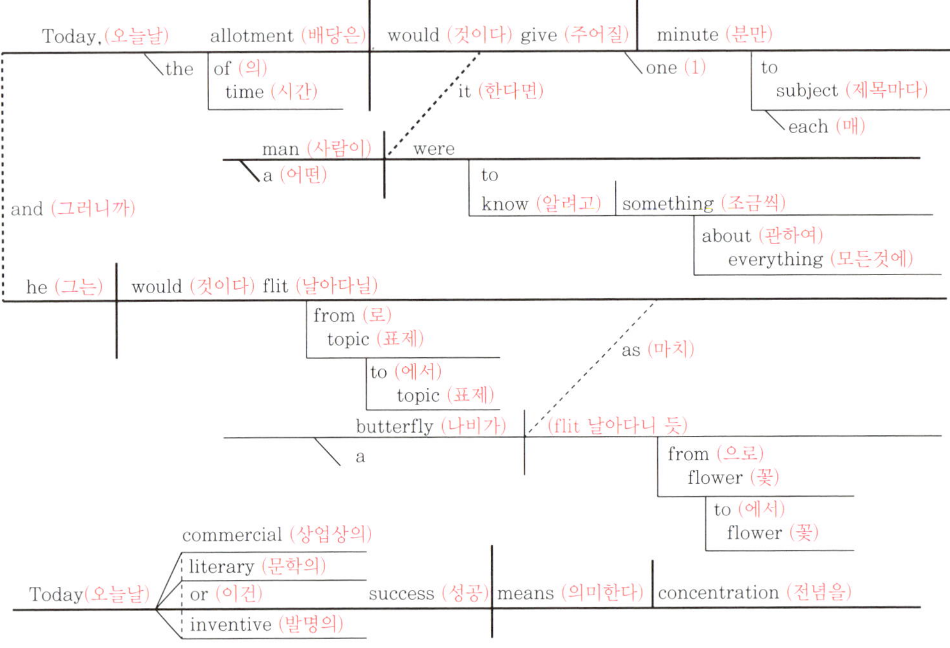

allotment(할당, 분배, 배당)

allot(할당하다, 분배하다)

something(어떤 것, 어떤 일, 약간, 얼마, 조금)

and(그리고, 또, 하니까, 그러니까, 만약 그렇다면)

flit(날다, 날아다니다)

topic(화제, 논제, 표제, 항목)

from flower to flower(꽃에서 꽃으로)

butterfly(나비)

commercial(상업상의, 영리적인)

literary(문학의, 문학적인)

inventive(발명의, 독창적인)

mean(의미하다, 표시하다, ~할 작정이다)

concentration(전념, 한 마음으로 집중하기)

concentrate(집중시키다)　　　　　con(함께) + centr(center 중앙으로) + ate(상태)

　오늘날, 어떤 사람이 모든 것에 관하여 조금씩 알려고 한다면, 시간의 배당은 매 제목마다 1분밖에 돌아가지 않을 것이다. 그러니까, 그는 마치 나비가 이 꽃에서 저 꽃으로 날아다니듯이 이 표제에서 저 표제로 날아다닐 것이다. 오늘날 상업상의 성공이건, 문학의 성공이건, 발명의 성공이건, 모두가 전념을 의미한다.

Day 13

Society is like a building, which stands firm when its foundations are strong and all its timbers are sound. The man who can not be trusted is to society what a bit of rotten timber is to a house.

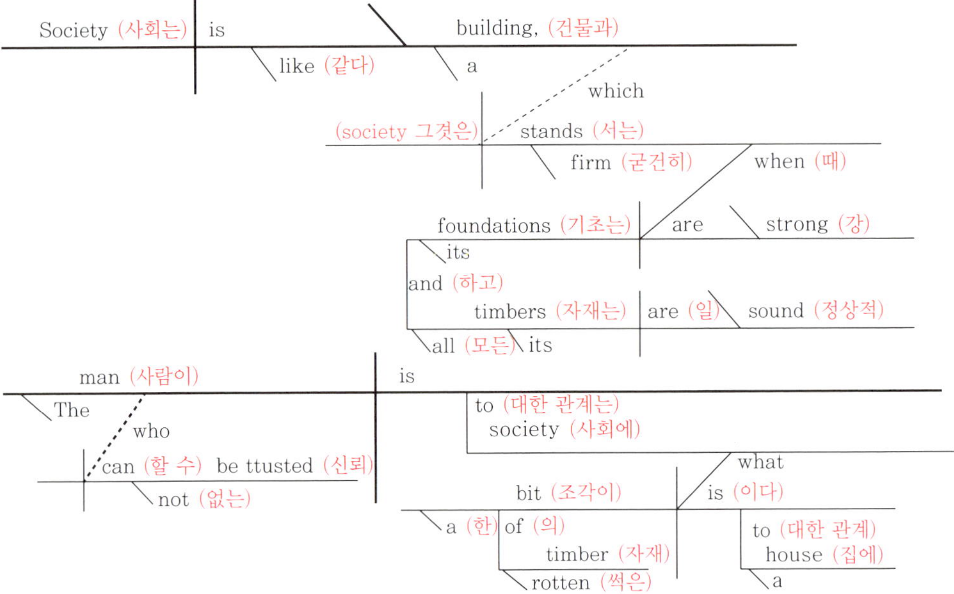

firm(굳은, 단단한, 튼튼한, 견고히)

foundation(기초, 토대, 창설, 건설)

timber(재목, 목재, 자재)

sound(건전한, 건장한, 정상적인, 상하지 않은, 측량하다, 소리)

trust(신뢰, 확신, 신용, 신용하다, 희망하다)

rotten(썩은, 부패한)

A is to B is C to D(A가 B관계는 C가 D인 관계이다)

to[이때 to는 '비교']

a bit of(한 조각의)

bit(조각, 소량, 조금)

해석

사회는 (건물과 같다). 기초는 강하고 모든 자재는 정상적일 때 굳건히 서는 건물과 같다. 신뢰할 수 없는 사람이 사회에 대한 관계는, 썩은 자재의 한 조각이 집에 대한 관계이다.

Day 14

He who would do some great thing in this short life must apply himself to work with such a concentration of his forces as to idle spectators, who live only to amuse themselves, looks like madness.

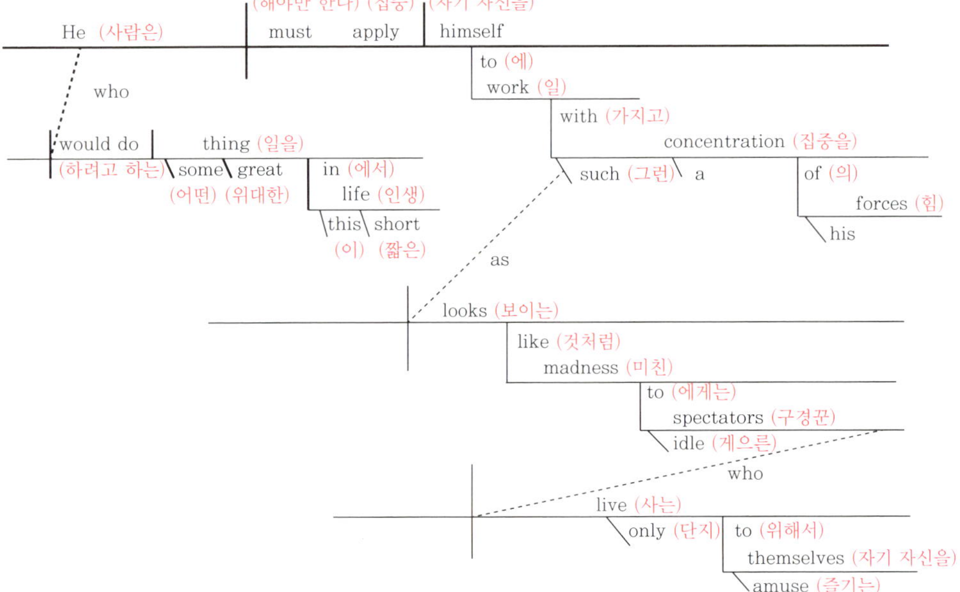

apply oneself to~(~에 온 힘을 기울이다, 전념하다)

apply(집중하다, 바치다, 쏟다, 적용하다. 이용하다)

oneself(자기 자신을, 스스로)

concentration(집중, 노력, 전심)

spectator(방관자, 구경꾼)

live only to~(단지 ~하기 위해서 산다)

amuse(즐기는, 즐겁게 하다)

이 짧은 인생에서 어떤 위대한 일을 하려고 하는 사람은, 단지 즐기기 위해서 사는 게으른 구경꾼에게는 미친 것처럼 보이는 그런 힘의 집중을 가지고 일에 자기 자신을 집중해야만 한다.

Day 15

When a young man has thoroughly comprehended the fact that he knows nothing, and that he is of but little value, the next thing for him to lean is that the world cares nothing for him. He must take care of himself.

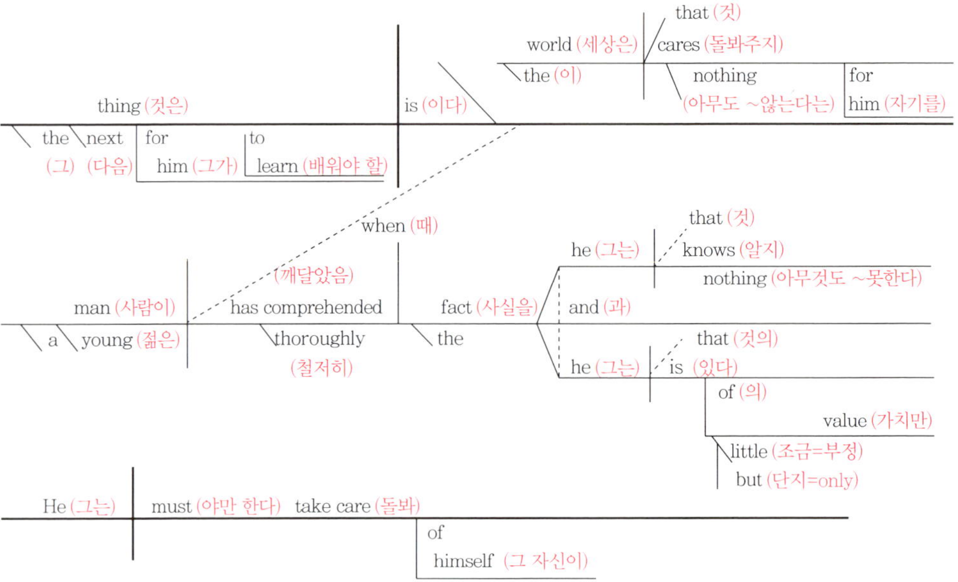

thoroughly(철저하게)

comprehend(깨닫다, 이해하다)

is of but little value(아무 가치가 없다= 단지 조금의 가치가 있다)

the next thing for him to lean(그가 배워야할 그 다음 것)

cares nothing for him(그를 아무도 돌보지 않다)

care for~(~을 돌보다)

take care of~(~을 돌보다)

젊은 사람이 자기가 아무것도 모른다는 사실과 자기는 아무 가치도 없다(단지 조금의 가치만 있다)는 사실을 철저히 깨달았을 때, 그다음 그가 배워야할 일은 이 세상은 자기를 아무도 돌봐 주지 않는다는 것이다. 그는 그 자신이 돌봐야만 한다.

Day 16

My heart was sad for her sake, and though I had ceased to love her, I found no consolation. A painful sense of emptiness had replaced the bitter anguish of before; and it was perhaps even harder to bear. Love may go and memory yet remain, memory may go and relief even then may not come.

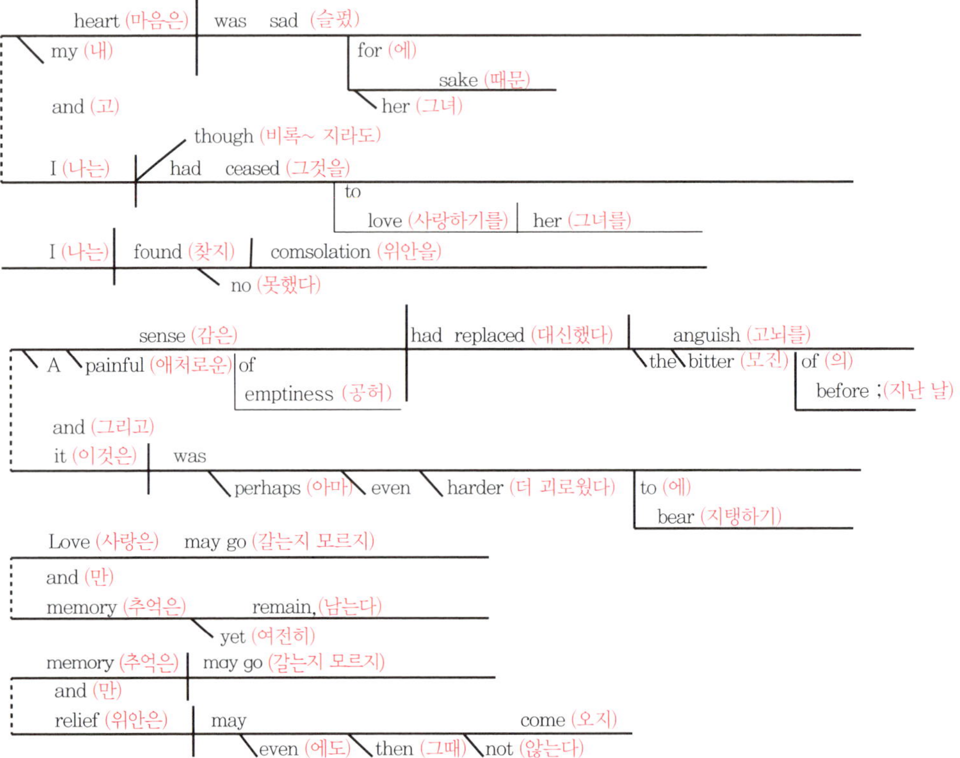

sake(때문에, 목적, 위함, 이유)

cease(그만두다, 멈추다, 그치다)

consolation(위안)

painful(아픈, 괴로운, 애처로운)

sense of emptiness(공허감)

replace~(~을 대신하다)

bitter(모진, 비통한)

hard(괴로운, 견고한, 불쾌한)

herder(더 괴로운)

bear(지탱하다, 나르다, 참다, 곰)

relief(안심, 위안, 제거, 교체)

even then(그 때 조차도)

even(~라도, 할 때에, ~조차도)

then(그때, 그 다음에, 그렇다면)

해석

내 마음은 그녀 때문에 슬펐고 비록 나는 그녀를 사랑하기를 그쳤을 지라도 나는 위안을 찾지 못했다. 애처로운 공허감은 지난날의 모진 고뇌를 대신했다. 그리고 이것은 아마 지탱하기에 더 괴로웠다. 사랑은 갈는지 모르지만 추억은 여전히 남는다. 추억은 갈는지 모르지만 위안은 그 때에도 오지 않는다.

Day 17

Mother held me by the hand and we were kneeling by the bedside of my
brother, two years older than I, who lay dead, and the tears were flowing down
her cheeks unchecked, and she was moaning. that dumb sigh of anguish made
upon me a very strong impression which holds its place still with her picture.

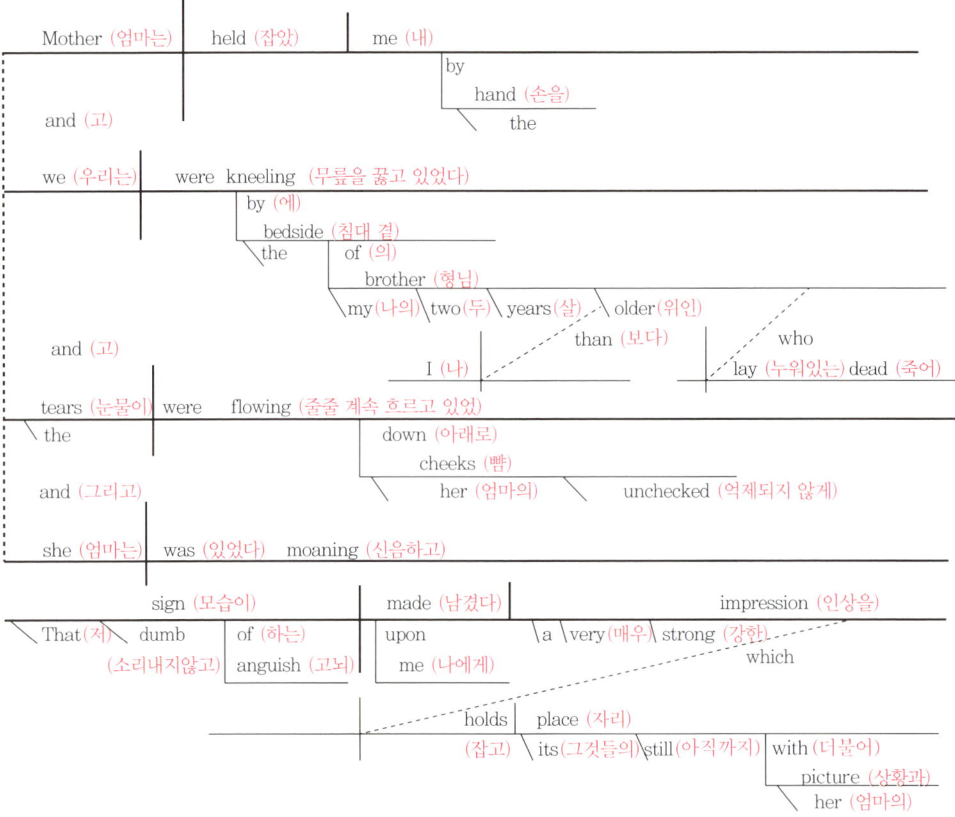

held me by the hand(나의 손을 잡다)

kneel(무릎을 꿇다)

lay dead(죽어 누워 있다)

flowing(줄줄 계속되는, 흐르는, 유창한)   flow(흐르다) + ing(행위, 결과)

cheek(뺨)

flowing down(흘러내리다)

unchecked(억제 되지 않은, 저지되지 않은)   un(부정) + check(저지, 급정지, 돌연한 상태) + ed(동작, 상태)

moan(신음)

dump(말 못하는, 벙어리의, 말이 없는)

sigh(표, 신호, 기색, 모양, 모습)

anguish(고뇌, 신음, 고민)

that dumb sigh of anguish(소리 내지 않고 고뇌하는 저 모습)

picture(사진, 그림, 묘사, 상황, 정황)

엄마는 내 손을 잡았고 우리는 죽어 누워 있는, 나보다 두 살 위인 나의 형님의 침대 곁에 무릎을 꿇고 있었고, 눈물이 억제되지 않게 엄마의 두 뺨 아래로 계속 줄줄 흘러내리고 있었다. 그리고 엄마는 신음하고 있었다. 소리내지 않고 고뇌하는 저 모습이 엄마의 상황과 더불어 아직까지 그것들이 자리 잡고 매우 강한 인상을 나에게 남겼다.

Day 18

Man is a rational animal, so at least I have been told. Throughout a long life, I have looked diligently for evidence in favor of this statement, but so far I have not had the fortune to come across it, though I have searched in many countries spread over six continents. On the contrary, I have seen the world plunging continually further into madness.

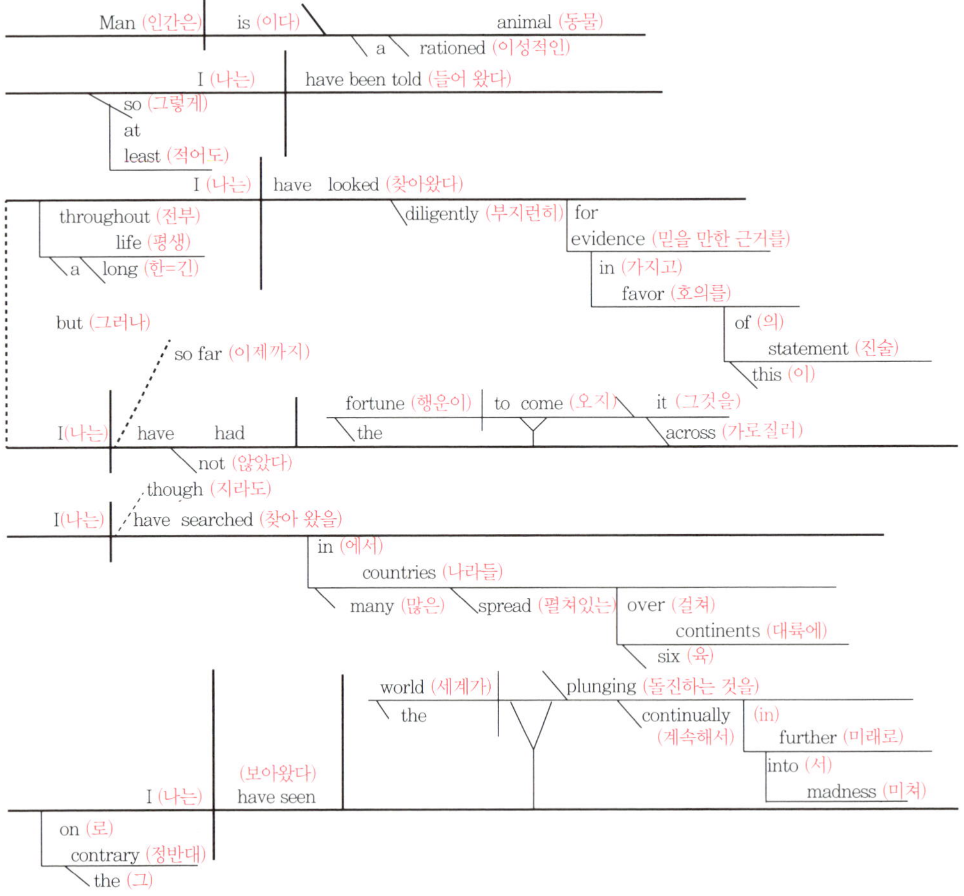

rational(이성적인, 합리적인)

Throughout a long life(긴 한평생을 통해)

at least(적어도)

look for(찾다)

evidence(믿을만한 근거, 증거)   e(완전히) + vid(보다) + ence(성질, 상태)

so far(이제까지)

throughout(완전히, 철저히, 빠짐없이, 전부)   through(~을 통하여, 꿰뚫어) + out(끝까지, 밖으로)

diligently(부지런히, 꾸준히)

favor(호의, 친절)

though(비록~일지라도)

spread(펴다, 내뻗다)

contrary(정반대)

plunge(찔러 넣다, 돌진하다, 빠지게 하다)

continually(계속해서, 빈번히)

future(미래, 장래)

madness(광기, 정신착란, 미친 짓, 열광, 격노)

해석

인간은 이성적인 동물이다. 적어도 그렇게 나는 들어 왔다. 한평생 전부 나는 이 진술의 호의를 가지고 믿을 만한 근거를 부지런히 찾아 왔다. 그러나 비록 나는 육 대륙에 걸쳐 펼쳐있는 많은 나라에서 찾아 왔을 지라도 이제까지 행운이 그것을 가로질러 오지 않았다. 그 정반대로 나는 세계가 미쳐서 미래로 계속해서 돌진하는 것을 보아 왔다.

Day 19

Often the people instinctively choose the right man; sometimes, unfortunately, their choice is determined by emotional tests unrelated to the hero's capacity for ruling, and they find too late that they have picked the wrong man and now cannot get rid of him as easily as they adopted him.

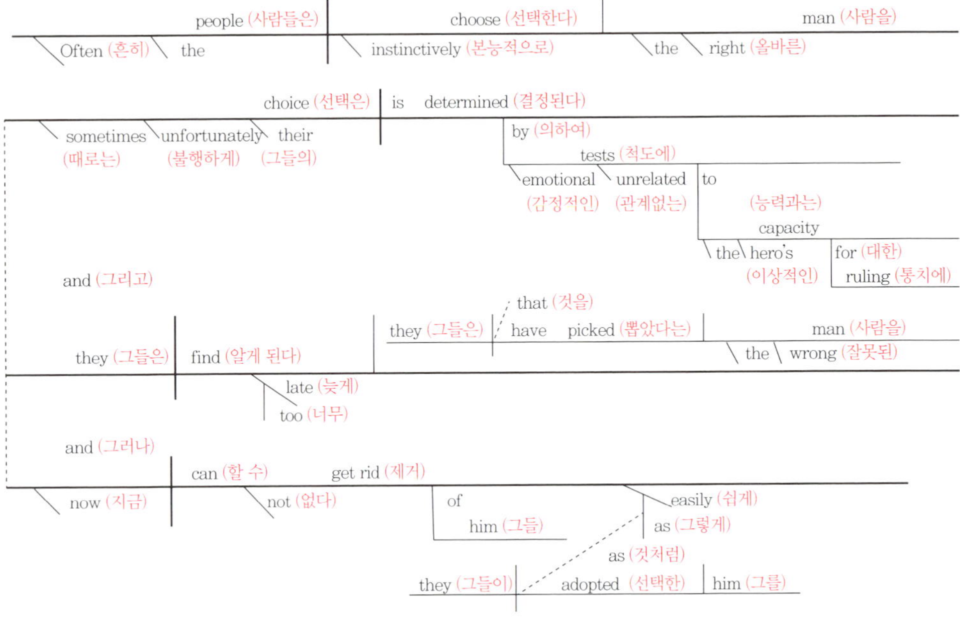

instinctively(본능적으로, 직감적으로)

determine(결심시키다, 결정하다)

test(테스트, 척도, 표준)

unrelated(관계없는, 친족이 아닌)

hero(영웅, 이상적인)

capacity(능력, 수용량, 재능)

ruling(지배하는, 통치하는)

find(깨닫게 된다, 찾아내다, ~임을 알다)

get rid of~(~를 제거하다)

adopt(선택하다, 양자로 삼다, 채택하다)

해석

흔히 사람들은 본능적으로 올바른 사람을 선택한다. 때로는 불행하게 그들의 선택은 통치에 대한 이상적인(영웅적인) 능력과는 관계없는 감정적인 척도에 의하여 결정된다. 그리고, 그들은 잘못된 사람을 뽑았다 것을 너무 늦게 알게 된다. 그러나, 지금 그들이 그를 선택한 것처럼 그렇게 쉽게 그를 제거할 수 없다.

Day 20

The circumstances of which so many complain should be regarded as the very tools with which we are to work, and the stepping-stones we are to mount by. they are the wind and tide in the voyage of life, which the skilful mariner generally either takes advantage of or overcome.

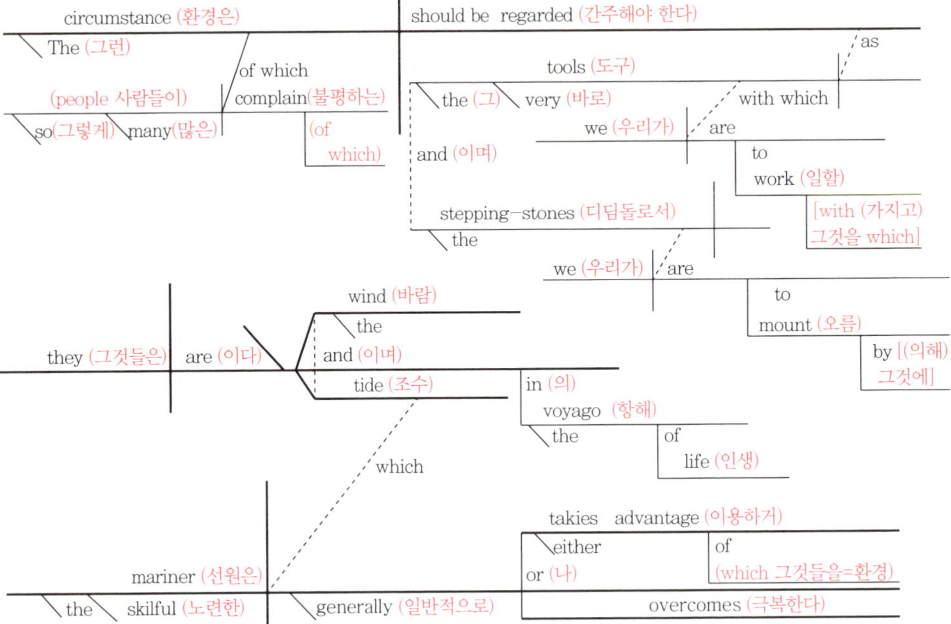

circumstance(환경, 상황)

complain(~에 대해 불평하다, 투정하다, 호소하다)

regarded(~라고 생각하다, ~라고 간주하다)

very[바로 그(같은), 정말의, 매우, ~조차도]

stepping-stone(디딤돌)

mount(오르다)

tide(조류, 조수)

voyage(항해, 항로)

skilful(노련한, 숙련된, 기술이 좋은)

mariner(선원, 수부)

generally(일반적으로, 널리, 보편적으로)

either A or B[A이거나 B이거나(둘 중의 하나)]

take advantage of~(~을 이용하다)

advantage(유리, 편리, 우월, 유리한 점)

they(그것들)은 많은 사람들이 불평하는 환경을 말한다.

그렇게 많은 사람들이 불평하는 그런 환경은, 우리가 그것을 가지고 일할 바로 그 도구이며, 우리가 그것에 의해 오를 디딤돌로서 간주해야 한다. 그것들은 인생항해의 바람이며 조수이다. 노련한 선원은 일반적으로 그것들을 이용하거나 극복하는 것이다.

Day 21

With most men the knowledge that they must ultimately die does not weaken the pleasure in being at present alive. To the poet the world appears still more beautiful as he gazes at flowers that are doomed to wither, at spring that comes to too speedy an end.

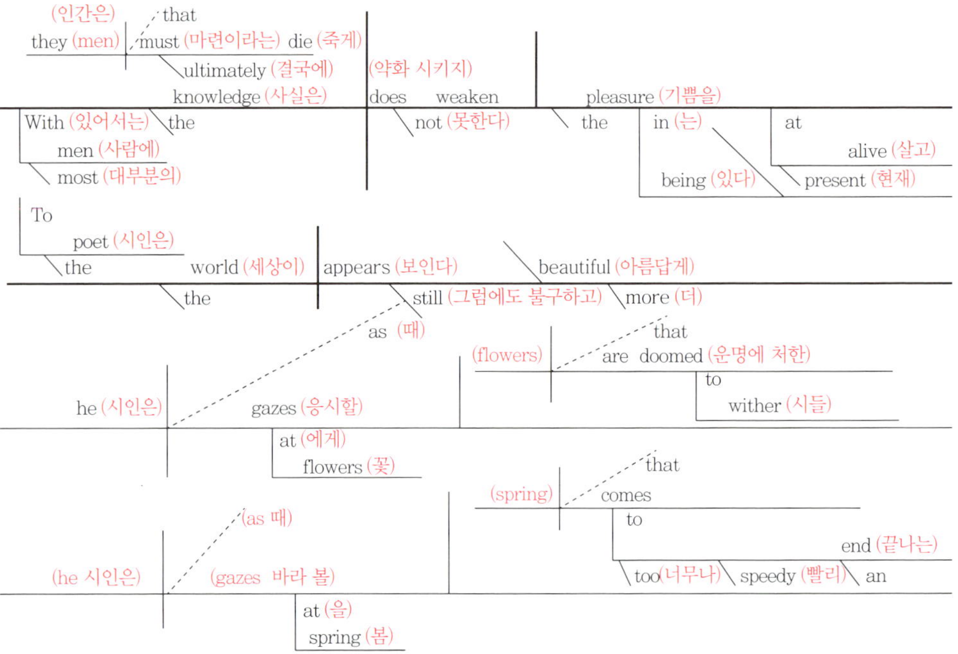

With most men(대부부의 사람에 있어서)

with(관련, 관계 ~에 있어서는)

ultimately(결국에)   ul('t'자음충돌 회피현상 't'생략: 초과, 극단) + tim(e)(시간) + ately(부사 만들기)

knowledge(인식, 지식, 사실)

weaken(약화하게 하다)

at present(현재, 지금)

come to an end(끝나다, 마치다)

comes to too speedy an end(너무나 빨리 끝나는)

appear(~같이 보인다, 나타나다)   ap(방향) + pear(서양 배)

still(그럼에도 불구하고, 여전히, 고요한)

gaze at(응시하다)

are doomed to(~할 운명을 지니다)

doom(운명, 파멸, 죽음)

wither(시들다, 위축시키다)

speedy(빨리, 신속히)

대부분의 사람에게 있어서 인간은 결국 죽게 마련이라는 사실은 현재 그대로 살고 있다는 기쁨을 약화시키지 못한다. 시인은 시들 운명에 처한 꽃에게 응시할 때 , 너무나 빨리 끝나는 봄을 바라볼 때 그럼에도 불구하고 세상이 더 아름답게 보인다.

Day 22

There is a story of a clergyman who, preferring not to wear the usual clerical dress, said: "I will wear no clothes which will distinguish me from my fellow-men." But when his remark was reported in the newspapers, a comma was put in by mistake, and the sentence then read: "I will wear no clothes, which will distinguish me from my fellow-men."

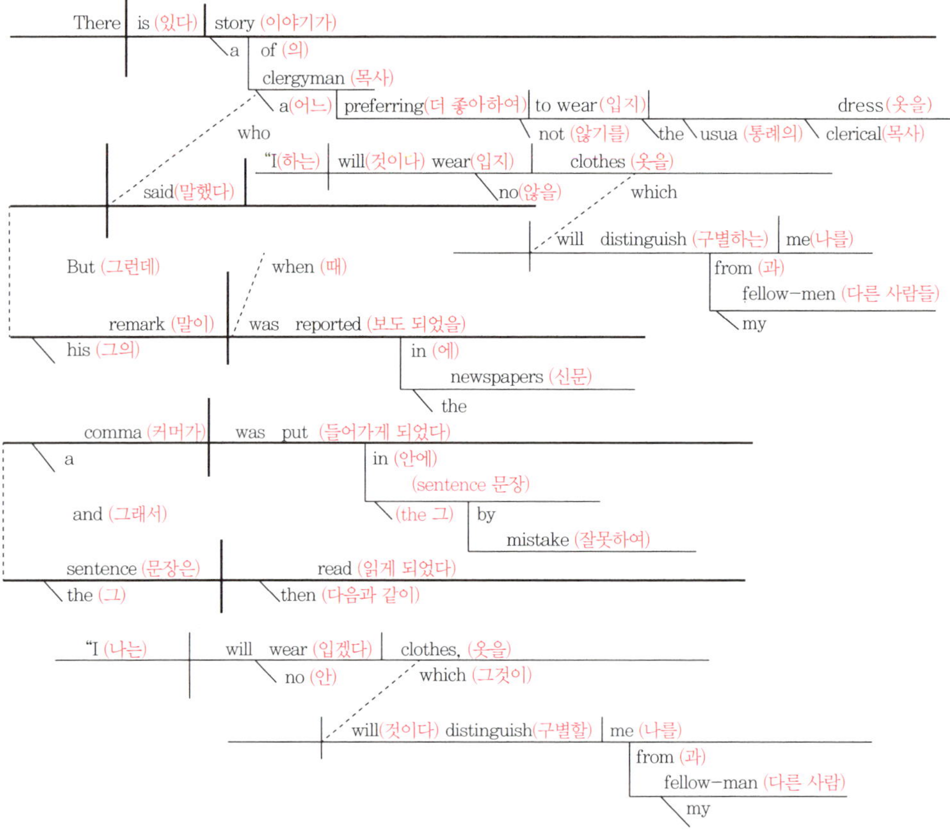

clergyman(목사)

prefer(오히려 ~쪽을 좋아하다, 차라리~쪽을 택하다)

usual(늘, 평소의, 통례의)

clerical(목사의, 성직의)

distinguish A from B(A를 B와 구별하다)

fellow-men[(일반적인) 사람, 같은 인간, 동포, 여기서는 다른 사람]

put(놓다, 설치하다, 붙이다)

put in[들이다, 들어가다, 꽂다, put in (the sentence)]

by mistake[잘못하여 (문장 안에) 들어가다]

then(그 때, 그 다음에, 다음과 같이)

통례의 목사 옷을 입지 않기를 더 좋아하는 어느 목사의 이야기가 있다. "나는 다른 사람들과 나를 구별하는 옷을 입지 않을 것이다." 말했다: 그런데, 그의 말이 신문에 보도되었을 때, 커머가 잘못하여 그 문장 안에 들어가게 되었다. 그래서, 그 문장은 다음과 같이 읽게 되었다. "나는 옷을 안 입겠다. 그것이 다른 사람과 나를 구별할 것이다."

Day 23

Economic laws can no more be evaded than can gravitation. We might as well attempt to reverse the motion of the earth on its axis as attempt to reverse the industrial progress and send men back into the age of homespun.

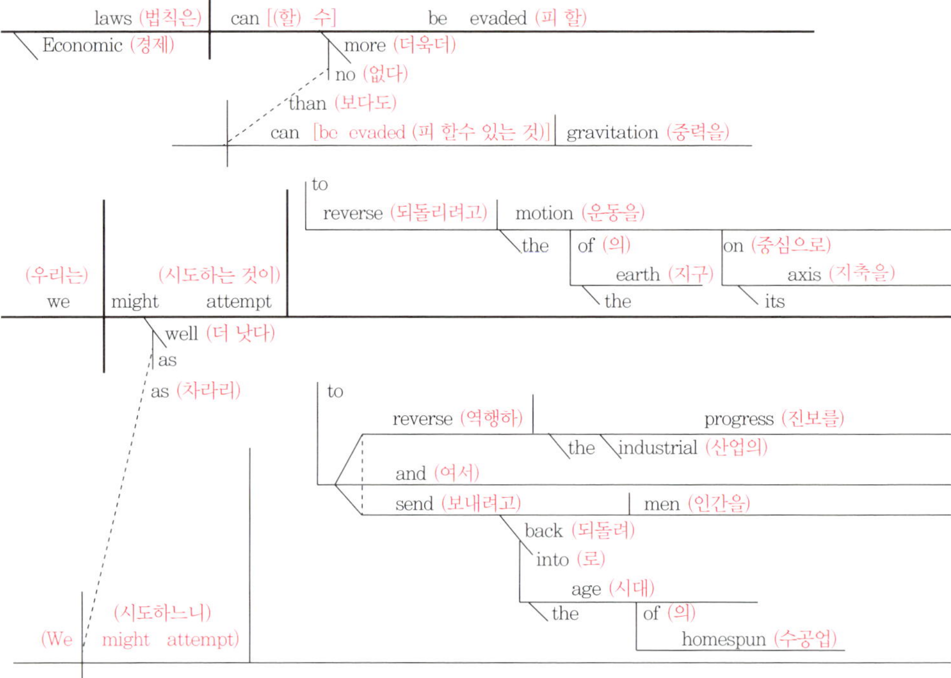

evade(피하다, 벗어나다)

no more~ than~(~아닌 것은 ~이 아니 것과 같다)

gravitation(중력, 인력작용)

attempt(시도하다, 꾀하다)

might as well A as B(B 하느니 차라리 A 하는 것이 낫다)

reverse(되돌리다, 역행하다)

axis(지축, 축)

the motion of the earth on its axis(지축을 중심으로 하는 지구의 운동)

on(접촉이 아니라 중심)

the industrial progress(산업의 진보)

the age of homespun(수공업 시대)

homespun (수직물, 손으로 짠)

경제 법칙은 중력을 피할 수 있는 것보다 더욱더 피할 수 없다(경제 법칙을 피할 수 없는 것은 중력을 피할 수 없는 것과 같다). 우리는 산업의 진보를 역행하여서 수공업의 시대로 인간을 되돌려 보내려고 시도하느니 차라리, 지축을 중심으로 지구의 운동을 되돌리려고 시도하는 것이 더 낫다.

Day 24

The number of countries capable of developing nuclear weapons has increased to more than 30 in recent years. If the countries possessing the deadly weapons increase, the control of the weapons will become so much more difficult, resulting in the emergence of nuclear anarchy and increasing the danger of a nuclear war.

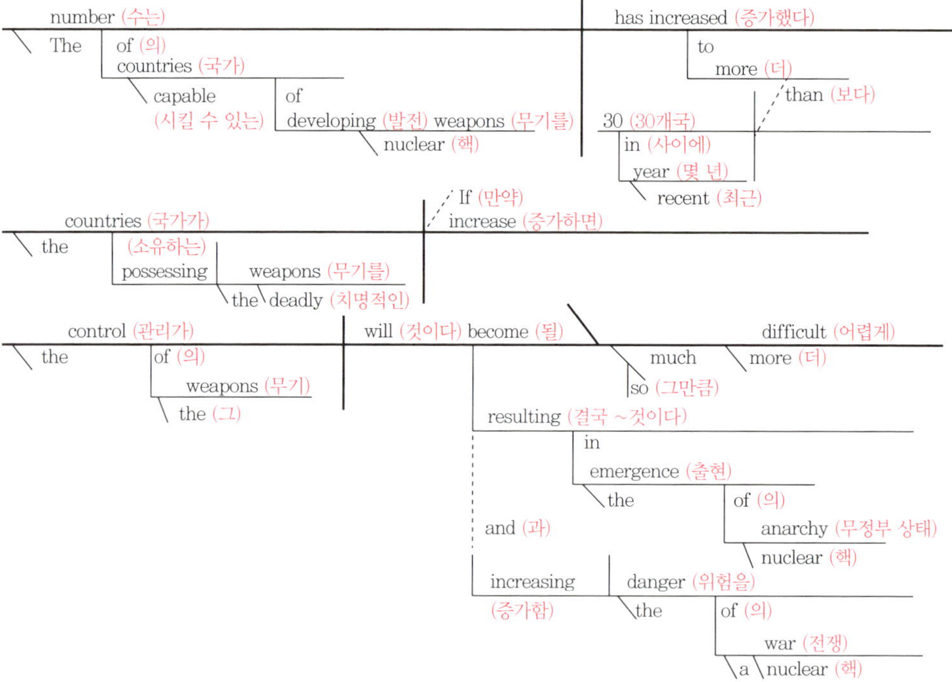

capable(유능한, 가능한, 역량 있는, 능력이 있는)

nuclear(핵의, 중심의, 핵무기)

increase(늘리다, 증대하다, 증가하다, 늘다, 증대)

in recent year(최근 몇 년 사이에)

in(사이에, 시간)

recent(최근의, 근래의, 새로운)

possess(소유하다, 가지고 있다)

control(통제, 관리, 단속, 감독, 지배력, 억제)

so much(그만큼)

result in~(결국 ~이 되다)

해석

핵무기를 발전시킬 수 있는 국가의 수는 최근 몇 년 사이에 30개국 보다 더 증가했다. 만약 이 치명적인 무기를 소유하는 국가가 증가하면, 그 무기의 관리가 그 만큼 더 어렵게 될 것이다, 결국 핵 무정부 상태의 출현과 핵전쟁의 위험을 증가할 것이다.

Day 25

I used to judge the worth of a person by his intellectual power and attainment. I could see no good where there was no logic, no charm where there was no learning. Now I thing that one has to distinguish between the two forms of intelligence, that of the brain, and that of the heart, and I have come to regard the second as by far the more important.

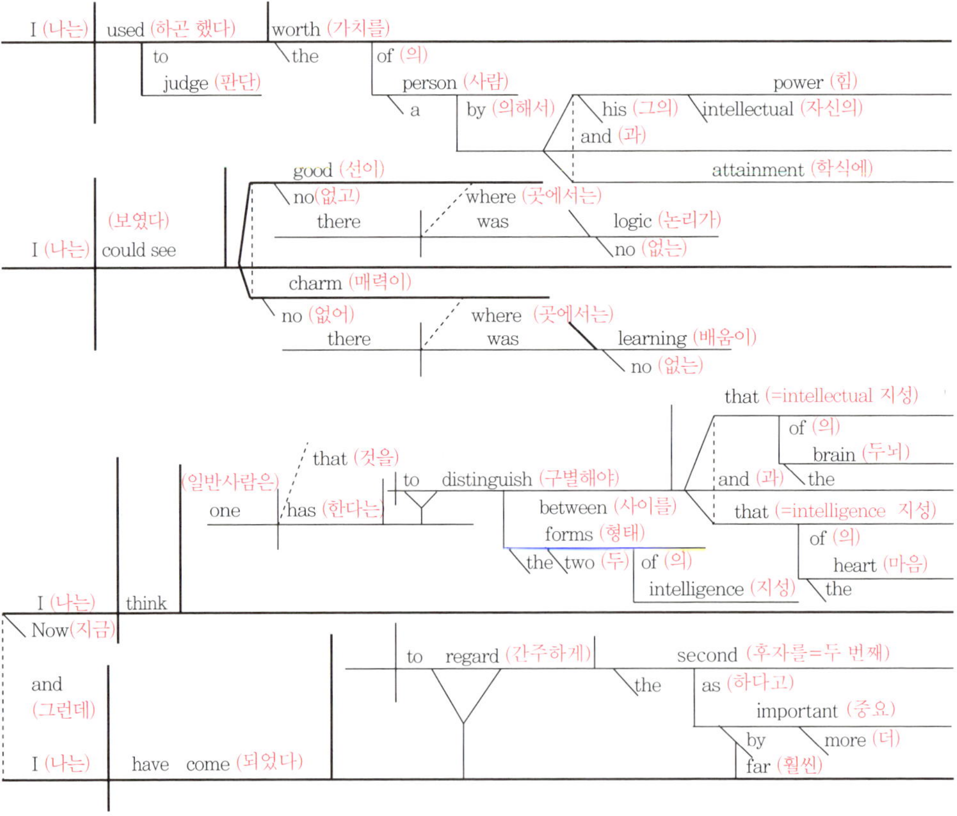

used to~(~하곤 했다)

come to(되다)

judge~by~(~을 ~로 판단하다)

intellectual(지적인, 지력의, 지능적인)

attainment(학식, 재능, 도달, 달성)

good[선(善)]

logic(논리, 논법, 논리학)

charm(매력, 마력, 마법)

distinguish(식별하다, 구별하다)

intelligence(지성, 이해력, 지능, 사고력)

regard(간주하다, 생각하다)

as(전치사, ~으로서)

나는 그의 지식의 힘과 학식에 의해서 사람의 가치를 판단하곤 했다. 나는 논리가 없는 곳에서 선이 없고, 배움이 없는 곳에서는 매력이 없어 보였다. 지금 나는 두뇌의 지성과 마음의 지성, 즉 지성의 두 형태 사이를 일반 사람은 구별해야 한다는 것을 생각한다. 그런데 나는 훨씬 더 중요하다고 후자를 간주하게 되었다.

Day 26

The whole world of art and literature and learning is international; what is done in one country is not done for that country alone, but for mankind. If we ask ourselves what are the things that make us think the human race more valuable than any species of animals, we shall find that all are things in which the whole world can share.

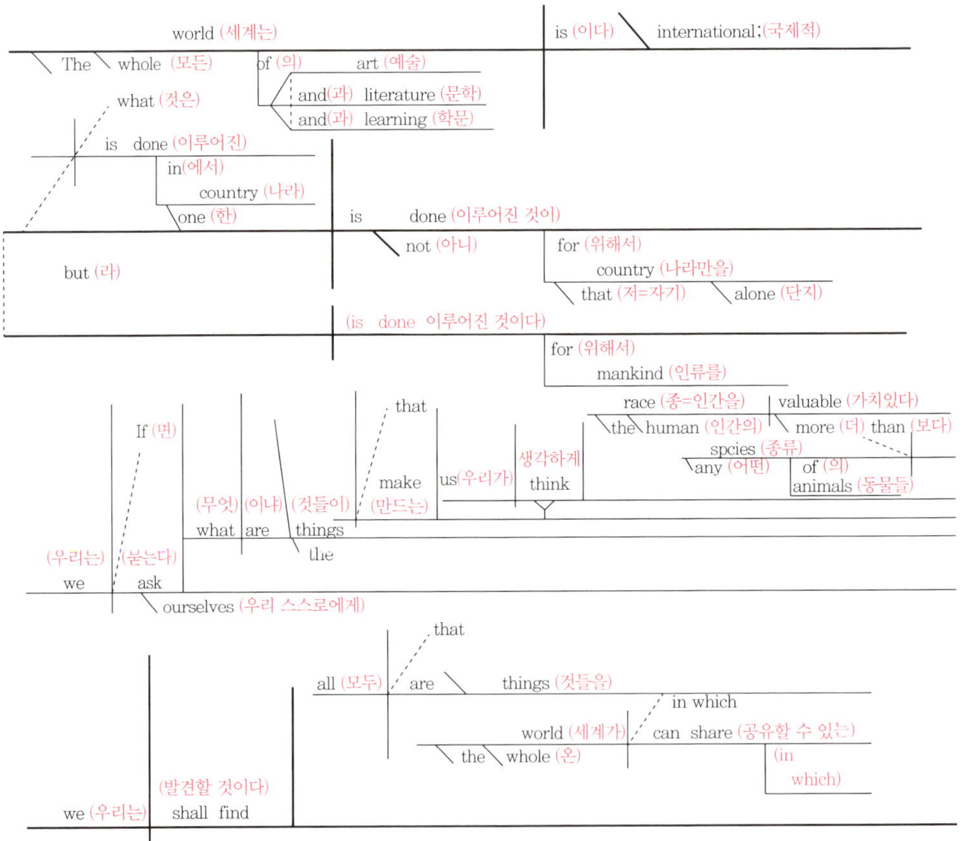

도움

whole(전부의 모든, 온)

mankind(인류, 인간)

not A but B(A가 아니라 B이다)

race(인종, 경주)

the human race(인종, 인간)

species(종, 종류)

해석

예술, 문학, 학문의 모든 세계는 국제적이다. 한 나라에서 이루어진 것은 저 나라만을 위해서 이루어진 것이 아니라 인류를 위해 이루어진 것이다. 우리는 우리가 인간을 동물의 어떤 종류보다 더 가치 있다 생각하게 만드는 것들이 무엇이냐 우리 스스로에게 묻는다면, 우리는 모두 온 세계가 공유할 수 있는 것(예술, 문학, 학문)들을 발견할 것이다.

Day 27

As one grows older one becomes more silent. In one's youth one is ready to pour oneself out to the world; one feels an intense fellowship with other people, one wants to throw oneself in their arms and one feels that they will receive one; one wants to penetrate into them; one's life seems to overflow into the lives of others and become one with theirs as the waters of rivers become one in the sea.

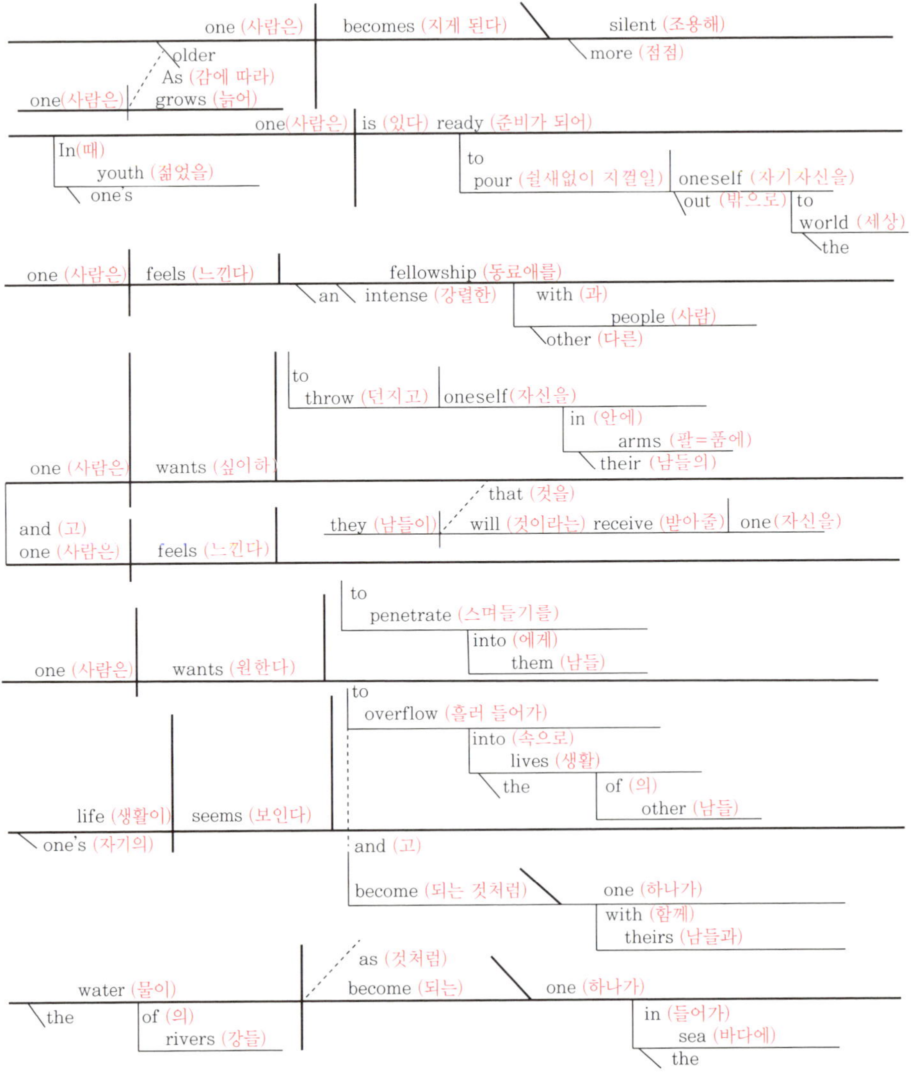

grow(성장하다, 커지다, 발달하다)

in one's youth(젊었을 때)

ready(준비된, 기꺼이, 미리, 언제라도)

pour(붓다, 흘리다, 쉴새없이 지껄이다)

intense(강렬한, 격렬한)

fellowship(동료애, 친목)

penetrate(스며들다, 통하다, 통찰하다)

one's life(자기의 생활)

overflow(흘러 들어가다, 침수시키다, 범람시키다, 충만하다)

해석

사람은 늙어 감에 따라 점점 조용해지게 된다. 젊었을 때는 사람은 세상 밖으로 자신을 쉴새없이 지껄일 준비가 되어 있다. 사람은 다른 사람과 강렬한 동료애를 느낀다. 자기를 남들의 품안에 던지고 싶고, 또 남들이 자기를 받아 주리라고 느낀다. 사람은 남들이게 스며들기를 원한다. 강들의 물이 바다에 들어가 하나가 되듯이, 자기의 생활이 남들의 생활 속으로 흘러 들어가 고 남들과 함께 하나가 되는 것처럼 보인다.

Day 28

When the subtle influence of spring has awakened almost all forms of vegetation, and millions of hidden plants that pass the winter beneath the soil have broken through the thick covering of dead leaves, there is no sweeter place in which to pass a few hours of idleness than the woodland.

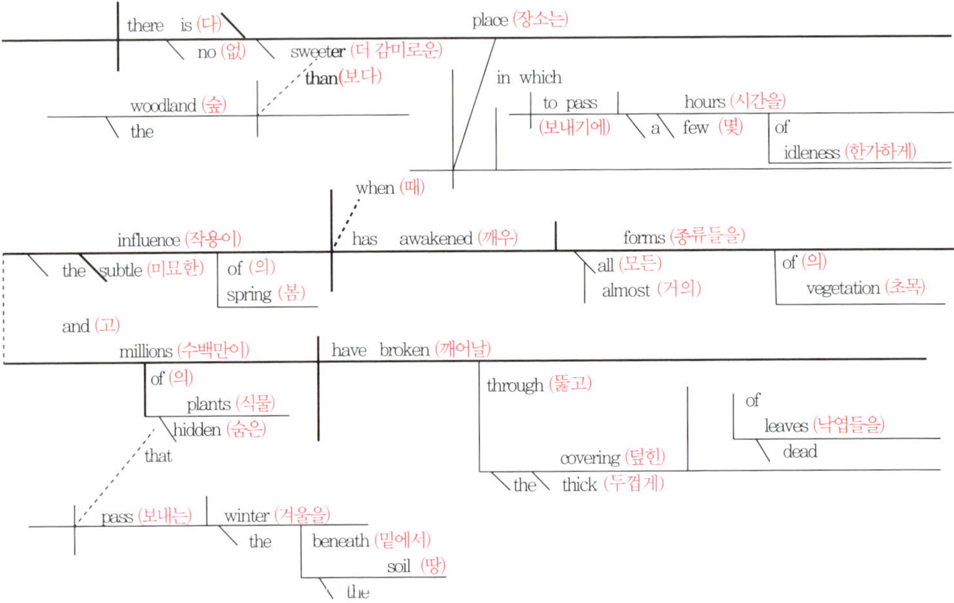

subtle(민감한, 미묘한, 교묘한)

influence(영향, 감화, 작용)

awaken(잠을 깨우다)

vegetation(초목, 식물의 생장 발육)

form(형태, 종류, 모형)

beneath(바로 밑에, 보다 낮은)

soil(흙, 토양, 땅, 타락, 오물)

broken(break '깨뜨리다'의 과거분사)

through(~을 통하여, 꿰뚫어)

thick(두꺼운, 빽빽한)

covering(덮음, 덮개, 감싸는, 숨기는)

dead(죽어있는, 죽은)

leaves(leaf '잎'의 복수형)

leave(떠나다, 나가다, 잎을 내다, 잎이 나다)

sweet(감미로운)

idleness(한가한, 게으름, 무위)

a few hours of idleness(한가한 몇 시간)

of dead leaves(낙엽들)

해석

봄의 미묘한 작용이 초목의 거의 모든 종류들을 깨우고, 땅 밑에서 겨울을 보내는 숨은 식물의 수백만이 두껍게 쌓인 낙엽들을 뚫고 깨어날 때, 한가한 몇 시간을 보내기에 숲보다 더 감미로운 장소는 없다.

Day 29

Education is a continuous process which cannot be confined within the college classroom. Textbook and instructor will remain indispensable to education, but increasingly today there is an emphasis on the type of intellectual development that comes from the experience of living together with others of one's own generation.

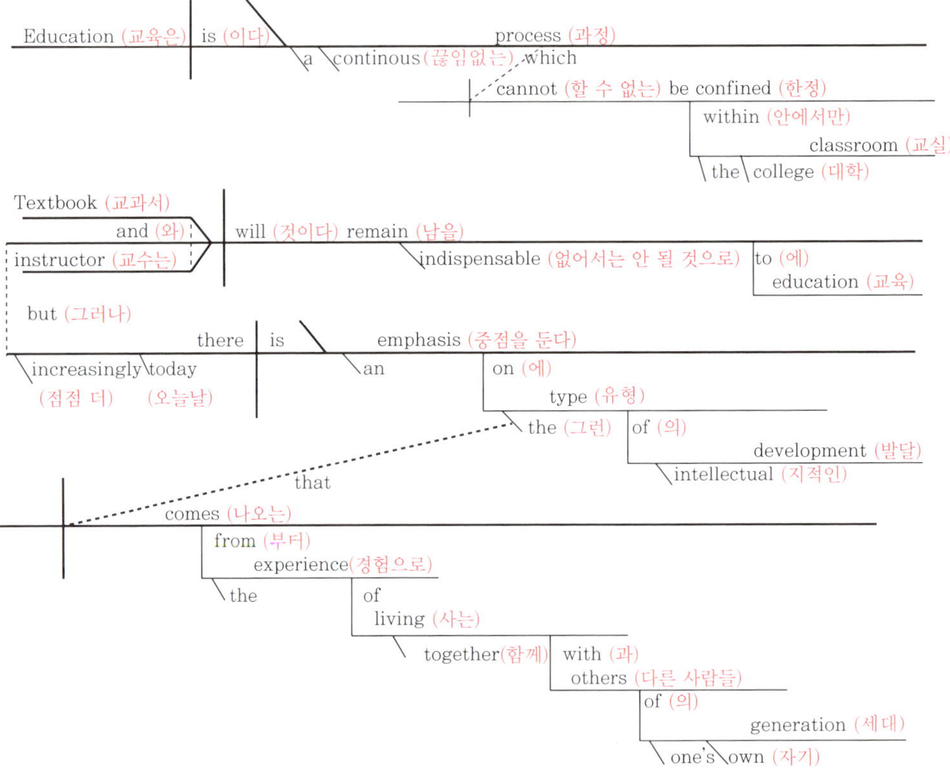

process(과정) pro(앞으로) + cess(가다)

continuous(끊임없는, 연속적인)

confine(제한하다, 국한하다)

indispensable(필요 불가결한, 없어서는 안 되는)

increasingly(점점 더, 더욱 더)

emphasis(중점, 강조)

type(유형, 형태, 종류)

others of one's own generation(자기 세대의 다른 사람들)

해석

교육은 대학 교실 안에서만 한정할 수 없는 끊임없는 과정이다. 교과서와 교수는 교육에 없어서는 안 될 것으로 남을 것이다. 그러나, 오늘날 점점 더 자기 세대의 다른 사람들과 함께 사는 경험으로부터 나오는 지적인 발달의 그런 유형에 중점을 둔다.

Day 30 케네디 대통령 취임 연설문

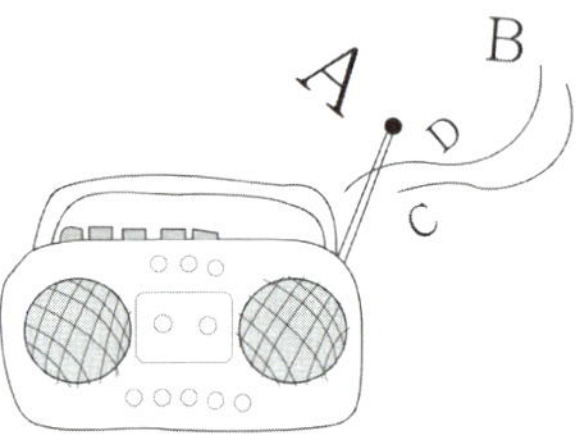

In the long history of the world, only a few generations have been granted the role of defending freedom in its hour of maximum danger. I do not shrink from this responsibility — I welcome it. I do not believe that any of us would exchange places with any other people or any other generation. The energy, the faith, the devotion which we bring to this endeavor will light our country and all who serve it — and the glow from that fire can truly light the world. And so, my fellow Americans! Ask not what your country can do for you — ask what you can do for your country.

My fellow citizens of the world! Ask not what America will do for you, but what together we can do for the freedom of man.

Finally, whether you are citizens of America or of the world, ask of us the same high standards of strength and sacrifice that we shall ask of you.

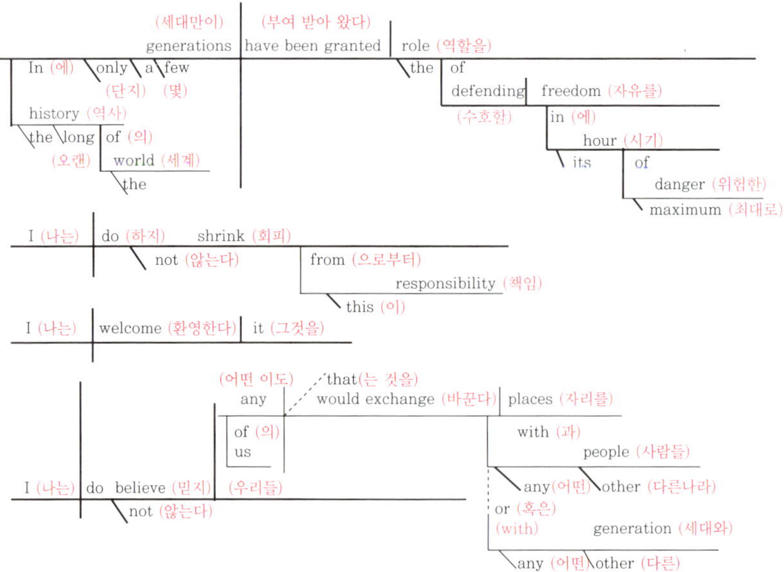

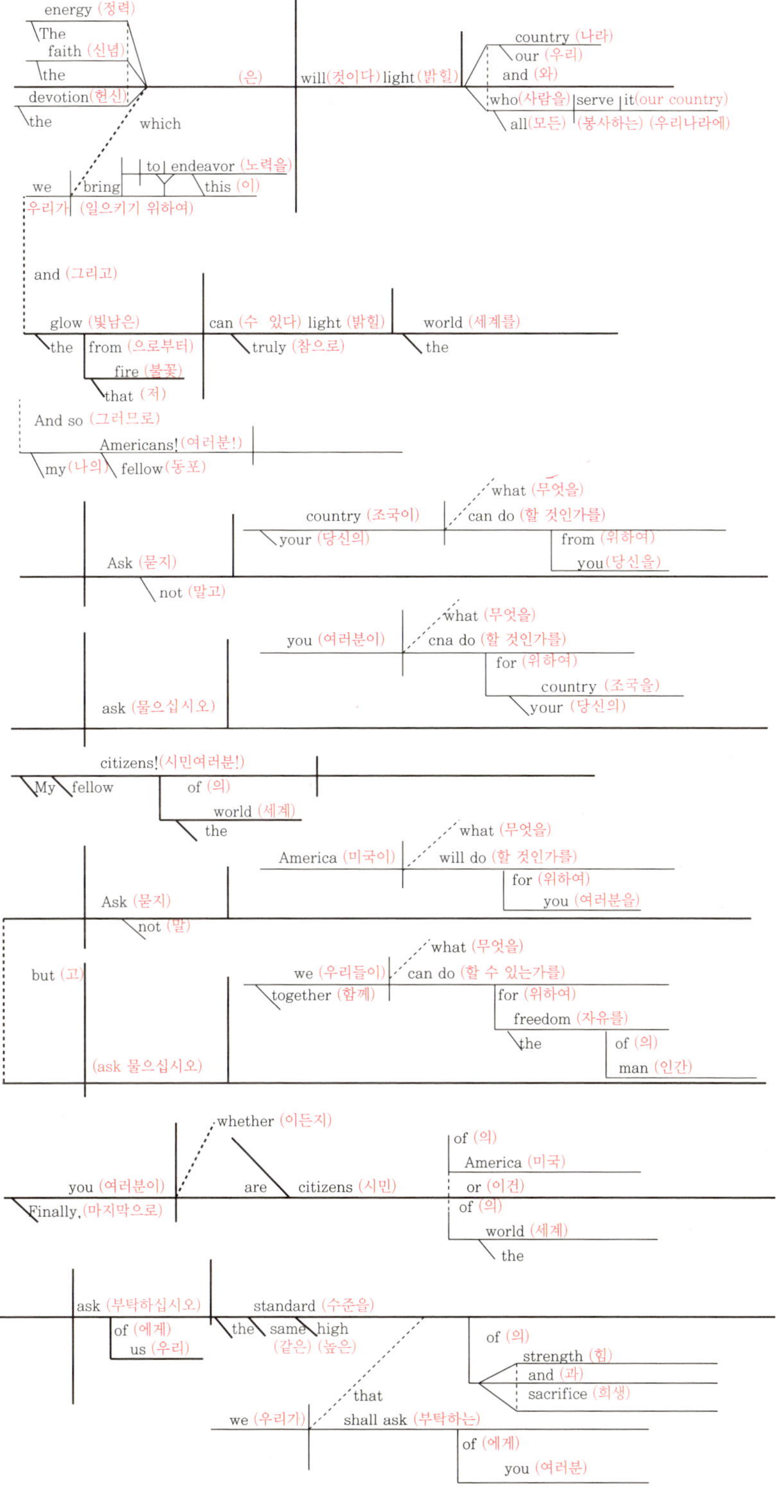

energy (정력)
The
faith (신념)
the
devotion (헌신)
the
which
(은)
will (것이다) light (밝힐)
country (나라)
our (우리)
and (와)
who (사람을) serve it (our country)
all (모든) (봉사하는) (우리나라에)
we bring to endeavor (노력을)
우리가 (일으키기 위하여) this (이)
and (그리고)
glow (빛남은)
the from (으로부터)
fire (불꽃)
that (저)
can (수 있다) light (밝힐)
truly (참으로)
world (세계를)
the
And so (그러므로)
Americans! (여러분!)
my (나의) fellow (동포)
Ask (묻지)
not (말고)
country (조국이)
your (당신의)
what (무엇을)
can do (할 것인가를)
from (위하여)
you (당신을)
ask (물으십시오)
you (여러분이)
what (무엇을)
cna do (할 것인가를)
for (위하여)
country (조국을)
your (당신의)
My fellow
citizens! (시민여러분!)
of (의)
world (세계)
the
Ask (묻지)
not (말)
America (미국이)
what (무엇을)
will do (할 것인가를)
for (위하여)
you (여러분을)
but (고)
we (우리들이)
together (함께)
what (무엇을)
can do (할 수 있는가를)
for (위하여)
freedom (자유를)
the of (의)
man (인간)
(ask 물으십시오)
Finally, (마지막으로)
you (여러분이)
whether (이든지)
are citizens (시민)
of (의)
America (미국)
or (이건)
of (의)
world (세계)
the
ask (부탁하십시오)
of (에게)
us (우리)
standard (수준을)
the same high
(같은) (높은)
that
we (우리가) shall ask (부탁하는)
of (의)
strength (힘)
and (과)
sacrifice (희생)
of (에게)
you (여러분)

generation(세대)   gener(출생)+ation(결과)

grant(부여하다, 수여하다)   grant[grand 큰, t=d 치음(齒音)으로 같다]
　🄗 큰 부자는 하늘이 부여하는 것.

role(임무, 역할)

defend(지키다)   de(떨어져서, 완전히)+fend(치다)

maximum(최대)   maxim(큰)+um(의무)

shrink(위축하다, 줄어들다)   sh(쉬, 소변소리)+rink(스케이트장)
　🄗 스케이트장 같이 추운 곳에서 쉬를 누면 몸이 움츠려들고 위축된다.

shrink from(회피하다)

in its hour of maximum danger(가장 위험한 시기에)

responsibility(책임)   re(~대하여)+sponsibility(sponsion 보증, sponsor 보증인)
　🄗 보증을 서는 것은 책임이 따른다.

exchange(바꾸다)   ex(전적으로)+change(바꾸다)

exchange places with~(~와 자리를 바꾸다)

faith(신념)

devote(맡기다, 헌신하다)   de(완전히, 전적으로)+vote(투표하다)
　🄗 완전히 투표해서 이기면 맡기고 헌신하게 한다.

devotion(헌신)

endeavor(노력)   end(끝)+eavor('ever 항상, 언제나'의 모음변화와 음위전환)
　🄗 항상 끝나는 마음으로 노력하다.

all who serve it(우리나라를 위해 봉사하는 모든 사람늘)

glow(빛남)

And so(그러므로)

fellow(친구, 동지)

finally(마지막으로)

ask(요구하다)

the same high standards of~(똑같은 높은 수준의~)

standard(표준, 수준, 기준)   stand(서다)+ard(많이 ~한 상태)

strength(힘)   streng+th(성질, 상태, 정도)

sacrifice(희생, 산 제물)   sacr(신성한)+if(ify ~화 하다)+ice(성질, 상태)

오랜 세계 역사에 있어서 단지 몇 세대만이 매우 위험한 시기에 자유를 수호할 역할을 부여받아 왔다. 나는 이 책임을 회피하지 않는다. 나는 그것을 환영한다. 나는 우리들 가운데 어떤 분도 어떤 다른 나라 사람과 혹은 어떤 다른 세대와 자리를 바꾸고 싶어 하리라고는 믿지 않는다. 우리가 이 노력을 위해 정력, 신념, 헌신은 우리나라와 우리나라에 봉사하는 모든 사람을 밝힐 것이다. 그리고, 그 불빛은 참으로 세계를 밝힐 수 있다. 그러므로 나의 동포 여러분! 여러분의 조국이 여러분을 위해 무엇을 할 것인가를 묻지 말고, 여러분이 당신의 조국을 위해 무엇을 할 수 있을 것인가를 물으십시오.

세계 시민 여러분! 미국이 여러분을 위해 무엇을 해 줄 것인가를 묻지 말고, 함께 우리들이 인간의 자유를 위해 무엇을 할 수 있는가를 물으십시오.

마지막으로, 여러분이 미국 시민이건 세계의 시민이건, 우리가 여러분에게 부탁하는 것은 힘과 희생의 같은 높은 수준을 우리에게 부탁하십시오.

30일 동안 수고하셨습니다. 완전 분해한 위의 내용을 이해했다면 이미 아는 단어도 사전을 찾아보고 전체 흐름을 알았다면 지금 당장 케네디 대통령 취임 연설문을 보지 않고 말해보라. 억지로 암기를 하지 않아도 저절로 외워지니 놀라지 않을 수 없지 않은가. 다른 모든 과목도 암기하지 말고 분해하여 보라. 모든 과목이 쉬워질 것이다.

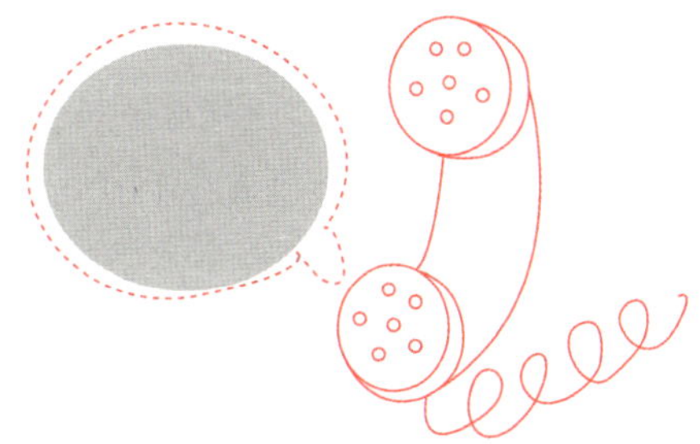

idea(아이디어)는 어원이 '보다'에서 왔다.

생각이나 상상을 나타내 보이는 것이 idea(아이디어)이다.

언어를 확장해나가다 보면 생활 속에서도 무수히 많은 idea가 떠오를 것이다.

최근 저자는 지름 30cm 정도의 화분을 특허출원을 하였다. 이 화분에 수십 포기의 다양한 종류의 채소(상추, 치커리, 신선초, 깻잎, 당귀, 청경체 등)를 아파트 발코니나 좁은 공간에서 1년 내내 싱싱한 야채를 집에서 직접 먹을수 있도록 아이디어 개발을 했는데 멀지 않아 거의 모든 아파트나 좁은 공간의 가정에서 이 화분으로 채소를 길러 먹을 것이다.

독자 여러분도 언어에서 상상의 나래를 펴면 많은 것들이 떠오를 것이다. 그것을 **도움**과 **해석**의 아래 공간에 기록하여 보도록 하자. 이후에 스스로 기록한 것이 생활에 얼마나 많이 쓰이고 있는지를 느낄수 있을 것이다.

수학, 물리, 화학, 언어, 발명 등 어떠한 학문이나 이론에서 새로운 발견을 기록하여 후대에 많은 사람들이 더 깊이 연구할수 있도록 이 책의 첫장과 마지막장을 장식하여 공동 엮은이로 길이길이 남길 바라다(새로운 것을 발견하거나 발명하면 아는 친구에게 메일로 공유하라. 그러면 공유한 날짜로 다른 사람보다 앞서 생각했던 것이 증명된다).

한 예로 2012년 런던 올림픽 로고를 이미 1993년『유희편 두뇌게임』이라는 책을 전원문화사에서 출판하였고 2의 배수로 만든 **신비의 도형**을 특허청에 출원한 상태이다. 이 신비의 도형은 9개로 이루어졌는데, 세상의 모든 사물의 형태를 만들 수 있다(5만 가지 이상을 만들어 놓았다). 심지어 9개의 도형으로 한글, 알파벳뿐만 아니라 한자도 600자 이상 만들어 책으로 엮어 놓았다. 이것을 오래전에 CD로 3,000장을 제작하여 많은 사람들에게 나누어줬고 영국 대사관 직원에게도 줬다.

2012년 런던올림픽 로고가 20년 전에 제가 만든 도형로고로 그 끝을 늘리고 잘라서 컴퓨터로 변형시켰다는 것을 직접 보여주겠다(☞ p56, p57, p110, p111, p290, p291). 그러니 여러분도 많은 것을 여러 사람에게 공유하라(공유한 것이 메일이면 그 날이 개발날이 된다).